21世纪普通高等教育"十三五"规划教材·国际经济与贸易系列

国际贸易理论与实务

（第四版）

盛洪昌　主编

上海财经大学出版社

图书在版编目(CIP)数据

国际贸易理论与实务/盛洪昌主编. —4 版. —上海:上海财经大学出版社,2019.8
(21 世纪普通高等教育"十三五"规划教材·国际经济与贸易系列)
ISBN 978-7-5642-3345-7/F·3345

Ⅰ.①国… Ⅱ.①盛… Ⅲ.①国际贸易理论-高等学校-教材②国际贸易-贸易实务-高等学校-教材 Ⅳ.①F740

中国版本图书馆 CIP 数据核字(2019)第 173991 号

□ 责任编辑 黄 荟
□ 封面设计 张克瑶

国际贸易理论与实务
(第四版)
盛洪昌 主编

上海财经大学出版社出版发行
(上海市中山北一路 369 号 邮编 200083)
网 址:http://www.sufep.com
电子邮箱:webmaster @ sufep.com
全国新华书店经销
上海新文印刷厂有限公司印刷装订
2019 年 8 月第 4 版 2021 年 8 月第 2 次印刷

787mm×1092mm 1/16 19.5 印张 499 千字
印数:73 001—75 000 定价:43.00 元

21世纪普通高等教育“十三五”规划教材

21 SHIJI PUTONG GAODENG JIAOYU “SHISANWU” GUIHUA JIAOCAI

编委会

BIAN WEI HUI

第四版前言

在世界经济全球化迅猛发展、对外经济活动日益频繁的环境下，为了培养更多面向21世纪的应用型、复合型人才，我们编写了这本《国际贸易理论与实务》教材。

本书被许多二本、三本院校选为教材，深受用户和读者的欢迎。本书2006年出版了第一版，2011年出版了第二版，2016年出版了第三版。2019年在前几版基础上作了修改，出版了第四版。

这次修订在框架结构保持不变的基础上做了以下变动：一是新增添的内容，第七章第四节货物包装标志下增加了条形码、二维码；二是重新改写的内容，第九章第一节国际货物运输代理范围作了重写，第十一章第三节信用证内容作了重写；三是数据作了更新，大部分数据截止到2018年；四是错字、遗漏作了修订；五是案例作了更新。

国际贸易理论与实务课程是普通高等教育学校国际经济与贸易专业的一门主干课，也是其他经济类和管理类专业的一门基础课，是为培养学生掌握和理解国际贸易基本知识、基本理论、基本政策、贸易实务而开设的一门专业课和基础课。在结构安排上分为理论和实务两部分。国际贸易理论部分包括国际贸易概述、国际贸易理论、国际贸易政策、国际贸易措施、国际贸易体系、国际服务贸易与技术贸易；国际贸易实务部分包括国际货物的名称、品质、数量和包装，国际贸易术语与货物价格，国际货物运输，国际货物运输保险，国际贸易货款的收付，国际货物贸易检验、索赔、不可抗力和仲裁，国际贸易洽商与合同签订，进出口合同的履行，国际贸易方式。

本教材在编写时充分考虑到学生的实际情况，体现了如下特点：

(1)系统性与逻辑性。本书系统而全面地介绍了国际贸易基本知识。框架结构划分合理，脉络清晰，重点突出。既有理论又贯通实务，包括服务贸易、技术贸易、电子商务等内容。

(2)内容新颖，具有前瞻性。在分析角度、引用资料、内容安排上都比较新颖，尽可能反映经济全球化的新成果。搜集了与教材相关的最新资料，如WTO后的新情况、新做法。本教材具有创新精神和前瞻意识，力求反映国际贸易理论发展的最新成果。

(3)语言简明通俗，内容深度适当。编写教材时力求做到语言简明扼要、通俗易懂、深浅适度、举例生动。为了调动学生的积极性和主动性，本书加入了大量的相关链接，以帮助学生自学。对于初次接触国际贸易的读者较为适宜。

(4)操作性较强，注重理论联系实际。吸收国内外同类教材的精华，做到学以致用，培养学生分析问题、解决问题的能力。每章后附有练习题，有助于学生加深对内容的理解。

本教材在编写时具有一定的弹性，各院校可根据课时的多少进行选择，有些章节可作为学生的阅读资料。

本书是21世纪普通高等教育"十三五"规划教材，也可作为独立院校、高职、高专相关专业的教材和参考书。

本书由盛洪昌教授任主编，盛守一任副主编。具体分工如下：盛洪昌、盛守一（第一章、第四章、第九章、第十章），宋兰旗（第二章），李爽（第三章、第五章），郝璐（第六章），盛洪昌（第七章、第八章），胡东兴（第十二章），盛守一（第十一章、第十三章），李中梅（第十四章、第十五章）。由盛洪昌教授负责全书提纲拟定、修改、编纂和定稿。

本书在编写中参考了大量的国内外著作、教材和文献，这里无法一一列出，在此表示衷心感谢。此外，特别感谢上海财经大学出版社相关编辑尤其是黄荟编辑所做的认真细致的工作。

由于编者水平和条件有限，在编写过程中难免出现错漏之处，敬请读者批评指正。

编　者

2019年7月

目　录

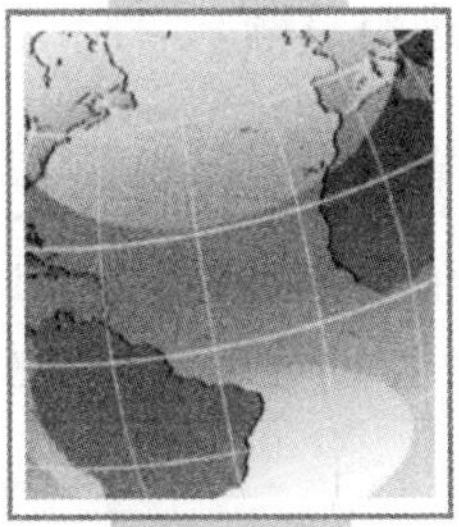

第一章 国际贸易概述

要点提示

- 国际贸易的基本概念和分类、国际贸易的产生和发展过程
- 国际分工的概念和类型、国际分工与国际贸易的关系
- 世界市场的形成、影响国际价格的因素与国际价格的种类
- 国际资本流动形式、原因及对国际贸易影响
- 跨国公司的特征、发展原因及对国际贸易影响

内容引言

在经济全球化的背景下，各国经济之间的联系更加密切，国际贸易成为加强各国经济联系的主要形式。随着中国社会主义市场经济体制建设的不断加快，中国对外贸易额呈现逐步增长的态势。20世纪90年代初，我国的进出口总值排在世界第11位。进入21世纪，我国的对外贸易得到了飞速的发展:2002年我国的进出口总值为6 208亿美元，排在世界第4位;2018年我国的进出口总值达到4.62万亿美元，我国成为名副其实的贸易大国。什么是国际贸易?国际贸易都研究哪些问题?国际贸易在一国经济发展中具有哪些重要作用?本章将一一介绍。

第一节 国际贸易的基本概念与分类

一、国际贸易的基本概念

(一)国际贸易与对外贸易

国际贸易(International Trade)是指世界各国之间商品和服务的交换活动。它是各个国家在国际分工的基础上进行相互联系的主要形式。

对外贸易(Foreign Trade)是指一国(或地区)同别国(或地区)之间进行的商品和服务交换活动。这是从一个国家或地区的角度出发，是相对于国内贸易而言的。如果从世界角度或从全球角度看，就称为国际贸易或全球贸易，有的也称世界贸易。一些海岛国家，如英国、日本等也常把对外贸易称为“海外贸易”。

(二)国际贸易额、对外贸易额与国际贸易量

1. 国际贸易额

国际贸易额(Value of International Trade)也称国际贸易值，它是计算和统计世界各国对外贸易总额的指标，是按同一种货币单位换算后，把各国(或地区)的出口额相加得出的数额。不能把世界各国(或地区)的出口额与进口额相加，因为一国的出口就是另一国的进口，如果相

加就会出现重复计算。从世界范围看，一国的出口就是另一国的进口，这样世界进口总额应等于世界出口总额。但是，由于各国一般都按 FOB 价格计算出口额，按 CIF 价格计算进口额，CIF 价格比 FOB 价格多了运费和保险费，所以世界出口总额往往小于世界进口总额。

2. 对外贸易额

对外贸易额(Value of Foreign Trade)也称对外贸易值，是用货币金额表示的一国在一定时期内的进出口的规模，是衡量一国对外贸易状况的重要指标。它由一国在一定时期内的出口贸易额加上进口贸易额构成。一般用本国货币表示，由于美元是国际主要计量货币，为了便于比较，许多国家用美元表示。

3. 国际贸易量

国际贸易量(Quantum of International Trade)是指以数量、重量、长度、面积、体积等计量单位表示进出口商品的数量。它可以避免因物价变动所引起的国际贸易规模的不真实。就一种商品而言，用计量单位表示很容易，但对一国全部进出口商品来说，成千上万种商品的计量单位不同，无法用统一的计量单位表示。为了反映国际贸易的实际规模，只有以一定时期的不变价格为标准来计算各个时期的国际贸易值。即用出口价格指数去除各个时期的出口值，得出国际贸易实际规模的近似值，即国际贸易量。然后再以一定时期国际贸易量为基期，同各个时期的国际贸易量作比较，就可得出国际贸易实际规模变化的贸易量指数。这种方法是联合国及欧美等发达国家所采用的。

(三)国际贸易差额

贸易差额(Balance of Trade)是指一个国家在一定时期内(通常为一年)出口总额与进口总额之间的差额。贸易差额的衡量指标有：

贸易顺差(Favorable Balance of Trade)，也称出超(Excess of Export over Import)，表示一定时期的出口额大于进口额。

贸易逆差(Unfavorable Balance of Trade)，也称入超(Excess of Import over Export)或赤字，表示一定时期的出口额小于进口额。

贸易平衡(Balance of Trade)，就是一定时期的出口额与进口额相等。

相关链接：2018 年中国外贸总额创历史新高

据海关统计，2018 年，中国外贸进出口总值 30.51 万亿元人民币，比 2017 年(下同)增长 9.7%。其中，出口 16.42 万亿元，增长 7.1%；进口 14.09 万亿元，增长 12.9%；贸易顺差 2.33 万亿元，收窄 18.3%。按美元计价，2018 年，我国外贸进出口总值 4.62 万亿美元，增长 12.6%。其中，出口 2.48 万亿美元，增长 9.9%；进口 2.14 万亿美元，增长 15.8%；贸易顺差 3 517.6 亿美元，收窄 16.2%。

(四)贸易条件

贸易条件(Terms of International Trade)是指一国在一定时期内的出口商品价格与进口商品价格之间的比率。由于一个国家的进出口商品种类繁多，很难直接用进出口商品的价格进行比较。所以，一般用一国在一定时期内的出口商品价格指数同进口商品价格指数对比进行计算。其公式为：

$$\text{贸易条件}=\frac{\text{出口价格指数}}{\text{进口价格指数}}\times 100$$

如果贸易条件大于 100，说明该国的贸易条件得到改善；如果贸易条件等于 100，说明贸易条件不变；如果贸易条件小于 100，说明贸易条件恶化。

(五)对外贸易依存度

对外贸易依存度(Ratio of Dependence on Foreign Trade)是反映一国国民经济对进出口贸易依赖程度的重要指标。它是指一国在一定时期内进出口贸易值在其国民生产总值或国内生产总值中所占的比重。其公式为:

$$Z=\frac{X+M}{GNP(\text{或 }GDP)}\times 100\%$$

式中,Z 为对外贸易依存度,X 为出口总值,M 为进口总值。

外贸依存度分为出口依存度和进口依存度。

出口依存度是指一国在一定时期内出口值与国民生产总值或国内生产总值之比。其公式为:

$$Z_X=\frac{X}{GNP(\text{或 }GDP)}\times 100\%$$

出口依存度反映一国在一定时期内,国内新创造的商品和服务总值中有多少比重是输出到国外的,也反映一国国民经济活动与世界经济活动的联系程度。出口依存度越高,说明该国国民经济活动对世界经济的依赖程度越高。

进口依存度是指进口值与国民生产总值或国内生产总值之比,也称市场开放度。其公式为:

$$Z_M=\frac{M}{GNP(\text{或 }GDP)}\times 100\%$$

(六)对外贸易商品结构和国际贸易商品结构

1. 对外贸易商品结构

对外贸易商品结构(Composition of Foreign Trade)是指一个国家在一定时期内各种类别的进出口商品占进出口贸易额的比重。一个国家的对外贸易商品结构,主要是由该国的经济发展水平、产业结构状况、自然资源状况和贸易政策决定的。从一个国家的进出口商品结构可以看出该国的经济发展水平及其在国际分工中的地位。

2. 国际贸易商品结构

国际贸易商品结构(Composition of International Trade)是指各种类别的商品在进出口贸易总额中所占的比重。通常以它们在世界出口总额或进口总额中的比重来表示。在国际贸易中,通常把商品分为初级产品和工业制成品两大类。20 世纪 50 年代以前的世界贸易商品结构是初级产品占主导地位,从 1953 年起工业制成品比重超过初级产品。从世界贸易商品结构可以看出世界经济的发展水平。

(七)对外贸易地理方向和国际贸易地理方向

1. 对外贸易地理方向

对外贸易地理方向(Direction of Foreign Trade)也称对外贸易地理分布,是指在一定时期内世界上一些国家(或地区)的商品在该国进出口贸易总额中所占的比重。对外贸易地理方向既表明了一国出口商品的去向,也表明了该国进口商品的来源,从而反映了该国进出口贸易的国别分布。

2. 国际贸易地理方向

国际贸易地理方向(Direction of International Trade)也称国际贸易地理分布(International Trade by Region),是指在一定时期内,世界上各洲、各国或经济集团的对外商品贸易在国际贸易中所占的比重。它表明各洲、各国在国际贸易中的地位。

相关链接：中国对外出口额、进口额前十位国家和地区

酷沃网根据相关信息统计出2017年中国对外进出口贸易主要40国数据，数据显示，与中国双边贸易总额前十位的国家和地区有美国、日本、韩国、德国、中国台湾、澳大利亚、荷兰、新加坡、越南和印度。其中，亚洲最多有6个，欧洲2个，北美洲1个，大洋洲1个。平均增速达到18.4%，仍处于高速增长中，其中与荷兰贸易额增长30.9%，与越南贸易额增长30.2%。美国与中国贸易额达到惊人的6 379.7亿美元，逆差达3 772.3亿美元，这也是引发中美贸易战的主要因素。

中国对外出口额前十位的国家和地区分别为美国、日本、韩国、荷兰、德国、墨西哥、印度、越南、英国和加拿大。让人略感到意外的是荷兰和墨西哥，荷兰从中国进口额居然超过德国等众多耳熟能详的国家，墨西哥与中国贸易总额虽然只有808.6亿美元，但从中国进口额就高达741.5亿美元，贸易逆差达674.4亿美元。

中国进口额前十位的国家和地区分别为韩国、日本、美国、德国、中国台湾、澳大利亚、新加坡、巴西、俄罗斯和越南。韩国连续两年超过日本成为中国最大的进口来源国，这与中韩自贸区的实施密不可分，随着中韩更多商品的零关税进一步实施，中韩贸易额也将会有更大的提高。

二、国际贸易的分类

国际贸易涉及的范围广泛，性质也很复杂，可以从不同的角度对其进行分类。

（一）按货物的移动方向划分

按货物的移动方向划分，国际贸易可分为出口贸易、进口贸易、过境贸易、复出口贸易、复进口贸易。

1. 出口贸易

出口贸易（Export Trade）是指将本国生产和加工的产品运往国外市场销售的活动。不属于外销的产品则不算。

2. 进口贸易

进口贸易（Import Trade）是指将外国生产和加工的产品运入本国市场销售的活动。不属于内销的产品则不算。

3. 过境贸易

过境贸易（Transit Trade）是指甲国经由丙国国境向乙国运送商品，对丙国来说，就是过境贸易。

4. 复出口贸易

复出口贸易（Re-export Trade）是指输入本国的外国货物未经加工再输出的贸易活动。

5. 复进口贸易

复进口贸易（Re-import Trade）是指输出国外的本国货物未经加工再输入的贸易活动。

（二）按交易对象的性质划分

按交易对象的性质划分，国际贸易可分为有形贸易和无形贸易。

1. 有形贸易

有形贸易（Visible Trade）是指有形商品的出口和进口。有形贸易的进口和出口要办理海关手续，计入海关统计，构成一个国家一定时期的对外贸易额。联合国秘书处出版的《联合国

国际贸易标准分类》将货物种类划分为 10 大类：(0)食品及主要供食用的活动物；(1)饮料及烟草；(2)燃料以外的非食用粗原料；(3)矿物燃料、润滑油及有关原料；(4)动植物油脂及油脂；(5)未列名化学品及有关产品；(6)主要按原料分类的制成品；(7)机械及运输设备；(8)杂项制品；(9)没有分类的其他商品。其中(0)～(4)类称为初级产品，(5)～(8)类称为制成品，(9)类称为其他。

2. 无形贸易

无形贸易(Invisible Trade)是指无形商品(服务)的输出与输入，主要指运输、保险、金融、旅游、租赁等。无形贸易通常不办理海关手续，在海关进出口统计中反映不出来，而在国际收支中可以反映出来。

(三)按有无第三方参加划分

按有无第三方参加划分，国际贸易可分为直接贸易、间接贸易和转口贸易。

1. 直接贸易

直接贸易(Direct Trade)是指商品由生产国直接运销到消费国而没有第三方参加的贸易活动。

2. 间接贸易

间接贸易(Indirect Trade)是指通过第三国或其他中间环节把商品从生产国运销到消费国的贸易活动。

3. 转口贸易

转口贸易(Entrepot Trade)是指一国进口某种商品不是以消费为目的，而是将它作为商品再向别国出口的贸易活动。商品生产国与消费国通过第三国进行贸易，对生产国和消费国而言是间接贸易，对第三国而言则是转口贸易。

(四)按统计边界划分

按统计边界划分，国际贸易可分为总贸易和专门贸易。

1. 总贸易

总贸易(General Trade)是指以国境为标准划分和统计的进出口贸易。总贸易包括总进口和总出口。凡是进入一国国境的商品一律列入总进口；凡是离开一国国境的商品一律列入总出口。总进口额加总出口额构成一国的总贸易额。采用总贸易统计的有美国、英国、日本、加拿大、澳大利亚等 90 多个国家和地区。

2. 专门贸易

专门贸易(Special Trade)是指以关境为标准划分和统计的进出口贸易。专门贸易包括专门进口和专门出口。凡运入关境的商品列为进口，称为专门进口；凡运出关境的商品列为出口，称为专门出口。专门进口额加专门出口额构成一国的专门贸易总额。采用专门贸易统计的有德国、意大利、瑞士、法国等 80 多个国家和地区。

(五)按交易者的多少划分

按交易者的多少划分，国际贸易可分为双边贸易、三角贸易、多边贸易。

1. 双边贸易

双边贸易(Bilateral Trade)是指两个国家之间的贸易，在结算上有特定意义。两个国家之间进行贸易时，都以本国的出口支付来自对方的进口，贸易支付在双边基础上进行，称为双边贸易。这类方式多发生在实行外汇管制的国家。双边贸易通常用来泛指两个国家之间的贸易。

2. 三角贸易

三角贸易(Triangular Trade)是指三个国家之间的贸易,在结算上也有特定意义。当两国进行交易时,出现商品不适销对路、进出口不能平衡、外汇支付上有困难的情况,因此把交易扩大到第三国,通过三个国家之间签订贸易协定进行贸易。

3. 多边贸易

多边贸易(Multilateral Trade)是指三个以上国家之间的相互贸易。贸易国相互进行多边清算,即在贸易往来中,每个国家都可以用对某些国家的出超,支付对另一些国家的入超,以实现整体平衡。

(六)按清偿工具划分

按清偿工具划分,国际贸易可分为自由结汇贸易、易货贸易。

1. 自由结汇贸易

自由结汇贸易(Free Liquidation Trade)也称现汇贸易,是指以货币作为清偿工具的贸易。通常用可兑换货币来支付结算,如美元、英镑、欧元等。结算方式以信用证为主,辅以托收和汇付等。

2. 易货贸易

易货贸易(Barter Trade)是指以经过讨价的货物互相作为清偿工具的国际贸易。政府间的易货贸易也称协定贸易,需签订贸易协定与支付协定。民间的易货贸易也可以部分现汇、部分易货相结合,通常采取进出口结合,双方易货总额尽可能对等平衡。

(七)按货物的运送方式划分

按货物的运送方式划分,国际贸易可分为陆路贸易、海路贸易、空运贸易、邮购贸易。

1. 陆路贸易

陆路贸易(Trade by Roadway)是指采用陆路运送货物的贸易。陆地相邻国家通常采用陆路运送货物开展贸易,运输工具主要是火车、卡车等。

2. 海路贸易

海路贸易(Trade by Seaway)是指通过海上运输货物的贸易。运输工具主要是各种船舶。

3. 空运贸易

空运贸易(Trade by Airway)是指采用航空运送货物的贸易。这种贸易方式适用于贵重物品、鲜活商品或在途时间短的商品。

4. 邮购贸易

邮购贸易(Trade by Mail Order)是指采用邮政包裹方式寄送货物的贸易。这种方式适用于传递样品、数量不多的商品或特别急需的商品。

(八)按有无纸单证划分

按有无纸单证划分,国际贸易可分为有纸贸易和无纸贸易。

1. 有纸贸易

有纸贸易(Paper Trade)是指在国际贸易交易过程中,通过单证等商业文件的交接进行结算支付并履行合同的一种贸易方式。由于在国际贸易中买卖双方相距较远,一般来说,很难做到"现钱现货"的买卖,这样单据的买卖就成为双方履行权利和义务的依据。

2. 无纸贸易

无纸贸易(Paperless Trade)即电子数据交换(EDI),是一种将贸易、运输、保险、海关、银行等部门的信息通过电子信息系统实现各有关部门间的数据交换,利用计算机,按国际统一规定进行商务处理的新型方式。EDI 在欧洲、美国、日本等发达国家和地区已得到普遍应用，我国也正在积极采用并推广 EDI 技术。

第二节 国际贸易的产生和发展

一、国际贸易的产生

国际贸易是一个历史的范畴，是在一定历史条件下产生和发展起来的，是人类社会生产力发展到一定阶段的产物。国际贸易的产生必须具备两个条件：第一，相对独立的政治实体的出现，即国家的形成；第二，各个国家之间有可供交换的剩余产品，即国际分工的存在。

在原始社会初期，人类社会处在自然分工状态，社会生产力水平极度低下。人们只能依靠集体劳动来获取生存所必需的生活资料，然后按照平等的原则，在氏族公社的成员之间进行分配。由于没有剩余产品，就没有私有制，也就更不存在阶级和国家以及国家间的剩余产品交换——国际贸易。

随着社会的进步，人类历史上出现了第一次社会大分工，畜牧业从农业中分离了出来，原始社会的生产力水平有了一定的提高，开始出现少量的剩余产品。于是，在氏族、部落之间出现了简单的物物交换。

随着生产力的发展，人类社会出现了第二次社会大分工，即手工业与农业的分离。手工业的出现，提供了日益丰富的剩余产品，并使得私有制的产生和以交换为目的的商品生产的出现成为可能。商品生产和交换的不断扩大，产生了货币。这样，商品交换就由简单的物物交换演变成为以货币为媒介的商品流通，这又进一步促进了私有制和阶级的形成。

随着商品流通的扩大，人类社会实现了第三次社会大分工，即商业从手工业和农牧业中分离出来。专门从事贸易的商人的出现，使得商品生产和商品交换活动变得更加广泛和频繁，私有制得到了进一步发展，并最终促使阶级和国家相继形成。于是，在原始社会末期，原始国家之间开始用各自的剩余产品去交换自己不能生产或者不能满足需要的商品，商品交换开始跨越国界，真正意义上的国际贸易就产生了。

二、国际贸易的发展

（一）奴隶社会的国际贸易

早在 6 000 多年前，埃及就形成了最早的奴隶制国家。随后，中国、印度、希腊和罗马先后进入了奴隶社会。奴隶社会是以奴隶主占有生产资料和奴隶为基础的社会。在奴隶社会中，自然经济占统治地位，生产的目的主要是为了消费，以交换为目的的商品生产在整个经济中微不足道，进入流通的商品种类和数量很少。同时，由于技术落后、交通运输困难，商品流通的范围受到很大限制。

在奴隶社会，贸易商品主要是供王室贵族和奴隶主享乐的奢侈品，如宝石、装饰品、各种织物、香料等。此外，奴隶也是当时最普遍的商品。奴隶时期的贸易国家或地区，在欧洲主要包括腓尼基、希腊和罗马；在亚洲主要有中国和印度。

（二）封建社会的国际贸易

封建社会时期国际贸易有了较大发展。奢侈品仍是国际贸易中的主要商品，西方国家用呢绒、酒等换取东方国家的丝绸、香料和珠宝。

在封建社会早期，由于小农经济占统治地位，大部分庄园都可以自给自足，加之交通不便，因此，这一时期进入国际贸易的商品除了盐等生活必需品之外，其他种类不多。当时的国际贸易中心位于地中海东岸。阿拉伯民族是公元7～8世纪的贸易民族，当时的阿拉伯地区是商品的集散地。

到了封建社会中期，随着商品生产的发展，封建地租由劳役和实物形式转变为货币形式，商品经济得到了进一步发展。公元11世纪后，随着意大利北部和波罗的海沿岸城市的兴起，国际贸易的范围扩大到地中海、北海、波罗的海和黑海沿岸。

在封建社会末期，随着城市的兴起和城市手工业的发展，产生了资本主义萌芽，商品经济和对外贸易都有了较大发展。在贸易过程中，形成了诸如热那亚、威尼斯、比萨、佛罗伦萨等著名商业城市。

在中国公元前2世纪西汉时期，张骞出使西域，开辟了丝绸之路，将中国丝绸、茶叶和陶瓷运往欧洲。在唐朝开始同印度、伊朗、阿拉伯和日本等地区进行海上贸易往来。在明朝，郑和七次下西洋，扩大了海上贸易。

相关链接：丝绸之路

张骞出使西域，开通了促成东西方经济文化交流的交通线——丝绸之路。从长安经河西走廊，再分为南北两道：南道是出阳关（今甘肃敦煌西南）西行，经鄯善（今罗布淖尔附近），沿昆仑山的北麓，经过于阗（今和田）、莎东、蒲犁（今塔什库尔干），逾葱岭，至大月氏，再西行到安息和地中海的大秦（今罗马共和国），或由大月氏向南入身毒（印度）；北道是自玉门关（今敦煌西北）西行，经车师前国（今吐鲁番附近），沿天山南麓西行，经焉耆、疏勒，逾葱岭，至大宛，再往南北方向到康居、奄蔡，向西南方向到大月氏、安息。这条横贯欧亚的大陆交通线上运输最多的商品是丝绸，因此被称为“丝绸之路”或“丝路”。

（三）资本主义时期的国际贸易

如果说中世纪前的国际贸易主要局限于各大洲内部和亚欧大陆之间，那么15世纪的“地理大发现”及由此产生的欧洲各国的殖民扩张则大大发展了各洲之间的贸易，从而开始了真正意义上的“世界贸易”。

1. 资本主义生产方式准备时期的国际贸易

资本主义生产方式准备时期（16世纪～18世纪中叶）是资本原始积累和工场手工业发展的时期。在这个时期，由于工场手工业的广泛发展，劳动生产率得到了提高，商品生产和商品交换也发展起来，促进了国际贸易的发展。不仅国际贸易范围迅速扩大，交换的商品品种和数量也比以前增加了。这一时期的国际贸易明显地反映出资本原始积累的一些特征，特别是欧洲国家通过暴力、掠夺和欺骗等方式扩大了对殖民地的贸易。殖民地在宗主国对外贸易中的比重和地位日益提高，宗主国从中攫取了巨额利润。不过，整体来说，由于在这一时期资本主义机器大工业尚未建立，通信交通工具尚不完善，所以这一时期国际贸易的范围、商品品种和贸易额等都受到了一定的限制。

2. 资本主义自由竞争时期的国际贸易

资本主义自由竞争时期（18世纪60年代～19世纪后半期）是资本主义生产方式得到确立的时期。欧洲国家先后发生的产业革命和资产阶级革命，推动了资本主义机器大工业的建立，生产力迅速发展，物质产品大为丰富，真正的国际分工开始形成，交通运输和通信联络手段也有突飞猛进的发展，使世界市场真正得以建立起来。在这种条件下，国际贸易有了巨大发展，不仅贸易额空前迅速增长，而且商品的种类越来越多。商品结构不断变化，贸易方式也有了进步，各种信贷关系随之发展起来，同时经营国际贸易的组织机构也纷纷建立并日益专业化，国家之间的贸易条约关系也逐渐发展起来。

在这个时期，欧洲国家进一步推行殖民政策，使广大殖民地日益成为资本主义宗主国的销售市场和原料来源地，形成了不合理的国际分工，国际贸易中的斗争也趋于激烈。

3. 资本主义垄断时期的国际贸易

19 世纪末 20 世纪初，各主要资本主义国家从自由竞争时期过渡到垄断资本主义时期。在帝国主义时期，国际贸易发生了重大变化并明显地带有垄断的特点。垄断组织不仅控制了国内贸易，而且控制了国际贸易，国际贸易成为垄断组织追求最大限度利润的重要手段。在国际贸易中，垄断组织通过垄断价格，不断扩大不等价交换。各主要资本主义国家之间的竞争更趋激烈，关税壁垒与非关税壁垒等贸易政策措施进一步加深了帝国主义国家之间的矛盾，而随着帝国主义发展不平衡的日益加剧，帝国主义国家之间为重新瓜分世界市场的斗争更趋尖锐化，并引起了世界大战的爆发。科学技术革命的发生也促进了国际贸易发展，特别是第二次世界大战以后，国际贸易的地位得到了进一步提高。随着生产力的发展，国际贸易的内容也不断扩大，除了包括货物贸易外，还包括服务贸易。

(四)当代的国际贸易

第二次世界大战后，国际贸易进入了全新的繁荣发展时期。由于新的科技革命的兴起和跨国公司的空前扩张，国际分工的形式和内容都发生了巨大的变化，国际贸易也呈现出一系列新的特点：贸易规模持续扩大；贸易方式多样化；无形商品贸易迅猛增长；跨国公司成为国际贸易的主体；国际贸易政策的协调作用大大增强。

第三节 国际分工

一、国际分工的含义和类型

(一)国际分工的含义

国际分工(International Division of Labor)是指世界上各国之间的劳动分工。所谓劳动分工，就是各种社会劳动的划分与独立化。劳动分工是一切社会生产的一种基本形式，是不同形态的社会所共有的现象。

在人类历史发展的过程中，劳动分工经历了自然分工、社会分工和国际分工等几个不同的发展阶段。

三次社会大分工把生产力水平大大推进了一步，从而导致了阶级社会和国家的产生。但直至资本主义初期，这种社会分工仍然局限于一个国家和地区的范围，而没有超过国家和民族的界限。尽管当时已经有了国家与国家之间的对外贸易活动，但国与国之间的社会分工即国际分工还没有真正形成。随着科学技术的进步和生产力的发展，劳动分工无论是在广度上还是在深度上都有了进一步的发展，而分工的发展反过来又促进了社会生产力的提高、生产的社会化和专业化。工业分工是震撼旧世界的三个伟大杠杆之一。当近代产业革命发生后，大机器生产所创造的巨大生产力终于使社会分工越过国家的界限，发展成国际分工。

(二)国际分工的类型

根据分工的具体内容，国际分工大致可分为以下几种类型：

1. 垂直型国际分工

垂直型国际分工(Vertical International Division of Labor),是指原材料的生产和提供国与工业制成品的生产和供应国之间的分工合作。这种分工一般发生在发展水平和经济结构具有明显差别的国家之间,如宗主国与殖民地国家之间的分工就属于这种类型。

2. 水平型国际分工

水平型国际分工(Horizontal International Division of Labor),是指发展水平相近、生产技术水平相似的国家之间,对某些产品生产的不同环节或工艺过程进行专业化协作。第二次世界大战之后,随着第三次科技革命带来的科学技术和工业的迅速发展,"水平型分工"日益普遍,"垂直型分工"的重要性逐渐下降。在发展中国家之间、发达国家和部分发展中国家之间以及发达国家之间出现了广泛的"水平型"国际分工。

3. 混合型国际分工

目前,世界上绝大多数国家同时参与垂直型与水平型国际分工。造成这种复合分工形式有历史上的原因,也有新的生产组织方式的影响。特别是第二次世界大战后跨国公司的迅猛发展,使国际分工形式愈加复杂,世界各国的依赖与联系进一步加深。

相关链接:产业内部国际分工的形式

产业内部国际分工主要有3种形式:

(1)同类产品不同型号规格专业化分工。在某些部门内某种规格产品的国际生产专业化,是部门内国际分工的一种表现形式。

(2)零部件专业化分工。许多国家为其他国家生产最终产品而生产的配件、部件或零件的专业化。目前,这种国际生产专业化在许多种产品的生产中广泛发展。

(3)工艺过程专业化分工。这种专业化过程不是生产成品而是专门完成某种产品的工艺,即在完成某些工序方面的专业化分工。以化学产品为例,某些工厂专门生产半制成品,然后将其运输到一些国家的化学工厂去制造各种化学制成品。

二、国际分工的历史发展

在人类社会发展早期曾出现过两次社会大分工,但在随后漫长的奴隶社会和封建社会,由于生产力水平相对低下,社会分工主要局限于一国之内。国家之间的产品交换十分偶然,更不用说世界范围的国际分工和协作了。世界性的国际分工大致产生于15世纪。纵观其演变过程,可分为以下几个阶段:

(一)国际分工的萌芽阶段(16世纪~18世纪中叶)

15世纪末到16世纪上半叶的地理大发现,不仅促进了西欧国家的个体手工业向工场手工业过渡,而且是社会分工向国际分工扩展的一个重要转折。在地理大发现之前,自然经济占统治地位,生产力水平低下,商品生产不发达,欧洲各国间的贸易活动只局限于地中海区域,真正意义上的国际贸易还没有出现。当时,有的国家之间的分工只是范围有限的区域分工。这种分工关系的实质仍属于国内劳动分工,而不是国际分工。但地理大发现之后,西欧殖民主义者以暴力和其他超经济的手段在美洲、亚洲和非洲进行掠夺,强迫当地居民开采矿山,种植热带和亚热带作物,建立起一种以奴隶劳动为基础、面对国外市场的专业化生产的经济。伴随着海外殖民掠夺和奴隶贸易的兴起,各国的经济联系不断扩大。在这一过程中,国际分工开始萌芽。萌芽阶段的国际分工的显著特征是宗主国与殖民地之间的不合理的分工。

(二)国际分工的形成阶段(18世纪60年代~19世纪60年代)

第一次科技革命使国际分工进入形成阶段,以机器大生产代替了工场手工业,社会生产力得到了空前的发展。大工业首先使各国内部的劳动分工在广度和深度上都得到了拓展，真正的社会化大生产出现了。为适应大工业发展的要求，行业之间的分工日趋完善，地域之间的分工也日渐明显，使社会分工最终越过国家和民族的界限，形成了以世界市场为纽带的国际分工。

机器大工业对国际分工的形成发挥了特别重要的作用，机器大工业带来了交通运输工具的革命性变革，海洋轮船和铁路机车大大改善了运输条件；电报等现代通信工具的出现，使得信息资料的传播日益广泛和迅速；巴拿马运河和苏伊士运河的开通，将太平洋和大西洋连接起来，便利了国际贸易的扩展。这一时期国际分工的基本格局是，以英国为首的少数发达国家变为工业国，广大亚非拉国家变成农业国。

（三）国际分工的发展阶段（19 世纪中叶到第二次世界大战）

从 19 世纪末到 20 世纪初，发生了第二次科学技术革命。这次革命标志着人类开始从蒸汽时代进入电力和内燃机时代。发电机、电动机和内燃机在生产上的广泛使用创造出巨大生产力。一些新兴的工业部门，如电力、石油、化工、汽车制造和钢铁等纷纷出现，推动了社会生产力和国际分工的进一步发展。与此同时，资本主义从自由竞争向垄断过渡，通过资本输出进一步加深和扩大了国际分工。而资本输出把资本的统治从一国的范围内扩大到整个世界，建立了金融资本的世界统治，生产国际化和资本国际化的趋势日益增长。

这一时期国际分工的特征是形成了门类比较齐全的国际分工体系。一方面，原有工业国与农业国之间的分工继续发展，帝国主义国家加紧在殖民地和半殖民地兴办面向国际市场的种植业和采矿业，加深了世界工厂与世界农村的对立关系；另一方面，帝国主义国家之间的分工也日益发展起来，而这主要是工业部门之间的分工。

（四）国际分工的深化阶段（第二次世界大战以后）

第二次世界大战后发生的以核能、电子计算机、航天航空技术和生物工程发展为主要标志的第三次科技革命，是人类历史上规模最大、影响最深远的一次科技革命。这标志着世界生产力又发展到了一个崭新的时期，一系列新兴工业部门的涌现有力地促进了生产力的发展，结果使国际分工进一步深化。战后国际分工发展的基本格局是：从传统的以自然资源为基础的分工逐步发展为以现代工艺、技术为基础的分工；在继续保留以世界工厂与世界农村的对立为表现形式的垂直型国际分工的同时，出现了在技术水平较接近的发达国家之间的水平型国际分工，并且占据着越来越重要的地位；国际分工的范围不断扩大，参加国际分工的不仅包括发达的资本主义国家，而且还包括广大的发展中国家和社会主义国家，尤其是在发展中国家，一些新兴工业化国家和地区也积极加入当代国际分工的体系，并发挥着越来越重要的作用。

相关链接：巴拿马运河

巴拿马运河位于美洲巴拿马共和国的中部，它是连通太平洋和大西洋的重要航运要道。巴拿马运河全长 81.3 千米，水深 13～15 米不等，河宽 150～304 米。太平洋和大西洋沿岸各港之间取道巴拿马运河比绕道麦哲伦海峡缩短航程 5 000～10 000 千米。船舶通过运河一般需要 9 个小时，可以通航 76 000 吨级的轮船。多年来，帝国主义一直试图控制拉美国家，包括这些国家的主权领土、能源、交通等。巴拿马地处北美洲与南美洲的交界处，地理优势明显，左临太平洋，右临大西洋，最宽的陆域宽度只有 80 多千米。这一切使得巴拿马成为沟通两大洋的理想之地。

巴拿马运河通航以来，美国一直控制着运河航行等各个环节。直至今日，管理运河的最高权力机构是“巴拿马运河管理委员会”，委员会的总负责人由美国人担任，副手是巴拿马人，运河的全部引航员由美国人充当。

三、影响国际分工的主要因素

(一)生产力是决定国际分工产生和发展的根本因素

马克思主义经济学认为,生产力是一切社会经济现象的根源,体现世界生产力扩大的根本原因。

1. 国际分工是生产力发展的结果

第二次科技革命带来了垄断和资本输出的迅速发展,国际工农业分工体系得到加强并最终确立。第三次科技革命推动了生产力大幅度提高,新兴工业部门不断涌现,跨国公司地位日益举足轻重,生产过程的国际化迅猛发展。这些巨大的变革使国际工业分工取代传统的工农业分工成为国际分工的主导形式。

2. 生产力的发展制约着国际分工类型的演变

第一次科技革命后,率先完成产业革命的一些资本主义工业国成为世界工业的中心,输出工业制成品,而众多落后的农业国则成为其工业原料的供应地和制成品的销售市场。在这种情况下的分工形式只能是垂直型分工。第二次科技革命后,虽然垂直型分工仍占据主要地位,但工业国家之间的水平型分工已在一定范围内出现。第三次科技革命之后,由于大量先进工艺技术的采用和新兴部门的出现,各国之间不同层次、不同形式的水平型分工迅速扩大。如今,世界上多数国家参与的是同时包含垂直型和水平型的混合型分工。

3. 生产力的发展决定了国际分工的产品内容和范围

在国际分工早期,产品内容仅限于奢侈品和少数消费品。随着生产力的发展,逐步扩大到如粮食、工业原料等各类大宗产品。第二次世界大战后,各类工业最终制成品、高精尖产品比重不断提高,中间性产品和技术、劳务产品也呈日益增加的趋势。

(二)各国的资源禀赋的影响

一国的资源禀赋,主要是指该国在劳动力、资本和自然资源等方面的拥有状况。各国的资源禀赋由于各种原因往往差别很大。“靠山吃山,靠水吃水”,这在很大程度上决定了国际分工的格局。一般情况是,劳动力充裕的国家适于专门生产劳动密集型产品,资本充裕的国家适于专门生产资本密集型产品,而自然资源较充裕的国家则适于专门生产各种农矿产品。

但是,这种资源禀赋对国际分工的影响并不是决定性的。这是因为:一方面,每个国家的资源禀赋并不是一成不变的;另一方面,技术的巨大进步又会不断改变对资源的利用情况。这些巨大的变革使国际工业分工取代传统的工农业分工成为国际分工的主导形式。

(三)国际资本流动是推动国际分工的重要力量

国际资本流动的趋势揭示了国际分工的发展方向。20世纪初,欧美资本主义由自由竞争向垄断过渡,国内狭小的市场和资本的寻利本能迫使资本积极向外输出,推动了国际分工的发展。国际资本流动对国际分工的影响主要体现在第二次世界大战之后,其间跨国公司迅速成为世界经济舞台上的主角。为了实现规模经济、降低生产成本、扩大占有市场,跨国公司大规模推行全球性的专业化生产与协作,从而直接推动了工业部门内部分工的发展。

从另一个角度看,资本大规模流动也使一批资本短缺的发展中国家有机会利用外国资本加快本国经济建设,并且多层次、多类型地参与到国际分工体系中来。

四、国际分工对国际贸易的影响

如果说早期国际贸易的动力是出自少数人的奢侈消费,那么,在各国相互联系日益加深的今天，毫无疑问，国际贸易同国际分工的形成和发展有着直接的联系。

(一)国际分工制约着国际贸易的发展速度

贸易产生的根源是分工，因此，贸易发展的程度取决于分工的发展程度。据统计，在1720～1820年长达100年的时间里，世界贸易量仅增长1.74倍，但在国际分工蓬勃发展的1820～1870年和1870～1913年这两个时期，世界贸易量分别增长了6.7倍和3.2倍。1800～1913年，世界人均贸易额每10年增长33%，而同期世界人均生产量每10年增长7.3%。第二次世界大战后，随着国际分工的深化，世界贸易迅猛发展。在1955～1973年期间，世界贸易的年增长率达7.8%，成为国际贸易有史以来增长最快的时期。20世纪80年代以来，国际贸易又呈不断扩大之势，世界货物贸易额从1980年的19 986亿美元增至1989年的30 372亿美元，年均递增5.2%。2018年世界货物贸易额为194 765亿美元。大量资料表明，在国际分工发展较快的时期，国际贸易的发展速度也较快；反之，国际贸易发展较慢甚至停滞。

(二)国际分工影响制约着国际贸易的空间分布格局

一个国家在国际分工体系中的地位决定了它在国际贸易中的地位。18～19世纪，英国在国际分工中处于中心地位，其对外贸易在世界贸易中占主导地位。1820年为18%，1870年为22%，当英国国际分工地位受到美、德等新兴工业化国家的挑战而相对下降时，该比重也随之降低，1913年已降至15%。自英、美、德等国共同成为国际分工中心以来，发达工业国家在国际贸易中一直处于主导地位，并且发达国家与相对落后国家之间不平衡的趋势越发明显。1960年，发达国家在世界贸易值中所占的比重高达63%，20世纪90年代中期进一步上升到70%以上。而众多的落后国家，由于在国际分工中处于边缘地位，因此，在国际贸易中的份额不断下降。如1960年，发展中国家在世界贸易值中所占比重为25%，20世纪90年代中期降至22%左右。

(三)国际分工决定国际贸易的商品结构

第二次世界大战前，国际分工以垂直型分工为主，贸易主要发生在宗主国与其生产原料提供国之间，主要商品为初级产品。

第二次世界大战后，工业制成品的比重明显提高。到1953年，工业制成品在世界出口贸易中的比重高达50.3%，第一次超过初级产品的比重。到20世纪80年代末，这两类商品所占比重分别为71%和21%；到了90年代，这一趋势依旧显著。1995年初级产品和工业制成品的比重为24.6%和70.3%，2001年为25%和75%。在发展中国家的出口贸易中，工业制成品的比重从1970年的18.5%上升到1991年的56%，工业制成品在进口中的比重同期从67.5%上升到74.3%。2016年中国工业制成品出口比重达94.3%。同时，随着国际工业部门内部分工和跨国公司内部分工的扩大，内部贸易不断增多，从而中间性产品、半制成品等在整个制成品贸易中的比重迅速提高。

(四)国际分工的发展制约着各国的对外贸易依存度

国际分工的发展，特别是第二次世界大战后国际分工的深化，整个世界贸易依存度都在不断提高。

据WTO和IMF的数据测算，1960年全球外贸依存度为25.4%，1970年为27.9%，1990年升至38.7%，2000年升至41.7%，2017年达到52%。

2018年，美国的对外货物贸易依存度是20.5%，德国外贸依存度高达71%，日本外贸依存度为29.92%，韩国外贸依存度约为68.7%，中国外贸依存度为33.89%。

(五)国际分工的发展与创新导致贸易方式的演变

随着战后国际分工的进一步深化,贸易方式日益多样。服务业和服务贸易的迅速发展成为战后世界经济最为显著的变化之一。世界服务贸易从 1967 年的 700 亿～900 亿美元猛增到 1980 年的 6 500 亿美元,其增长速度于 1979 年首次超过货物贸易。1987 年服务贸易额达到了世界贸易额的 1/4,即 9 600 亿美元;2017 年达 5.28 万亿美元。国际分工的创新表明了国际贸易进入了一个全新的发展时代。

第四节 世界市场

一、世界市场概述

(一)世界市场的含义

市场是商品和服务的交换场所或领域,世界市场(World Market)是世界各国商品和服务的交换场所或领域,是世界各国之间各种交换关系的总和。广义的世界市场包括世界商品市场、世界劳务市场和世界金融市场等。世界市场是人类的商品交换关系突破国家和民族的界限而扩展到整个世界的结果,是资本主义生产国际化和国际分工的产物。虽然世界市场是在各国国内市场的基础上形成的,但它并不是各国国内市场的简单总和。两者之间既有紧密的逻辑联系,又存在着显著的差异。

(二)世界市场的形成与发展

同国际分工一样,世界市场也是伴随着社会生产力的发展而形成和发展的。国际分工的存在是世界市场产生的前提和基础,没有分工就没有交换,也就没有市场;反之,没有市场也就没有交换,分工也不可能深入。

1. 世界市场的萌芽阶段

15 世纪末 16 世纪初的地理大发现对西欧经济的发展产生了巨大的影响。在地理大发现之前,世界上只存在若干区域性市场,还没有世界市场。地理大发现给新兴的资产阶级开辟了新的活动场所,既引发了商业上的大变革,同时也为世界市场的产生奠定了基础。地理大发现把区域性市场逐渐地扩大为世界市场。

2. 世界市场的迅速发展阶段

18 世纪 60 年代至 19 世纪 70 年代发生的产业革命,带来了两个革命性的后果,即大机器工业的确立和资本主义生产方式的确立成为占统治地位的生产方式。在大机器工业的影响下,世界市场和国际贸易发生了革命性的变化:

(1)大机器工业需要一个不断扩大的市场。大机器工业只有在经常扩大生产、不断夺取新市场的条件下才能存在。

(2)大机器工业不仅需要一个不断扩大的世界销售市场,也需要日益扩大的原料供应来源。

(3)资本主义大机器工业的发展使工业和人口不断向城市集中,形成了许多大机器工业中心和大的食品销售市场。

(4)资本主义大工业的发展和世界人口的流动扩大了劳动力市场,也是扩大商品销售市场和原料食品来源的重要因素。

(5)大工业的发展促进了铁路、轮船、通信业的发展,为扩大各国国内市场和世界市场、加强国内和国际的经常性经济联系提供了物质技术基础。

3. 世界市场的形成阶段

19 世纪 70 年代发生的第三次科学技术革命，一方面极大地促进了社会生产力的提高，工农业生产迅速增长，交通运输事业发生革命性变化；另一方面也使资本主义生产关系由自由竞争阶段过渡到垄断阶段，资本输出加强。这样，世界工农业生产的增长、交通运输工具的革命和资本输出的增加三者共同作用的结果，加速了世界市场和国际贸易的发展，把越来越多的国家囊括到世界市场和国际贸易中来，从而在世界历史上第一次实现了一个把世界各国都联系起来的、统一的、无所不包的世界市场。其标志如下：形成多边贸易、多边支付体系；建立国际金本位制度并形成世界货币；资本主义的各种经济规律制约着世界市场的发展；形成了比较健全的、固定的销售渠道。

(三)当代世界市场的主要特征

第二次世界大战后，世界经济和国际经济关系发生了深刻的变化。世界市场继续扩大和发展，并出现了以下新特点：

1. 当代世界市场的规模不断扩大

其主要标志就是国际贸易额的不断增加。从商品贸易来看，在 1948～1981 年的 33 年时间内，世界出口贸易量增长了 7.7 倍，年平均增长率达 6.8%；而在 1900～1938 年的 38 年内，世界出口量只增长了 3 倍，年平均增长率仅为 1.8%。进入 20 世纪 80 年代中期以后，增长速度加快。

2. 世界市场主体结构发生明显变化

组成世界市场的国家类型呈现多样化；主要经济发达国家在世界市场中的地位和作用也发生了明显变化；在广大的发展中国家中，新兴工业化国家和地区以及石油输出国组织成员在世界市场上的占有率呈上升趋势。

3. 世界市场商品结构发生显著变化

国际贸易商品结构发生重大变化，在国际贸易中初级产品所占比重下降，工业制成品所占比重急剧增加；在世界各大类产品贸易中，经济发达国家出口占主导地位(除石油外)；经济发达国家商品多样化，而发展中国家出口的商品品种仍比较单一；在世界市场上，主要商品的出口国仍然为少数资本主义国家。

4. 当代世界贸易的主要贸易对象是经济发达国家

经济发达国家的出口地理方向主要是它们自身内部，发展中国家的出口地理方向也是经济发达国家。

5. 世界市场上的垄断竞争进一步加强

第二次世界大战后，世界市场由卖方市场转向买方市场，垄断进一步加强，使得市场上的竞争更为激烈。这主要表现在以下几个方面：经济发达国家的对外贸易大部分控制在少数大垄断企业手中；通过建立出口或进口卡特尔来瓜分和控制世界市场；跨国公司对国际贸易的影响日益增大；国家积极参与世界市场的竞争。

6. 贸易保护主义重新抬头

在当代世界市场竞争中，各主权国家政府为了维护本国的经济利益，必然要运用国家权力通过各种方式对竞争进行干预和保护，以促进本国经济的发展，最大限度地减少竞争对本国经济发展所起到的负面作用，如美国的《美国贸易法》“337 条款”。

二、当代世界市场的构成

第二次世界大战以后，随着生产国际化和专业化程度的提高，世界市场范围不断扩大，构成日趋复杂。当代世界市场主要由以下几部分构成：

(一)国家和地区

第二次世界大战前，世界市场的国家构成较为单一，并由少数资本主义国家主宰世界市场；第二次世界大战后，殖民体系瓦解，一大批亚非拉发展中国家以独立主权国家的身份参加了世界市场活动。因此，第二次世界大战后的世界市场是一个由各种经济类型的国家(地区)组成的既统一又对立的复合体。根据联合国统计局的分类，参加世界市场活动的国家与地区可以分为四组：发达的市场经济国家，包括欧洲、北美、日本等 27 个国家；东欧国家，即原经互会成员国；亚洲社会主义国家，包括中国、越南、朝鲜等国；发展中国家和地区，包括上述国家以外的所有亚洲、非洲、大洋洲、北美洲和欧洲的国家与地区。上述四组国家与地区在统一的世界市场上既相互依赖，又相互矛盾。

(二)订约人

当代世界市场的订约人既有以追求商业利润为目的而进行经济活动的企业，也有为促进私营企业扩大出口而建立并代表企业家集团利益的企业主联合会，还有经政府授权进行外贸活动的国家机关(政府各部和各主管部门)和机构。活动目的和性质互不相同的三类订约人在世界市场上组成国家间商品和劳务交换的主体。

(三)商品

当代世界市场上交换的商品主要包括货物和服务。货物贸易主要包括三大类产品，即初级产品、制成品和其他产品。服务贸易按《服务贸易总协定》规定，由 12 大类构成，即商业服务、通信、建筑及相关工程、销售、教育、环境、金融、健康与社会、旅游及相关服务、文化娱乐与体育、运输、其他。

(四)商品市场

从世界商品市场的特征看，既有以自由竞争为特征的开放性市场，也有买方与卖方由组织上联系、受垄断组织控制的封闭性市场，还有以商业一次性合同为基础的市场；同时，有以国际专业化、协作化及长期的大规模联系为基础的市场，有以区域经济一体化为模式、以经济集团为基础的市场。

从世界商品市场的组织形式看，既有有固定组织形式的国际商品市场，也有无固定组织形式的国际商品市场。有固定组织形式的国际商品市场一般均在固定场所按事先规定的原则和规章进行商品交易，主要包括商品交易所、国际商品拍卖中心、国际博览会和展销会、国际贸易中心等。无固定组织形式的国际商品市场是通过单纯的商品购销或与其他因素结合的商品购销形式，如补偿贸易、加工贸易、招标与投标、租赁贸易等来进行国际商品交易。

(五)商品销售渠道

销售渠道是指商品从生产者到消费者手中所经过的路线。世界市场上的销售渠道通常由三部分构成：第一部分是出口国的销售渠道，包括生产企业或贸易企业；第二部分是出口国和进口国之间的销售渠道，包括贸易双方的中间商；第三部分是进口国国内的销售渠道，包括经销商、批发商和零售商。

(六)运输网络构成

世界市场上的运输网络是由铁路运输网、公路运输网、水上运输网、管道运输网、航空运输网等组成的。

(七)信息网络构成

信息网络是世界市场的中枢。它是由国际电话、电报、电传、电视、广播、报刊、通信卫星系统、计算机互联网络组成的。

第五节　国际资本流动

一、国际资本移动的主要形式

国际资本移动也称国际资本流动,是指在一定时期内,各种资本在国际流动的总和。它包括国际直接投资和国际间接投资两大部分。按投资方式可划分为对外直接投资和对外间接投资。

(一)对外直接投资

对外直接投资(Foreign Direct Investment)是一个国家的投资者输出生产资本到另一个国家的厂矿企业进行投资,并由投资者直接参与该厂矿企业的生产经营和管理。

对外直接投资主要又分为以下五种形式:

1. 举办独资企业

即投入的资本完全由一国的投资者提供,外资股份为100%。可以通过建立新企业或全资收购现有的企业来进行。

2. 举办合资企业

即根据投资所在国法律,通过与该国企业签订合同,共同出资组建一家企业。按一定股权比例共同出资、共同管理、分享利润、共担风险。

3. 举办合作企业

即与投资所在国的企业通过投资进行合作经营。合作企业与合资企业的主要区别在于签约各方可不按出资比例,而按合同条款的规定,确定出资方式、组织形式、利润分配、风险分担和债务清偿等权利和义务。

4. 收买外国企业的股权达到一定比例

这个比例,不同国家有不同的规定。按国际货币基金组织的规定,拥有25%投票权的股东,即可视为拥有直接控制权。这种投资就是直接投资。美国的规定为10%或以上。

5. 投资所得利润的再投资

投资者在国外直接投资所得的利润不汇回本国,而再投资于该企业。

(二)对外间接投资

对外间接投资(Foreign Indirect Investment)是一个国家的投资者以取得利息或股息、分得红利等形式的资本增值为目的,以被投资国的证券为主要对象的投资,其特点是投资者不直接参与这些所投资企业的经营和管理。对外间接投资包括证券投资和国际贷款。

1. 证券投资

证券投资是指投资者在国外市场上购买外国企业和政府的中长期债券,或在股票市场上购买上市的外国企业股票的一种投资活动。由于属于间接投资,证券投资者一般只能取得债券、股票的股息和红利,对投资企业并无经营和管理的直接控制权。

2. 国际贷款

国际贷款种类很多,有政府援助贷款、国际金融机构贷款、国际金融市场贷款、出口信贷等。

(1)政府援助贷款。政府援助贷款是各国政府或政府机构之间的借贷活动。这种贷款通常带有援助性质,一般是发达国家对发展中国家或地区提供的贷款。其特点是利息较低、还款期较长(可达 20~30 年),有时甚至是无息贷款。

(2)国际金融机构贷款。国际金融机构包括国际货币基金组织、国际金融公司、世界银行、各洲的开发银行和联合国的援助机构等。国际金融机构贷款一般比较优惠,但受限制条件较多。

(3)国际金融市场贷款。国际金融市场分为货币市场和资本市场。前者是经营短期(1 年以内)资本借贷的市场,后者是经营长期(1 年以上)资本借贷的市场。国际金融市场贷款的特点是利率较高,但可用于借款国任何需要,对贷款的用途没有限定,比较自由。

(4)出口信贷。出口信贷是指一个国家为了鼓励商品出口,提高商品的竞争能力,通过其本国银行向本国出口厂商或国外进口厂商或进口方的银行所提供的贷款。这种信贷方式是当前比较流行的用来鼓励商品出口的政策措施。

相关链接:对外直接投资与对外间接投资的区别

从理论上看,对外直接投资不是单纯的国际资本流动,而是投资企业的资本、技术和管理技能等一揽子生产要素的跨国移动,投资企业要对转移到国外生产地点的诸生产要素实行控制。另外,对外直接投资是一种经营性投资,无论投资者在哪一行业进行投资,都以取得企业的经营控制权为前提条件。而对外间接投资是以取得一定收益为目的的拥有境外有价证券的行为,一般不存在对企业经营管理权的取得问题。两者的基本区别在于,是否拥有对企业经营管理的控制权。

二、第二次世界大战后国际资本移动迅速发展的原因

(一)跨国公司大量活动的结果

第二次世界大战后,跨国公司得以迅速发展,大量的对外投资就通过跨国公司来完成转移;反过来,资本的大量对外转移也促进了跨国公司的迅速发展。而跨国银行通过在国外的分支机构或国际联合银行等形式来经营国际性金融投资业务。这样不但可以分散独家银行从事大规模国际借贷活动的风险,而且在较大程度上扩大了国际资本转移的规模和活动范围,大大促进了国际资本转移。

(二)区域经济一体化和贸易集团化趋势加强

在世界经济中,区域经济一体化和贸易集团化趋势加强。集团化在贸易上呈现出排他性和对非成员国的歧视性,迫使各国为维护自身经济利益而竞相在对方扩大直接投资,争夺有利的投资领域。这在一定程度上,客观地造成了国际直接投资规模的进一步扩大。另外,贸易集团内部关税减免,市场扩大,有利于吸收外资。

(三)国家垄断资本的输出促进了私人资本的输出

第二次世界大战后,发达国家政府干预经济的表现形式之一就是通过对外"援助"和贷款迫使受援国开放本国的商品和资本市场,允许外国资本的自由移动;同时政府还把"援助"和贷款投入一些私人资本不愿意或不容许投入的交通、通信等公共事业部门,为私人资本的投资创造良好的投资环境。

(四)投资体制的自由化

1991～1996 年,各国政府共对外国直接投资管理体制做出了 599 次调整,其中 95%是朝着投资自由化方向调整的。政府间广泛地缔结双边投资保护协定,有力地促进了外国直接投资的快速增长。

(五)跨国银行和区域性金融投资机构的发展,促使国际资本市场进一步扩大

第二次世界大战后,跨国银行通过其海外的分支机构、参股银行、国际联合银行等形式来经营国际性的金融投资业务。国际联合银行的建立分散了独家银行从事大规模国际借贷活动的风险,扩大了国际投资的规模和活动范围,为国际投资提供了良好的环境,极大地促进了国际投资的发展。

三、国际资本移动对国际贸易的影响

国际贸易中的商品移动与资本移动是不同的,但由于资本移动对生产国际化和各国的专业化协作有一定的影响,从而对国际分工产生深远的影响,不可避免地也将对国际贸易的各个方面产生影响。

(一)国际资本移动促进了战后国际贸易的发展

第二次世界大战以后,在第三次科技革命的推动下,国际贸易和国际投资都得到了极其迅速的发展。但相对而言,在 20 世纪 90 年代中期以前,国际贸易的总量规模仍较大幅度地高于国际投资的总量规模。20 世纪 90 年代中期以后,随着国际投资增长速度的大幅度提升,国际资本流动达到了前所未有的水平,使之与国际贸易规模的差距不断缩小,两者之间的发展同步性特征得到进一步强化。目前,国际投资和国际贸易的总量增长已成为经济全球化的两大重要标志。这表明国际资本不断扩大的趋势成为带动国际贸易高速增长的原因,而国际贸易的高速增长又促使国际投资进一步扩大。

(二)国际资本移动对国际贸易地理分布的影响

一般来说,国际资本流动的方向,也就是国际贸易的主要方向。第二次世界大战后,国际贸易 70%以上是在发达国家间进行的。战后发达国家集中了企业海外直接投资的 75%以上,这种直接投资的地区格局致使发达国家间的分工与协作不断加强,促进了它们之间贸易的发展。

(三)国际资本移动对国际贸易商品结构的影响

第二次世界大战后,随着资本输出的主要部门由初级产品部门转向制造业和服务业部门,工业制成品贸易和服务贸易在国际贸易中的份额日益上升,而初级产品的比重不断下降。与此同时,中间产品的比重持续增长,这在一定程度上与跨国企业的经营方式有关。跨国企业是从全球的角度依照各地的具体条件进行资源配置的。其经营方式为内部企业间分工协作,定点生产、定点装配、定向销售,这样便会出现大量零部件在国家间的往返运输,由此增加了中间产品的贸易比重。

(四)国际资本移动加剧了国际贸易中的竞争和垄断

国际资本移动,特别是对外直接投资作为企业争夺国外市场的手段,具有以下几个因素:

1. 便于搜集商业信息情报

投资企业可利用自身的优势及时、准确地搜集当地市场的商业信息,并与其他地区建成信息网络,这对企业根据市场状况适时地调整生产、改进产品的销售都是极其有利的。

2. 增强产品的竞争能力

通过对外直接投资，就地生产、就地或邻近地区销售，可以减少产品的运输成本和保险、保管等其他费用，并且在当地生产可利用当地各种廉价的资源以降低产品成本，提高产品的竞争能力。

发达国家企业通常利用技术上的优势，通过对外直接投资的方式在国外设立企业，使用自己的专利和专有技术生产产品，在其他企业仿造或制造类似产品之前抢占当地市场，从而获得生产和销售该产品的垄断权。目前，发达国家双向投资的一个共同目标就是占领当地高技术产业市场，获得东道国的高新技术，提高企业自身的国际竞争能力。

3. 避免保护主义的贸易壁垒

随着发达国家间贸易摩擦的加剧，直接投资日益成为绕开贸易壁垒、占领对方市场的主要手段。通过在东道国投资设厂，投资企业就可以与东道国企业在同样的条件下竞争，实现当地生产、当地销售。此外，由于区域经济一体化的发展，贸易集团内部具有许多域外非成员国不能享受的优惠，通过对外直接投资在当地设厂，就可以享受这些优惠。

4. 国际资本移动使国际贸易方式多样化

传统的国际贸易主要由专业性进出口公司来经营。第二次世界大战后，在国际资本移动中，随着跨国公司的对外投资迅速增加及其内部贸易的不断上升，跨国公司在海外纷纷设置自己的贸易机构或建立以贸易为主的子公司，经营进出口业务，这与传统贸易相比，贸易中间商、代理商的地位相对下降。与此同时，资本移动还产生了一系列新的贸易方式，如加工装配贸易、补偿贸易、国际租赁业务和国际分包合同等形式。

5. 国际资本移动使各国贸易政策发生了变化

在国际资本移动的发展过程中，跨国公司作为国际资本移动的载体起着重要作用。跨国公司经营活动的顺利开展与其所处的贸易环境密切相关，贸易自由化是前提，因而跨国公司通过对本国政府施加压力，影响本国政府的贸易政策，要求政府为其创造良好的贸易环境。

第六节　跨国公司

一、跨国公司的概念

跨国公司(Multinational Corporations)产生于19世纪下半叶的欧洲，是20世纪60年代以来广泛发展起来的一种国际企业组织，又称多国公司、国际公司、全球公司、宇宙公司、世界公司、跨国企业等。这些称呼往往互相替换使用。经联合国经济及社会理事会研究，并接受拉丁美洲国家代表的建议，联合国文件和刊物自1974年以后一律用“跨国公司”来称呼这类企业。

跨国公司是指在两个或两个以上的国家(或地区)拥有矿山、工厂、销售机构或其他资产，在母公司统一决策体系下从事国际性生产经营活动的企业。

相关链接：耐克公司的跨国投资

耐克公司创建于1964年，它是世界头号运动鞋生产公司。这样一家大型的跨国公司的总部(设在美国的俄勒冈)只有一些低矮的楼房。就生产角度而言，耐克公司与人们心目中所认同的“跨越国界进行生产和销售”的跨国公司似乎相差甚远，因为公司本身并不“生产”运动鞋，公司只保留了对产品设计和广告营销的控制权，而将价值链的其他环节分散到全球许多国家。例如，97%以上的耐克运动鞋的生产采取在第三世界国家通过合同承包、加工返销的形式进行。其中相当一部分产品曾在韩国和中国台湾进行生产，然后由耐克公司收购，再销往世界各地。由于人力成本的上升，耐克公司关闭了在韩国和中国台湾的20多家工厂，又在工资更为低廉的印度尼西亚、中国内地和泰国新设了35家工厂。一双印度尼西亚制造的耐克鞋的生产成本为5.6美元，而其在北美和欧洲市场上的平均售价可达73美元，有的甚至高达135美元。

二、跨国公司的特征

（一）实行全球化经营战略

跨国公司有全球性的战略目标和战略部署。所谓全球战略，是指跨国公司将其全球范围的经营活动视为一个整体，其目标是追求这一整体利益最大化，而不考虑局部利益的得失。跨国经营的主要方式是商品贸易、直接投资和技术转让。为实现公司全球利益最大化，公司要在世界范围考虑原料来源、劳力雇佣、产品销售和资金利用；要充分利用东道国和各地区的有利条件从事国际化生产，并借助其全球的庞大销售网络行销其产品。这在客观上要求公司把商品贸易、直接投资、技术转让三者结合起来，相互利用，着眼于公司的整体利益以及未来发展，进行全面安排。

（二）公司内部一体化经营

跨国公司的总公司与子公司、子公司与子公司虽然分散在各国经营，但通过集中决策的管理体制，使总公司与子公司、子公司与子公司之间形成一个整体。总公司拥有重大事宜的最终决定权，并为公司的发展把握方向，通过集中统一的指挥方式将各个子公司的分散经营活动有机地结合起来。例如，一子公司东道国的投资环境及市场恶化，一方面需要子公司灵活经营，降低风险；另一方面通过总公司集中决策，与其他子公司进行内部贸易等来转移风险。因此，跨国公司虽然拥有众多的子公司，且分布于世界各地，但由于实现了内部一体化，它们就像一个被严密控制的单一企业那样，位于被国界分开的许多市场，在几个国家之间从事经营。

（三）公司规模庞大、实力雄厚

跨国公司都是在一个或几个部门居于垄断地位的国际化大企业或企业的联合体。它们拥有先进的技术和管理经验、多样化的产品、雄厚的资金、全球性的营销网络及发达的商业信息网。

（四）经营多样化

跨国公司的国际一体化生产体系，无论是垂直一体化，还是水平、混合一体化，其产品必定是多样化的。多样化是跨国公司发挥其经营优势、降低风险的重要办法，而一般企业限于经营规模和资金实力则难以充分实现多样化。同时，多样化经营能将市场进行细分，可以更适应不同层次、不同类型的市场需求，满足消费者需要。

三、跨国公司迅速发展的原因

第二次世界大战后，跨国公司迅速发展有其政治和经济上的多方面原因，总结起来有以下几点：

（一）科技革命和社会生产力发展的必然结果

第二次世界大战后，发生了以原子能、电子计算机、高分子、航天航空、光纤等技术为标志的第三次科技革命。科技革命使生产力发展超越国界，不仅商品和货币的国际流通日趋扩大，生产活动本身的国际化也不断加深。而企业的发展日益受到资源和市场的约束，企业为了提高效率，必须在全球范围内布局生产和销售，到最有利的地方去投资建厂，设置最有利于全局的销售点。同时，社会生产力的发展改进了运输工具和通信联络方式，为跨国公司的国际化生产经营提供了物质条件。

（二）第二次世界大战后的贸易保护主义促进了跨国公司的发展

第二次世界大战后，各国在相当长的时期内受到新贸易保护主义的影响，在努力扩大出口、扩大海外销售市场的同时，设置了各种严格的关税壁垒来限制进口。针对这种情况，跨国公司通过扩大对外直接投资，以就地生产、就地销售的方法避开该国的贸易壁垒，达到扩大市场份额、占领该国市场的目的。

（三）各国政府对跨国公司发展的大力扶持与鼓励

第二次世界大战后，发达国家以市场失灵为借口加强了对经济的干预。为了扶持本国企业的对外扩张，各国政府采取了种种措施支持跨国公司的发展。例如，为跨国公司提供优惠信贷支持；利用税收优惠或参与的方式支持企业的R&D（研究与发展）活动，以提高其竞争力；由政府出面协调国际关系，签订避免双重课税协定，以改善跨国公司的投资环境，减轻其纳税负担等。

（四）第二次世界大战后发展中国家对发展民族经济的要求

第二次世界大战后，发展中国家由于先天不足，发展民族经济普遍缺乏技术、资金和管理经验。为了吸引发达国家跨国公司的技术、资本和管理，对跨国公司采取的许多优惠的政策待遇，无疑对跨国公司的发展起到了有利的推动作用。与此同时，近年来，发展中国家企业随着自身实力的增强和政府的直接支持，也出现了一些跨国公司。

四、跨国公司对国际贸易的影响

第二次世界大战后，跨国公司不仅数量日益增加，而且在世界经济贸易中的地位不断提高，对国际贸易发展起着举足轻重的作用，产生了重要影响。

（一）跨国公司促进了国际贸易的增长

2000年，跨国公司海外分支机构的销售额达6.5万亿美元，而其中有1/3是跨国公司企业内贸易。今天，跨国公司控制着全球对外直接投资的90%、世界生产的40%、国际贸易的50%和国际技术转让的1/3。跨国公司的发展、对外直接投资与跨国公司销售额的不断扩大，必然会促进国际贸易的增长。

（二）跨国公司影响国际贸易商品结构

跨国公司对外投资主要集中在资本和技术密集型的制造业部门，这就直接影响着国际贸易商品结构的变化，具体表现为：国际贸易商品结构中制成品的比重上升、初级产品的比重下降。在制成品贸易方面，少数跨国公司控制着许多重要制成品贸易，高科技产品领域内更是如此。

（三）跨国公司影响国际贸易地区分布

跨国公司海外投资的3/4集中于发达国家和地区，其设立的海外子公司有2/3位于此。跨国公司通过内部贸易和外部贸易（与其他外部公司进行的贸易）促进了发达国家之间的贸易，带动了这些国家对外贸易的发展。

发展中国家和地区吸收了跨国公司海外直接投资总额的1/4、海外子公司数额的1/3。跨国公司在发展中国家生产的产品大多为附加价值较低的劳动密集型产品和初级产品，因而使其在国际贸易中的份额较小，与其吸收海外投资的比重相当。

(四)跨国公司促进了国际技术贸易的发展

跨国公司是国际技术贸易中最活跃、最有影响的力量。它控制了资本主义世界工艺研制的80%、生产技术的90%,国际技术贸易的75%以上属于与跨国公司有关的技术转让。因此,第二次世界大战后国际技术贸易的快速发展是与跨国公司技术发明和技术转让的发展分不开的。

(五)跨国公司的发展推动了世界服务贸易的发展

20世纪90年代跨国公司在扩大其全球经营业务外延的同时,其生产经营活动的内涵也发生了一系列变化。与国际产业结构的调整相适应,20世纪80年代以来,在服务业领域,跨国公司也取得了突破性的进展。20世纪90年代服务业领域中的跨国投资方兴未艾,其投资主体是跨国公司,发展势头非常强劲。发达国家既是服务业领域中的最大投资国,也是该领域对外投资的最大东道国。服务领域以跨国公司为主体的对外直接投资大大提高了服务产品的可贸易性,从而促进了世界服务贸易的发展。

(六)跨国公司的发展加剧了国际贸易中的垄断和竞争

跨国公司的发展使得国际贸易领域的垄断和竞争更加激烈,跨国公司实力雄厚、规模巨大,往往几个大的跨国公司就形成对某一行业的垄断,它们之间可以形成某种协议价格,共同瓜分市场份额。如世界汽车市场、飞机市场、电脑市场等,基本上是被几个大的跨国公司瓜分了。

正是因为跨国公司的发展使国际贸易中的垄断和竞争更加激烈,从而使国际贸易关系更显复杂。跨国公司和国家、投资国和东道国、母公司和子公司、子公司和当地公司等之间的关系错综复杂、扑朔迷离。

本章小结

本章主要介绍国际贸易的概念和分类,包括国际贸易额、国际贸易差额、国际贸易量、国际贸易商品结构、国际贸易地理方向、贸易条件、对外贸易依存度、进口和出口、总贸易和专门贸易、转口贸易等概念。分析了国际贸易产生的原因和发展过程、国际分工的概念和基本类型以及影响国际分工的因素、国际分工对国际贸易的影响和国际分工的发展趋势。介绍了世界市场的含义、形成和发展及当代世界市场的主要特征。介绍了国际资本移动的形式,特别是阐述了第二次世界大战后国际资本移动迅速发展的原因。也介绍了跨国公司的概念、特征,阐述了跨国公司迅速发展的原因以及跨国公司对国际贸易的影响。

关键概念

国际贸易条件　对外贸易依存度　总贸易　转口贸易　国际分工　世界市场
国际资本移动　跨国公司

练习题

一、单项选择题

1. 以货物通过国境作为统计进出口的标准是(　　)。

A. 总贸易体系　B. 专门贸易体系　C. 有形贸易　D. 无形贸易

2. 以货物经过结关作为统计进出口的标准是(　　)。

A. 总贸易体系　B. 专门贸易体系　C. 对外贸易额　D. 对外贸易量

3. 以金额表示的一国的对外贸易，称之为(　　)。

A. 对外贸易值(额)　B. 对外贸易量　C. 贸易差额　D. 无形贸易

4. 一定时期内一国出口总额与进口总额之间的差额称为(　　)。

A. 对外贸易额　B. 贸易差额　C. 对外贸易量　D. 对外贸易值

5. 实物商品的进出口称为(　　)。

A. 有形贸易　B. 无形贸易　C. 直接贸易　D. 转口贸易

6. 各国在编制进出口统计时采取不同的方法，美国采取的是(　　)体系。

A. 总贸易　B. 专门贸易　C. 对外贸易　D. 国际贸易

7. 一国的进出口贸易收支状况用(　　)来表明。

A. 对外贸易　B. 贸易顺差　C. 有形贸易　D. 贸易差额

8. 能够比较确切地反映一国对外贸易实际规模、便于各个时期进行比较的是(　　)指标。

A. 贸易顺差　B. 对外贸易额　C. 对外贸易商品结构　D. 对外贸易量

9. 海岛国家，如英国、日本，也常用(　　)来表示对外贸易。

A. 国外贸易　B. 外国贸易　C. 商业贸易　D. 海外贸易

10. 通常所说的国际贸易额是单指(　　)而言。

A. 世界进口总额　B. 世界出口总额　C. 世界进出口总额　D. 世界进出口差额

11. 第二次产业革命促进了新国际分工体系的发展，使其进入(　　)。

A. 萌芽阶段　B. 形成阶段　C. 发展阶段　D. 深化阶段

12. 国际分工形成和发展的决定性因素是(　　)。

A. 社会生产力　B. 上层建筑　C. 资本国际化　D. 国际生产关系

13. 一国对外贸易额在该国国民生产总值中所占的比重称为(　　)。

A. 对外贸易依存度　B. 贸易差额　C. 国际商品地理分布　D. 国际商品流向

14. 几个发达国家进行专业化协作、联合生产，这是(　　)国际分工。

A. 水平型　B. 垂直型　C. 混合型　D. 交叉型

15. 货物生产国与消费国通过第三国进行的贸易，对第三国而言是(　　)。

A. 过境贸易　B. 转口贸易　C. 直接贸易　D. 多边贸易

二、多项选择题

1. 从历史的角度看，对外贸易产生的基本条件是(　　)。

A. 国家的形成　B. 市场的形成　C. 剩余产品的出现　D. 商人的出现

E. 部落的出现

2. 列入"专门出口"的有(　　)。

A. 本国产品出口　B. 从海关保税工厂出口的货物

C. 本国化商品的出口　D. 从海关保税仓库出口的货物

E. 从自由贸易区出口的货物

3. 对外贸易按商品形式与内容的不同，分为(　　)。

A. 过境贸易　B. 有形贸易　C. 无形贸易　D. 转口贸易

E. 直接贸易

4. 11 世纪以后，随着意大利北部和波罗的海沿岸城市的兴起，国际贸易的范围扩大到(　　)沿岸。

A. 威尼斯　B. 地中海　C. 北海　D. 米兰

E. 罗马

5. 影响国际分工形成与发展的因素包括(　　)。

A. 社会生产力　B. 社会生产关系　C. 自然条件　D. 资本流动

E. 上层建筑

三、简答题

1. 何谓国际贸易、对外贸易和海外贸易？
2. 国际贸易的分类有哪些？
3. 国际分工的种类有哪些？
4. 当代世界市场的主要特征有哪些？
5. 国际资本移动对国际贸易的影响有哪些？
6. 简述跨国公司对国际贸易的影响。

四、计算题

1. 某国的国民生产总值为 10 000 亿美元，商品进口贸易额为 600 亿美元，出口贸易额为 400 亿美元。问：(1)该国的对外贸易依存度是多少？(2)该国的出口依存度是多少？(3)该国的进口依存度是多少？

2. 假如世界出口值 1970 年为 3 000 亿美元，1980 年为 24 000 亿美元。以 1970 年为基期，其贸易变动物量指数为 100，1980 年为 300。问国际贸易实际规模增长了几倍？

五、论述题

1. 试述对外总贸易与专门贸易的异同。
2. 国际分工对国际贸易发展的影响有哪些？

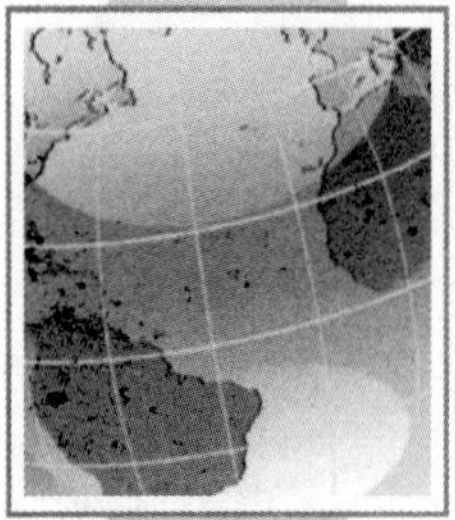

第二章 国际贸易理论

要点提示

● 亚当·斯密的绝对优势理论、大卫·李嘉图的比较优势理论、约翰·穆勒的相互需求理论、要素禀赋论与里昂惕夫之谜

● 当代国际贸易新理论

内容引言

第二次世界大战结束时，由于真空管技术在美国迅速发展，美国垄断了无线电产品的世界市场。但是，几年以后，日本也达到了同样的技术水平，由于其低廉的劳动力，日本也占据了很大一部分市场份额。随后美国发明了晶体管，重新在技术上领先。但是，几年之后，日本也获得了这一技术，又一次用低价和美国竞争。而美国又通过对印刷电路的使用再一次在同日本的竞争中占了上风。这个案例反映了国际贸易实践中的一种贸易现象。在理论上，经济学家们从不同的角度分析了国际贸易发生的原因、贸易模式及贸易后双方的获利情况，进而提出了不同的国际贸易理论。了解和掌握这些相关理论不仅有利于分析国际贸易现象，而且也有利于指导国际贸易实践。

第一节　古典国际贸易理论

一、绝对优势理论

（一）绝对优势理论的主要内容

亚当·斯密提出："如果一件东西在购买时所花费的代价比在家内生产时所花费的小，就永远不会想要在家内生产，这是每一个精明的家长都知道的格言。裁缝不想制作他自己的鞋子，而向鞋匠购买；鞋匠不想制作他自己的衣服，而雇裁缝制作。""……在每一个私人家庭的行为中是精明的事情，在一个大国的行为中就很少是荒唐的了。如果外国能以比我们自己制造还便宜的商品供应我们，我们最好就用对我们有利的、使用自己生产出来的物品的一部分向他们购买。"斯密的这一思想表明了两国之间的贸易是建立在成本的绝对差异基础之上的。在进行商品的成本比较上，斯密的基本观点是建立在劳动价值论基础上的，因此，绝对优势论的基本思想就可以表述为：国际贸易是基于各国之间生产技术的绝对差别而产生的，各国在生产技术上的绝对差别，以及由此所导致的劳动生产率和生产成本的差异，是国际贸易和国际分工的基础。一国之所以要进口别国商品，是因为该国在该产品的生产技术上处于劣势，自己生产的成本太高，不如从别国购买来得便宜；而一国之所以能向别国出口商品，则是因为该国在这种产品的生产技术上比别国先进，从而拥有绝对优势，可以使本国利用同样的资源生产出比别国更多的产品。因此,各国应该集中生产并出口其具有"绝对优势"的产品,然后进口其处于"绝对劣势"的产品,其结果将比各种产品都自己生产更有利。同时,专业化的分工所形成的合理的国际分工体系可以提高世界总产出水平,增进整个世界的福利。

正是基于这一理论,斯密反对为了求得顺差而垄断对外贸易的做法,主张实行自由贸易。

(二)绝对优势理论的一个例证

现以中国和美国都能生产小麦和丝绸为例,对亚当·斯密的绝对优势理论进一步分析说明,见表2—1。

表2—1 **绝对优势理论** 劳动小时/单位

国家 / 产品	中国	美国
小麦	20	10
丝绸	10	20

首先,我们来分析专业化分工前的情况。中、美两国各耗费30小时劳动,均可生产1单位小麦和1单位丝绸。从整个世界来看,生产2单位的小麦和2单位的丝绸共耗费60小时劳动。但是,经过分析可以发现,中、美两国分别在丝绸和小麦的生产上具有更高的劳动生产率,或者说更低的生产成本,具体表现为:小麦的生产成本,美国低于中国(10<20);而丝绸的生产成本,中国低于美国(10<20)。所以,中国在丝绸的生产上具有绝对优势,而美国在小麦的生产上具有绝对优势。按照绝对优势原则,中、美两国应分别专业化分工生产丝绸和小麦,然后两国再进行交换。专业化分工后,中国将30小时的劳动全部投入丝绸的生产,而美国将30小时的劳动全部投入小麦的生产。这样,在全部劳动耗费不变的情况下,中国将生产3单位的丝绸,美国将生产3单位的小麦,两种商品的总产出将分别增加2个单位。假设国际贸易的交换比率为1∶1(这一交换比率的形成机制将在后面详细探讨),即1单位丝绸换1单位小麦,那么,在国际市场上,中国可用1单位丝绸换回1单位小麦,有0.5单位小麦的获利或是节约本国10小时劳动(因为在中国国内1单位丝绸只可交换0.5单位小麦);同时,美国通过贸易也用1单位小麦换回了1单位丝绸,而在国内则要用2单位的小麦才可换得,所以,美国也有获利。由此可见,按照绝对优势原则进行的分工生产和贸易使中、美两国均获利,增加了整个世界的产出。

(三)对绝对优势理论的评价

斯密的绝对优势理论第一次从生产领域阐述了国际贸易发生的基本原因,首次明确肯定国际贸易是一种双赢的交易,即参与贸易的双方均可从中获益,从而为各国之间开展自由贸易铲除了障碍。另外,斯密提出的各国按照绝对优势原则进行专业化分工生产和自由贸易的思想,为古典贸易理论的形成奠定了基础。但是,斯密的绝对优势理论本身也有一定的局限性,例如,它不能解释国际贸易的全部,而只能说明国际贸易中的一种特殊情形,即只有具有绝对优势的国家参加国际分工和国际贸易才能够获益。但在现实生活中,有的国家没有一种产品的生产处于绝对有利的地位,按绝对优势理论,这些国家就没有理由加入国际分工和贸易中来,但实践证明,这些国家还是可能从国际贸易中获得自己的利益的。如何从理论上对这个现象进行解释呢?李嘉图的"比较优势理论"发展了这一理论。

相关链接:亚当·斯密与绝对优势理论

亚当·斯密(Adam Smith,1723～1790年)是英国古典政治经济学的主要奠基人之一、著名的经济学家，也是国际分工—国际贸易理论的创始者、倡导自由贸易的带头人。在斯密所处的时代，英国的资本主义工场手工业发展很快，产业革命逐渐展开，经济实力不断增强，远远超过法国和西班牙。新兴的产业资产阶级迫切要求在国民经济各个领域中迅速发展资本主义，却受到了中世纪遗留下来的封建行会制度和资本主义原始积累时期建立起来的重商主义政策体系的重重束缚。仍然存在于乡间的行会制度严重限制了生产者和商人的正常活动，重商主义的极端保护主义则从根本上阻碍了对外贸易的扩大，进而使新兴资产阶级从海外获得生产所需的廉价原料并为其产品寻找更大的海外市场的愿望难以实现。亚当·斯密站在产业资产阶级的立场上，在1776年出版的《国民财富的性质和原因的研究》(简称《国富论》)一书中，批判了重商主义，创立了自由放任的自由主义经济理论。在国际贸易理论方面，提出了主张自由贸易的绝对优势理论。

二、比较优势理论

(一)比较优势理论的主要内容

大卫·李嘉图在阐述比较优势理论时，是从个人的情况谈起的。他在《政治经济学及赋税原理》一书中论述道："如果两个人都能制造鞋和帽，其中一个人在两种职业上都比另一个人强一些，不过制帽时只强1/5或20%，而制鞋时则强1/3或33%，那么这个较强的人专门制鞋，而那个较差的人专门制帽，这不是对双方都有利吗？"李嘉图由个人推及国家，认为国家间也应按"两优择优，两劣取轻"的比较优势原则进行分工。即若两国均能生产两种商品，如果一国在两种商品的生产成本上均处于绝对有利的地位，但有利的程度不同，而另一国在两种商品的生产成本上均处于绝对不利的地位，但不利的程度也不同，在此情况下，处于绝对劣势的国家应专业化生产并出口其绝对劣势较小的商品(也就是具有比较优势的产品)，同时进口其绝对劣势较大的商品(也就是具有比较劣势的商品)；同样，对于在两个商品上都拥有绝对优势的国家而言，也不必生产全部商品，只需选择其绝对优势较大的商品进行专业化生产并出口，而进口绝对优势较小的商品。这样，各国通过专业化生产并出口其有比较优势(所谓比较优势，即指绝对劣势中较小者，或绝对优势中较大者)的产品，可使贸易双方均获利，也可使整个世界的产出水平提高。

(二)比较优势理论的一个例证

现仍沿用绝对优势理论的例子的基本框架，对李嘉图的比较优势理论进行分析。假设世界上只有英国和葡萄牙两个国家，且两国只生产毛呢和酒两种产品。生产1单位毛呢，英国需投入100单位劳动，葡萄牙则需投入90单位劳动；生产1单位酒，英国需投入120单位劳动，葡萄牙则需投入80单位劳动。在分工产生前，葡萄牙和英国在上述投入情况下共可以生产2单位毛呢和2单位酒(见表2—2)。

表2—2　　比较优势例证

	分工前		分工后	
	每单位毛呢	每单位酒	毛呢	酒
英国的劳动投入	100	120	100+120=220	
葡萄牙的劳动投入	90	80		80+90=170
总产量	2单位	2单位	2.2单位	2.125单位

从表2—2中可以看出，英国生产毛呢和酒的劳动投入都比葡萄牙多，但生产毛呢所投入的劳动是葡萄牙的1.1倍(100/90)，酒却是1.5倍(120/80)，这表明虽然英国生产两种产品的投入都高于葡萄牙(都处于绝对劣势)，但其生产毛呢的效率相对于酒要高一些。也可以说，英国在生产毛呢方面具有比较优势。从葡萄牙方面来看，它生产毛呢的劳动投入为英国的90%(90/100)，而生产酒的劳动投入只相当于英国的67%(80/120)，这说明虽然葡萄牙生产两种产品的投入都比英国低(都处于绝对优势)，但其生产酒的效率比毛呢相对高一些。换句话说，葡萄牙在生产酒方面具有比较优势。

现在让英国和葡萄牙进行分工，各自只生产本国具有比较优势的产品，即英国只生产毛呢，原来用于生产酒的120单位劳动现在也用于生产毛呢，则一年共可生产2.2单位(220/100)的毛呢；同时，葡萄牙只生产酒，一年共可生产2.125单位(170/80)的酒。这样，分工生产的结果是两种产品的产量都高于分工以前。假定英国以1单位的毛呢换取葡萄牙1单位的酒，那么英国可以多消费0.2单位的毛呢，葡萄牙可以多消费0.125单位的酒。可见，实行国际分工使两国增加了各自具有比较优势产品的产量，通过贸易增加了两国的国内消费量，对双方都有利，而且也增进了整个世界的福利水平。

(三)对比较优势理论的评价

李嘉图的比较优势理论发展了斯密的理论，它比斯密的绝对优势理论更全面、更深刻，是传统国际贸易理论形成的标志，它揭示出国际贸易因比较优势理论而发生并且具有互利性，从而为世界范围内更大规模地开展国际贸易奠定了理论基础。在历史上，该理论曾为英国工业资产阶级争取自由贸易提供了理论武器，而且也为经济落后国家通过对外贸易带动本国经济发展提供了重要依据。但是，李嘉图的比较优势理论也存在一些不足。例如，该理论的假设前提过于苛刻，并不符合国际贸易的实际情况，有时与贸易实践相矛盾；它还只是一种静态分析，对比较优势的根源及形成机制还未能做出很好的解释；它不能很好地解释当今世界贸易的基本格局和各国的贸易政策倾向，因为按李嘉图的比较优势理论，比较优势相差越大，发生贸易的可能性就越大，当今的国际贸易便应该主要在发达国家与发展中国家开展，但现实却是发达国家间的贸易比重在不断上升。

相关链接：大卫·李嘉图与比较优势理论

大卫·李嘉图(David Ricardo，1772～1823年)是著名的英国经济学家，是资产阶级古典经济学的完成者。李嘉图所处的时代是英国工业革命迅速发展、资本主义不断上升的时代。当时英国社会的主要矛盾是工业资产阶级同地主贵族阶级的矛盾，这一矛盾由于工业革命的进展而达到异常尖锐的程度。在经济方面，他们的斗争主要表现在《谷物法》存废的问题上。《谷物法》是维护地主贵族阶级利益的法令，它限制了英国对谷物的进口，使国内粮价和地租长期保持在很高的水平上，这对英国工业资产阶级非常不利。于是，英国工业资产阶级和地主贵族阶级围绕《谷物法》的存废展开了激烈的斗争。大卫·李嘉图在这场斗争中站在工业资产阶级一边，他继承和发扬了亚当·斯密的理论，提出了以自由贸易为前提的比较优势理论，为工业资产阶级的斗争提供了有力的理论武器。1817年，李嘉图在其代表作《政治经济学及赋税原理》中阐述了比较优势理论。

李嘉图的比较优势理论虽然说明了贸易能为参与双方带来利益，但对利益有多大、怎样确定未能作出较好的说明，针对此问题，约翰·穆勒提出了相互需求理论。相互需求论实质上是比较优势理论的补充。相互需求论的主要代表人物有约翰·穆勒和阿尔弗雷德·马歇尔。穆勒首先提出了相互需求论，马歇尔以几何的方法对穆勒的相互需求原理作了进一步的分析和说明。

三、相互需求理论

约翰·穆勒(John Stuart Mill,1806～1873年)是19世纪中叶著名的英国经济学家,在其代表作《政治经济学原理》一书中提出了相互需求理论。该理论根据相互需求的状况,用两国商品交换比率的上下限说明互惠贸易的范围(即国际交换比率的上下限);用贸易条件说明贸易利得的分配;用相互需求的程度解释贸易条件的变动。

(一)互惠贸易的范围

相互需求理论认为,交易双方在各自国内市场有各自的交换比例,在世界市场上,两国商品的交换形成一个国际交换比例,这一比例只有介于两国的国内交换比例之间,才对贸易双方均有利。现以中、美两国按比较优势原则生产和交换小麦、丝绸为例,具体说明见表2—3。

表2—3　　中、美两国小麦与丝绸生产情况　　劳动小时/单位

国家 产品	中　国	美　国
小麦	60	10
丝绸	30	20

在表2—3的假设下,分工前,在中国国内1单位丝绸可换回0.5单位小麦,在美国国内1单位丝绸可换回2单位小麦。按比较优势的原则,分工后,中国专门生产丝绸,美国专门生产小麦,再相互交换产品。如果两国间的交换比例为1单位丝绸换2单位小麦,即按美国国内的交换比例进行交换,美国并不比分工前多获得产品,即未获得贸易利益,便会退出交易而使国际贸易不能发生。显然,两国交换比例更不可能低于1单位丝绸换2单位小麦,因为那样美国非但不能获利,反而获得比国内交换更少的产品,所以双方的交换比例不能等于或低于1单位丝绸换2单位小麦这个美国国内的交换比例。同理,如果两国间的交换比例为1单位丝绸换0.5单位小麦,即按中国国内的交换比例进行交换,中国会因不能从贸易中获利而退出交易,使国际贸易不会发生。显然,这个比例也不能高于1单位丝绸交换0.5单位小麦,因为那样中国将失利,所以双方交换比例不能等于或高于中国国内的交换比例。这样,两国间丝绸和小麦的交换比例必须介于1单位丝绸换2单位小麦和1单位丝绸换0.5单位小麦之间(1∶2～1∶1/2),即介于中、美两国国内交换比例之间,才能使两国都能从贸易中获益。

(二)贸易利得的分配

国际贸易能给参加国带来利益。贸易利益的大小取决于两国国内交换比例范围(即互惠贸易范围)的大小。而贸易利益中的孰多孰少,则取决于具体的国际交换比例。国际商品交换比例越接近于本国国内的交换比例,对本国越不利,本国分得的贸易利益越少;相反,国际商品交换比例越接近于对方国家国内交换比例,对本国越有利,分得的贸易利益就越多。例如,在上例中,中、美两国间丝绸和小麦贸易的交换比例若为1单位小麦换1单位丝绸,则美国比分工前的国内交换多获0.5单位的丝绸,而中国比分工前的国内交换多获0.5单位的小麦;若为1单位小麦交换1.5单位的丝绸,则美国多获1单位的丝绸,中国多获0.25单位的小麦……

(三)相互需求法则

穆勒将需求因素引入国际贸易理论,提出了相互需求法则,以说明贸易条件决定的原则。他认为,在两国间互惠贸易的范围内,贸易条件(两国间商品交换比例)是由两国对对方产品的

相互需求强度决定的。如果两国的需求强度发生变化，则贸易条件必然要发生变动。一国对另一国出口商品的需求越强，而另一国对该国出口商品的需求越弱，则贸易条件对该国越不利，该国的贸易利得越小；反之，则贸易条件对该国越有利，该国的贸易利得越大。如上例中，如果中国对小麦的需求量是1单位，在满足国内消费的前提下可提供给国际市场的丝绸也是1单位，而恰巧美国愿意出口1单位的小麦，同时也希望能进口1单位的丝绸满足国内消费，这样双方的需求正好吸收双方的供给，那么国际贸易将在1∶1的交换比例上实现均衡。但是，如果美国的消费者对丝绸的消费偏好增加，使其对丝绸的进口需求量增长至1.5单位，则在原有的交换比例(1∶1)下，美国的需求将无法得到充分的满足。在超额需求的推动下，国际市场上丝绸的交换价格将上涨，表现为1单位的小麦只能交换到不足1单位的丝绸。丝绸价格上涨所带来的丰厚利润将刺激中国国内丝绸的生产，使其扩大出口量，这样供给在价格的变动下将最终弥补供求缺口，新的国际交换比例将在低于1单位的小麦换回1单位的丝绸的某个比例上固定下来，从而达到供求均衡。此时，由于需求强度的变化，中国从贸易中的获利有所增加，美国获利有所减少。

阿尔弗雷德·马歇尔是英国经济学家，他运用数学工具对穆勒的相互需求理论进行了阐释，以几何曲线将穆勒的相互需求原理精密化，并将之称为马歇尔曲线。该曲线形象地利用几何图形说明了均衡贸易条件取决于进行贸易的两个国家各自对对方商品的相互需求强度，贸易条件越接近对方国家国内交换比例，本国得到的贸易利益就越大，这与穆勒的相互需求原理一致。

(四)对相互需求理论的评价

相互需求理论为贸易条件的确定提供了解释，发展了李嘉图的比较优势理论。但是该理论也有一定的局限性，如这个原理只能应用于经济规模相当、双方的需求对国际市场的价格有显著影响的两个大国经济，因为如果两个国家经济规模悬殊，那么大国的国内价格比例将成为国际市场交换比例，而不存在由相互需求强度决定的贸易条件等。

第二节 新古典国际贸易理论

以李嘉图为代表的比较优势理论是以劳动价值论为基础的，它以劳动生产率的差异来论证比较优势。但是，如果假定各国之间的劳动生产率相同，那么产生比较优势差异的原因是什么呢？这个问题，在20世纪30年代，由瑞典经济学家伯尔蒂尔·俄林(B. Ohlin)在其代表作《区际贸易与国际贸易》一书中提出的“要素禀赋论”中得到了解释。由于俄林在其著作中采用了其老师赫克歇尔(E. F. Hecksher)的主要论点，为了纪念师徒二人对此理论的贡献，要素禀赋论又称“赫克歇尔—俄林模型”，或简称“H-O模型”。

一、H-O模型

(一)主要内容

1. 与生产要素禀赋论有关的概念

(1)生产要素和生产要素价格

生产要素是指生产活动中必须具备的主要因素或生产中必须投入或使用的主要手段。它通常指土地、劳动力和资本三要素，加上企业家的管理才能为四要素，也有人把技术知识、经济信息等也当作生产要素。生产要素价格是指生产要素的使用费用或要素的报酬，如资本的利息、劳动力的工资、土地的租金、管理的利润等。

(2)生产要素禀赋和生产要素丰裕度

生产要素禀赋是指生产要素在一个国家或地区中的天然供给状况。生产要素丰裕度则是从一国整体的角度来衡量其要素禀赋的状况,即一国拥有的某种生产要素的相对丰富程度。

(3)生产要素密集度和生产要素密集型产品

生产要素密集度是指产品中某种生产要素投入比例的大小,如果某种生产要素投入比例大,称为该要素密集程度高;投入比例小,则称为该要素密集程度低。根据产品生产投入的生产要素中所占比例最大的生产要素种类的不同,可以把产品划分为不同种类的要素密集型产品。例如,若在只有两种商品(X 和 Y)、两种要素(劳动力和资本)的情况下,如果 Y 商品生产中使用的资本和劳动力的比例大于 X 商品生产中的资本和劳动力的比例,则称 Y 商品为资本密集型产品,而 X 商品为劳动密集型产品。

2. 要素禀赋论的核心思想

要素禀赋论认为,国家间的商品价格的差异是国际贸易产生的主要原因,商品价格的差异是由商品生产成本的不同决定的,商品生产成本的不同是由生产要素价格不同所导致的,而生产要素价格的不同又来自各国所拥有的生产要素禀赋的不同。俄林认为,在要素的供求决定要素价格的关系中,要素的供给是主要的。在各国要素需求一定的情况下,各国不同的要素禀赋对要素的价格产生不同的影响:供给较充裕的要素的价格会低些,而供给较稀缺的要素的价格则较高些。因此,国家间生产要素价格的差异是由各国生产要素的禀赋的不同决定的。

在各国所拥有的生产要素的相对比例不同(要素丰裕度不同)和不同商品需要不同比例的生产要素组合(要素密集度不同)来生产这两个条件下,H-O 模型认为:一国应当出口那些在其生产过程中相对密集地使用本国相对丰裕的生产要素的商品,而进口该国在其生产的过程中相对密集地使用本国相对稀缺的生产要素的商品。例如,劳动力相对丰裕的国家应当出口劳动密集型产品、进口资本密集型产品。

(二)对生产要素禀赋论的评价

生产要素禀赋论是国际贸易理论从古典向新古典发展的标志。它的研究更深入、更全面。H-O 模型以两种要素的投入为分析前提,从一国的基本经济资源优势出发来解释国际贸易发生的原因,认为要素丰裕度是国际贸易中各国具有比较优势的基本原因和决定因素,为后来新贸易理论的形成奠定了基础。但它也存在一定的局限,例如,过分强调供给的差异,单纯地强调生产要素的供给对贸易格局的影响,忽略了产品的需求方面对国际贸易的影响;一些假设前提过于苛刻,与事实不符;过于强调静态分析;等等。

二、里昂惕夫之谜

(一)对要素禀赋论的实证检验——里昂惕夫之谜的产生

在 20 世纪 60 年代以前,要素禀赋论一直被西方学者普遍接受。20 世纪 50 年代初,美国著名经济学家瓦西里·里昂惕夫(Wassily Leontief)利用美国 1947 年的有关贸易数据对 H-O 模型进行了首次实证检验。根据常识来进行判断,同世界上其他国家相比,美国无疑应是资本丰裕而劳动力相对短缺的国家。按照要素禀赋论,美国应出口资本密集型产品、进口劳动密集型产品。里昂惕夫试图通过检验美国进出口商品的要素密集度与资源相对丰裕度之间的实际关联,得出美国出口资本密集型产品、进口劳动密集型产品的结论,进而证明赫克歇尔—俄林要素禀赋论的正确性。

里昂惕夫采用的方法是，利用他自己发明的“投入—产出”表计算了美国在1947年每100万美元的出口产品和进口替代品（之所以选用进口替代品来估算进口品的要素投入比例，是因为无法获得进口国的投入—产出表，但如果赫克歇尔—俄林的要素禀赋论成立，即使美国的进口替代品的资本/劳动力比例高于进口品，但其也仍将低于出口品的比例，所以这一技术处理也并不应影响检验的结果）中的资本和劳动力的投入量，来比较两类商品的要素密集度。具体资料见表2—4。

表2—4　　1947年美国进出口商品的资本和劳动力的投入量

	出口商品	进口替代品	进口/出口
资本 K（美元）	2 550 780	3 091 339	
劳动力 L（人·年）	182	170	
资本/劳动力 K/L（美元/人·年）	14 010	18 180	1.30

资料来源：Dominick Salvatore, *International Economics*, Fifth Edition, Prentice-Hall International, Inc.

但是，出人意料的是，美国进口替代品的资本/劳动力比例比出口商品的资本/劳动力比例高出大约30%。这意味着美国在向全世界其余国家出口劳动密集型产品而进口资本密集型产品！这一与赫克歇尔—俄林理论相悖的结论在国际贸易理论界被称为里昂惕夫之谜。

为了排除可能存在的统计误差和计算错误以及不同年份进出口贸易的特殊情况，里昂惕夫后来又利用美国1951年的贸易数据再次对上述结果进行检验，检验结果与第一次是一致的，“谜”依然存在。

里昂惕夫之谜激发了其他经济学家对其他国家的贸易格局的类似研究，以检验要素禀赋论。众多的检验结果既未肯定地证实要素禀赋论，也未否定要素禀赋论。

（二）对里昂惕夫之谜的不同解释

里昂惕夫之谜不仅促成了一些类似的研究工作，也引起了经济学家们对“谜”作出不同的解释。归纳起来，对谜的产生主要有以下几种代表性的解释：

1. 劳动生产率的差异

里昂惕夫认为，世界各国的劳动生产率是不同的，美国工人的劳动生产率要远远高于其他国家的工人，1947年美国工人的劳动生产率大约是其他国家的3倍。因此，在计算美国的工人人数时应将美国的实际工人数乘以3，这样，按生产率计算的美国工人数与美国拥有的资本量之比，较之于其他国家，美国就成了劳动力丰裕而资本短缺的国家，所以它出口劳动密集型产品、进口资本密集型产品，与要素禀赋论揭示的内容是一致的。这种解释是行不通的，里昂惕夫后来自己也否定了这种解释。这是因为如果说美国的生产效率高于他国，那么资本的效率也应高于他国，这样，如果工人人数和资本量都同时乘以一个系数，美国的要素的相对丰裕程度是不会改变的。

2. 人力资本的差异

人力资本是指所有能够提高劳动生产率的教育投资、工作培训、保健费用等开支。克拉维斯（J. B. Kravis）、基辛（D. B. Keesing）、凯能（P. B. Kenen）和鲍德温（R. E. Baldwin）等经济学家用人力资本的差异来解释“谜”的产生。这些经济学家认为，里昂惕夫计算的资本只包括物质资本，而忽略了人力资本，若将人力资本部分加入有形资本中，将很明显地得出美国出口资本密集型产品、进口劳动密集型产品的结论，因为美国劳动比国外劳动包含更多的人力资本。

他们还曾作过实际的估算和研究,成功地消除了"谜"。这是对里昂惕夫之谜较有说服力的一种解释。

3. 需求偏好论

需求偏好论解释认为,根据 H-O 模型,在消费偏好一致的前提下,一国的资源禀赋状况决定着一国的贸易结构。但如果两国的需求偏好差异超过其在要素禀赋上的差异,可能会抵消这一趋势。如果一国的丰裕生产要素所生产的产品吸引着国内需求极大地向这类产品倾斜,就会使这类原本数量很丰富的产品变得稀缺起来,进而引致这类产品由出口变为进口。例如,美国国内资本要素虽然很丰富,但如果国内的消费者对资本密集型产品有很高的需求,美国就有可能大量进口这类产品。但是,1957 年豪萨克(Houthakler)对许多国家家庭消费模式的研究表明,对食物、服装、住房及其他商品的收入需求弹性在各国都很类似。因此,这种解释也不是非常有说服力。

4. 贸易壁垒的存在

赫克歇尔—俄林的结论是在自由贸易的假设下得出的,没有考虑到贸易壁垒的存在。但是在现实生活中,各国为了保护本国的利益而建立起各种贸易壁垒,人为地扭曲贸易条件,使得产品或要素的价格不能真实地反映出贸易的供需情况,从而造成与赫克歇尔—俄林相悖的贸易模式。克拉维斯在 1954 年的研究中发现,美国受贸易保护最严重的产业就是劳动密集型产业。关税或非关税的贸易壁垒刺激了国内该类型产品的生产,扭曲了正常的贸易模式,使得美国反而成了劳动密集型产品的出口国。这种推理对解释里昂惕夫之谜也有一定的帮助。

5. 自然因素的影响

赫克歇尔—俄林模型中只考虑了资本和劳动力两种投入要素,而忽略了自然资源要素对生产的影响。如果一种商品的生产需要投入大量的自然资源,那么我们就很难用资本密集型或劳动密集型来界定它。而且自然资源要素与资本要素之间常常是互补的。一些研究表明,美国进口商品中,相当一部分是资源密集型商品,由于这些资源在美国供给短缺,因而在美国国内生产同类产品的资本投入比例较高。但对于出口国而言,这些产品却是资本含量较低的资源密集型产品。所以这也是用进口替代品估计进口品要素投入比例而产生的一个误差。鲍德温在用 1958 年的贸易数据进行的研究中,除去自然资源的产业后,美国进口/出口的资本/劳动力比率从 1.06 降至 0.88,从而在一定程度上解释了里昂惕夫之谜。

6. 要素密集度逆转

要素密集度逆转是指同一种产品在劳动力丰裕的国家是劳动密集型产品,而在资本丰裕的国家又是资本密集型产品。如果两种商品的替代弹性有较大差异,在要素相对价格发生变化时,就将产生要素密集度逆转的现象。如果要素密集度逆转发生,赫克歇尔—俄林的要素禀赋论就失效。实证研究表明,要素密集度逆转在现实世界中发生的概率很低,因而 H-O 模型仍具有很大的适用性。

7. 研究方法

20 世纪 80 年代以来对里昂惕夫之谜的解释多集中在研究方法的突破上。利默尔(Leamer)在 1980 年和 1984 年发表的文章中提出:在一个多要素的世界中,我们应该比较生产和消费的资本与劳动力的比率,而不是进出口的资本与劳动力的比率。用这种方法对里昂惕夫 1947 年的数据进行研究,利默尔于 1984 年发现美国生产中的资本与劳动力的比率确实远远大于消费中的资本与劳动力的比率。这在某种程度上能够对里昂惕夫之谜进行解释。

(三)对里昂惕夫之谜的评价

里昂惕夫对要素禀赋论的检验具有重大的理论意义,推动了战后国际贸易理论的新发展。他的投入—产出分析法对美国贸易结构的计算分析,开辟了用统计数据全面检验贸易理论的道路。里昂惕夫之谜是西方传统国际贸易理论发展的界碑。"谜"与要素禀赋论的矛盾是理论与实践的矛盾,"谜"的解释正是结合实际对要素禀赋论中严格的假设条件进行修正的过程。

第三节　国际贸易新理论

一、技术差距模型

技术差距模型从各国技术的动态变化,即从技术进步、技术创新、技术传播的角度,分析了国际贸易产生的原因,这一理论主要是由美国经济学家波斯纳(M. Posner)在 1961 年提出来的。技术差距模型的主要内容如下:

当一国通过技术创新研究开发出新产品后,它可能凭借这种技术差距所形成的比较优势向其他国家出口这种产品,这种技术差距将持续到外国通过进口此新产品或技术合作等方式逐渐掌握了该先进技术,能够模仿生产从而减少进口后才逐步消失。而创新国由于技术优势所获取的垄断利润的消失,会促使其不断地引进新技术、新工艺,开发新产品,创造出新一轮的技术差距。

从一国引进新技术或开发新产品,到外国的消费者和生产者对这种创新、技术领先作出反应有一个时间上的滞后,这种反应的滞后可具体分为消费者的需求滞后和生产者的模仿滞后。需求滞后是指外国消费者对这种新产品从不了解(即无需求)到接受该产品进行消费之间的时间间隔。而模仿滞后则是指从创新国的新产品问世到外国生产者感到进口此新产品已对其构成威胁开始起而模仿并自行生产以抵制这种进口的一段时间间隔。

技术领先是否会导致两个各方面均相似的国家开展贸易,取决于需求滞后和模仿滞后的净效应。如果需求时滞长于模仿时滞,即模仿国的生产者在其本国消费者尚未产生对创新国新产品的需求之前就已模仿成功,消除了技术差距,则技术领先不会产生贸易。但是一般情况下,模仿滞后的时间通常比需求滞后的时间长,这样就为基于技术差距的贸易发生创造了机会,技术领先国可以从贸易中获取由于技术优势而产生的垄断利润。

技术差距模型证明了即使在禀赋和偏好均相似的国家间,技术领先也会形成比较优势,从而产生贸易。这也很好地解释了实践中常见的技术先进国与落后国之间技术密集型产品的贸易周期。但是该理论也有一定的缺陷:它只说明了技术差距会随时间推移而消失,却并未解释其产生和消失的原因,同时它也不能确定技术差距的大小。

二、产品生命周期理论

产品生命周期理论是由美国哈佛大学著名经济学教授雷蒙·弗农(Raymond Vernon)于 1966 年在《国际投资和产品生命周期中的国际贸易》中提出的,它是对技术差距模型的拓展和一般化。

该模型强调的是产品在其生命周期的不同阶段所需投入要素的比例呈规律性变化。而各国所拥有的要素的相对丰裕度又是不同的,所以当产品处于其生命周期的不同阶段时,各国的比较优势也随之发生变化。当新产品刚被引进时,其技术、设计尚需改进,生产工艺尚未定型,所以通常需要投入大量的研究与开发费用和高度熟练的技术型劳动力，随着该产品的生产技术日臻成熟并走向大规模生产，只需标准化的技术和大量的非熟练劳动力即可。产品投入要素比例的变化使得最初集中于技术和资本丰裕的发达国家的生产可以逐步向劳动力成本低廉的欠发达国家转移。

弗农认为，制成品生命周期分为导入期(创新期)、成长期、成熟期和衰退期。该模型以美国的实际情况为例，将产品生命周期分为四个阶段：第一阶段，新产品问世，企业扩大国内市场直至饱和；第二阶段，产品出口到国外，开拓国际市场；第三阶段，国外开始模仿生产该产品；第四阶段，国外生产能力扩大，又廉价销售回本国。

如图 2－1 所示，在第一阶段(t_0～t_1)，这种刚刚出现的产品仅在发明国生产和消费；在第二阶段(t_1～t_2)，该产品在发明国得到了改进，产量迅速提高，出口到国外市场，这时由于国外还不能生产这种商品，所以只能从发明国进口；在第三阶段(t_2～t_3)，模仿国开始生产该商品以满足国内需要，发明国出口开始下降；在第四阶段(t_3 以后)，模仿国产量迅速提高，发明国的出口降为零，而模仿国在达到自给自足后，凭借其成本优势开始向发明国出口该产品。当这四个过程结束后，该产品的生命周期在发明国基本完结，但在模仿国中仍然继续并可能正处于第二或第三阶段。此后，其他国家可能又开始新的模仿过程，使这种产品在其他国家又开始了自己的生命周期。

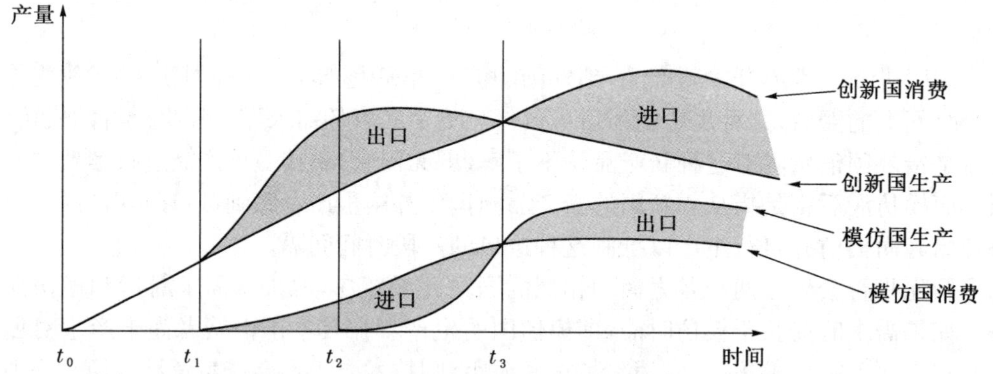

图 2－1 产品生命周期模型

三、需求偏好相似理论

需求偏好相似理论是由瑞典经济学家林德于 1961 年提出的。需求偏好相似理论与要素禀赋理论、比较优势理论等不同，它用国家之间需求结构相似性来解释发达国家之间工业制成品贸易发展的原因。

需求偏好相似理论的基本观点是：

(一)产品的出口以国内需求为基础

企业之所以生产某种产品，是因为国内消费者对该产品有需求，为了满足国内市场，生产者会不断地改进技术、扩大产量，当这种产品在国内站稳市场，企业规模扩大到一定程度，企业才会进一步考虑扩大市场范围，出口产品以赚取利润。出口只是产品在国内生产和销售的延伸。另外，要使一种新产品最终适合市场需要，在生产者和消费者之间必须反复地交流信息，这时如果消费者是在国外，则取得信息的成本将是高昂的，将直接影响到生产者的利益，同时企业面临的风险也比国内大得多。

（二）产品流向、贸易量取决于两国需求偏好相似的程度

林德认为，两个国家对工业品的需求偏好越相似，则其需求结构越接近，这样一国的生产越容易与另一国的需求相适应，两国之间此类工业品发生贸易的可能性就越大。一旦产生贸易，则需求偏好相似的两国的贸易量要大于需求偏好有较大差别的两国的贸易量。

（三）一国平均收入水平是决定一国需求偏好的最主要因素

林德认为，不同收入水平的国家的需求偏好是不同的。高收入国家对技术水平高、加工程度深、价值较大的高档商品的需求较大，而低收入国家则以低档商品的消费为主，以满足基本生活需求。所以，平均收入水平可以作为衡量两国需求偏好相似程度的一个重要指标。

综上所述，得出以下结论：两国的人均收入水平越接近，其需求偏好就越相似，两国之间开展贸易的可能就越大；相反，两国人均收入水平差异越大，需求偏好就会有越大差异，两国贸易就存在潜在的障碍；若两国中一国具有某种产品的比较优势，而相对的另一国不存在对这种产品的需求，则两国贸易无从发生。

四、产业内贸易理论

（一）产业内贸易的含义

产业内贸易理论认为，当代国际贸易可以分为两大类：产业间贸易和产业内贸易。产业间贸易是指两国不同产业之间完全不同产品的交换，例如发展中国家用初级产品来交换工业国家的制成品。产业内贸易是指同一产业内的产品在两国间互相进口和出口的贸易活动，例如美国和日本之间进行的汽车、电子产品贸易等。

（二）产业内贸易理论的解释

1. 产品的差异性即同类产品的异质性是产业内贸易的重要基础

同类产品在总体上是有差别的，这种差别是一国产品与其他同类产品在主观上或客观上或大或小的差别。产品的这种差别有垂直差别和水平差别两种。垂直差别是指在同一类别中的产品虽具有同样的根本特性，但产品根本特性在其程度上有差别；水平差别是指具有完全相同的根本特性的同类产品所具有的一系列规格、商标、牌号和款式的差别。与此同时，消费者的偏好具有多样化且互有差别。其垂直差别体现在消费者对同类产品的不同质量等级的选择上；水平差别体现在消费者对同类、同一质量等级产品的不同规格、外形、色彩等的选择上。产品和消费者偏好上的垂直和水平差别，决定了贸易双方对对方产品的需求，决定了一国在生产同一类产品时还要进口国外的同一类产品。因为本国的消费者偏好是千差万别的，但由于规模经济的存在，本国产品的生产却不可能也千差万别从而满足各类消费者的需求。

2. 规模经济或规模报酬递增是产业内贸易的重要成因

按照保罗·克鲁格曼的观点，国与国之间之所以从事贸易和专业化生产，是由于以下两个原因：一是国与国之间在资源上或在技术上存在差别，因而各国生产各自擅长的产品；二是规模经济使每个国家只能在一些有限的产品和服务上具有专业化生产的优势。产业内贸易理论认为，生产要素比例相近或相似的国家之间能够进行有效的国际分工和获得贸易利益，其主要原因是其企业想尽可能地扩大生产以取得规模经济效益。

规模经济是指生产过程中随着产量的增加，产品的平均成本不断降低的生产状况。规模经济有内部和外部之分。按克鲁格曼的定义，“外部规模经济指的是单位产品的成本取决于行业规模而非单个厂商的规模；内部规模经济则指单位产品成本取决于单个厂商的规模而不是其所在的行业的规模”。无论是外部规模经济还是内部规模经济，其共同的基本特征是：规模的扩大伴随着劳动生产率的提高或平均生产成本的下降,从而在资源禀赋相同的情况下,规模经济可以引致比较优势,进而成为国际贸易的一个独立源泉。

3. 经济发展水平是产业内贸易的重要制约因素

这是林德理论的应用。如前所述,发达国家间产业结构相似,它们之间的分工大多是部门内产品分工。它们的人均收入水平相近、消费结构相似,同时,经济发展水平都比较高,从而人均收入水平也就比较高,具有较高人均收入的消费者的需求会变得更加复杂和多样化,从而形成对异质性产品的需求。因此,两国之间人均收入水平越接近,其重合需求也就越大,产业内贸易发生倾向就越强。

五、国家竞争优势理论

国家竞争优势理论是由美国学者迈克尔·波特(Michael Porter)在其《国家竞争优势》一书中提出的,该理论从企业参与国际竞争这个微观角度来解释国际贸易现象,正好弥补了比较优势理论的不足。在赫克歇尔—俄林理论与产品生命周期理论的基础上,波特试图赋予国家的作用以新的生命力,提出了国家具有竞争优势的观点。

(一)国家竞争优势理论的内容

波特的国家竞争优势理论认为,一国竞争力的构建主要取决于生产要素、需求因素、相关产业因素、企业竞争以及机遇和政府因素。前四种是本国因素,也是最重要的国家竞争优势决定因素,后两种是外部力量。

1. 生产要素

波特把生产要素分为基本要素和高等要素两类。基本要素包括自然资源、气候、地理位置、非熟练劳动力、债务资本等一国先天拥有或不需太大代价便能得到的要素;高等要素包括现代化电信网络、高科技人才、高精尖技术等需要通过长期投资和后天开发才能创造出来的要素。对于国家竞争优势的形成而言,后者更为重要。在特定条件下,一国在某些基本要素上的劣势反而可能刺激创新,使企业在可见的"瓶颈"、明显的威胁面前为提高自己的竞争地位而奋发努力,最终使国家在高等要素上更具竞争力,从而创造出动态竞争优势。但这种转化需要条件:一是要素劣势刺激创新要有一定限度,不可各方面都处于劣势,否则会被淘汰;二是企业必须从环境中接收到正确信息;三是企业要面对相对有利的市场需求、国家政策及相关产业。

2. 需求因素

国内需求条件是判断特定产业是否具有国际竞争力的另一个重要因素。波特认为,国内需求对竞争优势的影响主要是通过三个方面进行的:一是本国市场上有关产业的产品需求若大于海外市场,则拥有规模经济,有利于该国建立该产业的国际竞争优势;二是若本国市场消费者需求层次高,则对相关产业取得国际竞争优势有利;三是如果本国需求具有超前性,那么为它服务的本国厂商也就相应地走在了世界其他厂商的前面。

3. 相关产业因素

即与企业有关联的产业和供应商的竞争力。一个企业的经营要通过合作、适时生产和信息交流与众多的相关企业和行业保持联系,并从中获得和保持竞争力,如果这种接触是各方的主观愿望,那么产生的交互作用就是成功的。一个国家要想获得持久的竞争优势,就必须在国内获得在国际上有竞争力的供应商和相关产业的支持。

4. 企业竞争

即一国国内支配企业创建、组织和管理的条件。各类企业作为国民经济的细胞,有其不同的规模、组织形式、产权结构、竞争目标、管理模式等特征，这些特征的形成和企业国际竞争力的提高在很大程度上取决于企业所面临的各种外部环境。此外，国内市场的竞争程度对该国产业取得国际竞争优势有重大影响。国内市场的高度竞争会迫使企业改进技术和进行创新，从而有利于该国国际竞争优势地位的确立。

5. 机遇和政府因素

一国的机遇和政府因素对形成该国的国际竞争地位也起辅助作用。机遇包括重要发明、技术突破、生产要素供求状况的重大变动（如石油危机）以及其他突发事件。政府因素是指政府通过对政策或制度调节来创造竞争优势。波特主张政府应当在经济发展中起催化和激发企业创造能力的作用。政府政策和行为成功的要旨在于为企业创造一个宽松、公平的竞争环境。

（二）国家竞争优势的发展阶段

波特将一个国家的竞争优势的发展分为四个阶段：

（1）要素推动阶段。该阶段的竞争优势主要取决于一国在生产要素（廉价劳动力和丰富的自然资源）上拥有的优势。

（2）投资推动阶段。该阶段的竞争优势主要取决于资本要素。大量的投资可用于更新设备、扩大规模、增强产品的竞争力。

（3）创新推动阶段。该阶段的竞争优势主要来源于研究和开发及营销创新。

（4）财富推动阶段。该阶段的创新和竞争意识明显下降，经济发展主要依靠以往积累的物质财富维持，缺乏强有力的推动力，呈衰退趋势。

（三）对国家竞争优势理论的简评

波特的国家竞争优势理论超越了传统理论对国家优势地位的认识，首先从多角度、多层次阐明了国家竞争优势的确切内涵，指出国家竞争优势形成的根本点在于竞争、在于优势产业的确定。这一理论对于解释第二次世界大战后，特别是 20 世纪 80 年代以后的国际贸易新格局有很大的说服力，对于一国提高国际竞争力、取得和保持竞争优势有重要的借鉴意义。

但是波特的理论也存在一些局限，它过于强调企业和市场的作用，而低估了政府的作用。在波特看来，一国要具备竞争优势，主要依赖企业的创新，政府的作用只是创造公平竞争的环境，政府所起的作用是辅助性的。

本章小结

国际贸易理论，是指从资本原始积累时期开始到当代这一整个历史发展阶段各国开展国际贸易的思想发展和实践经验的总结，是对国际贸易发展历史与现实情况的具体描述和理论说明。各个时期的经济学家从对国际贸易经济现象的研究出发，提出了不同的国际贸易理论。本章对斯密的绝对优势论、李嘉图的比较优势论、相互需求论、生产要素禀赋论、里昂惕夫之谜、技术差距论、产品生命周期论、需求偏好相似论、产业内贸易理论以及国家竞争优势理论等各个历史时期的主要国际贸易理论进行了分析和介绍。这对我们充分把握有关的国际贸易现象、分析国际贸易的相关问题、借鉴其他国家的成功经验，并结合我国的实际情况制定行之有效的对外贸易政策来发展对外贸易具有十分重要的意义。

关键概念

绝对优势理论　　比较优势理论　　相互需求论　　生产要素丰裕度　　生产要素密集度
里昂惕夫之谜　　国家竞争优势　　规模经济　　产品生命周期

练习题

一、单项选择题

1. 亚当·斯密在其发表的(　　)中,首次提出了主张自由贸易的绝对利益论。

A.《政治经济学及其赋税原理》　B.《国民财富的性质和原因的研究》

C.《政治经济学原理》　D.《国际贸易纯理论》

2. 绝对利益论认为,国际分工之所以发生是因为各国间在生产某种产品时存在(　　)差异。

A. 比较成本　B. 绝对成本　C. 要素禀赋　D. 生产要素组合比例

3. 按照绝对利益论,若两国能够进行分工生产和贸易,其结果会使两国的福利水平(　　)。

A. 一国提高,另一国降低　B. 均提高

C. 均降低　D. 不确定

4. 按照大卫·李嘉图的比较利益论,若中、美两国生产 1 单位小麦分别需要 60 小时和 10 小时的劳动,生产 1 单位丝绸分别需要 30 小时和 20 小时的劳动,则(　　)。

A. 中国同时生产小麦和丝绸,美国不生产　B. 美国同时生产小麦和丝绸,中国不生产

C. 中国专业化生产丝绸,美国专业化生产小麦　D. 美国生产丝绸,中国生产小麦

5. 相互需求论的内容是以(　　)为基础的。

A. 两国的相互需求状况　B. 两国的要素禀赋状况

C. 产品的要素密集度状况　D. 差异产品的存在

6. 马歇尔的相互需求论与穆勒的相互需求论的关系为(　　)。

A. 两个相对立的理论

B. 前者对后者的大部分观点给予了否定

C. 虽然同为相互需求论,但说明问题的领域是不同的

D. 前者用几何的方法对后者作了进一步的分析和说明

7. 根据赫克歇尔—俄林的要素禀赋论,如果一国为资本要素相对稀缺、劳动力要素相对丰裕,则该国应(　　)。

A. 生产并出口资本密集型产品　B. 进口劳动密集型产品

C. 生产并出口劳动密集型产品　D. 引进资本要素、输出劳动要素

二、多项选择题

1. 西方国际贸易理论的两个基本派别是(　　)。

A. 比较优势论　B. 要素禀赋论　C. 自由贸易理论　D. 保护贸易理论

E. 绝对优势论

2. 关于大卫·李嘉图的比较利益论,正确的有(　　)。

A. 发展了亚当·斯密的绝对利益论,比它更全面、更深刻

B. 是传统国际贸易理论形成的标志

C. 是一个没有任何不足的国际贸易理论

D. 还只是一种静态分析

E. 能够很好地解释当今国际贸易的基本格局和各国的贸易政策倾向

3. 相互需求论是根据相互需求状况,(　　)。

A. 用两国商品交换比率的上下限说明互惠贸易的范围

B. 用贸易条件说明贸易利得的分配

C. 用相互需求的程度解释贸易条件的变动

D. 说明贸易发生的原因

E. 说明两国的贸易模式

4. H-O 模型认为，在国与国之间劳动生产率相同的条件下，导致各国比较成本差异的原因是（　　）。

A. 各国要素禀赋的差异

B. 各国规模经济的不同

C. 不同商品需要不同的要素组合比例

D. 各国贸易政策的不同

E. 各国消费偏好的不同

三、简答题

1. 简述亚当·斯密的绝对优势论的主要内容。
2. 简述大卫·李嘉图的比较优势论的主要内容。
3. 简述穆勒的相互需求论的主要内容。
4. 简述 H-O 模型的主要内容。
5. 简述产业内贸易理论的主要内容。
6. 简述国家竞争优势理论的主要内容。

四、分析说明题

假设世界上只有两个国家——中国和美国，两国都能生产小麦和丝绸，在不考虑其他条件，且假设生产中只投入一种生产要素即劳动力的情况下，两国的生产成本如下表所示：

中国和美国的生产成本构成　　　　劳动小时/单位

国家 产品	中国	美国
小麦	60	10
丝绸	30	20

1. 运用李嘉图的比较利益论的基本观点，计算并说明两国的分工格局和贸易模式。
2. 运用穆勒的相互需求论的基本观点，计算并说明两国的互惠贸易范围。
3. 若两国间的交换比例为 1∶1（即 1 单位小麦换 1 单位丝绸），计算并说明贸易后两国的获利情况。

五、案例分析题

“世界上一些最贫穷的国家找不到什么产品来出口，它们没有什么资源是丰裕的，它们的土地和资本都不丰裕，在一些又穷又小的国家里，甚至连劳动力也不丰裕。”用所学过的理论试分析上面这段话。

六、论述题

1. 试解释里昂惕夫之谜产生的原因。
2. 论述技术差距论与产品生命周期论的内容。

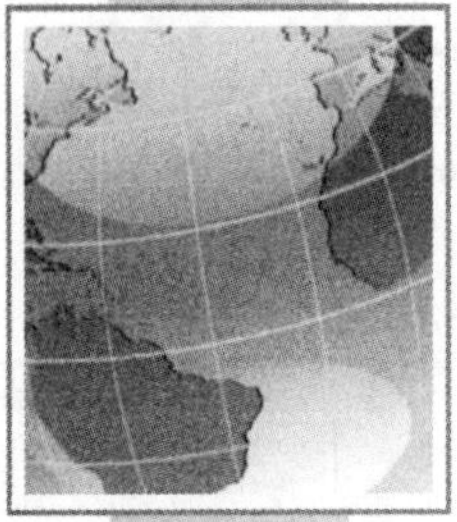

第三章
国际贸易政策

要点提示

- 国际贸易政策的类型
- 国际贸易政策的演变
- 战略性贸易政策

内容引言

中美贸易争端，又称中美贸易战、中美贸易摩擦，是中美经济关系中的重要问题。贸易争端主要发生在两个方面：一是中国具有比较优势的出口领域；二是中国没有优势的进口和技术知识领域。前者基本上是竞争性的，而后者是市场不完全起作用的，它们对两国经济福利和长期发展的影响是不同的。

在 2018 年 9 月 6 日下午举行的商务部例行发布会上，有媒体提问时指出，美拟对华 2 000 亿美元输美商品加征关税，商务部明确回应将反制；9 月 9 日，中方向世贸组织提出了贸易报复授权申请。2018 年 9 月 24 日，国务院新闻办公室发布《关于中美经贸摩擦的事实与中方立场》白皮书。2018 年 12 月 1 日晚，王毅在会上表明，中美两国元首达成共识，停止相互加征新的关税。

2019 年 5 月 10 日，美方将对 2 000 亿美元中国输美商品加征的关税从 10%上调至 25%。那么，什么是贸易争端？它会给世界经济带来哪些负面影响呢？

第一节　国际贸易政策概述

一、国际贸易政策和对外贸易政策

国际贸易政策是各国在一定时期内对进出口贸易所实行的政策的总称，由各国的对外贸易政策所组成。因此，从国别角度看，国际贸易政策就是对外贸易政策。一国的对外贸易政策是在一定时期内对进出口贸易所采取的方针、措施的总和。随着经济全球化进程的加快和国际分工的深化，各国都不同程度地参与国际分工和交换，对外贸易在一国经济中的地位日益重要，对外贸易政策已成为一国经济政策的重要组成部分，也是调节国际收支平衡、保持经济稳定发展的重要手段。

一般而言，一国的对外贸易政策由以下几方面组成：

(一)对外贸易总政策

对外贸易总政策是指一国从整个国民经济发展的需要出发，在较长时期内实行的对外贸易方针政策。包括对外贸易发展战略、出口贸易总政策和进口贸易总政策等。

(二)进出口商品政策

进出口商品政策是根据本国对外贸易总政策和国内外市场状况，结合国内产业结构等分别制定的关于本国商品的进出口政策。比如有意识地限制某些商品的输入以扶持或保护该种商品的生产等。

(三)对外贸易的地区和国别政策

对外贸易的地区和国别政策是在对外贸易总政策和进出口商品政策的指导下，按照本国发展对外政治经济关系的需要，而对某些国家或地区制定和实施的国别和地区贸易政策。

影响一国对外贸易政策的因素是多方面的，既有经济因素，也有社会政治因素。经济因素如出于维持国际收支平衡、增加财政收入、保护国内幼稚产业、保证某些紧缺原材料的国内供给、增加就业等目的而限制进口、鼓励出口或限制出口等；政治因素如为增强本国的国防力量或防止敌对国家国防力量的增强而保护战略物资产业，或限制战略物资的出口等。尽管实行对外贸易政策的具体目的各异，但从长远和根本来看，它的制定要服从于一国的总体经济利益。

二、国际贸易政策的类型

对外贸易政策是在国际贸易实践中逐渐产生和发展演变的，它反映着一国在一定时期的经济发展战略和一国在国际市场上的综合竞争能力。根据对外贸易政策的主张和内容不同，一般分为两种类型：自由贸易政策和保护贸易政策。

(一)自由贸易政策

自由贸易政策以自由贸易理论为基础，其主要内容包括一国政府逐步放宽对进出口贸易的限制和障碍，取消对本国进出口商品的各种特权和优待，使商品自由进出口，在国内外市场上自由竞争。

(二)保护贸易政策

保护贸易政策以保护贸易理论为基础，其主要内容包括一国政府采取各种限制进口的措施限制或减少外国商品进入国内市场，使本国商品免受外国商品的竞争，并对本国出口商品给予优惠和补贴，以鼓励商品输出。

自由贸易政策和保护贸易政策反映出两种截然不同的态度。长期以来，代表不同利益集团的经济学家就其利弊优劣展开了激烈争论。事实上，一国的对外贸易政策是该国在世界市场的经济实力和地位的集中反映，也体现了国家之间错综复杂的矛盾关系。随着经济实力的变化，一国的对外贸易政策会不断调整。例如，经济实力较强的国家由于在世界市场上具有较强的竞争优势，一般都主张减少或取消贸易限制，实行自由贸易政策；而经济实力较弱的国家一般都主张实行保护贸易政策。各国从自身的实际和利益出发，在不同时期往往采取不同的对外贸易政策，彼此之间既有斗争，又有妥协。

第二节　国际贸易政策的历史演变

一、资本主义准备时期的对外贸易政策

15～17 世纪是资本主义生产方式的准备时期，这一时期属于资本的原始积累期，因此西欧国家为了促进资本原始积累而普遍实行重商主义下的强制性贸易保护政策。

重商主义的观点主要有以下几个方面：

（一）金银是真正的财富，一切经济活动都是为了获取金银

重商主义者认为，任何其他商品都只能满足人们的一种欲望，而金银可以交换一切商品，满足人们的任何欲望。因此只有金银才是唯一的、真正的财富。

（二）对外贸易是增加金银、增加财富的根本源泉

重商主义者认为，除金银的开采之外，只有对外贸易是增加金银从而增加财富的真正源泉。国内商业是必要的，但国内商业活动只能使金银货币在不同的商人之间转手，并不能增加财富总量，只有大力发展对外贸易，才能使一国的金银财富增加。

（三）坚持多卖少买的原则，实行保护关税政策

重商主义者认为，通过对外贸易来增加金银货币，关键是要坚持多卖少买、多出口少进口、多收入少支出的原则，通过保护关税政策实现顺差，使金银不断流入国内。

（四）国家应积极干预经济，采取鼓励出口、限制进口的措施

国家应在发展对外贸易、繁荣本国经济方面发挥重要作用。国家应当扶持本国民族工业的发展，实行出口奖励措施，同时通过积极的航海和开拓殖民地政策带动出口，并对进口商品实行高关税甚至禁止某些商品的进口，以保护贸易顺差，增加金银财富的积累。

重商主义的对外贸易政策对于促进资本主义商品货币关系的发展、加速资本原始积累、推动封建主义向资本主义制度过渡，曾具有一定的积极作用。但到了资本主义自由竞争阶段，它就成了资本主义经济进一步发展的障碍。

二、资本主义自由竞争时期的对外贸易政策

18～19 世纪是资本主义自由竞争时期，也是自由贸易政策和保护贸易政策并行的时期。在这一时期，各国由于经济发展水平及在世界市场的竞争地位不同，各自采取了不同的对外贸易政策。

（一）自由贸易政策

自由贸易政策也称为“强者”的政策，多为经济强盛的国家所采用，其企业和产品都已经比较成熟，在国际市场上有足够的竞争力，当然也就提倡自由贸易。

这一时期英国的自由贸易政策措施主要有：逐步降低关税税率、减少纳税的商品项目和简化税法；废除《谷物法》，使谷物自由进出；废除《航海法》；与外国签订促进贸易发展的贸易条约；对殖民地国家采取自由进出口的政策；取消外贸公司的特权，对广大民营企业开放外贸经营领域等。

英国的自由贸易政策措施后来成为其他西方国家的蓝本。然而，西方资本主义国家并未同步实施自由贸易政策。后进的资本主义国家往往先实行一段时期的保护贸易政策，待本国经济有了较大的发展后，再转向自由贸易政策。从总体上说，自由竞争时期资本主义国家的对外贸易政策是以自由贸易为特征的。

（二）保护贸易政策

幼稚工业保护政策是 18～19 世纪资本主义自由竞争时期美国、德国等后起的资本主义国家实行的保护贸易政策。当时，这些国家的工业处于刚刚起步的幼稚阶段，缺乏竞争力，没有力量与英国的工业品竞争，这些国家的政府代表工业资产阶级利益，为发展本国工业，实行保护贸易政策。保护的方法主要是建立严格的保护关税制度，通过高关税削弱外国商品的竞争能力；同时也采取一些鼓励出口的措施，提高国内商品的竞争力，以达到保护民族幼稚工业发

展的目的。

1. 汉密尔顿的保护关税思想

汉密尔顿(1757～1804 年)是美国独立后的第一任财政部长。当时美国经济仍处于殖民地经济形态,产业结构以农业为主,工业则处于十分落后的水平。为了保护和促进制造业的发展,汉密尔顿于 1791 年 12 月向国会提交了《关于制造业的报告》,系统阐述了要使美国经济独立,必须保护和发展制造业,并明确提出实行保护关税政策的主张,主要有:(1)向私营工业发放政府信用贷款,为其发展提供资金;(2)实行保护关税制度,保护国内新兴幼稚工业;(3)限制重要原料出口,免税进口国内极端必需的原料;(4)为必需品工业发放津贴,给各类工业发放奖励金;(5)限制改良机器输出;(6)建立联邦检查制度,保证和提高制成品质量等。

汉密尔顿的主张在美国的对外贸易政策上得以体现。1816 年美国提高制造品的进口关税;1828 年美国再度提高了关税,工业品的平均从价税提高到 49%。

2. 李斯特的保护贸易理论和政策

李斯特(1789～1846 年)是 19 世纪德国资产阶级经济学家,在 1841 年出版的代表作《政治经济学的国民体系》一书中,他继承和发展了汉密尔顿的保护关税学说的思想,系统地论证了保护贸易政策对后进国家的重要性,提出了一整套保护贸易的政策措施,充分体现了他的国家干预主义思想。

李斯特提出了"经济发展阶段论",他认为每个国家都必须经过以下经济发展阶段:原始未开化时期、畜牧时期、农业时期、农工业时期、农工商业时期。在不同的发展阶段,应采取不同的外贸政策。李斯特认为当时英国已进入农工商业时期,可以实行自由贸易政策,但德国和美国尚处于农工业时期,只能实行保护贸易政策。

李斯特认为,一国的经济发展及生产力水平的提高最重要的是依靠工业的发展。因此他主张:对处于农工业时期的国家,必须通过高关税甚至限制进口等措施,对本国的幼稚工业特别是大宗消费品工业实行保护,但不是无限期的保护,以 30 年为限;对发展工业所需的机器和技术,则应减免进口关税;而农业本身是天然有充分保护的,是不怕国外竞争的,因此对农业不需用关税进行保护。

1870 年德国取得普法战争胜利后,不断加强对原有工业和新建工业的保护。到 19 世纪末,德国成为欧洲高度保护贸易的国家之一。

三、资本主义垄断时期的对外贸易政策

19 世纪末到 20 世纪初,资本主义的发展进入了垄断阶段。这一时期,很多国家完成了产业革命,经济实力迅速增强,世界市场竞争激烈;两次严重的世界经济危机又使资本主义国家的商品销路发生严重困难。此时各国为了垄断国内市场并争夺国外市场,先后走上了保护主义的道路。这一时期的贸易保护政策与以往有明显的不同,带有显著的侵略性与扩张性,即我们通常所说的超保护贸易政策或战略性贸易保护政策。

两次世界大战期间的超保护贸易政策遍及所有西方国家,即使是长期坚持自由贸易的国家也不得不在 1931 年放弃自由贸易,转而实行超保护贸易政策。保护贸易的理论依据也发生了重大变化。各国经济学家纷纷提出了支持超保护贸易政策的理论依据,其中影响最大的当推凯恩斯的超保护贸易理论。

凯恩斯(1883～1946 年)是英国资产阶级经济学家,他的代表作《就业、利息和货币通论》奠定了宏观经济学的理论基础,其中的保护贸易理论占有非常重要的地位。凯恩斯及其追随

者认为：首先，20世纪30年代大萧条后，由于总需求不足导致大量失业存在，自由贸易理论中的充分就业的前提条件已不复存在；其次，自由贸易理论以国际收支自动调节机制说明贸易顺、逆差的均衡，忽略了在调节过程中对一国国民收入和就业的负面影响。根据凯恩斯的贸易乘数理论：贸易顺差能增加国民收入，扩大就业；而贸易逆差则减少国民收入，加重失业。因此，为增加有效需求、实现充分就业，政府应积极干预经济，采取鼓励出口、限制进口及保持顺差的保护贸易政策。由于这种保护贸易政策与重商主义的政策相似，因此被称为新重商主义。这种外贸政策代表了垄断资产阶级的利益，在保护内容、范围、手段等方面大大超过了自由竞争时期的保护贸易政策，因此又称为超保护贸易政策。

超保护贸易政策保护的是国内高度发展或出口出现衰落的"夕阳工业"，在垄断国内市场的基础上，对国外市场实行进攻性扩张，带有明显的侵略性。超保护贸易政策的措施多种多样，不仅有关税、贸易条约及各种各样的奖出限入措施，还采取如商品倾销、外汇管制、外汇倾销、进口数量限制等多种扩大出口和限制进口的措施。也正是由于保护贸易政策的侵略性，使许多国家在执行保护贸易的同时，采取了报复政策，出现了报复关税等政策措施，各国之间的矛盾日益加剧，最终导致了第二次世界大战的爆发。

四、第二次世界大战后至20世纪70年代的对外贸易政策

第二次世界大战后初期，西欧和日本等国为经济重建一度实行保护贸易政策，严格限制商品进口。而美国在两次世界大战中均未受到战争的损失，经济实力得以保存和增强。因此美国在战后一直致力于推动贸易自由化，并促使成立了关税及贸易总协定（以下简称关贸总协定），在各缔约方之间进行关税减让。在美国的压力下，加之经济的恢复和发展，日本和德国等主要发达国家也开始逐步推行贸易自由化政策。

在这一时期，以美国为首的西方发达国家注重科学技术的研究、发明与应用，掀起了以原子能、电子、宇航为主的第三次科技革命浪潮，使得北美、西欧、日本等国家和地区的经济得到迅速发展，全球进出口贸易额年均增长7.8%，大大高于战前的增长率，也高于同期的经济增长率。

（一）第二次世界大战后贸易自由化的主要标志

1. 关贸总协定缔约国的进口关税大幅度削减

（1）在关贸总协定的推动下，缔约方通过多轮关于削减关税的谈判，使平均关税水平大幅下降，为实行自由贸易政策铺平了道路。关贸总协定各缔约国的平均进口最惠国待遇税率从40%左右下降到不足5%，其中发达国家的减幅最大。

（2）以欧共体为代表的贸易集团对内取消关税，对外达成关税减让协议，使关税税率大幅下降。

（3）经过发展中国家的努力，1968年2月联合国贸易发展会议上通过了普遍优惠制决议，主要发达国家对来自发展中国家和地区的制成品和半制成品的进口给予普遍的、非歧视性和非互惠性的关税优惠。

2. 减少或取消非关税壁垒

第二次世界大战后初期，迫于国内经济困难和国际收支恶化的压力，发达国家对许多商品的进口都实行严格的限制措施，如进口许可证、外汇管制等非关税措施。但随着经济的恢复和发展，又不同程度地放宽了进口限制和外汇管制，实行货币的自由兑换，促进了贸易自由化的发展。

(二)第二次世界大战后贸易自由化的主要特点

1. 工业制成品的贸易自由化程度大于农产品的贸易自由化程度

第二次世界大战后，西方主要国家的工业迅速发展，工业化程度显著提高。这就促使它们在工业制成品领域全面推行自由化。但相对而言，发达资本主义国家的农业进程比工业进程慢，它们便极力对农产品实行保护，在多边贸易谈判中竭力把农产品排斥在外，这大大阻碍了农产品自由化的发展。

2. 机械设备的贸易自由化程度高于工业消费品的贸易自由化程度

由于科学技术的发展，许多国家往往注重引进不同类型的尖端技术设备，以提高本国产品的竞争力。因此，各国相互间机械设备产品的贸易自由化程度较高。而对工农业消费品，如纺织品、鞋类、罐头食品、皮革制品等，各国相继采取了进口限制，以保护本国同行业的利益不受国外低成本的进口商品的影响。

3. 发达国家之间的贸易自由化程度高于发达国家与发展中国家之间的贸易自由化程度

根据关贸总协定多边协议，发达国家之间大幅度地降低关税，并放宽限制。而对发展中国家的一些商品特别是劳动密集型产品，则征收较高的关税，实行进口限制，并且发达国家还对发展中国家实行严格的出口管制。

4. 区域性经济集团内部的贸易自由化程度高于集团外的贸易自由化程度

第二次世界大战后，在世界范围内出现了多个区域性经济集团。这些区域性集团出于共同的利益，对内都实行贸易自由化，而对外则实行有条件的自由化政策。这导致了集团内部的贸易自由化程度高于集团外的自由化程度。

五、20 世纪 70 年代至今的对外贸易政策

(一)新保护贸易政策的产生

第二次世界大战后，世界经济经历一个高速发展的阶段。20 世纪 70 年代中期以后，日本和德国经济迅速赶超美国，发达国家经济发展的不平衡性加剧，而两次石油危机使发达国家经济陷入滞胀和衰退，更使它们对世界市场的争夺日益激烈。以美国为首所推行的贸易自由化陷入停顿，国际贸易越来越受到新保护主义的影响。特别是 1971 年美国出现了 78 年以来的首次贸易赤字，美国国内贸易保护的呼声日渐高涨，以美国为代表的新贸易保护主义因此兴起。但由于受到关贸总协定的约束，进口关税率大大降低，依靠传统的关税措施限制进口的作用大打折扣，于是各国纷纷采取了进口数量限制、政府补贴等其他手段对国际贸易进行干预，从而产生了新的贸易保护政策。

(二)新贸易保护政策的特点

1. 限制进口措施的重点从关税壁垒转向非关税壁垒

第二次世界大战以后，经过关贸总协定的几轮谈判，西方发达国家的关税已有较大幅度的下降。由于以提高关税水平来实行贸易保护要受到关贸总协定的制约，因此各国在关税上主要是按照有效保护率设置"阶梯关税"以及加强征收"反补贴税"和"反倾销税"来实行贸易保护。对于进口限制，则更多地采用非关税措施。非关税措施日益多样化、复杂化；非关税措施的歧视性和针对性增强；发达国家往往根据与不同国家的政治经济关系，采取不同的非关税措施。

2. 被保护的商品范围不断扩大

保护对象从传统商品、农产品转向高技术产品和服务部门。在服务贸易方面，很多发达国

家在签证申请、投资条例、收益汇出等方面做出了保护性限制，以培育和确保自己的优势；在工业品方面，从纺织品、化工产品、食品到钢铁、汽车、计算机、卫星等均被列入保护范围，几乎占到世界贸易商品种类的40%。

3. 从国家贸易壁垒转向区域性贸易壁垒

经济一体化和区域性贸易集团的发展，是当今世界经济的一个主要特征。随着欧共体的建立及其在国际贸易中竞争实力的增强，这种示范效应使得其他国家也倾向于参与地区性经济组织，以增强其在国际市场上的竞争能力。越来越多的国家不再以个体身份而是作为国家集团的成员与其他国家发展经贸关系。区域性集团的建立本身就带有排他性，在对内加强自由化的同时，势必排挤、歧视集团外的竞争者。

4. 奖出限入措施的重点从限制进口转向鼓励出口

第二次世界大战后，随着国际分工的深化和国际贸易的发展，西方各国对国外市场的依赖性日益增强。采取限制进口的措施往往会加剧国与国之间的贸易摩擦，受到其他国家的谴责和报复。在此情形下，许多国家把奖出限入的重点从限制进口转向鼓励出口方面，从政策措施上给予优惠和倾斜。

5. 从贸易保护制度转变为系统化的管理贸易制度

管理贸易是一种介于自由贸易与保护贸易之间、以协调为中心、以政府干预为主导、以磋商为手段的贸易制度，也称为“不完全的自由贸易”或“不断装饰的保护贸易”。管理贸易具有以下特点：

(1)以立法形式使贸易管理合法化、制度化。许多发达国家重新修订和补充原有的贸易法规，使对外贸易管理更有法律依据。

(2)在不放弃多边协调的同时，更多采用单边管理和双边协调。由于世界经济区域化、集团化的加强，国际多边贸易体制受到削弱。为此主要发达国家更多借助双边贸易谈判，必要时不惜采取单边贸易制裁，以达到所谓“公平、互惠”的目的。

相关链接：中美贸易争端

2018年，特朗普政府不顾中方劝阻，执意发动贸易战，掀起了又一轮的中美贸易争端。

2018年1月，特朗普政府宣布：“对进口大型洗衣机和光伏产品分别采取为期4年和3年的全球保障措施，并分别征收最高税率达30%和50%的关税。”2018年2月，特朗普政府宣布：“对进口中国的铸铁污水管道配件征收109.95%的反倾销关税。”2018年2月27日，美国商务部宣布：“对中国铝箔产品厂商征收48.64%～106.09%的反倾销税，以及17.14%～80.97%的反补贴税。”2018年3月9日，特朗普正式签署关税法令，“对进口钢铁和铝分别征收25%和10%的关税”。2018年3月22日，特朗普政府宣布：“因知识产权侵权问题对中国商品征收500亿美元关税，并实施投资限制。”2018年4月4日，美国政府发布了加征关税的商品清单，将对我国输美的1 333项500亿美元的商品加征25%的关税。2018年4月5日，美国总统特朗普要求美国贸易代表办公室依据“301调查”，额外对1 000亿美元中国进口商品加征关税。2018年4月17日，美国商务部部长罗斯宣布，对产自中国的钢制轮毂产品发起反倾销和反补贴调查(即“双反”调查)；美国商务部还初裁从中国进口的通用铝合金板存在补贴行为。2018年5月29日，美国白宫宣布将对从中国进口的含有“重要工业技术”的500亿美元商品征收25%的关税。2018年6月15日，美国政府发布了加征关税的商品清单，将对从中国进口的约500亿美元商品加征25%的关税。2018年7月6日00:01(北京时间6日12:01)，美国开始对第一批清单上818个类别、价值340亿美元的中国商品加征25%的进口关税。2018 年 7 月 10 日，美国政府公布进一步对华加征关税清单，拟对约 2 000 亿美元中国产品加征 10%的关税，其中包括海产品、农产品、水果、日用品等项目。2018 年 8 月 2 日，美国贸易代表办公室声明称拟将加征税率由 10%提高至 25%。2018 年 8 月 8 日，美国贸易代表办公室公布第二批对价值 160 亿美元中国进口商品加征关税的清单，自 8 月 23 日起生效。2018 年 8 月 23 日，美国在“301 调查”项下对自中国进口的 160 亿美元产品加征 25%关税。

2019 年 5 月 10 日，美方将对 2 000 亿美元中国输美商品加征的关税从 10%上调至 25%。

(三)新贸易保护政策的危害

新贸易保护政策使世界经济付出了沉重的代价，给各国生产者和消费者的利益带来了巨大的伤害，从经济学的角度看是一种社会福利的损失。

1. 新贸易保护政策导致物价上涨

数量限制使本国国内同类产品因缺乏进口产品的竞争而价格较高。各种进口限制的弊端最终都反映在国内商品价格的提高上。

2. 新贸易保护政策使发达国家付出沉重代价

以农产品为例，发达国家对农业生产的支持和补贴不仅限制了外国供应者、扭曲了贸易流向，而且造成了诸如糖、肉类、谷物、奶制品的大量剩余。为了降低日益增加的储存成本，防止变质和浪费，发达国家采取了价格补贴以降价销售，为此发达国家付出了巨大代价。

3. 新贸易保护政策严重损害发展中国家利益

由于大多数发展中国家经济结构单一，产业结构不甚合理，出口产品大多是劳动密集型产品或附加值较低的产品(如农产品、纺织品等)，而这些产品正是发达国家实施贸易保护的重点对象，这不仅造成发展中国家国内产出下降、失业增加，还会由于出口下降造成外汇短缺，加重国际收支失衡和债务危机。

(四)战略性贸易政策

1. 战略性贸易政策的含义

所谓“战略性贸易政策”，是指一国政府在不完全竞争和规模经济条件下，可以凭借生产补贴、出口补贴或保护国内市场等政策和手段，扶持本国战略性工业的成长，增强其在国际市场上的竞争能力，从而谋取规模经济之类的额外收益，并借机劫掠他人的市场份额和工业利润，即在不完全竞争环境下，实施这一贸易政策的国家不但无损于其经济福利，反而有可能提高自身的福利水平。显然，这有悖于自由贸易学说的经典结论，也给当前风行一时的新保护主义提供了某种遁词。

2. 战略性贸易政策的产生与实施

20 世纪 80 年代中期，针对国际市场上不完全竞争的市场结构和规模经济的存在，以 E. 赫尔普曼(E. Helpman)和克鲁格曼等为代表的新贸易理论学者提出了战略性贸易政策的观点。该观点认为，一国政府可以通过补贴或保护国内市场来扶持本国战略性产业的成长，增强其在国际市场上的竞争力，以获得规模经济收益，并取得市场份额。

实施战略性贸易政策主要从以下两个方面来改善本国的福利：

(1)实现利润转移

①补贴促进出口方式是由 J. A. 布兰德(J. A. Brander)和 B. J. 斯宾塞(B. J. Spencer)提出的。他们认为，在不完全竞争特别是寡头垄断市场条件下，产品的价格一般高于边际成本，即存在垄断利润。这时，政府为本国企业提供出口补贴(包括直接补贴和减税)，可以使本国企业实现规模经济，降低产品的边际成本，从而使产品在与国外对手的竞争中获取更大的市场份额

和垄断利润。只要新增利润能够抵消销出口补贴成本，就可以实现本国福利增加的目标。

②进口保护促进出口方式是由克鲁格曼提出的。他认为，在寡头垄断市场和规模收益递增的条件下，政府通过关税和非关税壁垒来限制国外商品进入，可以为本国产业创造有利的发展条件，使之迅速扩大生产规模、降低成本，并以低成本优势扩大其国际市场份额，提高本国的净福利。

③关税抽取垄断租金方式最早也是由布兰德和斯宾塞提出的。他们认为，当某一产业被少数垄断寡头控制后，垄断利润是普遍存在的。进口国可以利用关税措施，将一部分垄断利润转化为本国的关税收入，以减少经济租金的外流。很显然，进口国进口商品的需求弹性越大，以关税来抽取垄断利润的效果越好。

(2)获得外部经济

对于具有明显外部经济性的产业进行适当的保护和扶持，可以克服市场调节的不足，避免因外部经济性致使该产业在市场调节下难以发展壮大。

3. 战略性贸易政策的缺陷

战略性贸易政策论以更符合现实的规模经济与不完全竞争市场为分析基础，探讨了国家适度干预对一国产业和贸易发展的积极影响，是对传统的自由贸易政策的修正，具有一定的理论和实践应用价值。当然，该理论也存在一定的不足。

(1)该理论以本国利益为最高目标，有可能会对世界经济带来不利的影响。

(2)该理论的政策主张是保护所谓的“战略性产业”，即保护那些技术含量高、外部效应明显、动态规模效益突出的理想产业，但是在具体实施过程中存在着如何甄别和保护措施如何选择等问题，如果甄别不当、保护措施选择不当，会使政策效果大打折扣。

(3)从本质上看，它仍然是一种以邻为壑的贸易政策，如果大多数国家都实行这种政策，其政策效果在很大程度上会相互抵消。

本章小结

从国别角度，国际贸易政策就是对外贸易政策，是一国在一定时期内对进出口贸易所采取的方针、措施的总和。对外贸易政策是一国经济政策的重要组成部分，也是调整国际收支、带动经济发展的重要手段。本章介绍了以下问题：国际贸易政策的概念及构成、类型与演变；国际贸易政策的历史演变，即资本主义准备时期的对外贸易政策、资本主义自由竞争时期的对外贸易政策、资本主义垄断时期的对外贸易政策、第二次世界大战至20世纪70年代的对外贸易政策以及20世纪70年代至今的对外贸易政策。

关键概念

自由贸易政策　保护贸易政策　超保护贸易政策　管理贸易政策　战略性贸易政策

练习题

一、单项选择题

1.“金银是真正的财富，一切经济活动都是为了获取金银。”这句话代表了(　　)的对外贸易政策。

A. 资本主义方式准备时期　　B. 资本主义自由竞争时期

C. 垄断资本主义时期　　D. 第二次世界大战后

2. 超保护贸易理论由(　　)提出。
A. 李斯特　　B. 汉密尔顿　　C. 凯恩斯　　D. 穆勒

二、多项选择题

1. 下列历史人物中提出保护贸易思想的是(　　)。
A. 亚当·斯密　　B. 李斯特　　C. 汉密尔顿　　D. 李嘉图
2. 第二次世界大战后,贸易自由化的主要标志是(　　)。
A. 关税大幅削减　　B. 关税同盟广泛建立
C. 非关税壁垒的减少或取消　　D. 世界贸易组织建立
3. 超保护贸易政策的特点是(　　)。
A. 保护幼稚工业　　B. 保护夕阳工业　　C. 采用关税措施　　D. 带有进攻性

三、简答题

1. 贸易政策及其类型有哪些?
2. 新贸易保护政策的特点有哪些?
3. 什么是战略性贸易政策?

四、论述题

试述战略性贸易政策实施及其存在的缺陷。

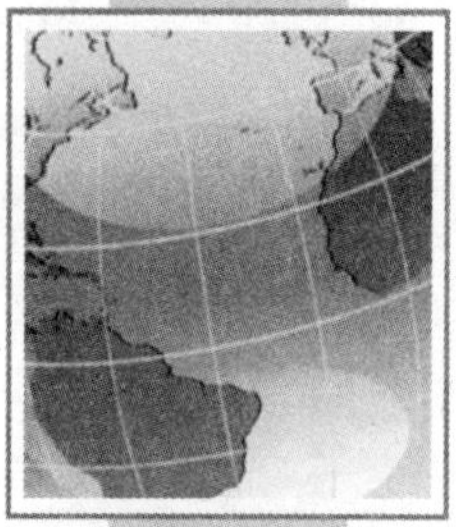

第四章 国际贸易措施

要点提示

- 关税的概念、种类、征收方法、海关税则
- 非关税壁垒的特点和种类
- 鼓励出口的主要措施
- 出口管制的原因、商品和形式

内容引言

各国管理对外贸易的措施可分为两大类：一类是关税壁垒，另一类是非关税壁垒。另外还包括鼓励出口和限制出口措施。当今世界，各国都结合本国实际情况制定不同的对外贸易政策。目前，中国遭遇的贸易壁垒涉案金额为全球之最。多个国家(或地区)对中国发起反倾销、反补贴、保障措施及特保调查。中国已跻身贸易大国之列，进入贸易摩擦的高发期。在今后相当长的一个时期，中国企业将面对日趋严峻的国际贸易环境。

第一节 关税措施

一、关税的概念和特点

(一)关税的概念

关税(Customs Duty)是一国海关在进出口商品经过关境时，向本国的进出口商所征收的一种税。

海关是设在关境上的国家行政管理机构，它的职责是货运监管、查禁走私、征收关税、临时保管通关货物和统计进出口商品等。征收关税是一国海关的重要任务之一。

海关征收关税的领域叫关境或关税领域，是海关所管辖和执行海关各项法令和规章的区域。一般情况下关境与国境是一致的。但在几个国家结成关税同盟、实施统一的关税法令和统一的对外税则时，关境就大于国境。当一国政府在其境内设立自由港、自由贸易区时，关境就小于国境。关税的征收范围是以关境为界，而不是以国界为界。

(二)关税的特点

关税是国家税收的一种，同其他税收一样，具有强制性、无偿性和预定性。除此之外，关税还有三个主要特点：

(1)关税是一种间接税。关税的纳税人是进出口货物的当事人，但负税人却是最终消费者。

(2)关税的课税主体和客体。关税的课税主体即纳税人，是本国进出口商；关税的课税客体即课税的对象，是进出境的货物。

(3)关税具有涉外性。这是对外政治、经济斗争的一种手段。

二、关税的种类

(一)按征税对象或商品流向分类

1. 进口税

进口税(Import Duty)是进口国海关在外国商品输入时对本国进口商所征收的关税。这种进口税在外国货物直接进入关境时征收，或者外国货物由自由港、自由贸易区或海关保税仓库等提出运往进口国的国内市场销售，在办理海关手续时征收。进口税也称正常关税或正税，是列在海关税率表当中并以进口国货币征收的。所谓关税壁垒，就是对进口商品征收高额关税，以达到遏制进口的目的。

2. 出口税

出口税(Export Duty)是出口国海关在本国商品出口时对出口商所征收的一种关税。经济发达国家一般不征收出口税，因为征收出口税会提高出口商品成本和在外国市场上的销售价格，削弱竞争力，不利于扩大出口。征收出口税的目的或是为了增加财政收入；或是为了保护本国生产的需要，对一些原料征收出口税；或是为了保证本国市场供应和防止盲目出口，保护国际市场上的有利价格。我国目前对生丝、铅矿砂、生锑、山羊绒等100多种初级产品征收出口税。

3. 过境税

过境税(Transit Duty)又称通过税，是对通过其关境的外国商品所征收的一种关税。其目的主要是增加国家财政收入。现在大多数国家都不征收过境税，只征收少量的准许费、印花费和统计费等。因为征收过境税会影响本国交通运输业的发展及有关银行、保险、仓储方面的收入；另外过境货物对本国生产和市场没有影响，所征税率很低，对财政收入影响不大。

(二)按征税目的分类

1. 财政关税

财政关税(Revenue Tariff)又称为收入关税，是以增加国家财政收入为目的而对进口商品征收的关税。征收财政关税必须具备三个条件：一是征税的进口货物必须是国内不能生产或没有代用品的商品，以避免对国内市场形成冲击；二是征税的进口商品必须在国内有大量的消费需求；三是关税税率必须适中，否则就达不到增加财政收入的目的。

2. 保护关税

保护关税(Protective Tariff)是以保护本国工业或农业发展为主要目的而对进口商品征收的关税。保护关税的税率越高，越能达到保护目的。保护关税达到保护目的的条件：一是进口税必须高于国内消费税，以提高进口商品价格，保护国内工业；二是进口量及消费的减少能减小外国商品对本国生产的压力；三是国内有与进口商品相同的产品存在。

(三)按差别待遇和特定的实施情况分类

1. 普通关税

普通关税(Common Tariff)是对与本国没有签署贸易或经济互惠等友好协定的国家或地区原产的货物征收的非优惠性关税。

2. 优惠关税

优惠关税是对来自与本国签订双边或多边国际互惠贸易协定(或条约)的国家(或地区)的

进口货物所征收的带有优惠性质的关税。其税率低于普通关税税率。它又包括：

（1）特惠关税（Preferential Duties），是对来自特定国家或地区的进口货物征收的优惠关税，其他国家不得根据最惠国待遇条款要求享受这些优惠关税。

（2）普惠关税（Generalized System of Preference，GSP），是发达国家对进口原产于发展中国家的工业制成品、半制成品和某些初级产品给予降低或取消进口关税待遇的一种优惠关税。普惠关税具有普遍性、非歧视性和非互惠特性。

（3）最惠国关税（Most Favorable Duties），是对来自享受最惠国待遇（即缔约国双方相互间现在和将来所给予第三国在贸易上的优惠、豁免和特权，同样给予缔约对方）的国家或地区的进口货物所征收的优惠关税，通常低于普通关税税率，但高于特惠关税税率。

3. 差别关税

差别关税（Differential Tariff）是对同一种商品由于输出国或生产国情况的不同而使用有差别的进口关税。主要形式有：

（1）反倾销税（Anti-dumping Duty），是对外国倾销商品所征收的进口附加税，目的是抵制外国倾销。

（2）反补贴税（Anti-subsidy Duty），是对直接或间接地接受出口补贴或任何资金的外国商品所征收的进口附加税。

（3）报复关税（Retaliatory Duty），是当别国对本国贸易实行歧视性待遇或违背贸易法或拒绝接受 WTO 裁决后，为报复别国的这种行为而征收的额外关税。

三、关税的征收方法

关税的征收方法主要有从量税和从价税，在此基础上又有混合税和选择税。

（一）从量税

从量税（Specific Duty）是以商品的重量、数量、容量、长度和面积等计量单位为标准计征的关税。从量税的计算公式为：

从量税税额＝商品数量×单位从量税率

从量税大部分是根据商品的重量来征收的。对于货物的重量，不同货物的包装比较复杂，有毛重、半毛重、净重等计算方法，在关税税则中需按货物的具体情况作出规定。

从量税的优点是：手续简便，无须审定货物的规格品质、价格，便于计算；进口商品价格跌落时，仍有适度保护作用。

征收从量税也存在一些缺点：税负不合理，对同一税目货物，不管质量好坏、价格高低，都按同一税率征税；不能随价格变动作出调整，当物价上涨时税收减少，保护作用减小，当物价下跌时税收增加，保护作用增大；不能对进口商品普遍采用，对一些艺术品、贵重物品如古董、字画、宝石等不能采用。

（二）从价税

从价税（Ad Valorem Duty）是按进口商品的价格为标准计征的关税。从价税的税率表现为货物价格的百分率。从价税的计算公式为：

从价税税额＝进口货物总值×从价税率

征收从价税的关键问题是确定进口商品的完税价格。完税价格是指经海关审定的作为计征关税依据的货物价格。各国规定不同的海关估价确定完税价格大体有三种：以装运港船上交货价格（FOB）为征税价格标准；以成本、保险费加运费价格（CIF）为征税价格标准；进口国法定价格或称进口国官定价格。由于各国海关估价规定内容不一，不少国家故意抬高进口商品完税价格，提高进口关税，把它变成一种限制进口的非关税壁垒措施。

从价税的优点是：税负合理，同类商品质高价高税额高，质次价低税额低；税负明确，便于各国关税税率比较；税负公平，税率随物价的涨落而增减，纳税人的负担可以按比例增减；各种商品都可适用。

从价税的缺点是：操作困难，完税价格不易掌握；通关时间长，纳税双方因估定货物价格发生摩擦，从而延缓了通关进程。

(三)混合税

混合税(Mixed Duty)又称复合税，是对某种进口商品同时采用从量税和从价税征收的一种方法。它的计算公式为：

混合税税额＝从量税额＋从价税额

混合税分为两种情况：一种是以从量税为主加征从价税，即在对单位进口商品征税的基础上，再按其价格加征一定比例的从价税。例如美国对男式开司米羊绒衫(每磅价格在 18 美元以上者)的进口，每磅征收 37.5 美分的从量税外加征 15.5%的从价税。另一种是以从价税为主加征从量税，即按进口商品价格征税的基础上，再按其数量单位加征一定数额的从量税。例如日本对手表(每块价格在 6 000 日元以下者)的进口，每块征收 15%的从价税外加征 150 日元的从量税。

(四)选择税

选择税(Alternative Duty)是对某种进口商品同时规定从量税和从价税，征收时由海关选择其中一种征税作为该商品的应征关税额。一般选择税额较高的一种征收，在物价上涨时使用从价税，物价下跌时使用从量税。有时为了鼓励某种商品的进口或给某个国家以优惠待遇，也选择税额较低的一种征收关税。

四、海关税则

(一)海关税则的内容

海关税则(关税税则)(Customs Tariff)是一国对进出口商品计征关税的规章和对进出口应税与免税商品、禁止进出口商品加以系统分类的一览表，是海关征收关税的依据。海关税则由国家立法部门批准，是一国关税政策的具体体现。

海关税则一般包括两个部分：一部分是海关课征关税的规章条例及说明；另一部分是关税税率表。关税税率表包括税量、货物分类目录、税率栏目等。

(二)海关税则的货物分类方法

海关税则货物的分类方法，主要是根据进出口货物的构成情况对不同商品使用不同税率，便于对进出口货物统计需要进行系统分类。货物分类主要有以下几种：

(1)按货物自然属性分类，如动物、植物、矿物等。

(2)按货物的加工程度或制造阶段分类，如原料、半制成品、制成品等。

(3)按货物成分分类或按工业部门的产品分类，如钢铁制品、塑料制品、化工产品等。

(4)按货物的用途分类，如食品、药品、染料、乐器等。

(5)按货物的自然属性分成大类，再按加工程度分成小类。

(三)协调制度

由于《海关合作理事会税则商品分类目录》(Customs Cooperation Council Nomenclature,

CCCN)和《国际贸易标准分类》两种商品分类目录在国际上同时并存，但两者的分类标准和商品分类号不一致，后来虽然制定了相互对照表，仍给使用者带来许多不便。海关合作理事会在1970年决定成立研究小组探讨是否可能建立一个同时满足海关税则、进出口统计、运输和生产部门需要的商品列名和编码的"协调制度"目录。海关合作理事会用了约17年的时间，研究制定了《商品名称及编码协调制度》，简称《协调制度》(Harmonized System，HS)，基本上解决了上述问题，并使其成为第一部全球统一的、真正具有国际性的商品分类与编码目录。

《协调制度》于1988年1月1日正式生效。生效后的HS取代CCCN。已在本国税则正式采用HS目录的国家有88个。

我国从1992年1月1日起也采用HS作为海关税则和统一商品分类与编码目录。

HS按生产部类、自然属性和不同功能用途进行编制，共有21类97章(第77章是空章)、1 241项、5 019个子目。其中1 241项中930个项目被细分为3 246个子目，为一级子目，子目中又有1 118个被进一步分出2 258个二级子目，因此共有5 019个用6位数表示的税目。

HS用6位数字编码，前4位数和后2位数之间用实点隔开。前4位与CCCN税则号一样，其中1～24章为农副产品，25～97章为加工制成品。HS的6位数字排列为：前2位表示该商品所属的章；中间2位表示该商品在此章中所排列的项；后2位为子目，第5位为一级子目，第6位为二级子目。

HS目录对商品的分类和编排是有一定规律的。从类来看，是按照社会生产的分工或生产部类划分的，将属于同一生产部类的产品归在同一类中；从章来看，按商品的属性或功能用途划分。章内各项的前后顺序及章中各项的排列顺序按照动物、植物、矿物质产品或原料、半制成品和制成品的次序编排，即原料先于成品，加工程度低的产品先于加工程度高的产品。例如，9028.30是代表第90章第28项中第30个子目。

(四)海关税则的种类

1. 按税率的种类划分，海关税则分为单式税则和复式税则两类

(1)单式税则。单式税则即一个税目只有一种税率，适用于来自任何国家的商品，没有差别待遇，对来自不同国家的同一产品采用同一税率。现在只有少数发展中国家采用，如巴拿马、冈比亚、委内瑞拉等。

(2)复式税则。复式税则，又称多栏税率，即一个税目下订有两个或两个以上的税率，对来自不同国家的同一进口商品适用不同的税率，目的是实行差别待遇。

发达国家多采用三栏、四栏、五栏，发展中国家一般实行两栏，我国采用两栏的复式税则。

复式税则采用多栏税则，根据税率的高低进行排列，形成一种从低到高的阶梯，故也称为梯级关税。例如美国对进口税率采用最惠国税率、特殊税率和普通税率三栏，以普通税率为最高，特殊税率为最低。

2. 按制定税则的权限划分，海关税则可分为自主税则和协定税则

(1)自主税则。自主税则(国定税则)是指一国立法机关根据关税自主原则单独制定的一种税率，不受贸易条约和协定的约束。自主税则可分为自主单式税则和自主复式税则。

(2)协定税则。协定税则是指一国与其他国家或地区通过贸易关税谈判，以贸易条约或协定的方式确定的关税税率。这种税则是在国家原有国定税则以外另行规定一个税率。它比国定税率低。

协定税率适用于协定的商品，非协定商品仍适用国定税率，这样的复式税则称为自主协定税则。

第二节　非关税措施

一、非关税措施的概念和特点

非关税措施(Non-Tariff Barriers,NTBs)是指除关税以外的一切限制进口的各种措施,它是相对关税措施而言的,又称非关税壁垒。非关税壁垒虽然与关税壁垒一样可以限制外国商品进口,却有其自身显著的特点。

(一)灵活性

一般来说,各国关税税率的制定必须通过立法程序,并要求具有一定的连续性,所以调整或更改税率的随意性有限。同时关税税率的调整直接受到世界贸易组织约束,即使非成员国也会受到最惠国待遇条款的约束,各国海关不能随意提高关税应付紧急限制进口的需要,因此关税壁垒的灵活性很弱。而制定和实施非关税壁垒措施通常采用行政手段,制定、改变或调整都非常迅速、简单,伸缩性大,在限制进口方面表现出更大的灵活性和时效性。同时能根据实际情况,变换限制进口措施,达到限制进口的目的。

(二)有效性

关税壁垒的实施旨在通过征收高额关税提高进口商品的成本,它对商品进口的限制是相对的。当面对国际贸易中越来越普遍出现的商品倾销和出口补贴等鼓励出口措施,关税就会显得作用乏力。同时,外国商品凭借生产成本的降低(如节省原材料、提高生产效率甚至降低利润率等)也能冲破高关税的障碍而进入对方国家。而有些非关税壁垒对进口的限制是绝对的,例如用进口配额等预先规定进口的数量和金额,超过限额就禁止进口。这种方法在限制进口方面更直接、严厉,因而也更有效。

(三)隐蔽性

要通过关税壁垒限制进口,唯一途径就是提高关税税率,而关税税率必须在海关税则中公布,毫无隐蔽性可言。非关税壁垒则完全不同,其措施往往不公开,或者规定极为繁琐复杂的标准和手续,使出口商难以对付和适应。它既能以正常的海关检验要求的名义出现,也可借用进口国的有关行政规定和法令条例,使之巧妙地隐藏在具体执行过程中而无须作公开的规定。

(四)歧视性

一国只有一部关税税则,因而关税壁垒像堤坝一样同等程度地限制了所有国家的进出口。而非关税壁垒可以针对某个国家或某种商品相应制定,因而更具歧视性。例如1989年欧共体宣布禁止进口含有荷尔蒙的牛肉这一做法,就是针对美国作出的,美国为此采取了相应的报复措施。

综上所述,非关税壁垒在限制进口方面比关税壁垒更有效、更隐蔽、更灵活和更有歧视性。正是由于这些特点,非关税壁垒取代关税壁垒成为各国所热衷采用的政策手段和贸易保护主义的主要手段,有其客观必然性。

二、非关税壁垒的种类

(一)进口配额限制

进口配额限制(进口限额)(Import Quotas)是一国政府在一定时期(如一季度、半年或一年)以内,对于某些商品的进口数量或金额加以直接限制。在规定的限期内,配额以内的货物可以进口，超过配额不准进口或者征收较高的关税或惩罚后才能进口。进口配额制主要有以下两种：

1. 绝对配额

绝对配额（Absolute Quotas）是指在一定时期内对某些商品的进口数量或金额规定一个最高数额，达到这个数额后便不准进口。例如美国使用绝对配额限制进口的商品多达数百种，包括纺织品、奶制品、棉花、糖、咖啡、钢材制品等。绝对配额在实施过程中，又可以细分为以下两种：

（1）全球配额（Global Quotas）

它属于世界范围的绝对配额，对来自世界任何国家和地区的商品一律适用。主管当局通常按进口商申请的先后顺序或过去某一时期的进口实际额批给一定额度，直到总配额发放完为止，超过总额就不准进口。

由于全球配额不限定进口国别或地区，在配额公布后，进口商竞相争夺配额并可以从任何国家或地区进口。同时，邻近国家或地区因地理位置接近的关系到货较快，比较有利，而较远的国家或地区则处于不利的地位。因此在限额的分配和利用上，难以贯彻国别政策。为了避免或减少这些不足，一些国家采用了国别配额。

（2）国别配额（Country Quotas）

它是指在总配额内按国别和地区分配给固定的配额，超过规定的配额便不准进口。为了区分来自不同国家和地区的商品，在进口商品时进口商必须提交原产地证明书。实行国别配额可以使进口国家根据它与有关国家或地区的政治、经济关系分配不同的额度。国别配额不得转让，当年的配额用完后，就宣布停止进口。

①自主配额（Autonomous Quotas）。也称单方面配额，是指由进口国家完全自主地单方面强制规定在一定时期内从某个国家或地区进口某种商品的配额。这种配额的多少不需要征得输出国家的同意。自主配额一般参照某国过去某年的输入实际额，按一定比例确定新的进口数量或金额。由于各国或地区所占比重不一，得到的配额有差异，所以进口国可以用这种配额贯彻国别政策。目前美国在每年纺织品配额分配时采用单方面的国别配额。

②协议配额（Bilateral Quotas）。又称双边配额，是指由进口国家和出口国家政府或民间团体之间协商确定的配额。如果协议配额是通过双方政府的协议订立的，一般需在进口商或出口商中进行分配；如果配额是双边的民间团体达成的，应事先获得政府许可，方可执行。协议配额是由双方协商确定的，通常不会引起出口方的反感或报复，并可使出口国对于配额的实施有所谅解与配合，容易执行。

2. 关税配额

关税配额（Tariff Quotas）是对商品进口的绝对配额不加限制，而对在一定时期内在规定的数量、价值或份额内的进口商品，给予低税、减税或免税待遇，对超过配额的进口商品则征收较高的关税或征收附加税或罚款。按征收关税的目的，关税配额可分为优惠性关税配额和非优惠性关税配额。

优惠性关税配额是对关税配额内进口的商品给予较大幅度的关税减让甚至免税，而对超过配额的进口商品则征收原来的最惠国税率。如欧盟在实行的普惠制中所采取的关税配额就属于这一类，用关税配额的办法来限制某些享受普惠制待遇的国家的商品进口，超过配额不再享受普惠制税率，而以最惠国税率征收。

非优惠性关税配额是在配额内进口商品可享受低税或免税待遇，对超过配额进口部分征收罚款的方式。

关税配额与绝对配额不同之处在于：绝对配额规定一个最高数额，超过最高数额进口商就不准进口。而关税配额在额度计划内可享受优惠关税或免税，超过额度商品仍可进口，但超过部分在征收关税时按较高的关税计征。

(二)自动出口配额制

1. 自动出口配额制的含义

自动出口配额制(Voluntary Export Quotas)是指出口国或出口地区在进口国的要求或压力下，“自动”规定在某一时期内(一般为3～5年)某种商品对该国的出口配额，在限定的配额内自行控制出口，超过配额即禁止出口。

2. 自动出口配额制的性质

自动出口配额就其性质而言，是一种限制进口的新贸易保护主义措施，其特点有非透明性、歧视性、灵活性。自动出口配额与绝对进口配额在形式上略有不同：绝对进口配额是由进口国直接控制进口的配额来限制商品的进口，而自动出口配额是由出口国直接控制某些商品对指定进口国家的出口。但是就进口国方面来说，自动出口配额如同绝对进口配额一样起到了限制商品进口的作用。

3. 自动出口配额制的形式

自动出口配额制一般有两种形式：

(1)非协定的自动出口配额，即不受国际协定的约束，而是出口国迫于进口国的压力，自行单方面规定出口配额，限制商品出口。这种配额有的是由政府有关机构规定配额，并予以公布，出口商必须向有关机构申请配额，领取出口授权书或出口许可证才能出口；有的是由本国大的出口厂商或协会“自动”控制出口。

(2)协定的自动出口配额，即进出口双方通过谈判签订“自限协定”或有秩序的销售协定。在协定中规定有效期内的某些商品的出口配额，出口国应根据此配额实行出口许可证或出口配额签证制，自行限制这些商品的出口。

(三)进口许可证制

进口许可证(Import License System)有两种分类方法。

1. 按进口许可证是否有配额分类

(1)有定额的进口许可证。它是指一国政府有关部门预先规定有关商品的进口配额，然后在配额的限度内，根据进口商的申请对于每一笔进口货物发给进口商有关商品一定数量的进口许可证。

(2)无定额的进口许可证。它是指进口许可证不与进口配额相结合，国家有关政府机构也不预先公布进口配额，颁发有关商品的进口许可证，只是在个别考虑的基础上进行。因为它是个别考虑的，没有公开的标准，因而就给正常贸易的进行造成很大的困难，起到更大的限制进口作用。

2. 按进口商品的许可程度分类

(1)公开一般许可证。也称公开进口许可证或一般进口许可证。这种许可证对进口的管制最松，其特点是没有国别或地区的限制。凡刊明属于公开一般进口许可证范围的商品，进口商品填写公开一般许可证后即获准进口。

(2)特种进口许可证(非自动进口许可证)。进口商必须向政府有关当局提出申请，经逐笔审查批准后才能进口。这种进口许可证对进口的管制最严，而且多数都指定进口国别或地区。

(四)外汇管制

外汇管制(Foreign Exchange Control)是一国政府通过法令对国际结算和外汇买卖实行限制来控制商品进口、平衡国际收支和维持本国货币的汇价的一种制度。

在外汇管制下,国家设立专门机构或专门银行管理。出口商必须把出口贸易所得外汇收入按官价卖给管理银行,进口商必须向外汇管理机构申请外汇才能向外商购买货物。在该国境内外汇禁止自由买卖。这样国家的有关政府机构就可以通过确定官定汇价、集中外汇收入和控制外汇供应数量的办法来达到限制进口商品的品种、数量和控制进口国别的目的。外汇管制的具体方式有以下几种:

1. 数量性外汇管制

数量性外汇管制即国家外汇管理机构对外汇的买卖的数量直接进行限制和分配,其目的在于集中外汇收入、控制外汇支出、实行外汇分配,以达到限制进口商品品种、数量和国别的目的。一些国家实行数量性外汇管理时,往往规定进口商品必须获得进口许可证后才可得到所需外汇。

2. 成本性外汇管制

成本性外汇管制即国家外汇管理机构对外汇买卖实行复汇率制度,利用外汇买卖成本的差异间接影响不同商品的进出口。所谓复汇率,是指一国货币的对外汇率不止有一个,而是有两个以上的汇率。其目的是利用汇率的差别达到限制和鼓励某些商品进口或出口。

3. 混合性外汇管制

混合性外汇管制即同时采用数量性和成本性的外汇管制,对外汇实行更为严格的控制,以影响控制商品进出口。

(五)进口押金制

进口押金制(进口存款制)(Advanced Deposit)即进口商在进口商品时,必须预先按进口金额的一定比例和规定的时间在指定的银行无息存放一笔现金。这不仅增加了进口商的资金负担,而且使进口商蒙受了利息损失,最终起到了限制进口的作用。例如巴西政府曾经规定,进口商必须先缴纳与合同金额相等的为期 360 天的存款才能进口。

(六)最低限价和禁止进口

1. 最低限价

最低限价(Minimum Price)是一国政府规定某种进口商品的最低价格,凡是进口货价低于规定的最低价格,即征收附加税或禁止进口。最低限价是根据某一商品生产国在生产水平最高的情况下生产出产品的价格而制定的。

2. 禁止进口

禁止进口(Prohibitive Import)是限制进口的极端措施,当一些国家感到实行进口数量限制已不能走出经济与贸易困境时,往往颁布法令公布禁止进口的货单,禁止这些商品的进口。

(七)国内税

国内税(Internal Taxes)是指通过对进口商品征收国内税的方法来限制进口。国内税是一种比关税更灵活和易于伪装的贸易政策手段。本国政府机构为使进口产品与国内产品在市场上处于同等地位,对国内产品与进口产品征收同样的国内税。这些国内税包括销售税、消费税、增值税。

在征收国内税时,对国内外产品实行不同的征税方法和税率,以增加进口商品的纳税负担,削弱其与国内产品竞争的能力,从而达到限制进口的目的。例如,美国、日本和瑞士对进口酒精饮料的消费税都大于本国产品。

(八)进出口的国家垄断

进出口的国家垄断(State Monopoly)是指在对外贸易中,对某些或全部商品进口、出口规定由国家机构直接经营,或者把商品的进口或出口的垄断权给予某垄断组织。各国的进口和出口国家垄断主要集中在以下四类商品上:

(1)烟和酒。各国的政府机构从烟和酒的进出口垄断中,可以取得巨大的财政收入。

(2)农产品。各国把对外垄断销售作为国内农业政策措施的一部分。例如美国的农产品信贷公司,是世界最大农产品贸易垄断企业,它高价收购国内的剩余农产品,然后以低价向国外倾销或按所谓的外援计划向缺粮国家主要是向发展中国家大量出口。

(3)武器。各国的武器贸易多数是由国家垄断。

(4)石油贸易。大多被国家所控制。

(九)歧视性政府采购政策

歧视性政府采购政策(Discriminatory Government Procurement Policy)是指国家制定法令规定政府机构在采购时要优先购买本国产品。美国从 1933 年开始实行并于 1954 年和 1962 年两次修改的《购买美国货物法案》是最为典型的政府采购政策。该法案规定,凡是美国联邦政府采购的货物,都应该是美国制造的,或是用美国原料制造的。

(十)海关估价

海关估价(Customs Valuation System)是指进口国通过提高进口货物的海关估价来增加货物的关税负担和限制进口。同一种商品按不同的价格计征关税,其税额就不同。如果选择较高的一种价格作为完税价格,就会增加进口商的税负。

(十一)繁琐的通关手续

进口商品在经过海关时一般要经过非常繁琐的海关手续,一些国家为限制进口,往往会在其中故意制造麻烦,增加进口阻力。例如各国海关对报关的文件和单据要求非常繁杂,填写要求很高。有些国家还会增加一些特别的文件(如领事发票),大大增加了进口难度。有的通过推迟结关、征收各种手续费、强迫使用海关所在国文字开列的货物票据等来给进口制造麻烦。

(十二)技术性贸易壁垒

1. 技术标准

商品必须符合一些极为严格、繁琐、近乎苛刻的技术标准才能进口。其中有些规定往往是针对某些国家的,例如德国禁止在国内使用车门从前往后开的汽车,这种汽车正是意大利菲亚特 500 型汽车的式样;美国对进口的儿童玩具规定了严格的安全标准。

2. 卫生检疫规定

卫生检疫规定是指进口国以公众健康为借口制定复杂的、严格的、经常变化的检疫规定,使外国产品难以满足要求,从而起到限制外国商品进口的作用。主要适用于农副产品及其制品。例如,许多国家都禁止进口被污染的商品。

3. 商品包装和标签的规定

商品包装和标签的规定是指一些发达国家对进口商品的包装和标签的内容加以严格的规定。不符合要求的要按规定重新改换包装和标签,因此既费时又费工,增大了商品成本、削弱了商品竞争力。例如美国对食品规定,进口食品必须在包装上标明所含各种成分及其所占比重,说明中不得写有该食品具有治疗效果的文字,否则就要列入药品的范围,药品则需特殊批准才准进口。

(十三)绿色壁垒

绿色壁垒(Green Trade Barriers)是一种新兴的非关税壁垒措施,是指一国以保护有限资源、生态环境和人类健康为名,通过制定苛刻的环境保护标准来限制国外产品的进口。

绿色壁垒的形式很多,主要有以下几种:

1. 绿色关税和市场准入

绿色关税是指发达国家为保护环境,对一些污染环境、影响生态环境的进口产品征收进口附加税,或者限制、禁止其产品的进口,甚至可对其进行贸易制裁。例如美国对石油销售征收环境进口附加税,规定对国内石油每桶征收 8.2 美分附加税,对进口石油每桶征收 11.7 美分附加税,比国内同类产品高出 3.5 美分。

2. 绿色技术标准

发达国家的科技水平较高,处于技术垄断地位。在保护环境的名义下,通过立法手段制定严格的强制性技术标准,限制外国商品进口。这些标准都是根据发达国家生产和技术水平制定的,对于发达国家来说是可以达到的,但对于发展中国家来说是很难达到的,这给发展中国家出口到发达国家的产品无形中带来一道绿色障碍,最终导致某些产品被排斥在发达国家的市场之外。

3. 绿色环境标志

绿色环境标志即绿色标签、生态标签。它是一种在产品或其包装上的图形,是由政府管理部门或独立的民间环境团体按严格程序和环境标准颁发给厂商的"绿色通行证",例如欧盟的"欧洲环保标志"、德国的"蓝色天使计划"、印度的"生态标志制度"、新加坡的"绿色标志制度"。

4. 绿色包装制度

绿色包装也称环境包装,目前还无统一的定义。一般是指产品整体包装能节约资源,减少废弃物,对任何生物没有危害,用后可以顺利地回收再用或再生,并能生物降解和分解。

相关链接:绿色包装

有人形象地把绿色包装归纳为 4R,即 Reduce(减少材料消费量)、Refill(大型容器再填充使用)、Recycle(可循环使用)、Recovery(可回收使用)。20 世纪 80 年代以来,在环境保护的浪潮推动下,很多国家都以立法形式规定生产者必须使用绿色包装。绿色包装虽然有利于环境保护,却为发达国家制造"绿色壁垒"提供了可能,它们借口其他国家尤其是发展中国家产品包装不符合其要求而限制进口,成为贸易障碍。

5. 绿色卫生检验制度

绿色卫生检验制度是指国家有关部门为了确保人类及动植物免受污染物、毒素、微生物、添加剂等的影响,对产品是否含有毒素、污染物、微生物及添加剂等进行全面的卫生检查,防止超标产品进入国内市场。随着环境污染的变化,各国制定的相关检疫标准以及检疫对象也在发生变化。

6. 绿色补贴制度

为了保护环境和资源,有必要将环境和资源费用计算在成本之内,使环境和资源成本内在化。但是,发展中国家的一些中小企业本身无力承担治理环境污染的费用,政府为此有时对生产绿色产品、环境成本内部化的企业给予一定的环境补贴,鼓励出口。这些补贴包括专项补贴、使用环境保护基金、低息优惠贷款等。例如 20 世纪 90 年代,美国就曾以环境补贴为由,对来自巴西的人造橡胶鞋和来自加拿大的速冻猪肉提出了反补贴申诉。

第三节 鼓励出口措施

鼓励出口措施是指政府通过经济、行政和组织等方面的措施,促进本国商品的出口,开拓和扩大国外市场。

一、出口信贷

(一)出口信贷的含义

出口信贷(Export Credit)是指一个国家的银行为了鼓励出口、加强商品的竞争能力,对本国出口厂商或国外的进口厂商提供的优惠贷款。

出口信贷主要用于出口成套设备、船舶、飞机等交易金额大、从生产到交货需要较长时间的产品。对进口商来说,一时难以支付如此巨额的货款;而对出口商来说,要垫支如此大数额的款项,也不利于资金周转。这样由出口国提供出口信贷,如贷给进口商,使进口商能用这笔贷款购买出口国的商品;如贷给本国出口商,使出口商能以这笔资金用于出口。

(二)出口信贷的种类

1. 按时间长短划分,出口信贷可分为短期、中期和长期信贷

(1)短期信贷通常指 180 天以内的信贷,有的国家规定期限为 1 年。它主要适用于原料、消费品、小型机器设备的出口。

(2)中期信贷通常指为期 1～5 年的信贷。它主要适用于中型机器设备。

(3)长期信贷通常指 5～10 年甚至更长时期的信贷。它主要适用于大型成套设备、船舶。

2. 按不同对象、资金使用的不同形式划分,出口信贷可分为买方信贷和卖方信贷

(1)买方信贷是出口方银行直接向外国的进口厂商(即买方)或进口方的银行提供的贷款。其附加条件就是贷款必须用于购买债权国的商品,因而起到促进商品出口的作用,这就是所谓的约束性贷款。它可分为两种形式:一是出口方银行贷款给进口厂商;二是出口方银行贷款给进口方银行。

(2)卖方信贷是出口方银行向出口厂商(即卖方)提供的贷款。这种贷款合同由出口厂商与出口方银行之间签订。进口商与出口商达成的买卖合同采用延期付款的方式。卖方信贷尽管可以加速出口厂商的资金周转和不至于长期占有大笔资金,但是进口厂商多要求采用延期付款的方式付贷款,这意味着买方要在相当长一段时间后才能付清货款。对卖方来说,收款时间长,风险较大。

(三)出口信贷的特点

出口信贷具有以下几个特点:

(1)出口信贷的利率低于相同条件国际金融市场贷款利率,其利差由出口国政府给予补贴。

(2)贷款指定用途,必须联系出口项目,即贷款只能用于购买贷款国出口的资本货物和技术以及有关劳务等。例如有些国家规定,当某些成套设备是由几个国家共同制造时,只能对本国制造的部分提供出口信贷。

(3)出口信贷的贷款金额,只能占合同 85%左右,其余 10%～15%要由进口商支付现汇。

(4)出口信贷的发放与信贷保险相结合。一般来说,银行在办理出口信贷之前都要求出口商向本国出口信贷保险机构投保,以减轻可能发生的进口商不履行合同的风险。

为了做好出口信贷，发达资本主义国家都设立专门银行来办理出口信贷业务。

二、出口信贷国家担保制

(一)出口信贷国家担保制的含义

出口信贷国家担保(Export Credit Guarantee System)是国家为了鼓励出口，对本国出口厂商或商业银行向外国进口厂商或银行提供的信贷，由国家设立的专门机构出面担保，一旦出现外国债务人拒绝付款时，按照承担的数额给予补偿。

(二)担保的项目与金额

通常商业保险不承保的出口风险项目，都可向担保机构进行投保。风险一般分为两类：

(1)政治风险。如进口国发生革命、暴乱、战争、政治禁运、冻结而造成的损失，可以补偿承保金额一般为合同金额的85%～95%。

(2)经济风险。如进口厂商或贷款银行破产、倒闭、无力偿付、货币贬值或通货膨胀等原因造成的损失，可以给予补偿，承保金额为合同的70%～80%。为了扩大出口，有时对于某些项目的承保金额可达100%。

(三)担保对象

担保对象分为以下两种：

(1)对出口厂商的担保。出口厂商出口商品时提供的短期信贷或中长期信贷可向国家担保机构申请担保。有些国家的担保机构本身不向出口商提供出口信贷，但它可以为出口厂商取得出口信贷提供有利条件。如采用保险金额抵押方式允许出口商所获得的承保权利，以“授权书”方式转移给供款银行而取得出口信贷这种方式，使银行提供的贷款得到安全保障。

(2)对银行的直接担保。通常银行所提供的出口信贷均可申请担保，这是担保机构直接对供款银行承担的一种责任。

(四)担保的期限和费用

根据出口信贷的期限，担保期通常可分为短期和中长期。短期信贷担保一般为6个月，最长不超过1年，承保范围包括出口厂商所有短期信贷交易。为了简化手续，有的国家对短期信贷采用综合担保的方式。出口商品要一年办一次投保，就可承保在这期间的一切海外短期信贷交易。一旦外国债务人拒付，即可得到补偿。

中长期信贷担保期通常为2～15年，最长可达20年。由于这种信贷金额大、时间长，所以采取逐步审批的特殊担保方式。承保时间可以从出口合同成立之日起直到最后一笔款项付清为止，也可以从货物装运出口直到最后一次付款时为止。

为了减轻出口厂商和银行的负担，担保机构所收取的费用一般不高。保险费率是根据出口担保的项目内容、金额大小、期限长短和输往国家的不同而有所不同。此外，各国对保险费率的规定也不一样，例如英国一般为0.25%～0.75%，德国为1%～1.5%。

三、出口补贴

(一)出口补贴的含义

出口补贴(Export Subsidy)是国家为了降低出口商品价格，加强竞争能力，对出口商品给予出口商的现金补贴或财政优惠待遇，这是被WTO所禁止的一种不正当的贸易行为。

(二)出口补贴的方式

(1)直接补贴(Direct Subsidy)。即出口某种商品时，直接付给出口商的现金补贴。直接补贴的幅度和时间的长短，往往随着国内市场与世界市场之间的差价的变化而变化。有时为了鼓励某种商品出口，补贴金额甚至大大超过实际差价。目前还有少数国家对农产品的出口采取这种方式。

(2)间接补贴(Indirect Subsidy)。即政府对某些商品的出口给予出口商在财政上的优惠。如退还或减免出口商品所缴纳的国内税(企业所负担的国内税有销售税、消费税、增值税和盈利税等)；退还进口税；暂时免税进口；免征加工税；商品和劳务补贴；等等。这些方法都是为了减少出口成本，扩大商品的销路。

相关链接：出口退税

我国出口退税的税种为增值税和消费税。出口退税坚持三个原则：先征后退、不征不退；征多少、退多少；彻底退税。这些原则符合世界贸易组织的规定。世界贸易组织对退税的实质要求是出口退税不能超过法定征税率水平。如果超过法定征税率水平则构成超额退还，实际上是对出口商品的实质性补贴，会导致其他成员实施反补贴措施。从 2019 年 4 月 1 日起，我国增值税率分为三档，即 13%、9%、6%。对不同的出口产品适用不同的税率。我国多次调整了出口退税率，但退税率分别低于相应的增值税率。

四、商品倾销

(一)商品倾销的含义

商品倾销(Dumping)是指出口国家的出口厂商以低于国内市场价格，甚至低于商品生产成本的价格在国外市场抛售商品，以占领国外市场的行为。

(二)商品倾销的种类

按照倾销的具体目的和时间的不同，商品倾销可分为以下几种：

(1)偶然性倾销。这种倾销通常是因为销售旺季已过或公司改营其他业务，在国内不能售出的“剩余货物”而以低价向国外市场抛售。这种倾销会对进口国的同类生产造成不利影响，但由于时间短暂，通常进口国很少采用反倾销措施。

(2)间歇性或掠夺性倾销。这种倾销是以低于国内价格甚至低于成本的价格在某一国外市场上倾销商品，以打垮竞争对手、垄断市场，然后再提高价格，弥补低价时的损失。这种倾销严重损害进口国的利益，往往遭到进口国反倾销税的抵制或其他报复。

(3)长期性倾销。这种倾销是长期以低于国内的价格在国外市场出售。这种倾销具有持续性、长期性的特点，其出口价格至少应高于边际成本，否则商品出口将会长期亏损。因此倾销者常采用规模经济扩大生产、降低出口成本，有时还可以通过获取政府补贴进行这种倾销。

表面上看，商品倾销会使出口国利润减少，蒙受损失。实际上它们往往采取以下办法得到补偿：维持国内市场的垄断高价，获取高额利润；国家提供出口补贴；在击败竞争者、垄断国外市场后，再提高价格，获取高额利润。

五、外汇倾销

外汇倾销(Exchange Dumping)是出口企业利用本国货币对外贬值的机会，进行商品倾销以争夺国外市场的一种特殊手段。

汇率是外币的价格，是联系国内外价格的桥梁。汇率变动会直接影响进出口商品的价格。本国货币对外币贬值后，出口商品以外币表示的价格就降低了，从而提高了出口商品竞争能力，有利于扩大商品出口。例如，美元对日元汇率由原来的 1 美元＝120 日元，降到 1 美元＝

102 日元，假定原来一件价格为 10 美元的美国商品输往日本时，在日本市场售价即为 1 200 日元，现在这种商品价格按新汇率应为 1 020 日元，这时美国出口所得的 1 020 日元，按新汇率计算仍然换回 10 美元，并没有因为美元贬值而受到损失，这对美国出口商是很有利的。在这种情况下，美国出口商可以采取以下三种处理方法：(1)按 1 200 日元在日本市场上出售，按新汇率计算每件商品可多得 1.76 美元，提高了利润；(2)适当降低价格使其维持在 1 020～1 200 日元之间，既能提高利润，又能扩大商品出口；(3)把价格降到 1 020 日元，加强价格竞争，促进更多的商品出口。至于采用何种方法，要取决于美国出口商的销售意图和商场竞争情况。

在货币贬值后，货币贬值的国家进口商品价格却上升了，从而使进口商不得不以更高的成本进口，这样就削弱了进口商品的竞争能力，减少了进口。因此，货币贬值起到了扩大出口和限制进口的双重作用。

六、促进出口的组织措施

(一)设立专门组织，促进出口

许多国家成立专门组织，研究与制定出口战略，扩大出口，例如美国在 1979 年成立的"总统贸易委员会"和"贸易政策委员会"、日本的"最高出口会议"、韩国的"出口扩大振兴会议"等。

(二)建立商业情报网

许多国家都设立了官方的商业情报机构，在海外设立商情网，向出口厂商提供所需情报，加强商业情报服务工作，使出口厂商掌握最新的国外市场情况，以扩大出口。例如，英国的海外贸易委员会在 1970 年就设立出口信息服务部，向有关出口厂商提供信息，以促进商品出口。

(三)组织贸易中心和贸易展览会

贸易中心是长期固定设施，在中心内可举办贸易展览会、进行咨询服务或正常办公等。贸易展览会是短期性流动展出，可以使进口商更好地了解本国商品，从而促进出口。

(四)组织贸易代表团和接待来访

许多国家为了发展对外贸易，经常组织贸易代表团出访，其出国费用大部分由政府补贴。例如加拿大政府组织的代表团出访，就由政府支出大部分费用。此外，许多国家还设立专门机构接待来访团体。

(五)组织出口商的评奖活动

第二次世界大战后，许多国家都设有表彰出口有功企业或个人的奖励制度。例如美国设立了总统"优良"勋章和"优良"星字勋章；英国实行"女王陛下表彰出口有功企业"的制度。

七、经济自由区

(一)经济自由区的含义和特点

经济自由区(经济特区)是指在一个国家(或地区)交通便利的地方(港口码头、飞机场附近及铁路交通枢纽)、在关境以外划出一定范围，对外采取特殊的开放政策，用减免关税、提供良好的基础设施等优惠办法，发展出口贸易和转口贸易，或吸收外资、引进技术、发展外向型工业及其他事业，以增加本国就业、扩大出口、赚取外汇，达到发展区域经济的目的。

各国或地区设置的经济特区具有下列共同特点：经济自由区范围不属于关境范围；一般都设在交通便利的地方；拥有良好的设施，包括基础设施以及建筑、码头、仓库及标准厂房等；采取优惠政策，吸引外资，发展出口加工工业。

(二)经济自由区的类型

世界上经济自由区种类很多,从形式上一般分为以下几种:

1. 贸易型的经济自由区

贸易型的经济自由区是指划在关境以外,准许外国商品豁免关税自由进出口的自由港和自由贸易区。一般设在一个港口的港区或邻近港口的地区,其主要目的是为对外贸易提供各种方便。它一般分为两种形式:

(1)自由港。港内对进出口的绝大部分商品免除关税,商品可在港内自由改装、加工、拣选、长期储存或销售。外国商品只是在进入所在国海关管辖区时才纳税。

(2)自由贸易区。指划在关境以外,准许外国商品豁免关税、自由进出口的地区,一般设在一个港口的港区或邻近港口的地区。它实际上是采取自由港政策的关税隔离区。自由贸易区可分为商品自由区和工业自由区。前者不允许货物的拆包零售和加工制造;后者允许免税进口原料、元件和辅料,并指定加工作业区,但所有进口料件和运出区外的成品均须按海关规定记账,以供查核。

2. 工业型的经济自由区

即出口加工区,又称加工出口区。一般是在港口、机场附近交通便利的地方特设一个区域,通过优惠措施吸收外资、引进技术和设备、发展在国际市场上有竞争能力的加工出口工业,以发展本地区的对外贸易,促进经济发展。

3. 综合型的经济自由区

它在上面两种形式的基础上发展起来,兼有两种职能,既提供了自由贸易区的某些优惠待遇,又提供了发展工业生产时所必需的基础设施,是两者的结合体。在这种经济区中,还可以发展商业、金融、旅游等各种事业。

4. 科学型的经济自由区

即科学工业园区,它是一种加速新技术研制及其成果应用,服务于本国或本地区工业的现代化并便于开拓国际市场,通过多种优惠措施和方便条件将智力、资金高度集中,专门从事高新技术研究、试验和生产的新兴工业开发基地。它通常还称为工业科学园、科研工业区、新产业开发区、高技术园区、科学公园和科学城等。世界上第一个科学工业园区是1951年正式创立于美国加利福尼亚州的斯坦福科研工业区,后来发展成为"硅谷"。

5. 其他类型的经济自由区

为了发展落后地区或便于货物过境、存储,又出现了以下几种形式的经济自由区:

(1)自由边境区。指设在本国的省市地区或地带的某一地段,按照自由贸易区或出口加工区的优惠措施,吸引国外厂商投资,以开发边区经济为目的的自由区域。凡是区内使用的机器、设备、原料和消费品,都可以免税或减税进口,但商品从边境进入海关管辖区,则必须照章纳税。

(2)过境区。又称中转贸易区,指某些沿海国家为便利内陆邻国的进出口货运,根据双边协定,指定某些海港、河港或国境城市作为过境货物自由中转区,对过境货物简化海关手续、免征关税或只征小额的过境税。过境货物可短期储存和重新包装,但不得加工制造。

(3)保税仓库。指经国家海关批准,在其海港、机场或其他地点设立的允许外国货物不办理进口手续就可长时间储存的区域。设立保税仓库主要是为了发展转口贸易。

相关链接:世界上第一个科学工业园区——硅谷

人们传统称谓的硅谷位于美国加利福尼亚州的旧金山经圣克拉拉至圣何塞近50公里的

一条狭长地带，是美国重要的电子工业基地，也是世界最为知名的电子工业集中地。它是随着20世纪60年代中期以来微电子技术高速发展而逐步形成的，其特点是以附近一些具有雄厚科研力量的美国一流大学（如斯坦福、伯克利和加州理工等世界知名大学）为依托，以高技术的中小公司群为基础，并拥有思科、英特尔、惠普、朗讯、苹果等大公司，融科学、技术、生产为一体。目前已有大大小小电子工业公司达10 000家以上，所产半导体集成电路和电子计算机各约占全美产量的1/3和1/6。20世纪80年代后，生物、空间、海洋、通信、能源材料等新兴技术的研究机构纷纷出现，该地区客观上成为美国高新技术的摇篮，现在硅谷已成为世界各国半导体工业聚集区的代名词。

自20世纪80年代后，世界各国有不少科技较发达地区为了更快地促进地方经济发展，都试图建立起自己的硅谷，比如美国波士顿的"第二硅谷"、"日本硅谷"、"韩国硅谷"等。中国也不例外，有北京中关村硅谷、上海浦东硅谷、广东深圳硅谷和浙江杭州"天堂硅谷"。

第四节　出口管制措施

出口管制（Export Control）是指国家通过法令和行政措施对本国的出口贸易所实行的管理与控制。许多国家特别是发达国家，为了达到一定的政治、军事和经济的目的，往往对某些商品尤其是战略物资与技术产品实行管制、限制或禁止出口。

一、出口管制的原因

（一）政治原因

冷战时期结束以后，世界政治格局发生了新的变化。主要是稳定国际新秩序、促进国际政治环境稳定，而破坏世界安定的战争行为自然要受到世界各国人民的谴责。联合国在国际事务中日益发挥着重要作用。对实行战争侵略的国家实行制裁、禁运，就是迫使发动战争的国家停止侵略行为的主要措施。

（二）军事原因

为了彻底制止核战争的爆发、禁止无核国家发展核武器，国际社会通过了《不扩散核武器条约》，各国都有义务对可能用于核武器制造的技术与装置、原料的出口实行出口管制。同样，国际社会对化学武器及其原材料的出口也应限制。为了稳定世界局势，对导弹等现代化武器的出口，特别是主要武器的出口国对"敏感地区"的武器出口也应予以限制。

（三）经济原因

发达国家为了保持在技术上对其他国家的领先地位，对高技术及相关产品的出口加以限制；为了缓和与进口国在贸易上的摩擦，在进口国的压力下，出口国实行"自动"限制出口；为了保护国内的生产秩序和资源，对某些物资的出口加以限制。

（四）其他原因

例如，为了人权目的，禁止劳改产品出口；为了保护地球生态环境和濒危动植物，对一些物资进行全球性贸易禁运；为了国家文化发展、历史文物保护，对一些特殊商品的出口实行管制。

二、出口管制的商品

（1）战备物资、尖端技术及其产品。如武器、军事设备、军用飞机、军舰、先进的计算机及有关技术资料、核能矿物、可用于核武器研制的技术设备、可用于生化武器研制的原料及技术设备。大多数国家的上述产品实行特种出口许可证制，严格控制出口甚至禁止出口。

(2)国内生产需要的原材料、半制成品及国内短缺的物资。例如英国政府规定某些化学品、药品、活牛、活羊、活猪、石油、可可等商品实行出口许可证制限量出口；日本严格控制矿产品的出口；瑞典限制废金属、生铁等出口。

(3)某些古董、艺术品、黄金、白银等特殊商品。大多数国家对这类商品实行出口许可证制，控制出口。例如英国规定古董或艺术品的生产或制作年代早于出口期100年以上的，必须领取出口许可证方能出口。

(4)为对某国实行制裁而向其禁止出口的商品。例如，冷战时期，美国控制对苏联的粮食出口；伊拉克入侵科威特时，美国禁止向伊拉克出口商品。

(5)为了缓和与进口国在贸易上的摩擦，在进口国的要求或压力下，“自动”控制出口的商品。例如发展中国家根据纺织品“自限协定”自行控制出口的商品。

(6)为了有计划安排生产和统一对外而实行出口许可证制的商品。在我国属于出口许可证制项下的某些商品，包括玉米、原油、人参、电扇、轮胎、机床等。

(7)象牙、犀牛角、虎骨等珍稀动物药材、珍奇动物及其制品。

(8)劳改犯人生产的产品。

三、出口管制的形式

出口管制的形式主要有以下两种：

(一)单方面的出口管制

单方面的出口管制是指一国根据本国的出口管制法案，设立专门机构对本国某些商品出口进行审批和颁发出口许可证，实行出口管制。例如美国商务部下设“贸易管理局”，专门办理出口管制的具体事务，美国绝大部分管制的商品的出口许可证都在该局办理。

(二)多边出口管制

多边出口管制是若干个国家政府为了共同的政治和经济目的，通过建立国际性的多边出口管制机构，商讨和编制多边出口管制货单和出口管制的国别，规定出口管制的办法等以协调相互的出口管制政策的措施。例如，在美国策划下于1949年11月成立的巴黎统筹委员会就是一个国际性的多边出口管制机构。

相关链接：巴黎统筹委员会

巴黎统筹委员会(简称“巴统”)的正式名字是“输出管制统筹委员会”(Coordinating Committee for Multilateral Export Controls)，是1949年11月在美国的提议下秘密成立的，因其总部设在巴黎，通常被称为“巴黎统筹委员会”。在成立之初由美国、英国、法国、意大利、加拿大、比利时等12个国家组成，后来发展到17个国家。其决策机构是由参加国政府派高级官员参加，组成咨询小组，商讨对当时社会主义国家的出口管制问题。

其主要工作是编制和增减多边“禁运”货单、规定受禁运的国别和地区、确定禁止审批程序、加强转口管制、讨论例外程序、交换情报等。其根本目的是防止和限制西方国家的战略物资、高技术及其产品流向社会主义国家。巴黎统筹委员会下设几个调查小组，分别负责对苏联、东欧和中国等国家的禁运。1952年又设立了一个所谓的中国委员会，以加强对中国的禁运。

世界格局发生重大变化，加上巴统的禁运措施与世界经济、科技领域的激烈竞争形势也不相适应，一些西方国家又把巴统作为相互进行贸易战的工具，巴统会员国的高级官员于1993

年11月在荷兰举行会议，一致认为巴统"已经失去继续存在的理由"。1994年4月1日，巴统正式宣告解散。

本章小结

本章首先介绍了关税和关税种类，继而介绍了限制商品进口和鼓励出口、控制出口的主要措施。关税根据国际贸易商品流向的不同，可分为进口税、出口税、过境税；按差别待遇和特定实施情况，分为进口附加税、差价税、特惠税、普遍优惠制。关税的征收方法有从量税、从价税、混合税、选择税。各国限制商品进口的主要措施有关税壁垒和非关税壁垒。非关税措施具有灵活性、有效性、隐蔽性和歧视性的特点。非关税措施主要有进口配额制、自愿出口限额、进口许可证制、外汇管制等。在非关税措施中，又出现了一些新的方式，如技术性贸易壁垒、绿色贸易壁垒等。各国采取的鼓励出口措施主要包括出口信贷、出口信贷国家担保制、出口补贴、商品倾销、外汇倾销、促进出口的组织措施、经济自由区等。控制出口的措施主要有对特殊商品的出口管制和采取单边或多边的组织管制措施。

关键概念

关税　进口税　出口税　普遍优惠制　非关税壁垒　鼓励出口措施　出口管制

练习题

一、单项选择题

1. 关税的税收主体是(　　)。

A. 本国进出口商　　B. 进口货物

C. 出口货物　　D. 外国进出口商

2. 美国对羽毛制品的进口税，普通税率为60%，最惠国税率为4.7%。这种税是(　　)。

A. 从量税　　B. 从价税　　C. 混合税　　D. 选择税

3. 日本对手表(每只价格在6 000日元以下)的进口征收15%的关税，加征150日元。这种税是(　　)。

A. 混合税　　B. 从价税　　C. 选择税　　D. 从量税

4. 日本对坯布的进口，协定税率为7.5%，每平方米2.6日元，征税时选择其税额高的一种征收。这种税是(　　)。

A. 选择税　　B. 混合税　　C. 从价税　　D. 从量税

5. 在一定时期内，对某些商品进口数量或金额规定一个最高数额，超过者便不准进口，这叫做(　　)。

A. 绝对配额　　B. 全球关税配额　　C. 国别关税配额　　D. 关税配额

6. 自动出口配额制是一种(　　)。

A. 鼓励进口手段　　B. 限制进口手段

C. 鼓励出口手段　　D. 自愿限制进口手段

7. 进口国家规定某些商品进口必须事先领取许可证后方能进口的一种制度叫做(　　)。

A. 进口配额制　　B. 进口许可证制　　C. 外汇管制　　D. 歧视性政府采购

8. 出口方银行向本国出口商提供的贷款叫做(　　)。

A. 卖方信贷　　B. 买方信贷　　C. 短期信贷　　D. 中期信贷

9. 以占领、垄断和掠夺国外市场，获取高额利润为目的的商品倾销方式是(　　)。

A. 偶然性倾销　　B. 间歇性倾销　　C. 长期性倾销　　D. 社会性倾销

10. 外汇倾销可以(　　)。

A. 鼓励出口、限制进口　　B. 限制出口、鼓励进口
C. 鼓励出进口　　D. 限制进出口
11. 我国设立的经济特区属于(　　)。
A. 自由贸易区　　B. 出口加工区
C. 自由边境区　　D. 多种经营的经济特区
12. 德国于1977年率先推出了(　　),标志着环境标志制度的产生和发展。
A. 生态标志制度　　B. 绿十字制度　　C."蓝色天使"计划　　D. 绿色标志制度
13. 在《补贴与反补贴措施协议》中规定,如补贴占所需成本的(　　)以下,则被视为不可诉补贴,即不受制于反补贴税。
A. 15%　　B. 20%　　C. 25%　　D. 30%
14. (　　)将成为今后国际自由贸易发展的主要障碍。
A. 进口配额　　B. 绿色壁垒　　C. 外汇管制　　D. 海关估价

二、多项选择题

1. 关税和其他税收一样,具有(　　)。
A. 强制性　　B. 自愿性　　C. 有偿性　　D. 无偿性
E. 预定性
2. 按照征收的对象或商品流向分类,关税分为(　　)。
A. 进口税　　B. 出口税　　C. 过境税　　D. 财政关税
E. 保护关税
3. 普惠制的主要原则是(　　)。
A. 普遍的　　B. 非歧视的　　C. 歧视性的　　D. 互惠的
E. 非互惠的
4. 按照关税保护的程度和有效性分类,关税有(　　)。
A. 名义关税　　B. 有效关税　　C. 财政关税　　D. 收入关税
E. 附加关税
5. 关税税率表内容主要包括(　　)。
A. 课税原则　　B. 税则号列　　C. 货物分类目录　　D. 税率
E. 税则说明
6. 非关税壁垒的特点有(　　)。
A. 灵活性　　B. 针对性　　C. 隐蔽性　　D. 歧视性
E. 限制进口
7. 国别配额包括(　　)。
A. 全球配额　　B. 自动配额　　C. 协议配额　　D. 关税配额
E. 绝对配额
8. 从进口商品有无限制来看,进口许可证一般分为(　　)。
A. 公开一般许可证　　B. 特种许可证
C. 有定额许可证　　D. 无定额许可证
E. 技术许可证
9. 外汇管制的方式有(　　)。
A. 成本性外汇管制　　B. 自愿性外汇管制
C. 数量性外汇管制　　D. 混合性外汇管制
E. 技术性外汇管制
10. 技术性贸易壁垒有(　　)。

A. 繁苛技术标准　　B. 卫生检疫标准
C. 商品包装标签标准　　D. 政府采购标准
E. 进出口国家垄断规定

11. 鼓励出口的措施有(　　)。
A. 出口信贷　　B. 商品倾销
C. 外汇倾销　　D. 出口信贷国家担保制
E. 出口补贴

12. 出口信贷按借贷关系可分为(　　)。
A. 短期信贷　　B. 中期信贷　　C. 长期信贷　　D. 卖方信贷
E. 买方信贷

13. 按照倾销的具体目的和时间的不同,商品倾销可分为(　　)。
A. 偶然性倾销　　B. 间歇性或掠夺性倾销
C. 长期性倾销　　D. 社会倾销
E. 外汇倾销

14. 促进对外贸易发展的经济特区措施有(　　)。
A. 自由贸易区　　B. 保税区
C. 出口加工区　　D. 多种经营的经济特区
E. 自由边境区

15. 绿色壁垒的形式有(　　)。
A. 绿色关税和市场准入　　B. 绿色技术壁垒
C. 绿色环境标志　　D. 绿色包装制度
E. 绿色卫生检疫制度　　F. 绿色补贴制度

三、简答题

1. 关税的种类主要有哪些?
2. 普惠制及其原则是什么?
3. 非关税壁垒的种类有哪些?
4. 各国鼓励出口的措施有哪些?
5. 出口管制的商品主要有哪些?
6. 与关税壁垒相比,绿色壁垒的特点有哪些?

四、计算题

1. 某进出口公司从美国进口硫酸镁 5 000 吨,进口申报价格 FOB 旧金山为 $ 325 000,运费每吨 $ 40,保险费率 3‰,当时的外汇牌价为 $ 100=¥826。硫酸镁的税则号列为 2833.2100,税率 10%。计算该批进口硫酸镁的进口关税税额是多少?

2. 进口手表 5 600 只,完税价格为每只 95 美元,手表从价税 15%,从量税每只 13 美元,按当时外汇牌价,1 美元兑 8.26 元人民币。问:(1)从量税额应为多少美元?(2)混合税额应为多少美元?(3)从价税额按人民币计算应为多少元?

3. 假设甲国对小轿车进口征收 180%的进口关税,但该国国内生产的小轿车需从外国进口汽车发动机。该发动机的进口成本每台 300 美元,每辆小轿车的总成本为 2 000 美元,汽车发动机的进口关税率为 20%。试问其有效关税保护率为多少?

五、论述题

试述自动出口配额制与进口配额制的异同。

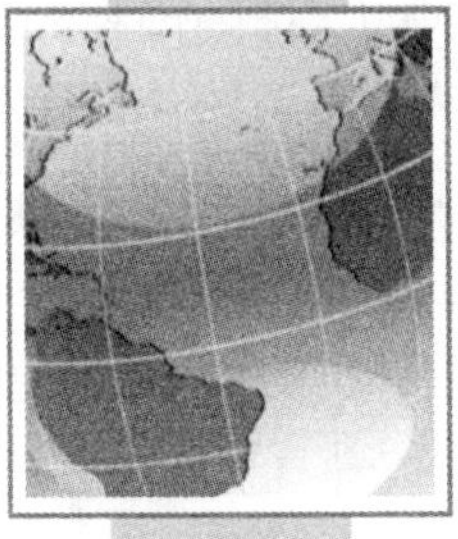

第五章 国际贸易体系

要点提示

- 贸易条约与协定的概念、种类及其适用的法律原则
- 关税及贸易总协定的宗旨、历次多边谈判、积极作用与局限性
- 世界贸易组织的职能、基本原则、组织机构决策
- 区域经济一体化的组织形式、关税同盟理论

内容引言

1948～1995年，在关税及贸易总协定运行的47年中，它制定了一整套规范世界大多数国家政府贸易政策行为的准则，成功地组织了八轮多边贸易谈判，维护了世界贸易秩序，促进了全球贸易自由化。乌拉圭回合结束后，世界贸易组织(WTO)作为一个正式的国际性组织取代了原关税及贸易总协定。

2012年3月13日，美国、欧盟、日本将中国稀土、钨、钼相关产品的出口关税、出口配额以及出口配额管理和分配措施诉诸世界贸易组织争端解决机制。2014年3月26日，WTO专家组公布了初裁报告，认定中国对上述三种产品的出口政策不符合WTO相关规定。但专家组同时确认了资源主权原则，认可中国以可持续发展方式行使自然资源主权的权利，赞同中国实施了资源综合保护政策，并对中国在资源保护方面所做的努力予以肯定。

针对专家组上述裁决，美方于2014年4月8日提交上诉请求，中方随后对美国提出交叉上诉请求，并于4月25日对欧盟、日本提出上诉请求。

2014年8月8日，WTO公布了该案的上诉机构报告。上诉机构维持此前WTO专家组关于中方涉案产品的出口关税、出口配额措施不符合有关世贸规则和中方加入世贸组织承诺的裁决，对此中方感到遗憾。

第一节　贸易条约与协定

一、贸易条约与协定的概念

贸易条约与协定(Commercial Treaties and Agreements)是指两个或两个以上的主权国家，为了确定彼此之间在经济、贸易关系方面的权利和义务关系而缔结的书面协议。贸易条约与协定按照参加国的多少，可分为双边贸易条约与协定和多边贸易条约与协定。双边贸易条约与协定是两个主权国家之间缔结的书面协议；多边贸易条约与协定是两个以上主权国家之间缔结的书面协议。

贸易条约与协定是国际条约与协定的一种，是国家间经济贸易往来的法律文件和法律依据之一。贸易条约与协定一般都反映了缔约国对外政策和对外贸易政策的要求，并为缔约国实现其对外政策和对外贸易政策服务。其内容十分广泛，涉及国际贸易、投资、技术、货币金融、税收、海事等方面的合作。贸易条约与协定通常在形式上保持平等，但实际上，缔约国在经济上的利益往往取决于缔约国的政治、经济实力对比状况，因此缔约国之间从贸易条约与协定中得到的实际利益并不是均等的。例如发达国家往往利用贸易条约与协定作为其对外扩张、夺取销售市场和原材料来源以及扩大投资范围的重要手段。

二、贸易条约与协定的种类

贸易条约与协定的种类很多，常见的主要有以下几种：

（一）贸易条约

这里的贸易条约是狭义上的概念，也称为"通商条约"、"友好通商条约"、"通商航海条约"、"友好通商航海条约"等，是全面规定缔约国之间经济、贸易关系的条约。其内容十分广泛，涉及缔约国经济、贸易、航海等各个方面的问题，主要包括：关于缔约国双方的关税的征收和通关的手续问题的规定；关于船舶航行及港口使用的规定；关于缔约国双方公民和企业在对方国家所享受的待遇问题的规定；关于铁路运输和过境（或转口）问题的规定；关于知识产权保护问题的规定；关于进口商品的国内捐税问题的规定；关于进出口商品数量限制问题的规定；关于仲裁的规定；等等。

由于贸易条约的内容关系到国家的主权与经济权益，因此这种条约是以国家或国家首脑的名义签订的，由国家或国家首脑特派全权代表签订，双方代表在条约上签字之后，还须按有关缔约国的法律程序完成批准手续，缔约国间互相换文之后才能生效。它的有效期限一般比较长。

（二）贸易协定

贸易协定是指缔约国间为调整和发展相互间经济贸易关系而签订的书面协议。与贸易条约相比，其涉及的面比较窄，对缔约国之间的贸易关系往往也规定得比较具体，有一定的灵活性，有效期较短，签订的程序比较简单，一般只需要经过签字国的行政首脑或其代表签署即可生效。

贸易协定的内容通常包括：关于协定的期限的规定；关于最惠国待遇条款的规定；关于进出口商品货单的规定；关于进出口商品贸易额的规定；关于作价的方法和货币使用的规定；关于支付和清算的规定；关于关税优惠的规定；关于仲裁的规定；等等。

（三）贸易议定书

贸易议定书是指缔约国就发展贸易关系中某项具体问题所达成的书面协议。它既可以用来补充、解释或修改贸易协定的某些条款，又可以在两国还没有签订贸易协定的情况下，先签订贸易议定书以作为两国贸易的临时依据。因此，有的贸易议定书是贸易协定的附件。此外，在签订长期贸易协定时，关于年度贸易的具体事项往往通过议定书的方式加以规定。贸易议定书的签订程序和内容比贸易协定更为简单，一般由签字国有关行政部门的代表签署后即可生效。它的有效期较短。

（四）支付协定

支付协定又称清算协定，大多是双边的支付协定，即规定了两国间关于贸易和其他方面债权债务结算方法的书面协议。支付协定是 20 世纪 30 年代外汇管制的产物，在外汇管制条件下，一种货币不能自由兑换成另一种货币，对一国所拥有的债权不能用来抵偿对第三国的债务，结算只能在双边的基础上进行。因此，就需要通过缔结支付协定的办法来解决两国间的债权和债务，在战后资本主义国家所签订的支付协定实际上就是一种支付清算协定。

支付协定的主要内容包括：规定清算机构和开立清算账户；规定清算货币的汇率；规定清算的项目与范围；规定清算的方法；规定清算账户的差额与余额的处理方法；等等。

（五）国际商品协定

国际商品协定是指某种商品的主要出口国和进口国就该种商品的出口、进口和价格等问题所缔结的政府间多边协议。国际商品协定主要针对的是发展中国家和地区所生产的初级产品，其宗旨是防止或减轻初级产品的价格过分波动，保证供应不足的初级产品公平分配。

国际商品协定主要通过设立缓冲存货、签订多边合同、规定出口限额、出口限额与缓冲存货相结合等方法来稳定价格。

三、贸易条约与协定的结构

贸易条约与协定一般由序言、正文和结尾三部分组成。序言通常载明条约当事国国名、特命全权代表的姓名和缔结条约的目的与遵守的规则。例如中国与世界其他各国签订贸易条约时，通常要写明“承认中华人民共和国为中国唯一合法政府”的原则。正文是贸易条约与协定的主要组成部分，它规定了缔约各方的权利与义务，是实质性条款部分。结尾包括条约的生效期、有效期、延长或废止的程序、份数、条约使用的文字、签订条约的地点和各方代表的签名等内容。

四、贸易条约与协定所适用的主要法律待遇条款

贸易条约与协定是国际条约的一种，它受国际法律规范的约束。因此贸易条约与协定往往遵守某些国际法通用的法律条款。在实践中贸易条约与协定所依据的主要法律待遇条款有：

（一）最惠国待遇条款

最惠国待遇条款是贸易条约与协定中最重要的法律条款之一，其含义是：缔约国一方现在和将来所给予任何第三国的一切特权、优惠和豁免，也同样给予缔约对方。其基本要求是缔约一方在缔约另一方享有不低于任何第三国享有或可能享有的待遇。

最惠国待遇条款有无条件的最惠国待遇和有条件的最惠国待遇两种类型。无条件的最惠国待遇条款是指缔约国一方现在和将来给予任何第三国的一切优惠待遇，立即无条件地、无补偿地、自动地适用于对方。由于其首先在英国采用，故又称为“欧洲式最惠国待遇”。有条件的最惠国待遇条款是指如果缔约一方给予第三国的优惠是有条件的，则缔约另一方也必须提供同样的补偿，才能享受这种优惠的待遇。由于其最先在美国采用，故又称为“美洲式最惠国待遇”。目前的国际贸易条约与协定一般都是采用无条件的最惠国待遇条款，有条件的最惠国待遇条款已极少在国际使用。

最惠国待遇条款可以适用于缔约国经济贸易关系的各个方面，也可以只适用于贸易关系中某几个具体的问题。其适用范围通常主要包括以下几个方面：有关进口、出口、过境商品的关税及其他各种捐税；有关商品进口、出口、过境、存仓及转船方面的海关规则、手续和费用；有关进出口许可证的发给和行政手续；有关船舶驶入、驶出和停泊时的各种税收、费用和手续；有关移民、投资、商标、专利及铁路运输方面的待遇。

在贸易条约和协定中，一般都规定了最惠国待遇条款适用的限制和例外条款。最惠国待

遇条款适用的限制是指将适用范围限制于若干具体的经济和贸易方面，可分为直接限制和间接限制两种。直接限制是指在贸易条约或协定中明确规定最惠国待遇条款适用范围的限制，通常从商品范围、地区来源等方面加以限制；间接限制是指未在贸易条约或协定中明确规定，而是采用其他方法限制其最惠国待遇条款适用的范围。例外条款是指某些具体的经济和贸易事项不适用于最惠国待遇。

(二)国民待遇条款

国民待遇条款也是贸易条约与协定中的重要的法律依据之一，其含义是缔约一方保证缔约对方的公民、企业、船舶在本国境内享有与本国公民、企业和船舶同等的待遇。其基本要求是缔约国的一方根据条约的规定，将本国公民、企业和船舶享有的权利和优惠扩展到缔约对方在本国境内的公民、企业和船舶。它适用的范围通常包括：外国公民的私人经济权；外国产品应缴纳的国内税；利用铁路运输转口过境的条件；船舶在港口的待遇；商标注册；著作权及发明专利权的保护等。国民待遇条款所包含的内容尽管很广，但是有些内容也通常是不包括在内的，例如沿海航行权、领海捕鱼权、土地购买权、零售贸易权等通常不包括在内。

第二节　关贸总协定与世界贸易组织

一、关税及贸易总协定

关税及贸易总协定(General Agreement on Tariff and Trade，GATT)，简称关贸总协定，是在美国的策动下由 23 个国家于 1947 年 10 月 30 日在日内瓦签订并于 1948 年生效的，旨在调整缔约国对外贸易政策和国际贸易关系方面的相互权利和义务的国际多边协定。

(一)关税及贸易总协定的产生

第二次世界大战以后，以美国和英国为首的西方战胜国开始着手建立新的国际经济关系。当时国际经济关系上有三大问题需要解决：一是在金融方面，需重建国际货币制度来维护各国间汇率的稳定和国际收支的平衡；二是在投资方面，需建立一个能够处理长期国际投资问题的国际组织；三是在贸易方面，需重新建立国际贸易秩序，以促进国际贸易自由化。美国积极倡导和推动了上述三个问题的解决，这三个问题的解决分别产生了国际货币基金组织(International Monetary Fund，IMF)、世界银行(International Bank of Reconstruction and Development，IBRD)和关税及贸易总协定。

第二次世界大战后初期，美国为了称霸世界、打破其他国家的贸易保护，首先倡议建立一个全球性国际贸易组织，在国际经济贸易领域专门协调各国间的贸易关系。1946 年 2 月联合国经济与社会理事会通过决议，决定召开联合国贸易与就业会议，负责国际贸易组织(International Trade Organization，ITO)的筹建和宪章的起草。1947 年 4 月在日内瓦举行的第二次筹备会议上通过了《国际贸易组织宪章》草案。包括英、美等 23 个国家为了更快解决贸易中的摩擦，在其之间达成了 123 项双边关税减让协议，后称为关税及贸易总协定，并将其作为一项过渡性的临时协议来处理各国在关税和贸易方面的问题，待《国际贸易组织宪章》生效后就用宪章的有关部分代替它。同年 10 月 30 日，23 个国家签署了《关税及贸易总协定临时适用议定书》，并于 1948 年 1 月 1 日起临时生效。后来由于在 1947 年 11 月于哈瓦那召开的世界贸易和就业会议上通过的《国际贸易组织宪章》(即《哈瓦那宪章》)，对美国原先的草案作了大量的修改，与美国的利益相去甚远，美国国会没有通过。受美国的影响，其他各国也持观望态度，《哈瓦那宪章》没有得到必要数量国家的批准，因而成立国际贸易组织的计划未能实现。这样，关贸总协定作为一项临时性的应急协定而被沿用，直至世界贸易组织正式成立才结束其临时性地位。

（二）关税及贸易总协定的宗旨

缔约国各国政府认为，它们在处理贸易和经济事务的关系方面，应以提高生活水平、保证充分就业、保证实际收入和有效需求的巨大持续增长、扩大世界资源的充分利用以及发展商品生产与交换为目的。各缔约国希望达成互惠互利协议，大幅度地削减关税和其他贸易障碍、取消国际贸易中的歧视待遇，以对上述目的做出贡献。

（三）关税及贸易总协定的历次多边贸易谈判

关税及贸易总协定通过多边贸易谈判来干预和调节各缔约方之间的贸易关系。1947 年以来，在关贸总协定的主持下共举行了 8 轮多边贸易谈判，每一轮谈判都取得了一定的成果，见表 5—1。

表 5—1　　关贸总协定历次多边贸易谈判情况简表

届次	谈判时间	谈判地点	参加国和地区数	谈判的主要成果
1	1947 年 4 月～10 月	瑞士日内瓦	23 个	达成 45 000 项商品的关税减让，使占资本主义国家进口值 54%的商品平均降低关税 35%，使关贸总协定临时生效
2	1949 年 4 月～10 月	法国安纳西	33 个	达成近 5 000 项商品的关税减让，使占应征税进口值 5.6%的商品平均降低关税 35%
3	1950 年 9 月～1951 年 4 月	英国托奎	39 个	达成 9 000 项商品的关税减让，使占进口值 11.7%的商品平均降低关税 26%
4	1956 年 1 月～5 月	瑞士日内瓦	28 个	达成近 3 000 项商品的关税减让，使占进口值 16%的商品平均降低关税 15%
5	1960 年 9 月～1962 年 7 月	瑞士日内瓦（狄龙回合）	45 个	达成 4 400 项商品的关税减让，使占应征税进口值 20%的商品平均降低关税 20%
6	1964 年 5 月～1967 年 6 月	瑞士日内瓦（肯尼迪回合）	54 个	以关税统一减让方式就影响世界贸易额约 400 亿美元的商品达成关税减让，使关税税率平均水平下降 35%
7	1973 年 9 月～1979 年 4 月	瑞士日内瓦（东京回合、尼克松回合）	99 个	使关税水平下降 35%，9 个发达国家工业制成品关税降至 4.7%，达成多项非关税壁垒协议和守则；通过了给予发展中国家优惠待遇的“授权条款”
8	1986 年 9 月～1993 年 12 月	瑞士日内瓦（乌拉圭回合）	117 个（1986 年 103 个；1993 年末 117 个）	达成内容广泛的协议共 45 个；减税商品涉及贸易额高达 1.2 万亿美元，减税幅度近 40%，近 20 个产品部门实行了零关税；发达国家平均税率由 6.4%降为 4%；农产品非关税措施全部关税化；纺织品的歧视性配额限制在 10 年内取消；服务贸易制定了自由化原则；建立了世界贸易组织取代关贸总协定

（四）关税及贸易总协定的作用与局限性

关贸总协定的作用主要有：促进了战后国际贸易的自由化；缓和了关贸总协定内外各方面的矛盾；建立了一套指导缔约方国际贸易行为的贸易准则。

随着国际政治、经济因素的不断发展变化，关贸总协定的局限性也日益暴露出来，归纳起来，主要有以下三点：非正常地位的局限；规则缺陷的局限；争端解决机制的不健全。

二、世界贸易组织

世界贸易组织(World Trade Organization,简称 WTO)成立于 1995 年 1 月 1 日,总部设在日内瓦。WTO 的前身是 1947 年创立的关税及贸易总协定。

(一)世界贸易组织的产生

1990 年初,时任欧共体轮值主席国的意大利首先提出了建立多边贸易组织的倡议。同年 7 月,欧共体把这一倡议以 12 个成员国的名义向乌拉圭回合体制职能谈判小组正式提出来,得到了加拿大、美国的支持,最终于 1993 年 11 月形成了《建立多边贸易组织协议》,并根据美国的动议把多边贸易组织改名为世界贸易组织。《建立世界贸易组织协定》于 1994 年 4 月 15 日在马拉喀什部长会议上获得通过,与其各附件协议和部长宣言及决定共同构成了乌拉圭回合多边贸易谈判的一揽子成果,并采取"单一整体"义务和"无保留例外接受"的形式被 104 个参加方政府代表签署。1995 年 1 月 1 日世界贸易组织正式成立,关贸总协定在与世界贸易组织共同运行了 1 年后,于 1995 年 12 月 12 日最终退出了历史舞台。世界贸易组织的成立,标志着一个新的多边贸易体制的诞生。

(二)世界贸易组织的宗旨

世界贸易组织基本上承袭了关税及贸易总协定的宗旨,但又随着时代的发展,对原关贸总协定的宗旨作了适当的补充和修正。在《建立世界贸易组织协定》的序言部分,规定了世界贸易组织的宗旨:

(1)提高生活水平,保证充分就业,保证实际收入和有效需求的大幅稳定增长。

(2)扩大货物和服务的生产和贸易。

(3)依照可持续发展的目标,考虑对世界资源的最佳利用,寻求既保护和维护环境,又与各成员各自在不同经济发展水平的需要和关注相一致的方式,加强为此采取的措施。

(4)积极努力以保证发展中国家,尤其是最不发达国家在国际贸易增长中获得与其经济发展需要相当的份额。

(三)世界贸易组织的职能

世界贸易组织的主要职能包括:

(1)负责多边贸易协议的实施、管理和运作,促进世界贸易组织目标的实现,同时为多边贸易协议的实施、管理和运作提供框架。

(2)为成员间就多边贸易关系进行的谈判提供场所,并提供实施谈判结果的体制。

(3)通过争端解决机制,解决成员间可能产生的贸易争端。

(4)运用贸易政策审议机制,定期审议成员的贸易政策及其对多边贸易体制运行所产生的影响。

(5)通过与其他国际经济组织(国际货币基金组织和世界银行及其附属机构)的合作和政策协调,实现全球经济决策的更大一致性。

(四)世界贸易组织的基本原则

1. 非歧视原则

非歧视原则包括最惠国待遇原则和国民待遇原则。

(1)最惠国待遇原则

最惠国待遇,是指一成员现在和将来在货物贸易、服务贸易和知识产权领域所给予任何第三方的优惠待遇,应立即和无条件地给予其他各成员。

(2)国民待遇原则

国民待遇,是指一成员对其他成员的产品、服务或服务提供者及知识产权所有者和持有者所提供的待遇,不低于本国同类产品、服务或服务提供者及知识产权所有者和持有者所享有的待遇。

2. 贸易自由化原则

贸易自由化原则是指通过多边贸易谈判,实质性削减关税和减少其他贸易壁垒,扩大成员之间的货物和服务贸易。

3. 透明度原则

透明度原则是指成员应公布所制定的和实施的贸易措施及其变化情况,不公布的不得实施,同时还应将这些贸易措施及其变化情况通知世界贸易组织。成员参加的影响国际贸易政策的国际协议也在公布和通知之列。

4. 公平竞争原则

公平竞争原则是指成员应避免采取扭曲市场竞争的措施,纠正不公平贸易行为,在货物贸易、服务贸易和与贸易有关的知识产权领域,创造和维护公开、公平、公正的市场环境。

5. 促进发展和经济改革原则

发展中成员和经济转型国家占 WTO 成员数的 3/4 以上,多边贸易体制日益认识到发展中国家,尤其是最不发达国家履行义务的灵活性和特殊需要。世贸组织沿袭了关贸总协定关于发展中国家和最不发达国家优惠待遇的相关协议和条款,并在世贸组织的相关协定、协议或条款中加以完善。此外,世贸组织也充分考虑到经济转型国家复杂的内部、外部条件,对其加入该组织给予鼓励并承诺给予较灵活的处理。

(五)世界贸易组织的机构

1. 部长级会议

部长级会议由所有成员方的代表参加,至少每两年举行一次会议。其职能是履行世界贸易组织的职能并为此采取必要的行动。它是世界贸易组织的最高决策机构,但不是常设机构。

2. 总理事会

总理事会由所有成员方的代表组成。总理事会定期召开会议,在部长级会议休会期间承担其职能,总理事会负责处理世贸组织的日常事务,监督和指导各项协定以及部长级会议所作决定的贯彻执行情况。总理事会还有两项具体职能,即履行争端解决机构和贸易政策审议机构的职责。总理事会通常每两个月定期召开会议一次。

3. 理事会

理事会是总理事会的附属机构。世贸组织在总理事会下设有三个理事会,即货物贸易理事会、服务贸易理事会和与贸易有关的知识产权理事会(简称知识产权理事会)。它们在总理事会指导下分别负责管理、监督相关协议的实施,并负责行使相关协议规定的职能以及总理事会赋予的其他职能。每个理事会每年至少举行 8 次会议。

4. 专门委员会

世贸组织在总理事会下还设有五个专门委员会,负责处理三个理事会的共性事务及其他事务。专门委员会包括贸易与发展委员会、贸易与环境委员会、国际收支限制委员会、区域贸易协议委员会,以及预算、财务与行政委员会。

5. 秘书处及总干事

世贸组织下设秘书处,秘书处由部长级会议任命的总干事领导。总干事的权力、职责、服务条件和任期由部长级会议通过规则确定。总干事有权指派其所属工作人员。在履行职务时总干事和秘书处工作人员均不得寻求和接受任何政府或世界贸易组织以外组织的指示，各成员方应尊重他们的职责和国际性，不能寻求有碍其职责的影响。

6. 其他机构

除上述常设机构外，世贸组织还根据需要设立一些临时机构即所谓的工作组，例如加入世贸组织工作组、服务贸易理事会下的专业服务工作组、《服务贸易总协定》规则工作组等。工作组的任务是研究和报告有关专门事项并最终提交相关理事会作决定。

(六)世界贸易组织的决策

1. 合意

WTO 继续实行 1947 年 GATT 合意决策的做法。合意的含义是，“在作出决定的会议上，如果任何一个与会的成员方对拟通过的决议不正式提出反对”，就算达成合意。

2. 投票

如通过合意未达成决定时，则将以投票决定。在部长级会议和总理事会上，WTO 成员均有一票投票权。通常，以多数票为准，除非另有规定。

3. 解释权决策

部长级会议和总理事会拥有《建立世界贸易组织协定》和多边贸易协议解释的专门权利，采用解释的决定以成员方 3/4 投票为准。诸边贸易协议的决定与解释的决定，受其协议约束。

4. 免除义务决策

在例外情况下，部长级会议可以 3/4 表决的方式，作出免除一成员方义务的决定，除非另有规定。超过一年的免除决定，要定期接受部长级会议审评，直到免除终止。

第三节　区域经济一体化

一、区域经济一体化的含义和特征

(一)区域经济一体化的含义

区域经济一体化(Regional Economic Integration)是指地理区域比较接近的两个或两个以上的国家之间实行的某种形式的经济联合，或组成的区域性经济组织。各成员国通过达成经济合作的某种承诺或签订条约、协议，建立超国家的决策和管理机构，制定共同的政策措施，实施共同的行为准则，规定较为具体的共同目标，实现成员国的产品甚至生产要素的本地区的自由流动。

区域经济一体化需要各成员国让渡部分国家主权，由一体化组织共同行使，实行经济的国际干预和调节。区域经济一体化组织的各成员国制定的经济政策和措施的内容，可以分为内部经济政策和外部经济政策两个方面。前者为成员国之间实行的统一的经济贸易政策，后者为对非成员国的统一的经济贸易政策。参与一体化的国家往往先在成员国之间逐步实施统一的内部经济政策，取消贸易和其他经济活动的障碍，然后实现外部经济政策的统一。

(二)区域经济一体化的特征

1. 成员资格的区域性

地理上相连、相近是一体化进程的自然出发点，同时这些国家一般在历史、文化上联系密切，有着开展经济合作的传统历史。但近年来随着跨区域经济集团和次区域集团的涌现，该特征已不明显。

2. 对外的排他性

区域经济集团的建立旨在通过内部合作，建立一个封闭性的集团，成员间降低关税，互相得益，同时又限制与集团外非成员的经贸关系的发展。

3. 利益的放大性

对单一的成员国来说，参加一体化组织的目的除了能降低关税、削减非关税壁垒外，还希冀能实现生产要素的自由流动，按照规模经济的原理，实现资源的优化配置，提高与区域外国家对抗的实力。

4. 内部的开放性

各区域集团虽然在合作形式、合作范围、合作程度等方面存在差异性，但总是推行相互间全面降低关税，实现商品的自由流通，取消非关税壁垒，放宽内部的投资限制，促进本地区的资本和其他生产要素的自由流动，从而达到降低成本、改善资源配置的目的。

二、区域经济一体化的组织形式

按贸易壁垒取消的程度分为以下几类：

(一)优惠贸易安排

优惠贸易安排(Preferential Trade Arrangement)，也叫特惠贸易协定，它是经济一体化的最低级和最松散的一种形式，是指成员国之间通过协定或其他形式，对全部或部分商品规定特别的关税优惠。也可能包含小部分商品完全免税的情况。1932 年英联邦特惠制和第二次世界大战后初建的东南亚国家联盟就属于这种形式。

(二)自由贸易区

自由贸易区(Free Trade Area)，即签订有自由贸易协定的国家组成的贸易区。在区内，各成员国之间取消了商品贸易的关税和数量限制，使商品在区域内完全自由流动，但各成员国仍按照各自独立的标准对非成员国征收关税，保持不同的贸易和关税政策。其基本特点是用关税措施突出了成员国与非成员国之间的差别待遇。

(三)关税同盟

关税同盟(Customs Union)，即各成员国之间完全取消关税和其他壁垒，实现内部的自由贸易，并对非成员国的商品进口建立统一的关税税率而缔结的同盟。关税同盟是比自由贸易区更高一级的一体化形式，它除了包含自由贸易区的基本内容外，成员国还对同盟外的国家建立了共同的、统一的关税税率，它开始带有超国家的性质。世界上最早、最著名的关税同盟是比利时、卢森堡和荷兰组成的关税同盟。

(四)共同市场

共同市场(Common Market)，即除了在成员国内完全废除关税与数量限制并建立对非成员国的共同关税外，还取消了对生产要素流动的限制，允许劳动、资本等生产要素在成员国之间自由流动。欧洲经济共同体在 20 世纪 70 年代接近发展到这一水平。

(五)经济同盟

经济同盟(Economic Union)，即成员国之间不但商品与生产要素可以完全自由流动，建立对外统一关税，而且要求成员国制定并执行某些共同经济政策和社会政策，逐步消除各国在政策方面的差异，使一体化程度从商品交换，扩展到生产、分配乃至整个国家经济，形成一个庞大的经济实体。如 1991 年已解散的经济互助委员会。

(六)完全经济一体化

完全经济一体化(Complete Economic Integration),它是区域经济一体化的最高级形式。各成员国统一所有重大的经济政策,如财政政策、货币政策、福利政策、农业政策,以及有关贸易及生产要素流动的政策完全统一化。完全经济一体化拥有新的超国家的权威机构,实际上支配着各成员国的对外经济主权。

以上六种经济一体化形式,虽然依次反映了经济一体化的逐级深化,但一体化的不同层次并不意味着不同的一体化集团必然从现有形式向较高级形式过渡。

相关链接:英国脱欧

2017年3月28日,经过9个多月的争论和酝酿,英国政府定于本月29日宣布启动脱离欧盟的程序,英国"脱欧"将由此迈出标志性一步。

2017年3月29日,英国首相特雷莎·梅启动《里斯本条约》第50条,正式启动"脱欧"程序,英国经济将接受"脱欧"带来的全面挑战。

2017年12月8日,英国与欧盟达成历史性脱欧协议,从而为贸易谈判铺平了道路。

2018年6月26日,英国女王伊丽莎白二世批准脱欧法案成为法律,允许英国退出欧盟。

三、区域经济一体化组织

据统计,目前全球主要有33个地区一体化组织,共有150多个国家或地区参加,其中影响最大的一体化组织有欧洲联盟、北美自由贸易区和亚太经合组织。

(一)欧洲经济一体化

欧洲联盟(European Union,EU)是目前世界上一体化程度最高的经济一体化组织。其前身是欧洲共同体(European Economic Community,EEC)。欧洲共同体是欧洲煤钢共同体、欧洲经济共同体和欧洲原子能共同体的统称。

1951年4月,法、德、意、荷、比、卢六国签署了《欧洲煤钢共同体条约》。欧洲煤钢共同体在建立和正常运转后,1957年3月25日,西欧六国政府在意大利罗马签订了《建立欧洲原子能共同体条约》和《欧洲经济共同体条约》。这两个条约统称为《罗马条约》。《罗马条约》于1958年1月1日生效,欧洲原子能共同体和欧洲经济共同体正式成立。1965年4月,六国签订了《布鲁塞尔条约》,决定将上述三个机构合为一体,统称"欧洲共同体",条约于1967年7月1日生效。

欧洲共同体自成立以来成员不断扩大:英国、丹麦和爱尔兰于1973年1月1日加入;希腊于1981年1月1日加入;西班牙和葡萄牙于1986年1月1日加入;1994年1月1日《马斯特里赫特条约》正式生效后,欧共体改称欧盟。1995年1月1日,奥地利、瑞典、芬兰正式加入欧盟。2004年5月1日,塞浦路斯、捷克、爱沙尼亚、拉脱维亚、立陶宛、马耳他、匈牙利、波兰、斯洛文尼亚和斯洛伐克10国为欧盟正式的成员国。2007年1月,罗马尼亚和保加利亚两国加入欧盟。2013年7月1日,克罗地亚正式成为欧盟成员国。经历了多次扩张的欧盟成为一个涵盖28个国家、总人口约5亿、面积438万平方公里的当今世界上经济实力最强、一体化程度最高的国家联合体。

伴随着欧盟的扩张,欧元也在启动。1999年1月1日,欧洲中央银行体系建立,欧洲单一货币启动,名为"欧元"(EURO)。首批欧元区国家一共11个,分别是法国、德国、意大利、荷兰、比利时、卢森堡、爱尔兰、葡萄牙、西班牙、奥地利、芬兰。2002年1月1日起,欧元纸币和硬币正式流通,但欧盟成员国英国、瑞典和丹麦决定暂不加入欧元区。目前欧元区有19个成员国。

(二)美洲经济一体化

1. 北美经济一体化

北美自由贸易区(North American Free Trade Zone)是在美国、加拿大和墨西哥三国达成《北美自由贸易协定》后成立的。

北美自由贸易区形成的第一步是美加自由贸易区。1965 年,加拿大与美国签订了《汽车协定》,在汽车及其零部件方面实行自由贸易,给两国的汽车生产创造了较高的效益。1983 年,加拿大提出了关于建立美加自由贸易区的设想,并于 1985 年开始正式谈判。两国于 1988 年 2 月正式签署了《美加自由贸易协定》,该协定于 1989 年 1 月 1 日生效。

在《美加自由贸易协定》生效以后,美国决定将这一自由贸易区扩大到南部的墨西哥。1992 年 8 月 12 日,美国、加拿大、墨西哥三国结束了历时 14 个月的谈判,就建立统一的北美自由贸易区问题达成协议。协议自 1994 年 1 月 1 日起正式生效,北美自由贸易区宣告正式成立。

北美自由贸易区的建立,对美、加、墨三国经济产生了深远影响。北美自由贸易区成立后,墨西哥已成为美国第三大出口国,购买了美国 7%的出口商品。墨西哥更多地获得了美、加的投资和新技术,改造工业结构,创造就业机会,开辟新的市场,并解决债务问题,促进了经济稳定增长。加拿大在贸易上依赖美国程度较深,倘若置身于同一大市场中,减少关税和非关税壁垒,就可有效地防止美国的贸易保护主义,巩固和扩大其美国市场,还可开发墨西哥市场。对美国来说,墨西哥的廉价劳动力和丰富资源具有很大吸引力,在墨西哥投资可使美国产品成本降低;而且美国劳动密集型产业进一步南移,可加速国内产业结构的升级换代,提高美国产品的综合竞争能力。

当前,随着北美自由贸易区的建立及发展,美、加、墨三国生产优势互补,通过产业结构调整加速了其科技、生产和资本一体化进程,有力地提高了它在世界市场上的竞争力,扩大了其所占世界市场的份额。

2. 拉丁美洲经济一体化

拉美地区是发展中国家最早开始一体化探索和实践的地区,也是一体化最为活跃的地区。

从 19 世纪初拉美"解放者"玻利瓦尔提出"拉美大陆主义"思想,到第二次世界大战后拉美经委会提出通过"工业化、经济一体化"来摆脱拉美在世界经济体系中"外围"地位的主张,再到 20 世纪 60 年代后一大批拉美经济一体化组织如拉美一体化协会、拉美经济体系、中美洲共同市场、加勒比共同体、安第斯共同体和南方共同市场等相继问世,拉美一体化经历了长期、曲折、复杂和反复的过程。

进入 21 世纪,拉美一体化呈现由初级向高级、从单一型向复合型方向发展的趋势。传统一体化组织不断焕发新的活力,涌现出了一批新兴一体化组织,例如"玻利瓦尔美洲联盟"(2004 年)、"南美洲国家联盟"(2008 年)、"拉美国家共同体"(2010 年)和"太平洋联盟"(2012 年)等,尤其"拉美国家共同体"是第一个囊括拉美地区 33 国的区域性组织,正在成为与非盟、东盟和阿盟齐名的地区性集团。

目前,拉美一体化呈现出广泛性、多层次、机制化和开放性等特点。在拉美 33 个国家中,几乎每个国家都以某种形式加入了一个或多个区域性组织;在拉美四大次区域中,几乎所有的次区域都达成了一体化协议。同时,拉美一体化组织不仅包括单一关税联盟(如安共体、南共市)、能源一体化组织(如加勒比石油组织、南方石油公司)和金融一体化组织(如南方银行),还有许多经济合作机制(如拉美经济体系、拉美一体化协会),甚至还有政经合一的复合型一体化组织(如玻利瓦尔美洲联盟、南美洲国家联盟、拉美国家共同体)。这些一体化组织定期召开国家首脑或部长会议,分析地区和全球经济形势,协调各国宏观经济政策,制订共同行动方案。

(三)亚洲经济一体化

亚洲各经济体之间的一体化程度在不断加强,这不仅仅是由于在贸易和外商直接投资等方面保持着稳定的高依存度,且近几年呈现增长态势,个人、企业和政府在一系列议题上多层次的交流与合作也是有力的助推器,进一步带动了该地区的持续增长、繁荣和稳定。最近正在进行着几个重要的自贸区谈判,如中日韩自贸区谈判、区域全面经济伙伴关系(RCEP)、大湄公河次区域经济合作等,这将使亚洲经济一体化进程明显加速。

1. 亚太经合组织

亚太经济合作组织,简称"亚太经合组织"(Asia-Pacific Economic Cooperation,APEC),成立之初是一个区域性经济论坛和磋商机构,经过十几年的发展,已逐渐演变为亚太地区重要的经济合作论坛,也是亚太地区最高级别的政府间经济合作机制。它在推动区域贸易投资自由化、加强成员间经济技术合作等方面发挥了不可替代的作用。

亚太经合组织现有 21 个成员,成员的总人口 26 亿,占世界人口的 45%,国内生产总值占世界的 55%,贸易额占 46%。这一组织在全球经济活动中具有举足轻重的地位。

APEC 共有 5 个层次的运作机制:领导人非正式会议、部长级会议、高官会、委员会和工作组、秘书处。

领导人非正式会议是亚太经合组织最高级别的会议。亚太经合组织首次领导人非正式会议于 1993 年 11 月 20 日在美国西雅图举行,会议发表了《经济展望声明》,揭开了亚太贸易自由化和经济技术合作的序幕。此后,领导人非正式会议每年召开一次,在各成员间轮流举行。第 9 次领导人非正式会议于 2001 年在上海举行,最近的第 22 次领导人非正式会议于 2014 年 11 月在北京举行。

2. 东南亚国家联盟

东南亚国家联盟(简称东盟)(Association of South East Asian Nations,ASEAN)的前身是由马来西亚、菲律宾和泰国 3 国于 1961 年 7 月 31 日在曼谷成立的东南亚联盟。1967 年 8 月 7 日至 8 日,印度尼西亚、新加坡、泰国、菲律宾四国外长和马来西亚副总理在泰国首都曼谷举行会议,发表了《东南亚国家联盟成立宣言》,即《曼谷宣言》,正式宣告东南亚国家联盟的成立。

成立 40 多年来,东盟已日益成为东南亚地区以经济合作为基础的政治、经济、安全一体化合作组织,并建立起一系列合作机制。东盟除印度尼西亚、马来西亚、菲律宾、新加坡和泰国 5 个创始成员国外,20 世纪 80 年代后,文莱(1984 年)、越南(1995 年)、老挝(1997 年)、缅甸(1997 年)和柬埔寨(1999 年)5 国先后加入该组织,使东盟由最初成立时的 5 个成员国发展到目前的 10 个成员国。东盟 10 国的总面积有 450 万平方公里,人口约 5.3 亿(1998 年统计数字)。观察员国为巴布亚新几内亚,候选国为东帝汶。东盟 10 个对话伙伴国(组织)是澳大利亚、加拿大、中国、欧盟、印度、日本、新西兰、俄罗斯、韩国和美国。

为了早日实现东盟内部的经济一体化,东盟自由贸易区 2002 年 1 月 1 日正式启动。自由贸易区的目标是实现区域内贸易的零关税。文莱、印度尼西亚、马来西亚、菲律宾、新加坡和泰国 6 国已于 2002 年将绝大多数产品的关税降至 0~5%。

3. 中国—东盟自由贸易区

中国—东盟自由贸易区(China-ASEAN Free Trade Area,CAFTA),是中国与东盟十国组建的自由贸易区,于2010年1月1日正式建成。中国—东盟自由贸易区涵盖19亿人口,国民生产总值达6万亿美元,贸易额达4.5万亿美元,是中国对外商谈的第一个自贸区,也是发展中国家间最大的自由贸易区。

过去的几年,中国与东盟各国的贸易已取得一定成绩。自2009年以来,中国连续4年成为东盟第一大贸易伙伴;自2011年以来,东盟也成为中国第三大贸易伙伴;近3年,东盟每年均是中国企业在国外投资的第一大市场。中国与东盟贸易总额2003年约600亿美元,2013年为4 438亿美元,2014年中国与东盟贸易额创历史新高,达4 804亿美元,较上年增长8.3%,比中国对外贸易3.4%的平均增幅高了一倍多。预计中国与东盟贸易额2020年将达1万亿美元。

相关链接:"一带一路"

"一带一路"(The Belt and Road,缩写B&R)是"丝绸之路经济带"和"21世纪海上丝绸之路"的简称,2013年9月和10月由中国国家主席习近平分别提出建设"丝绸之路经济带"和"21世纪海上丝绸之路"的合作倡议。它将充分依靠中国与有关国家既有的双多边机制,借助既有的、行之有效的区域合作平台,旨在借用古代丝绸之路的历史符号,高举和平发展的旗帜,积极发展与沿线国家的经济合作伙伴关系,共同打造政治互信、经济融合、文化包容的利益共同体、命运共同体和责任共同体。

2015年3月28日,国家发展改革委、外交部、商务部联合发布了《推动共建丝绸之路经济带和21世纪海上丝绸之路的愿景与行动》。"一带一路"经济区开放后,承包工程项目突破3 000个。2015年,中国企业共对"一带一路"相关的49个国家进行了直接投资,投资额同比增长18.2%。2015年,我国承接"一带一路"相关国家服务外包合同金额178.3亿美元,执行金额121.5亿美元,同比分别增长42.6%和23.45%。

2016年6月底,中欧班列累计开行1 881列,其中回程502列,实现进出口贸易总额170亿美元。2016年6月起,中欧班列穿上了统一的"制服",深蓝色的集装箱格外醒目,品牌标志以红、黑为主色调,以奔驰的列车和飘扬的丝绸为造型,成为"丝绸之路经济带"蓬勃发展的最好代言与象征。

四、关税同盟理论

对关税同盟理论研究较多的是美国普林斯顿大学的经济学教授范纳(J. Viner)和利普西(R. G. Lipsey)。关税同盟理论主要是研究关税同盟形成后,对内取消关税、对外设置共同关税对国际贸易产生的静态和动态效应。

(一)关税同盟的静态效应

关税同盟的静态效应主要是指贸易创造效应(Trade Creating Effect)和贸易转移效应(Trade Diverting Effect)。

所谓贸易创造,是指由于关税同盟内实行自由贸易后,取消了关税,产品从结盟前成本较高的国内生产转往结盟后从成本较低的成员国生产而产生的净利益。一方面,成本较高的成员国的消费者对该项产品的消费减少,福利水平得到提高;另一方面,成本较低的成员国也可以因此扩大贸易规模,提高生产效率,降低生产成本。从同盟整体看,生产从高成本的地方转向低成本的地方,同盟内部的生产资源可以重新配置,改善了资源的利用。

所谓贸易转移,是指由于关税同盟对外实行保护贸易,实行统一的关税壁垒,导致结盟前从外部非成员国以较低的成本进口转向结盟后从成员国以较高的成本进口而产生的损失。消费者由原来购买外部的低价格产品转向购买成员国的较高价产品，增加了开支，造成损失，减少了福利。从全世界的角度看，这种生产资源的重新配置导致了生产效率的降低和生产成本的提高，使资源不能有效地分配和利用，整个世界的福利水平降低。

(二)关税同盟的动态效应

1. 规模经济效益

关税同盟可以使生产厂商获得重大的内部与外部经济利益。内部规模经济主要来自对外贸易的增加，以及随之带来的生产规模的扩大和生产成本的降低。外部经济来源于整个国民经济或一体化组织内的经济发展，某一部门的发展可能在许多方面带动其他部门的发展。同时，区域性的经济合作还可导致区域内部市场的扩大，市场扩大势必带来各行业的相互促进。从规模经济看，建立同盟后使成员国市场转成统一的大市场，市场的规模可以扩大，产品成本趋于下降，企业可以获得规模经济的利益。

2. 加强竞争

关税同盟的建立使成员国间的市场竞争加剧，专业化分工向深度和广度拓展，使生产要素和资源更加优化配置。同盟成立前，生产者(尤其是那些市场垄断者)在高关税的保护下缺乏动力去降低成本、提高效率；但同盟成立后，原来的市场垄断者不得不面对成员国内更多的生产者的竞争，保护屏障的丧失迫使它们改进技术与管理，以提高效率、降低成本，从而加强了竞争。

但是有些学者对此持相反看法，认为区域经济一体化的发展，使贸易壁垒消除，内部市场扩大，易于获取生产的规模经济，从而产生独占，导致效率和福利下降。

3. 刺激投资

关税同盟对内取消了关税，实行生产要素的自由流动，扩大了市场规模，改善了投资环境。这对成员国内部的投资者和外部非成员国的投资者来说，都大大加强了投资吸引力。关税同盟成立后，成员国市场变成统一的大市场，需求增加，商品自由流通，使同行业竞争加剧。为了提高竞争能力，厂商一方面必须扩大生产规模，增加产量，降低成本；另一方面必须增加投资，更新设备，提高装备水平，改进产品质量，并研制新产品，以改善自己的竞争地位。而非成员国为了避免贸易转移的消极影响，到成员国内进行直接投资设厂，就地生产、就地销售，以绕开关税壁垒。这一点被认为是欧洲经济共同体成立后，美国到欧共体国家投资激增的主要原因。

4. 促进了要素的自由流动

区域经济一体化的建立，推动了区域内商品的自由流通，生产要素趋向于自由流动，资本和劳动力从边际生产力低的地区流向边际生产力高的地区，使生产要素配置更加合理，要素利用率提高，降低了要素闲置的可能性，从而使产量增加，提高了经济效益。

五、区域经济一体化对国际贸易的影响

(一)促进了内部贸易的自由化

区域经济一体化组织成立后，改变了贸易的流向。一体化组织实行内外有别的关税贸易政策，形成区域性的统一市场，加强了区域内的商品、技术、资本和劳动力的自由流动，成员国之间的贸易往来迅速增长，相互之间依赖性大大加强，在区域范围内的资源得到合理利用和配置。

(二)促进了区域内部的国际分工和生产专业化的发展

以市场经济为基础的共同市场内部，由于取消了关税和非关税壁垒，产品自由流通，市场扩大，竞争加剧，从而促使技术革新加快、产业优化，促进了新兴工业部门的发展。一体化组织

内部成员国之间贸易的增长，说明市场扩大并向纵深发展。

（三）加速了组织内部的资本集中和垄断

区域内部取消关税和非关税壁垒后，加剧了成员国之间的商品竞争，优胜劣汰，一些小企业在激烈的竞争中被淘汰和吞并，大企业在市场扩大和竞争加强的刺激下，力求扩大生产规模，增强资本实力，或通过并购成为更大的垄断组织，加速了资本的集中。

在激烈竞争下，为了加强本国企业的竞争力量，成员国政府运用国家垄断资本主义的政策和措施，在资本供应和税收方面给予优惠，以促进企业规模的扩大和企业之间的合作。这一切使一体化成员国资本集中加速，垄断规模扩大。

（四）改变了国际直接投资的方式和流向

区域经济一体化促进了区域内的贸易自由化和生产专业化的发展，生产规模扩大，再加上区域内跨国界投资障碍的减弱和消除、投资风险的降低，使得区域内资本首先在区域内寻找投资机会。

对于区域外的资本，由于一体化组织对外实行歧视政策，面对区域内更好的经济前景，为了享受区域内的国民待遇，原来以商品出口的方式进入市场的外国公司改以直接投资的方式进入区域内部市场，直接进行生产投资。在投资总量一定的情况下，对某一区域内部的投资增加，就意味着在其他地区投资的减少。

（五）加强了一体化组织在国际贸易中的地位和竞争力

一体化组织成立后，形成统一的大市场，成员国之间贸易、投资等联系日益密切，必然加强一体化组织在国际竞争中的地位。如欧共体 1958 年成立时，6 个成员国的工业生产总值不到美国的一半，黄金储备只有美国的 55%，出口贸易和美国相近。到 1989 年时，欧共体 9 国的 GNP 达 23 800 亿美元，已超过美国的 23 480 亿美元，出口贸易额也超过美国的两倍以上，黄金外汇储备比美国大 5 倍多。之后欧盟以集团的形式出现，增强了经济实力和在国际贸易谈判中的地位，从而有利于维护集团和成员国的贸易利益。

（六）区域经济一体化过程中存在矛盾

在区域经济一体化过程中，无论是集团内部还是集团之间都存在着矛盾。

1. 成员国之间的矛盾

经济一体化组织要求其成员国让渡部分的国家主权，由超国家的权威机构来行使部分的货币政策、财政政策、利率政策等，这必然产生区域的共同利益和单一成员国的国家利益之间的矛盾。

2. 成员国与非成员国的矛盾

一体化组织实行内外有别的政策，加强区内贸易，必然在一定程度上排斥其他非成员国的活动。一方面促进集团内部的协调和统一，使贸易自由化得以实现，促进了各成员国的经济增长和贸易发展；另一方面由于区内成员之间经济水平存在差距，经济发展落后的成员必然要求加强对区内的保护，这也在一定程度上强化了贸易保护主义。

本章小结

本章介绍了以关税及贸易总协定、世界贸易组织为代表的世界多边贸易体制的建立和发展。世界贸易组织作为一个正式的国际性组织取代了原来的关税及贸易总协定，一个新的全球多边贸易体制正在形成。但世界贸易组织新一轮的多边谈判艰难启动、进展缓慢，其有效性也受到挑战。与此同时，区域经济一体化成为第二次世界大战后世界经济发展的新趋势，欧洲、美洲、亚洲等地区经济一体化出现了新浪潮，并取得了阶段性的成果。

关键概念

最惠国待遇原则　国民待遇原则　贸易自由化原则　透明度原则　区域经济一体化
优惠贸易安排　自由贸易区　关税同盟　共同市场

练习题

一、单项选择题

1. 全面规定缔约国之间经济贸易关系的条约是指(　　)。

A. 贸易协定　B. 贸易条约　C. 贸易议定书　D. 支付协定

2. 缔约一方保证缔约对方的公民、企业、船舶在本国境内享有与本国公民、企业和船舶同等的待遇，这是(　　)。

A. 国民待遇条款　B. 无条件的最惠国待遇
C. 有条件的最惠国待遇　D. 互惠待遇条款

3. 世界贸易组织的最惠国待遇条款和国民待遇条款体现了世界贸易组织的(　　)原则。

A. 公平竞争　B. 非歧视
C. 一般禁止数量　D. 对发展中国家的优惠待遇

4. 区域经济一体化中最高级的形式是(　　)。

A. 优惠贸易安排　B. 完全经济一体化
C. 经济同盟　D. 共同市场

5. 欧洲联盟的建立标志为(　　)。

A.《马斯特里赫特条约》的生效　B. 欧元的诞生
C. 欧共体内部大市场的建立　D.《罗马条约》的生效

二、多项选择题

1. 贸易条约是全面规定缔约国之间经济贸易关系的条约，其内容广泛，涉及(　　)。

A. 船舶航海及港口使用的规定　B. 铁路运输和过境的规定
C. 知识产权的保护　D. 进口商品国内捐税的问题
E. 仲裁的规定

2. 第二次世界大战后，国际经济关系上关于金融、投资和贸易三大问题的解决建立了(　　)。

A. 世界贸易组织　B. 国际货币基金组织
C. 世界银行　D. 关税及贸易总协定
E. 欧洲经济联盟

3. 世界贸易组织的基本原则有(　　)。

A. 非歧视原则　B. 关税保护原则
C. 公平竞争原则　D. 磋商调解原则
E. 贸易壁垒递减原则

4. 区域经济一体化成员国之间完全取消关税、对非成员国实行统一关税税率的区域经济一体化组织有(　　)。

A. 关税同盟　B. 自由贸易区　C. 完全经济一体化　D. 优惠贸易安排

E. 共同市场

5. 区域经济一体化的影响包括(　　)。

A. 改变了国际贸易的地区分布　　B. 改变了国际直接投资的流向

C. 影响了国际分工的格局　　D. 加剧了区域内外的竞争

E. 加深了区域内的不平衡

三、简答题

1. 最惠国待遇条款的种类、适用范围及例外的内容各是什么?

2. 与关贸总协定相比,世界贸易组织有哪些特点?

3. 区域经济一体化有哪几种组织形式?

4. 简述关税同盟理论的经济效应。

四、案例分析题

1995年美日贸易谈判破裂,5月16日,美国贸易代表坎特宣布对日贸易制裁清单:对丰田、日产、本田、马自达、三菱五大汽车公司生产的13种售价3万美元以上的豪华轿车征收100%的惩罚性关税,6月18日前如日本仍不同意向美国开放汽车和汽车零配件产品市场,上述制裁自行生效。5月17日,日本将申诉信递交世界贸易组织,在世界贸易组织争端解决机制的调解之下,6月28日美日达成协议,即美国以数值指标约束日本,将日本汽车及汽车零配件市场打开一个缺口,而日本实行的“自愿采购计划”只是国内五大汽车公司以私人部门的身份做出的,不是合同,只是意向。

问题:上述案例体现了世界贸易组织的哪一基本原则?其基本目的是什么?

五、论述题

试述区域经济一体化对国际贸易的影响。

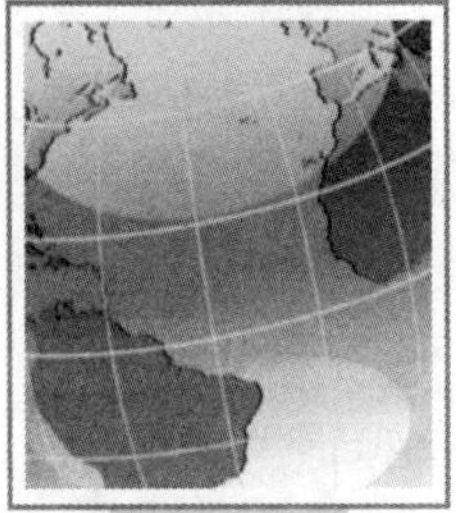

第六章 国际服务贸易与技术贸易

要点提示

- 国际服务贸易的概念、特点及分类
- 当代国际服务贸易的发展趋势及迅猛发展的原因
- 国际技术贸易的概念、特点和内容
- 国际技术贸易的方式、作用和发展趋势

内容引言

在经济全球化的推动下，生产要素在全球范围内更加自由地流动，对国际贸易格局产生了深远的影响。伴随着各国产业结构的优化升级，国际服务贸易得到迅猛发展，国际服务贸易市场的竞争日趋激烈，各国为了自己的利益都加强了对国际服务贸易领域的研究。同时，随着世界经济一体化程度的加深，科技全球化高速推进，国际技术贸易发展迅猛，而且呈现出新的格局和新的发展趋势。国际技术贸易是当前国际贸易的重要组成部分。国际技术贸易的发展，加速了生产要素的国际转移，促进了科学技术在世界范围内的普及和提高，加快了国际技术贸易参与国家的经济发展，缩短了有关国家经济现代化和科学技术现代化的进程。

第一节　国际服务贸易

一、国际服务贸易的概念

由于服务的多样性和异质性，国际上对国际服务贸易的概念也有不同的认识。

关税及贸易总协定支持下的乌拉圭回合谈判于 1994 年 4 月签订《服务贸易总协定》，对服务贸易做了定义，这该定义已成为“国际服务贸易”的权威性定义，并被世界各国普遍接受。服务贸易是指：

(1)跨境交付(Cross-Border Supply)，是指从一成员方境内向另一成员方境内提供服务。没有人员、物资和资金的流动，而是通过电信、邮电、计算机联网实现的。例如，视听服务产品和国际金融活动。

(2)境外消费(Consumption Abroad)，是指在一成员方境内向另一成员方的消费者提供服务。例如，本国病人到外国就医、外国人到本国来旅游、本国学生到外国留学等。

(3)商业存在(Commercial Presence)，是服务贸易活动中最主要的形式。它是通过一成员方在另一成员方境内的任何形式的商业或专业性机构提供服务。允许外国的企业和经济实体到本国开业，包括投资设立合资、合作或独资企业。例如，外国公司到中国来开酒店、建立零售商店和开律师事务所等。

(4)自然人流动(Movement of Personal),是指一成员方国民(自然人)在另一成员方境内提供服务。如外国学者技术人员来本国从事个体服务。

二、国际服务贸易的特点

与国际商品贸易比较,国际服务贸易具有以下几个明显的特点:

(1)服务贸易是无形的,具有不可触摸性和不易运输性,因而导致服务出口方式多样化;

(2)服务的不可存储性,服务的生产与消费往往是同时发生的,服务的生产和出口过程一定程度上讲也就是服务的进口和消费过程;

(3)服务贸易的对象主要是智力,如专利、版权、法律和会计等,且贸易过程中通常不涉及服务所有权的转让,仅与生产要素的跨国界移动有关;

(4)服务贸易更多地依赖于生产要素的国际移动和服务机构的跨国设置,国际服务交换无论采取什么形式,都与资本、劳动力和信息等生产要素的跨国界移动密切相关;

(5)服务贸易的统计数据在各国国际收支表中显示,而在各国海关进出口统计上没有显示;

(6)对服务贸易的监控不能通过海关监督和征收海关关税的方式进行,而只能通过国家立法和制定行政法规来达到目的,如在法律上规定是否准许外国企业进入本国市场,同时还规定一些具体经营项目和捐税方面所享受的待遇,因此服务贸易所涉及法规的形式和强度远远超过商品贸易。

三、国际服务贸易的分类

目前国际服务贸易尚未形成一个统一的标准。为了便于研究和统计,许多国际经济组织和经济学家从不同的角度对国际服务贸易做了划分,以下是具有代表性的分类方法——世贸组织的分类。由于这种分类法为世贸组织认可,因而具有权威性,被广泛推广。

(1)商业性服务。主要指在商业活动中涉及的服务交换活动。包括专业性(包括咨询)服务、计算机及相关服务、研究与开发服务、不动产服务、设备租赁服务和其他服务6类贸易。

(2)通信服务。通信服务主要指所有有关信息产品、操作、储存设备和软件功能等服务。通信服务由公共通信部门、信息服务部门、关系密切的企业集团和私人企业间提供信息转接和服务。主要包括:邮电服务;信使服务;电信服务,其中包含电话、电报、数据传输、电传、传真;视听服务,包括收音机及电视广播服务;其他电信服务。

(3)建筑服务。建筑服务主要指工程建筑从设计、选址到施工的整个服务过程。具体包括:选址服务,涉及建筑物的选址;国内工程建筑项目,如桥梁、港口、公路等的地址选择等;建筑物的安装及装配工程;工程项目施工建筑;固定建筑物的维修服务;其他服务。

(4)销售服务。销售服务指产品销售过程中的服务交换。主要包括:商业销售,主要指批发业务;零售服务;与销售有关的代理费用及佣金等;特许经营服务;其他销售服务。

(5)教育服务。教育服务指各国间在高等教育、中等教育、初等教育、继续教育和其他教育中的服务交往等。

(6)环境服务。环境服务指污水处理服务、废物处理服务、卫生及相关服务等。

(7)金融服务。金融服务主要指银行和保险业及相关的金融服务活动。

(8)健康及社会服务。健康及社会服务主要指医疗服务、其他与人类健康相关的服务、社会服务等。

(9)旅游及相关服务。旅游及相关服务指旅馆、饭店提供的住宿与餐饮服务、膳食服务及相关的服务，还有旅行社及导游服务。

(10)文化、娱乐及体育服务。文化、娱乐及体育服务指不包括广播、电影、电视在内的一切文化、娱乐、新闻、图书馆、体育服务，如文化交流、文艺演出等。

(11)交通运输服务。交通运输服务主要包括：货物运输服务，如航空运输、海洋运输、铁路运输、管道运输、内河和沿海运输、公路运输服务，也包括航天发射及其运输服务，如卫星发射等；客运服务；船舶服务(包括船员雇佣)；附属于交通运输的服务，主要指报关代理业、货物装卸、仓储、港口服务、起航前查验服务等。

(12)其他服务。

四、当代国际服务贸易的发展趋势

国际服务贸易是伴随着资本主义生产方式的出现而产生的，并且随着资本主义商品经济的不断发展而发展。第二次世界大战以后，特别是 20 世纪 60 年代以来，国际服务贸易迅速发展，尤其到了 90 年代，国际服务贸易迅猛增长。

(一)技术、知识密集化趋势较为明显，新的服务也不断出现

第二次世界大战以前，国际服务贸易主要以运输服务、劳动力的输入输出为主要形式。第二次世界大战以后，由于新的科技革命的蓬勃兴起，以旅游、运输、银行、建筑和承包市场为代表的服务贸易渐次走向国际市场，新兴的服务贸易比重不断提高。到了 20 世纪 80 年代末、90 年代初，美国率先推出信息高速公路计划，标志着世界经济进一步趋向于信息经济。以国际贸易信息化、国际金融信息化、生产经济管理信息化为代表的信息产业的发展，不仅使欧洲、日本、美国等发达国家和地区加入其中甚为受益，而且中国、东南亚等一些发展中国家和地区也参与其中，并从中获得了巨大的经济效益，进一步推动了国际服务贸易的发展。

(二)国际服务贸易结构加速调整升级

随着全球科技产业化的不断发展，一些新兴的服务行业迅速崛起，服务贸易的结构发生了很大变化，逐渐由传统的自然资源或劳动密集型服务贸易转向知识、技术密集型或资本密集型的现代服务贸易。近年来，国际金融、保险、通信服务、技术服务、广告、咨询服务等项目的服务贸易发展速度远快于传统项目的服务贸易。

(三)发达国家在国际服务贸易中仍处于主导地位，发展中国家的地位不断上升

当前，在国际服务贸易中占据主导地位的仍然是发达国家，国际服务贸易额排名前二十位的主要是发达国家，发达国家对发展中国家在服务贸易上存在高额顺差。由于世界经济和技术的快速发展，近年来服务贸易输入国越来越多，对国际劳务合作的需求和范围越来越大，地理分布越来越广，发展中国家的服务贸易出口增长明显加快，在国际服务贸易中的比重不断上升。在发展中国家(地区)中，亚洲(主要是东亚)国家(地区)服务贸易发展领先，在海上运输、旅游、劳务输出等方面都取得了显著的成就。

(四)贸易壁垒日趋隐蔽化

在全球服务贸易自由化的浪潮下，鉴于服务贸易不易征收关税的特殊性，各国纷纷采取隐蔽的非关税壁垒措施保护本国的服务业，诸如入境限制、技术标准、外汇管制等。一些敏感性领域，如金融、保险、通信以及航空运输等，往往关系到服务贸易输入国的主权和安全，各国尤其对其进口进行限制。

五、国际服务贸易迅猛发展的原因

(一)科学技术的进步

第二次世界大战后世界经济发展最突出的表现之一就是服务业(第三产业)在国民生产总值中的比重不断加大，并逐渐居于绝对优势，成为国民经济中最大的产业。随着服务业的发展，第三产业(服务业)的快速发展导致产业结构的"经济服务化"。伴随着第三次科技革命，新技术、新材料、新能源的开发和应用冲击了传统产业，劳动生产率的大幅度提高导致剩余的劳动力向第三产业倾斜，各国就业人口也逐渐从农业、工业转向服务业。同时，电信、金融以及各种信息产业、高新技术产业迅速崛起并快速进入服务贸易领域。现在，工业发达国家第三产业比重(无论是按 GNP 还是按就业人数计算)大多超过 50%，有的甚至达到 70%以上，一些新兴工业化国家第三产业在国内生产总值的比重也已超过 50%，出现了所谓"第三产业化"或"服务化"的趋势。

(二)跨国公司的迅速发展

20 世纪 60 年代以后，跨国公司特别是服务业跨国公司迅速扩张，成为国际服务贸易的主体。跨国公司集货物贸易、服务贸易、对外直接投资于一身，在全球各地从事经营活动。跨国公司除了多样化、内部化、网络化经营，还通过制定所有权策略、产品策略、价格策略及研发策略在全球投资，实行生产和销售的专业化，促进了专家、技术人员和服务的国际流动，并带动了金融、法律、咨询、保险、运输、计算机服务等服务贸易的发展。目前与跨国公司经营有关的知识产权交易额和国际性经营服务(包括教育、人才培训、金融、保险服务、通信服务、计算机数据加工处理、信息服务、经营咨询、广告、法律和律师服务等)的出口额已占世界出口额的一半左右。跨国公司垄断了国际技术创新的 70%～80%和国际技术贸易的 90%。在未来的服务贸易中，跨国公司的主体地位将进一步得以加强。

(三)商品贸易的发展促进了服务贸易的发展

第二次世界大战后世界贸易的迅速增长以及贸易自由化的推进大大促进了一些传统辅助性服务贸易，如运输、保险和银行业的发展。另外，制造业的国际转移为国际服务贸易发展起到了拉动作用。商品生产国际化和国际货物贸易的发展使为之提供服务的金融、保险、邮电、通信、海空运输、国际租赁、咨询、广告和支付等行业崛起和迅速发展。服务贸易的发展反过来又为生产企业融通资金、加快信息和商品流通提供了便利，有利于生产技术和产品质量的改进和提高，大大促进了生产的国际化。

(四)各国政府鼓励和支持服务贸易的发展

由于服务业在当今世界经济发展中已处于战略地位，因此，许多国家的政府采取各种措施，鼓励和支持本国服务业和服务贸易的发展。同时，为了促进全球范围服务的自由化，关贸总协定的乌拉圭回合多边谈判达成了《服务贸易总协定》，各缔约方从服务市场的保护与贸易的对立转向自由化与多边化，对加速各国经济的发展起到了重要作用。

相关链接：中国服务贸易进出口总额

2018 年，我国服务贸易进出口总额 5.24 万亿元人民币，同比增长 11.5%。从具体数据来看，2018 年中国服务贸易出口 17 658 亿元，同比增长 14.6%，是 2011 年以来的出口最高增速；进口 34 744 亿元，同比增长 10%。2018 年，中国服务贸易规模再创历史新高，连续 5 年保持全球第二位。

第二节 国际技术贸易

一、国际技术贸易的概念和特点

(一)国际技术贸易的概念

技术是指产品生产和服务中所应用的系统知识,存在于研发到销售的整个过程。技术通常存在于书面,也存在于人的头脑中。

国际技术转让是指技术供方将某种技术通过一定形式跨越国界转让给技术受方使用的一种行为。

国际技术转让主要有非商业性和商业性两种形式。非商业性的国际技术转让是指以政府资助、交换技术情报、学术交流、技术考察等形式进行的技术转让。它包括国际技术交流和国际技术援助两种形式。商业性的国际技术转让是有偿性的技术转让,也就是我们通常所说的国际技术贸易。它是指不同国家的政府机构、企业、经济组织或个人之间,按照一定的商业条件,授予、出售或购买技术使用权的一种贸易行为。它是指技术的供需双方按照商业条件,通过签订技术协议或合同而进行的技术贸易。

(二)国际技术贸易的特点

同国际货物贸易相比,国际技术贸易的特点如下:

(1)贸易的标的不同。一般国际货物贸易的标的是有形的物质,可以进行计量、检测。而技术贸易的标的是技术,是无形的,没有具体的标准衡量其质量。

(2)所有权的转移不同。技术贸易在一定条件下,供方将技术贸易标的的使用权贸易给受方使用,而不是贸易技术的所有权,因此技术贸易是所有权与使用权相分离的贸易。而在货物贸易中,商品从卖方手中转移到买方手中,商品的所有权和使用权完全由卖方转移到买方,买方有权处理这一商品。

(3)贸易关系不同。在一般的货物买卖中,交货付款完毕后,买卖双方关系结束,所以时间较短。而技术贸易是一种长期的合作关系。因为技术无法凭简单买卖关系实现,要通过技术的传递、传授和受方的消化掌握,才能完成一项交易。

(4)贸易条件不同。一般商品贸易交易条件相对简单,主要涉及商品价格、品质、数量、买卖双方的权利和义务等。而技术贸易的交易条件较复杂,谈判条款多,涉及内容广,所需时间长,风险也大。

(5)运用的法律不同。技术贸易除了适用国外货物购买法和合同法外,还受到工业产权法、专利权法、商标法等法律的制约。而商品贸易合同主要适用国内外的买卖法和合同法。

(6)进出口限制不同。一般商品贸易往往是奖出限入。而技术贸易则是控制出口、鼓励进口,一些发达国家对高精尖技术的出口实行严格的管制,以保持其技术优势。

二、国际技术贸易的内容

国际技术贸易的基本内容是知识产权,知识产权就是法律规定人们对于自己智力劳动成果所享有的权利。知识产权包括两类:一是工业产权,如专利权、商标权;二是著作权,如计算机软件等。此外,还包括专有技术、商业秘密等。所以,国际技术贸易的内容包括专利权、商标权、专有技术权、计算机软件和商业秘密的使用权许可。

(一)专利使用权

1. 专利

专利是政府主管机构授予发明人在一定时期内对其发明所享有的一种专有权。取得专利权的人称为专利权人。

(1)专利权人的权利。主要包括两个方面,即精神方面的权利和物质方面的权利。精神方面最主要的是署名权,即发明人或设计人有权在专利文件中写明自己是发明人或设计人的权利。物质方面是指取得专利权而产生的具有经济内容的权利,如独占实施权、贸易权、许可权、标记权。

(2)专利权人的义务。各国专利法都规定,专利权人在享有专利权的同时必须承担一定的义务,如不履行规定的义务,将可能导致专利权的终止或其他法律后果。专利权人的义务一般为缴纳维持费、实施专利发明创造两项业务。

2. 专利的内容

专利的内容主要有发明、实用新型和外观设计。

(1)发明是指对产品和制造方法所提出的新的技术方案。科学发现不能作为发明而申请专利。

(2)实用新型是指对产品的形状、构成或其组合做出的革新设计。从本质上讲,实用新型也是一种发明,只是其创造性比发明低,所以通常把实用新型称为小发明,它主要指有形的实物,不包括制造方法和无形的物体,如液态产品。

(3)外观设计是对产品的外形、图案、色彩、造型或它们之间的相互结合所做出的富有美感的新设计。它必须用在一种产品上才能取得专利权。

3. 专利的特点

一项发明必须由发明人向专利局提出专利申请,经审查批准并发给专利证书后,发明人就取得了专利权。专利权的特点为:

(1)独占性。独占性也称专有性,对于同一发明只能授予一次专利权,其他人做出同样的发明,不能再授予专利权。此外,只有专利权人才有权享有或使用该项权利,其他人如欲使用,必须事先获得专利权人的同意,否则就构成侵权行为。

(2)地域性。专利权是一种有地域范围的权利。在哪个国家申请专利,就由哪个国家授予专利权,而只在该国境内有效。

(3)时间性。专利权是一种有时间性的权利。一般专利保护期为 10~20 年,期限届满权利即告终止。

4. 取得专利权的条件

我国和大多数国家的专利法规定,一项发明要取得专利权,必须具备三个条件:

(1)新颖性,是指所申请的专利在此以前从未公开发表、公开使用,也未曾以其他方式为公众所知。即大家闻所未闻、见所未见的首创发明。

(2)创造性,又称先进性,是指同申请日以前的技术相比,该项发明和实用新型有突出的实质性特点和显著进步。

(3)实用性,是指一项发明必须能够实际应用于产业部门,并能取得显著的效果。根据各国专利法的规定,实用性应具备三个特征:可实施性、再现性、有益性。

5. 专利权的保护期

专利权的保护期,各国不尽相同,从 10 年到 20 年不等。中国专利法规定的专利保护期,从申请之日起计算，发明专利的保护期为20年，实用新型和外观设计专利的保护期为10年。专利期限一般不能延长，期满的技术，任何人都有权使用。

(二)商标使用权

1. 商标

商标，是指商品生产者或经营者在其生产或销售的商品上所加的特定标记。这种标记可用文字、图形或其组合来表示。

商标的作用：标志商品的来源；代表商品的质量；广告宣传的作用；保护消费者利益的手段。

2. 商标权

(1)商标权。商标权是指商标所有人对其依法申请并经商标主管机关核准注册的商标所享有的专用权利。商标权具有专用性、地域性和时间性。

(2)商标权的内容。商标权是一种工业产权，受有关法律保护。

(3)商标权的取得。必须由商标使用人书面提出申请，并缴纳申请费用，经主管部门批准登记注册，授予商标权。

(4)商标权贸易。在国际技术贸易中，商标作为贸易对象有两种：一是商标使用权许可，是指商标权人与他人签订许可合同，允许该人在指定的商品上及规定的地域内使用其注册商标；二是商标权贸易，是指商标权人放弃其拥有的权利，将商标权贸易给他人。

(5)商标权的法律效力。商标权的法律效力是指商标权对商标所有人及相对人所产生的法律约束力。对商标所有人而言，商标专有权以核准注册的商标和核定使用的商品为限。商标专有权具有排他性法律效力，即未经商标权人许可，他人不得在同种商品或类似商品上使用与其注册商标相同或近似的商标。

法律效力包括时间范围，即商标专有权只在一定时间范围内有效。我国商标法规定，注册商标的有效期为10年，并可以10年为一期无限续展。各国商标法对注册商标的有效期均有不同的规定。

(6)商标权的确立制度。目前，世界上对商标权的确立制度主要有三种：使用在先制度；注册在先制度；混合制度。

(三)专有技术使用权

专有技术(know-how)又称技术秘密、技术诀窍。其含义是“knowledge of how to do something”，是一种没有公开的生产技术知识、诀窍和经营管理的方法、经验。

1. 专有技术的特点

(1)知识性。是一种不受专利法保护的技术知识，是人类智力劳动的产物，具有非物质属性。

(2)实用性。又称经济性，是可应用于生产实践并能够产生经济利益的技术知识。

(3)保密性。专有技术必须是没有公开的、保密的技术。

(4)可贸易性。必须是能以言传身教或以图纸、配方、资料等形式传授给他人；专业人员通过传授，应用同一技术都能产生同样的效果。

2. 专有技术权利人的权利

(1)所有权。专有技术权人对该项专有技术享有所有权，但不享有独占权。

(2)使用权。专有技术权人有权使用其专有技术。

(3)许可使用权。专有技术权人有权将专有技术在一定条件下许可他人使用。

(4)反不正当竞争权。依据反不正当竞争法,阻止他人以违背诚信行为的方式披露、获取或使用其专有技术,或获得他人的侵权赔偿。

3. 专有技术与专利的区别

专有技术与专利都含有技术知识的成分,都是人类智力活动的成果。除了专利技术是固定的、专有技术是不断发展的区别外,这两者在法律上也有明显区别:

(1)专利是一种工业产权,受到国家专利法的保护。而专有技术则是没有取得专利权的技术知识,主要受民法、刑法、反不正当竞争法以及有关工商秘密立法的保护;专有技术是事实上的占有,而不是法定的占有。

(2)专利是公开的,而专有技术则是保密的。发明人在申请专利时,需在其专利申请书中公开发明内容,并由专利主管部门在官方的专利公告上发表,公之于众。而专有技术则靠保密来加以保护,一旦丧失秘密,就不受法律保护。

(3)专利有一定的法律保护期限;而专有技术则没有期限,只要专有技术所有人能够保密,就可以专有。

(4)专利有地域性,即在哪里申请专利,就受哪里法律的保护;而专有技术没有地域性。

(四)计算机软件

计算机软件是指计算机程序及其有关文档。

计算机程序是指为了得到某种结果而可以由计算机等具有信息处理能力的装置执行的代码化指令序列,或者可被自动转换成代码化指令序列的符号化指令序列或者符号化语句序列。计算机程序包括源程序和目标程序。

文档是指用自然语言或者形式语言所编写的文字资料和图表,用来描述程序的内容、组成、设计、功能规格、开发情况、测试结果及使用方法,如程序设计说明书、流程图、用户手册等。

计算机软件与一般文字作品的区别:目的不同;要求法律保护的侧重点不同;计算机软件语言与文字作品语言不同;计算机软件可援引多种法律保护,文字作品则只能援引著作权法。

(五)商业秘密

商业秘密指不为公众所知悉、能为权利人带来经济利益、具有实用性并经权利人采取保密措施的技术信息和经营信息。商业秘密包括技术信息和经营信息。

商业秘密的特点:一是秘密性。秘密性是构成商业秘密的重要条件之一,秘密性是其财产价值和商业价值的保证,否则其财产价值和商业价值将不复存在。二是实用性。一项商业秘密的使用能给其拥有者带来经济利益。三是可复制性。商业秘密应该体现在某种有形物上,其载体可以是书面报告、计划、录音带、录像带等,而非空洞的口头概念。四是合法性。商业秘密只能通过合法途径取得,如研究、分析等,不能通过非法途径取得。

三、国际技术贸易方式

(一)许可贸易

1. 许可贸易的概念

许可贸易又称许可证贸易,是指技术供方将其交易标的的使用权通过许可证协议或合同贸易给技术受方,允许受方按照合同约定的条件使用该项技术,制造或销售合同产品并支付一定数额的技术贸易费的贸易方式。

2. 许可贸易方式的种类

许可贸易按授权的范围和程度可分为以下几种类型:

(1)独占许可

独占许可指在合同规定的有效期和地域内，只有被许可方对该许可项下的技术享有独占的使用权，许可方及任何第三方都不得使用该项技术制造和销售相关产品。因此，这种许可的贸易费最高。

(2)排他许可

排他许可指在合同规定的期限和地域范围内，许可方允许被许可方使用该项技术，许可方不得再将此项技术贸易给第三方。其特点是排除第三方，而不排除许可方，贸易费仅低于独占许可。

(3)普通许可

普通许可指在合同规定的期限和地域内，被许可方得到贸易技术的使用权，但许可方不仅保留自己使用该项技术的权利，而且可将此项技术贸易给第三方。这种许可是许可方授予被许可方权限最小的一种，因此贸易费最低。

(4)分许可

分许可指被许可方经许可方允许可在合同规定的地域内，将其所购进的技术使用权全部或部分转售给第三方。

(5)交叉许可

交叉许可指合同双方或各方，以其所拥有或持有的技术，按照合同约定的条件相互交换技术的使用权。交叉许可常见于原发明的专利权人与派生发明的专利权人之间。

上述几种许可贸易方式各有利弊，在实际中双方采用哪种方式，取决于多种因素，其中市场销路和技术价格是两个最主要因素。

(二)国际合作生产

国际合作生产是指合作双方或多方各自承担某种产品的某些部件，共同生产一种产品的合作方式。国际合作生产可以是长期的合作，也可以是短期的甚至是一次性的合作，对双方来说使用较灵活。

(三)技术咨询服务

技术咨询服务是指咨询机构向需要了解或解决某种问题的单位或个人提供各种服务。咨询服务对于发展中国家来说是取得技术的一种有效方式。聘请外国咨询公司提供技术服务，可以避免走弯路，节省资金和时间。咨询公司可以提供丰富的技术情报，帮助选择先进适用的技术，找到较为可靠的技术供方，选购技术先进、价格合理的设备，指导生产、经营和管理等。技术咨询服务通常有以下几种：工程咨询服务；技术咨询服务；提供技术情报资料与培训人员。

(四)工程承包

工程承包是指工程承包人向工程发包人(业主)承诺负责按规定的条件包干完成一项工程任务。承包人按合同规定按时、按质、按量完成工程，并承担全部责任。工程承包的内容范围很广，包括勘察和工程设计、设备器材、厂房建筑和技术使用许可等项目，有时还包括生产、管理、产品销售、培训技术人员等服务项目。而发包人则提供施工的必要条件，按时验收工程，并按买卖关系付给承包价款。

(五)BOT 投资方式

建设—经营—贸易(Build-Operate-Transfer，BOT)，是指外国投资者与东道国政府签订特许协议，承建某个项目并在该项目竣工后经营一定时期，期满后将该项目无偿贸易给东道国政府。BOT 方式的期限一般为 15～20 年。这是一种集投资、建设、经营于一体的投资方式，包含了大量的技术贸易内容。BOT方式具有融资、建设、经营和贸易的功能。

四、国际技术贸易的作用

(一)对技术受方(国)的作用

(1)通过技术贸易引进他国的现有技术,可以赢得时间,节省研究经费,在短时期内赶上或超过经济技术较发达国家。

(2)能及时引进新技术,形成生产能力,生产出新产品,打入国际市场,赚取外汇。

(3)通过国际技术贸易,引进先进或适用技术以及经济管理经验,有利于本国产业结构的调整,促进产品更新换代,充分发挥自己的优势,减少对外依赖。

(二)对技术供方(国)的作用

(1)通过国际技术贸易,出售已掌握或发明的技术,可以获得利润,补偿研制这项技术的投资。

(2)当某项更新的技术研制成功时,通过国际技术贸易出售“即将过时”的技术,既保持了该领域技术的领先地位,同时又可充分利用“旧技术”,取得更多的收入。

(3)在商品出售遇到他国关税壁垒和非关税壁垒时,通过国际技术贸易以技术出口替代商品出口,可以突破障碍,进入他国市场。

五、国际技术贸易的发展趋势

近年来,由于新技术革命的进一步深化和高技术产业的兴起,以及国际经济贸易关系的复杂多变,世界技术贸易的发展出现了许多新的趋势。

(一)硬件技术与软件技术、专利技术与专有技术在技术贸易中日益交融

在现代国际技术贸易中,单纯地购买设备逐渐被软硬件技术一揽子买卖所代替。事实上,先进的技术设备如没有配套的工艺流程和方法,就难以发挥应有的功效;如不了解掌握技术设备的设计原理、制造工艺以及必要的技术资料,技术购买者就很难仿制或在原设备基础上改进和完善。在专利制度下,保持对先进技术的垄断不仅需要法律的保护,同时也需要发明者的自我保护。由于专利技术必须向社会公开,技术发明者对某些最关键的工艺技术、配方比例以及制作流程等内容往往不申请专利,而作为专有技术保密。因此,在现代国际技术贸易中,一项技术转让所涉及的技术形态和类别可能是多种多样的。

(二)国际技术贸易正在由单向过渡到双向

长期以来,工业发达国家一直是技术和技术产品的输出国,而广大发展中国家则为技术的输入国。而且由于产业部门技术发展水准上的差异,工业化国家之间的技术贸易占主要地位这种世界技术贸易格局近期不会有太大变化,然而,随着技术、资金设备的转移和扩散,以及许多发展中国家经济上的崛起,这种局面将被打破。一些发展中国家随着经济技术的发展,尤其是高技术的发展,技术输出也不断发展,它们的技术不仅向其他发展中国家出口,而且也加速向发达国家出口。

(三)国际技术贸易活动日益呈现区域集团化,技术保护贸易加强

与国际一般货物贸易一样,技术贸易中的保护主义也在加强,但各区域集团内部的技术贸易额却在持续增长。自20世纪70年代以来,以欧共体为代表的区域集团成员国之间的技术贸易活动平均每年以13%的速度增长,并且随着欧共体统一市场的形成,这种增长势头进一步加速。世界其他区域集团,如北美自由贸易区、东南亚自由贸易区等,也都在加快联合步伐,随着这些区域经济集团的形成,其内部相互之间的技术贸易活动大大增加,同时,也出现了技

术保护主义的趋势。在当前技术发展正从增强"国威"转向增强"国力"时，拥有大量先进技术就能占据贸易领域的优势地位，因此，世界各国尤其是发达国家纷纷加强对本国技术的保护，限制先进技术的外流。

（四）国际技术贸易活动与知识产权保护的关系日益密切，从而促进知识产权保护的国际化

在当前国际经贸活动中，知识产权问题已经和贸易日益紧密地结合起来，出现了与贸易有关的知识产权的新名词。1986年以来，关贸总协定成员国开展了"乌拉圭回合谈判"，开始主要是针对"贸易中反赝品"的问题进行谈判，由此发展到知识产权的各个领域。发达国家主张将知识产权直接与贸易相结合，用贸易手段推动知识产权的保护。为了更好地处理贸易与知识产权保护的争端，知识产权保护的国际化已成为大趋势。国际技术贸易的发展离不开建立一个比较完整的国际技术市场，而市场机制又必须建立在对以工业技术为主的知识产权的保护上。知识产权的拥有者迫切需要知识产权的国际保护。一百多年来制定的许多保护知识产权的国际公约和条约，已不适应形势发展的需要，必须加以修改，并使各缔约国的国内立法与之相协调，逐步向统一标准靠拢。

（五）国际技术贸易的结构呈现不断升级趋势

各国在科技领域的竞争加剧。从科技发展角度看，高科技正在由"幼年期"步入"成年期"，其研究在许多领域已有重大突破，并从纯研究阶段进入产业开发阶段，信息技术、生物技术、微电子、计算机的开发已具有相当规模，这种技术本身及其产品极大地改变了国际贸易的结构。同时，高科技的市场规模也在不断扩大。在整个世界范围内，技术贸易的结构呈现出升级换代的趋势。

相关链接：中国服务贸易结构的变化

我国服务贸易结构持续优化，服务贸易高质量发展取得积极进展。2018年，知识密集型服务进出口16 952.1亿元，增长20.7%，高于整体增速9.2个百分点，占进出口总额的比重达32.4%，比上年提升2.5个百分点；旅行、运输和建筑三大传统服务进出口33 224.6亿元，增长7.8%，占进出口总额的比重为63.4%，比上年下降2.2个百分点。

我国知识产权使用费进口增幅较大，高端生产性服务需求和出口竞争力同步增长。2018年，知识产权使用费进口2 355.2亿元，增长22%；出口368亿元，增长14.4%。技术服务出口1 153.5亿元，增长14.4%；进口839.2亿元，增长7.9%。这表明我国对高端生产性服务需求仍然旺盛，同时高端生产性服务出口竞争力也在提升。

本章小结

国际服务贸易是国际服务的输入和输出的一种贸易方式。贸易一方向另一方提供服务并获得收入的过程称为服务出口或服务输出，购买他人服务的一方称为服务进口或服务输入。国际贸易既包括为国际货物贸易服务的运输、保险、金融以及旅游等无形贸易，还包括现代发展起来的、除了与货物贸易有关的服务以外的新贸易活动，如承包劳务、卫星传送和传播等。国际技术贸易包括非商业性技术贸易和商业性技术贸易。国际技术贸易的主要内容是专利使用权、商标使用权和专有技术使用权。国际技术贸易的主要方式是许可贸易、技术咨询与服务和合作生产。

关键概念

跨境交付　境外消费　商业存在　自然人流动　专利使用权　商标使用权
专有技术使用权　许可贸易　国际合作生产　技术咨询服务　工程承包　BOT投资方式

练习题

一、单项选择题

1. 以下服务中不属于国际服务贸易范围的是（　　）。

A. 境外消费　　B. 政府当局为履行职能所提供的服务

C. 商业存在　　D. 自然人流动

2. 战后跨国公司的兴起促进了服务贸易的发展，而（　　）则是服务跨国流动的常见形式。

A. 移民　　B. 企业移民　　C. 资本输出　　D. 技术输出

3. 许多国家，特别是发达国家直接通过电信网向境外提供服务，如《服务贸易总协定》对服务贸易的定义中第一类的（　　）就是该类服务。

A. 跨境交付　　B. 消费者移动　　C. 商业存在　　D. 人员移动

4. 国际技术市场是（　　）。

A. 有时间、有地点的实体市场　　B. 集多种功能、按行业分割的市场结构

C. 超级市场　　D. 临时建立的市场

5. 工业产权技术是指（　　）。

A. 受工业产权法保护的技术　　B. 受民法保护的技术

C. 受版权法保护的技术　　D. 没有专门法律保护的技术

6. 当前国际技术市场上的主导力量是（　　）。

A. 经济组织　　B. 公司　　C. 自然人　　D. 跨国公司

二、多项选择题

1. 国际服务贸易迅猛发展的原因有（　　）。

A. 科技进步　　B. 跨国公司迅速发展

C. 商品贸易的发展促进了服务贸易的发展　　D. 各国政府鼓励和支持服务贸易的发展

E. 世界经济格局的变化

2.《服务贸易总协定》的原则有（　　）。

A. 最惠国待遇　　B. 透明度　　C. 市场准入　　D. 国民待遇

E. 发展中国家的更多参与

3. WTO 体制下的服务贸易谈判主要集中在（　　）方面。

A. 改善市场准入　　B. 政府采购　　C. 紧急保障　　D. 补贴问题

E. 完善框架协议

4. 国际技术贸易的“国际性”反映在（　　）。

A. 当事人处于同一国家　　B. 当事人分处于不同国家

C. 当事人属于不同国籍　　D. 技术跨越国境转移

E. 技术在一国境内转移

5. 国际技术贸易的内容主要包括（　　）。

A. 专利权　　B. 商标权　　C. 专有技术权　　D. 计算机软件

E. 商业秘密

6. 许可贸易按授权的范围和程度可分为（　　）。

A. 独占许可　　B. 排他许可　　C. 普通许可　　D. 分许可

E. 交叉许可

三、简答题

1. 与国际商品贸易比较，国际服务贸易有哪些特点？
2. 国际服务贸易迅速发展的原因是什么？
3. 与国际货物贸易比较，国际技术贸易有哪些特点？
4. 什么是许可贸易？许可贸易的方式有哪些？

四、论述题

1. 试述当代国际服务贸易发展的趋势。
2. 试述国际技术贸易发展的趋势。

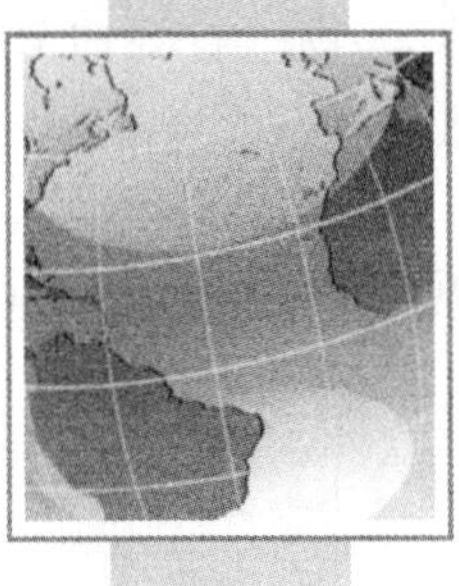

第七章 国际货物的名称、品质、数量和包装

要点提示

- 国际货物名称及命名的方法、合同中的品名条款
- 合同中货物品质的表示方法和如何订立品质条款
- 合同中货物数量的计量方法、数量机动幅度的规定办法
- 包装分类、包装条款的规定、运输标志的设计

内容引言

有关合同标的的商品名称、品质、数量和包装等条款是国际货物买卖合同中的主要交易条件，也是卖方交货、买方验收的依据。买卖双方在签订进出口合同时，一定要明确且具体地订明货物的品名、品质、数量和包装，它们不仅关系到货物的使用效能和价格高低，也关系到双方的利益和企业的声誉。例如，出口合同规定的商品名称为“手工制造书写纸”，买方收到货物后，经检验发现货物部分制造工序为机械操作，而我方提供的所有单据均表示为手工制造，对方要求我方赔偿，而我方拒绝赔偿。本案中我方违反了合同的规定，所交货物与合同规定不符，故应负责赔偿。

第一节　国际货物的名称

一、货物名称

货物名称(Name of Commodity)是指能使某种货物区别于其他货物的一种称呼。它能够反映商品的自然属性、用途、特性等。

在国际贸易中首先要确定的交易条件，一般是凭借对拟进行买卖的商品作必要的描述来确定交易的标的。对交易标的物的描述是构成商品说明的主要组成部分，是买卖双方交接货物的一项依据，它关系到买卖双方的权利和义务。好的商品名称能促进消费，激发消费者的购买欲望，有利于买卖合同的签订。

二、货物的命名

货物的命名方法主要有以下几种：

(1)以商品的主要用途命名。这种方法既强调了商品的主要用途，又可使消费者便于购买，例如电视机、网球鞋等。

(2)以商品的主要成分或原料命名。这种方法既便于消费者了解商品的成分及含量，又能体现商品的质量，例如羊绒衫、蜂王浆、铁锅等。

(3)以商品产地、特殊原料命名。这种方法既可以与其他商品相区别,又可提高该商品的知名度,例如烟台苹果、东北大豆、崂山矿泉水、五粮液等。

(4)以商品产地名胜古迹、著名人物、传说命名。这种方法既可利用名胜、人物已有的知名度来提高商品的知名度,又可与其他商品相区别,例如西湖龙井茶、孔府家酒等。

(5)以商品自身显著实体形态命名,例如方桌、小绿豆、带鱼等。

(6)以制作工艺命名。这种方法有利于客户了解该商品的制作特征,增强对商品的信任,例如二锅头烧酒。

三、合同中的品名条款

国际货物买卖合同中的品名条款一般较简单,通常是在“商品名称”或“品名”的标题下列明交易双方成交商品的名称,也可不加标题,只在合同的开头部分列明交易双方同意买卖某种商品的文句。

品名条款的规定还取决于成交商品的品种和特点。就一般商品来说,有时只要写明商品的名称即可。但有的商品往往具有不同的品种、等级和型号。因此为了明确起见,有时也把有关具体品种、等级或型号的概括性描述包括进去作进一步限定。

四、规定品名条款的注意事项

在国际货物买卖合同中,规定品名条款时,应注意下列事项:

(1)内容必须明确具体,避免空泛、笼统的规定。

(2)条款中规定的品名,必须是卖方能够提供且买方所需要的商品,凡做不到或不必要的描述性的词不应列入。

(3)尽可能使用国际上的通用名称。若使用地方性的名称,交易双方应事先就其含义达成共识。对于某些新商品的命名及其译名,应力求准确、易懂,并符合国际上的习惯称呼。

(4)在一个合同中,同一种商品不要使用不同的名称。

(5)注意选用合适的品名,以利减低关税、方便进出口和节省运费开支。

[案例7—1] 中国某食品有限公司出口苹果酒一批。国外来证货物品名为Apple Wine,于是我方为单证一致起见,所有单据上均有“Apple Wine”。不料货到国外后遭到进口国海关的扣留罚款,因该批酒的内、外包装上均写有“Cider”字样。结果外商要求我方赔偿其罚款损失。问:我方对此有无责任?

分析 我方应负责赔偿。作为出口公司,理应知道所售货物的英文名称。如来证货物品名与实际不符,一则要求对方改正,二则自己更改货物上的英文名称。如只考虑单证相符,而不顾货物的名称,那么就会给对方办理报关时造成麻烦。

第二节 国际货物的品质

一、商品品质及其要求

(一)品质的重要性

商品品质是指商品的内在质量和外观形态的综合。内在质量指商品的物理性能、化学成分、生物的特征及成分等内在素质;外观形态指商品的造型、结构、色泽及味觉等技术指标或要求。

商品品质是对成交商品品质的描述，是构成商品说明的一个主要组成部分，是买卖双方交接货物的基本依据，也关系到买卖双方的权利和义务。商品品质的优势对商品价格有重要影响，买卖双方一般都要针对一定的商品按质论价。同一品种，如质量不同，则价格也不同。商品品质和销路有着直接关系，随着消费者对商品品质要求的不断提高和市场竞争的加剧，当今世界各国都把提高商品品质作为加强竞争能力和扩大销路的一种手段。商品品质的优劣，还关系到国家的信誉，所以提高出口商品品质具有重大的政治经济意义。

(二)对商品品质的要求

1. 对出口商品品质的要求

(1)根据不同的国外市场和不同的消费者需求来确定商品质量。由于国外市场需求不断变化，所以出口的商品品质、规格、花色、样式等应适应国外有关市场的消费习惯和消费水平。搞好产销结合，使出口商品适销对路。

(2)保证商品质量，提高商品信誉。商品质量必须具备使用性能，符合在产品包装上注明的用途、标准，符合产品的说明，符合实物样品所表明的质量状况。

(3)适应外国政府的法律要求。凡是不符合进口国法令规定和要求的商品，一律不准进口，有的还要就地销毁并承担相关费用。所以我们必须了解有关进口国家的政府法令和管理制度。

(4)建立企业质量、环境管理体系。ISO9000“质量管理和质量保证”系列标准和ISO14000“环境管理”系列标准的实施，有助于改善和提高我国企业和产品在国内外消费者、客户中的形象，降低经营及管理成本，提高我国产品的国际竞争能力。

(5)实行出口商品质量许可证制度。对符合产品标准、技术要求的出口商品颁发质量许可证，对生产出口商品的企业进行监督检查，不符合标准的企业严禁其产品出口。

2. 对进口商品品质的要求

凡品质、规格不符合要求的商品不应进口。对于确需进口的商品，其品质、规格不应低于国内的实际需要以免影响国内的生产、消费与使用。在订立合同时要注意对商品品质要求的严密性，避免疏忽而造成损失。要防止进口那种危害国家安全和社会公共利益的商品、破坏环境的商品，以及影响人民健康的商品。

二、表示品质的方法

国际贸易中买卖的商品种类繁多，特点各异，表示品质的方法也很多，主要包括凭实物样品表示和凭文字说明表示两类方法。

(一)凭实物样品表示商品品质

1. 看货买卖

看货买卖是凭成交商品的实际品质进行交易的一种做法。其做法是由买方或其代理人在卖方所在地验看货物，如认为商品品质符合购买要求，即可达成交易。这种方式只要卖方交付的是验看的商品，买方就不得对品质提出异议。由于交易双方远隔两地，验看货物有很多不便，所以采用这种方式成交很有限。这种方法多用于寄售、拍卖和展卖业务中。

2. 凭样品买卖

凭样品买卖(Sale by Sample)是凭样品规定商品品质所达成的交易。样品是指由卖方或买方提供一件(数件)或少量足以代表商品质量的实物。这种方式是由于有些商品本身的特点难以用文字说明规定其品质，或出于市场习惯采用的一种方法。在国际贸易中，按样品提供者的不同可分为以下两种：

(1)凭卖方样品买卖

由卖方提供的样品称为“卖方样品”。凡凭卖方样品作为交货的品质依据者，称为“凭卖方样品买卖”。在凭卖方样品买卖时必须注意下列问题：

①在将样品即原样或称标准样品送交买方的同时，应保留与送交样品质量完全一致的另一样品，即“留样”或称“复样”，以备将来生产、交货或处理质量纠纷时作核对之用。

②卖方提供的样品要具有代表性。样品的质量既不能偏高，也不能偏低。偏高会给日后交货带来困难，偏低会使卖方在价格上受到损失。

③凭卖方样品成交的商品多属品质难以规格化、标准化的商品，要求交货品质与样品完全一致很难做到。所以在以凭样品表示商品品质时，一般均在合同中规定“交货品质与样品大体相符”的条款。

④凭样品交易容易引起纠纷，所以除不能用科学方法表示品质的商品，例如工艺品、少数轻工业品、土特产品、服装等外，一般很少采用这种方法。

(2)凭买方样品买卖

由买方提供的样品称为“买方样品”。凡凭买方样品作为交货的品质依据者，称为“凭买方样品买卖”，也称“来样成交”或“来样制作”。凭买方样品买卖应注意以下问题：

①为避免日后交货时品质上发生争议，卖方可以根据买方的来样仿制或提供相近的产品提交对方，即“回样”或称“对等样品”。如买方接受了卖方提供的对等样品，凭买方样品成交的交易就变为凭卖方样品成交。

②为防止意外纠纷，在合同中订明：如发生由买方来样引起的工业产权等第三者权利问题时，与卖方无关，概由买方负责。

在凭样品买卖的交易中，为防止履行合同时发生不必要的纠纷，必要时可使用封样。即由第三方或由公证机关在一批商品中抽取同样品质的样品若干份，每份样品烫上火漆或铅封，由第三方或公证机关留存一份备案，其余供当事人使用。有时封样也可由出样人自封或买卖双方共同加封。

相关链接：参考样品与标准样品

样品分为参考样品(Sample for Reference)和标准样品(Type Sample)。参考样品是指买卖双方为了发展贸易关系而寄送的样品，它不作为交货的品质依据，而仅供对方了解商品。参考样品在寄送时一定要注明“仅供参考”(For Reference Only)字样。标准样品即为凭样品买卖中的样品。这种样品一经确认即成为交货的品质依据，卖方必须承担所交货物的品质与标准样品一致的责任。

(二)凭文字说明表示商品品质

在国际贸易中，大部分商品的品质是用文字说明表示的，一般有以下几种：

1. 凭规格买卖

凭规格买卖(Sales by Specification)是指买卖双方在交易中用规格表示商品的品质。商品的规格是指一些足以反映商品品质的主要指标，如化学成分、含量、纯度、长短等。凭规格买卖时，说明商品品质的指标因商品不同而异；商品用途不同，要求的质量指标也有差异。这种方法的优点是明确、具体、简单、易行。例如东北大豆的规格为：

含油量(Oil Content)：　　最低(Min)18%

水分(Moisture)：　　最高(Max)13%

杂质(Admixture)： 最高(Max)1%

不完善粒(Imperfect Grains)： 最高(Max)7%

[案例 7—2] 国内某单位向英国出口一批大豆，合同规定水分最高为 14%，杂质不超过 2.5%，在成交前我方曾向买方寄过样品，订约后我方又电告买方成交货物与样品相似。当货物运到英国后，买方提出货物与样品不符，并出示相应的检验证书证明货物的质量比样品低 7%，并以此要求我方赔偿 15 000 英镑的损失。请问：在此情况下，我方是否可以该项交易并非凭样品买卖而不予理赔？

分析 在此情况下，我方不可以该项交易并非凭样品买卖而不予理赔。在本案例中，我方成交前曾向买方寄过样品，订约后我方又电告买方成交货物与样品相似，说明该批货物凭样品买卖，然后在合同中又规定水分最高为 14%，杂质不超过 2.5%，说明该批货物又凭规格买卖，因此，我方所交货物既要与样品一致，又要符合约定的规格，但是买方出示相应的检验证书证明货物的质量比样品低 7%，说明是我方违反合同规定，我方应该予以赔偿。

2. 凭等级买卖

凭等级买卖(Sales by Grade)是指买卖双方在交易中以商品的等级表示商品品质。商品的等级是指同一类商品按其规格的差异分为品质优劣不同的若干等级。用文字、数字或符号做出分类，如优等、中等、低等，一级、二级、三级，大、中、小，等等。每一等级都规定有相对固定的规格，例如西湖龙井茶分为特级、一级、二级、三级等。用商品等级表示商品品质，比较适合于买卖双方熟悉该等级内容的商品。

3. 凭标准买卖

凭标准买卖(Sales by Standard)是指买卖双方在交易中以标准表示商品的品质。商品的标准是指经政府机关或工商业团体统一制定和公布的规格或等级。我国现行的标准有国家标准、专业标准、地方标准和企业标准。国际上常见的标准有国际标准、国家标准、团体标准和企业标准。

随着科学技术的发展，商品的标准不断被修改或变动，所以同一组织颁布的某类商品的标准往往有不同年份的版本，版本不同，质量标准的内容也不同。在合同中援引标准时，应采用标准的名称及版本年份。例如柠檬酸钠纯度：不低于 99%，《英国药典》1980 年版。

在国际贸易中，对于某些品质变化大、难以规定统一标准的农副产品，往往采用“良好平均品质”(F. A. Q)和“上好可销品质”(G. M. Q)来表示交易商品的品质。

(1)良好平均品质，是指在装运地装运出口的货物平均品质，即中等平均品质。在我国农副产品的出口业务中，有时也用 F. A. Q 表示良好平均品质，习惯上称其为“大路货”，其品质标准一般是以我国产区当年生产该项农副产品的平均品质为依据而确定的。由于这一标准比较笼统，容易发生争议，在合同中除注明 F. A. Q 字样和年份外，还要规定一些具体规格指标。例如：“2001 年的中国大米，F. A. Q，规格要求：水分(最高)15%；杂质(最高)1%；碎粒(最高)30%。”

(2)上好可销品质，通常是指卖方出售的货物品质上好，适合市场销售，无须说明商品的具体品质。一般适用于无法以样品或国际公认的标准来检验产品的品质的一些商品，例如木材、冷冻鱼虾等水产品。这种品质标准更为笼统，容易引起争议，所以在国际贸易中一般不用。

4. 凭商标或牌名买卖

凭商标或牌名买卖(Sales by Trademark or Brand)是指买卖双方在交易中用商品的商标或牌号表示商品的品质。商品的牌名(Brand)是指厂商生产或销售商品的牌号，简称“品牌”，以便与其他企业的同类产品区别开来。一个品牌可用于一种产品，也可用于一个企业的所有产品。商标(Trademark)是牌号的图案化，作为商品的记号，经注册登记后受法律的保护。商标是受法律保护的一个品牌或品牌的一部分，是一个法律名词。在国际贸易中，对于某些品质稳定、规格统一，并在市场上树立了良好信誉的商品，交易时只要说明牌号或商标，品质即已明确，故可凭牌名或商标买卖，例如"大白兔奶糖"、"海尔家用电器"、"松下电器"等。这种方法适用于日用消费品、加工食品、耐用消费品等很多商品。

5. 凭产地名称买卖

凭产地名称买卖(Sales by the Name of Origin)是指买卖双方在农副土特产品的交易中，以产地名称来表示商品的品质。因为有些农副土特产品受产地的自然条件及传统加工工艺的影响，在品质方面具有独特的风格或特色。对这类产品，习惯上用产地的名称来说明其品质，例如"金华火腿"、"景德镇瓷器"、"绍兴黄酒"、"涪陵榨菜"等。

6. 凭说明书和图样买卖

在国际贸易中，有些机器、电子产品、仪器等商品由于结构和性能复杂，生产工艺不同，不能简单地用几个指标表示品质的全貌。对于这类商品，通常以说明书并附以图样、照片、设计图纸等来说明其具体性能和结构特点。

在实际业务中，用文字说明表示商品品质的方法被广泛应用，但常与凭样品买卖结合使用。还有一些商品，由于它们独特的性质，既无法用文字概括其质量，又没有质量完全相同的样品可作为交易的依据，对此买卖双方只能看货成交，例如珠宝、玉雕、牙雕、字画等。

三、合同中的品质条款

(一)基本内容

商品的品质条款是买卖合同的基本内容。它是买卖双方对货物的质量等级、标准、规格、商标、牌名、产地名称等内容的规定。品质条款的基本内容是货物品名、规格或商标、牌名等。在凭样品买卖时，一般应列明样品的编号或寄送日期，有时还加列交货品质与样品一致相符的说明；在凭标准买卖时，一般应对照所引用的标准和标准版本的年份；在以图样和说明书表示商品品质时，还应在合同中列明图样、说明书的名称和份数等内容。

(二)订立品质条款注意事项

1. 品质机动幅度

品质机动幅度指商品的品质指标在一定的幅度内灵活掌握。规定品质机动幅度的方法有以下几种：

(1)规定范围。这是指对某些商品品质指标允许有一定的差异范围。例如漂布，幅阔47/48英寸，即布的幅阔只要在47英寸到48英寸之间均为合格。

(2)规定极限。它是指对某些商品的品质以最大、最高、最多或最小、最低、最少来规定其上下极限。例如芝麻：含油量45%(最低)，水分8%(最高)，杂质1%(最高)。

(3)规定上下差异。它是指在规定品质指标的同时，规定一定幅度的上下变化。例如羽绒，含绒量18%，上下1%。

(4)在数字前加"大约"使商品品质规定有一定的弹性。例如每筐苹果200只，约50千克。

2. 品质公差

品质公差(Quality Tolerance)是指国际同行业所公认的品质的误差。在工业制成品中，对产品质量指标难免产生一定的误差，例如手表走时每天误差若干秒等。这种为国际上公认的产品品质的误差，即使在合同中不作规定，卖方交货只要在此范围内即为符合规定。如国际上同行业无公认的品质公差，或公差不明确或由于生产原因需扩大公差范围时，也可在合同中明确规定品质公差的内容。

3. 交货品质与样品大体相等或其他类似条款

在凭样品买卖时，买卖双方容易在交货品质与样品是否一致的问题上发生争议，为了避免争议和便于履行合同，卖方可要求在品质条款中加订"交货品质与样品大体相符"。

4. 品质条款要有科学性和合理性

对品质条款的规定要适度，不宜规定得过高或过低。对于一些与品质无关的条件不宜订入。品质条款应明确、具体，不宜采用诸如"大约"、"左右"、"合理误差"等字样，以免在交货的品质上发生争议。

第三节　国际货物的数量

一、货物数量的重要性

在国际货物买卖中，货物的数量是国际货物买卖合同中的主要交易条件之一，对于买卖双方顺利达成交易、合同的履行具有重要意义。货物的数量是指以一定的度量衡表示商品的重量、个数、长度、面积、体积、容积的量。数量的多少直接关系交易价格的高低以及总贸易量对市场的影响。根据《联合国国际货物销售合同公约》的规定，卖方所交付货物的数量必须与合同规定相符。如卖方所交付货物的数量小于合同规定的数量，买方有权拒收货物；反之，卖方所交货物的数量如大于合同规定的数量，买方除了可以拒收超额部分外，也可以全部拒收。另外买卖双方应在彼此可能的情况下达成买卖商品数量，而不能为了追求数量而忽视了市场的容量、客户的信用度、支付能力或配额等限制。

二、商品数量的计量方法

在国际贸易中，由于商品的种类和性质不同，计量的方法也不同，还有各国采用的度量衡制度也不同，所以买卖双方应熟悉各种计量单位和计量方法。

(一)国际度量衡制度

各国采用度量衡制度不同，使用的计算数量的单位也不同。目前国际贸易中使用比较广泛的度量衡制度有：国际单位制，代号"SI"(International System of Units)；公制(The Metric System)；英制(The British System)；美制(The U. S. System)。

我国自 1959 年至 1985 年一直使用公制。1985 年 9 月通过的《中华人民共和国计量法》第 3 条规定："国家采用国际单位制。国际单位制计量单位和国家选定的其他计量单位，为国家法定计量单位。"目前，除个别特殊领域外，一般不许再使用非法定计量单位。我国出口的商品，除照顾对方国家贸易习惯约定，采用公制、英制和美制计量单位外，应采用我国法定计量单位，否则，一般不许进口。

(二)计量单位

商品的计量单位是表示商品数量的方法。通常采用的计量单位名称及适用的商品有以下几种：

1. 重量(Weight)

按重量计算在国际贸易中被广泛使用。常用的重量单位有千克(kilogram or kg)、吨(ton or T)、公吨(metric ton or M/T)、长吨(long ton or L/T)、短吨(short ton or S/T)、磅(pound or lb)、盎司(ounce or oz)。1M/T=1 000kg,1L/T=1 016kg,1S/T=907kg。一般适用于农副产品、矿产品和部分工业制成品,例如羊毛、棉花、矿砂、钢铁、油类、药品等。对黄金、白银等贵重商品通常采用克或盎司来计量,钻石则采用克拉计量。

2. 数量(Number)

常用的数量单位有只(piece or pe)、件(package or pkg)、双(pair)、套(set)、打(dozen or doz)、罗(gross or rm)、卷(rou or coil)、袋(bag)、箱(case)、桶(barrel or drum)等。一般适用于大多数工业制成品、土特产品及杂货,例如汽车、电视机、纸张、水果、服装等。

3. 长度(Length)

常用长度单位有米(meter or m)、英尺(foot or ft)、码(yard or yd)等。一般适用于绳索、电线电缆、丝绸、布匹等。

4. 面积(Area)

常用的面积单位有平方米(square meter or m^2)、平方英尺(square foot or ft^2)、平方码(square yard or yd^2)等。一般适用于玻璃、木板、地毯、纺织品、皮革制品等。

5. 体积(Volume)

常用的体积单位有立方米(Cubic Meter or m^3)、立方英尺(Cubic foot or ft^3)、立方码(Cubic Yard or yd^3)等。一般适用于木材、天然气、化学气体等。

6. 容积(Capacity)

常用容积单位有公升(Liter or L)、加仑(Gallon or gal)、蒲式耳(Bushel)。

[案例 7—3] 大连某出口公司向日本出口大米一批,在洽谈时,谈妥出口 2 000 公吨,每公吨收 USD280FOB 大连港。但在签订合同时,在合同上只是笼统地写了 2 000 吨,我方当事人认为合同上的吨就是指公吨而言,而发货时日商却要求按长吨供货。请问:外商要求是否合理?应如何处理此项纠纷?

分析 (1)这是一起外商利用合同对计量单位的规定不严格而要求多付货物的纠纷事件。

(2)由于双方在洽谈时采用的单位是公吨,同时,作为计量单位的吨又有公吨、长吨和短吨等不同的解释,因此,外商这种要求是不合理的。

(3)处理这一纠纷有两种办法:一种是将合同中笼统规定的吨改为公吨,仍维持原合同价格;另一种是按外方要求将合同的吨改为长吨,但原合同的价格也要按长吨与公吨之间的比例作相应更改。

(三)计量重量的方法

在国际贸易中,大多数商品是按重量计量的。计算重量的方法通常有以下几种:

1. 按毛重计量

毛重(Gross Weight)指商品本身的重量加上包装物的重量,即皮重。对于有些商品,由于价值较低,可以忽略包装物的重量,如粮食、饲料等产品以毛重作为计算价格的基础。

2. 按净重计量

净重(Net Weight)即商品的实际重量,也就是不带包装的重量。在国际贸易中,采用最多的一种计量方法是按净重计量,即将货物的毛重减去皮重(Tare Weight)。计算皮重的方法有以下几种:

(1)实际皮重(Actual Tare)。即将各商品的包装逐一过秤所得的重量。

(2)平均皮重(Average Tare)。即用若干件包装的实际重量,然后求出包装的平均重量。由于包装材料的规格化和标准化采用平均皮重的做法已很普遍,所以也称为标准皮重。

(3)习惯皮重(Customary Tare)。即有些比较规格化的包装,其重量已被公认,就不需要对包装逐件过秤,按公认的皮重乘以总件数计算。例如装运粮食的机制麻袋,每条习惯皮重2.5磅。

(4)约定皮重(Computed Tare)。即按买卖双方事先约定的重量计算皮重而无须过秤。

3. 公量

公量(Conditioned Weight)是指用科学方法抽去商品中的水分,再加上标准含水量所求得的重量。这种方法适用于水分含量不稳定而经济价值又较高的货物,例如羊毛、生丝等。

公量是以货物的标准回潮率计算的,回潮率是指水分与干量的比,也称法定回潮率。货物中实际水分与干量的比称为实际回潮率。计算公式为:

$$\begin{aligned}公量&=干量+标准含水量\\&=实际重量\times(1+标准回潮率)/(1+实际回潮率)\end{aligned}$$

[案例7—4]　今出口羊毛10公吨,买卖双方约定标准回潮率为11%,实际回潮率则从10公吨货物中抽取部分样品进行测定。假设抽取10千克样品,用科学方法去掉货物中的水分后,净剩8千克羊毛,试计算这批羊毛的公量。

解　$$\begin{aligned}公量&=实际重量\times(1+标准回潮率)/(1+实际回潮率)\\&=10\times(1+11\%)/(1+25\%)\\&=8.88(公吨)\end{aligned}$$

4. 按理论重量计量

理论重量(Theoretical Weight)是指一些有固定规格和尺寸的商品,每件重量大致相等,所以可以根据件数推算出其重量,例如钢板、马口铁等。

5. 按法定重量和净重计量

法定重量(Legal Weight)是指以商品本身重量加上直接与商品接触的内包装重量,它是海关征收从量税的基础;净重(Net Weight)是指在法定重量中扣除内包装的重量。

相关链接:常见的度量衡制度

(1)公制(The Metric System)。公制的基本单位为千克和米,为欧洲大陆及世界大多数国家所采用。

(2)国际单位制(The International System)。它是国际标准计量组织在公制基础上制定公布的。其基本单位有千克、米、秒、摩尔、坎德拉、安培和卡共七种。

(3)英制(The British System)。英制的基本单位为磅和码,为英联邦国家所采用,而英国因加入欧盟,在一体化进程中已宣布放弃英制,采用公制。

(4)美制(The U. S. System)。美制的基本单位和英制相同,为磅和码,但有个别派生单位不一致。如英制为长吨等于2 200磅,而美制为短吨等于2 000磅。此外容积单位加仑和蒲式耳,英制与美制名称相同、大小不同。

三、合同中的数量条款

买卖合同中的数量条款主要包括交货的数量和计量单位,例如"中国大豆1 000公吨,麻袋装净重"。

有些商品因本身的特性、生产、运输、包装条件、运输工具等的限制,交货数量往往很难符合合同约定的某一具体数量，为了合同顺利履行、减少争议，买卖双方在合同中规定合理的机动幅度。方法主要有如下两种：

(一)溢短装条款

溢短装条款(More or Less Clause)是指在买卖合同的数量条款中，明确规定卖方可以多交或少交的百分比，但以不超过规定的百分比为限。例如汽油 100 公吨，卖方可溢短装 2%，即卖方的交货数量在 98M/T～102M/T 之间，买方不得有异议。

利用溢短装条款应注意问题：

(1)允许溢短装比例，即允许多交或少交的百分比，多数规定为 5%，具体应由商品特性、运输方式等进行确定。

(2)溢短装选择权，即约定何方有权决定多交或少交，一般规定为由卖方决定，但在买方租船接货时，为了与租船合同衔接，也可由买方决定。

(3)溢短装数量的计价方法，通常按合同价格计算。但当交货时市价下跌，多装对卖方有利；如市价上升，多装对买方有利。所以为了避免这种情况，可在合同中规定，多装或少装的部分，不按合同价格计算，按装船时或到货时的市价计算。

(二)约量条款

约量条款是指实际交货数量可有一定幅度的弹性条款，即在交货数量前加“约”字规定机动幅度的方式，例如约 100 公吨。由于“约量”一词含糊，国际上对其有不同的解释，有的国家解释为 2%，有的为 5%，也有的为 10%。为了避免履行合同时引起不必要的纠纷，除双方对约数已有协议或默认外，最好不要使用约量，如果一定要使用约量，双方应于事先明确允许的百分比。

第四节 国际货物的包装

一、商品包装的重要性

商品包装是指在商品流通过程中为了保护商品、方便储运、促进销售，按一定技术方法而采用的容器、材料及辅助物等的总体名称；也指为达到上述目的而采用容器、材料和辅助物的过程中施加一定技术方法等的操作活动。

现代商品包装反映了商品包装的商品性、手段性和生产活动性。商品包装是社会生产的一种特殊商品，本身具有价值和使用价值，同时又是实现内装商品价值和使用价值的重要手段。商品包装的价值包含在商品的价值中，优质的包装能带来巨大的经济效益。商品包装是商品生产的重要组成部分，绝大多数商品只有经过包装，才算完成它的生产过程，才能进入流通和消费领域。

商品包装是依据一定商品的属性、数量、形态以及储运条件和销售的需要，采用特定的包装材料和技术方法，按设计要求创造出来的造型和装饰相结合的实体。它具有技术和艺术双重特性，具有体积性、形态性、层次性和整体性等多方面的特点。

商品包装在一定程度上反映出一个国家的生产水平，包装生产部门已成为一个重要的工业部门。商品包装是保护商品在流通领域中品质完好和数量完整的重要措施。优良的包装能反映出我国生产、科学技术和文化艺术的新成就。所以，出口商品包装的好坏直接关系到出口商品的销售和我国商品的信誉。

在买卖合同中一般要对包装做出具体规定,包装条件也就成了买卖合同中的一项主要条件,构成了货物说明的重要组成部分。

相关链接:包装的色彩和图形设计

包装的色彩设计要求,除了要知道色彩地域性的差异,还要知道不同年龄段的人、不同性别的人、不同国家的人对色彩喜好的差异。

要在包装设计上独树一帜、个性鲜明,图形是很重要的表现手法。我国的图形设计分为民间和传统两大部分。民间图形包括年画、织绣、剪纸、玩具、壁画、皮影、民族服饰、脸谱等。今天不少的包装设计,就运用了具有鲜明地方传统风格的中国民间艺术图形。一些成功运用民间艺术的包装设计作品,在潜移默化中使中国老百姓有一种亲切感,外国人则从中体会到一种新奇感。传统图形包括原始岩画、彩陶、青铜、金银错、画像石、敦煌壁画、秦俑、瓦当、陶瓷和书法等。我国的传统图形是历代劳动人民(如匠师、艺人)的伟大创造和智慧结晶,它创意独特、技艺精湛、形式丰富多样。许多出口包装设计的图案没有国际性,图案和文字主次不分,互争高低,杂乱无章,自然也就缺乏竞争力。因此运用本土文化的时候,应根据世界各国对图形的喜好与忌讳,选择适宜的包装图形。

二、商品包装的种类

商品包装按作用可分为运输包装和销售包装。

(一)运输包装

1. 运输包装的作用

运输包装(Shipping Package)又称外包装、大包装,它是将货物装入特定容器,或以特定方式成件或成箱地包装。运输包装的作用主要是:一是能有效地保护商品,防止货物在长时间和远距离的运输过程中发生损坏和散失;二是方便货物的运输、搬运、储存、检验、计数等;三是节省材料和费用。

2. 运输包装的种类

运输包装可分为单件运输包装和集合运输包装。

(1)单件运输包装

单件运输包装(Single-piece Packing)是指货物在运输过程中作为一个计件单位的包装。

①箱(Case)。按不同材料,箱又可分为木箱、纸箱、板条箱、铁箱等。通常适用于不能挤压的货物。

②桶(Drum/Cask)。桶有木桶、铁桶、塑料桶等。适用于液体、半液体、粉状、粒状货物。

③袋(Bag)。袋有麻袋、纸袋、布袋、塑料袋等。适用于粉状、颗粒状和块状的农产品及化学原料。

④包(Bale)。凡可以紧压的商品,例如羽毛、羊毛、棉花、布匹、生丝等,可以先经机压打包,压缩体积,然后再以棉布、麻布包裹,外加箍铁和塑料带,捆包成件。

⑤其他。篓、瓶、坛、罐、听、捆、卷等。

(2)集合运输包装(也称成组化运输包装)

集合运输包装(Muster Packing)是把一定数量的单件包装组合成一件大的包装或装入一个大的包装容器内。常见的集合包装有:

①集装袋和集装包(Flexible Containers),一般是用合成纤维或塑料编织成的大袋。集装袋和集装包有一次性使用和可回收周转使用两种。它们的容量为1～4吨,多的可达13吨。

集装袋适用于盛装粉状或粒状的化工产品、矿产品、农产品及水泥等散装商品；集装包则适用于盛装已经包装好的桶、袋、箱等单件包装的商品。

②集装箱(Container)，又称货柜。它是一种用金属板材、塑料、纤维板材制成的长方形的大箱。为适应各种运输方式和不同货物运输的需要，集装箱的种类越来越多。集装箱是一种现代化的运输方式，它可以保护货物品质，减少货损货差，节省包装费用，减轻劳动强度，提高装卸效率，加速车船及货物的周转。

(3)托盘

托盘(Pallet)是指用木材、金属、塑料等材料制成的托板。货物可以放在托板上，然后用塑料薄膜、金属绳索等加以固定，组成一件包装。托盘下面有插口，供铲车起卸之用。托盘可装载约一吨或一平方米的货物。托盘有一次性使用和回收周转使用两种。托盘便于计数、装卸、运输、保管，降低成本，加快运输。

3. 运输包装的要求

作为运输包装，应体现如下要求：要适应商品的特性；要适应各种不同运输方式的要求；要考虑有关国家的法律规定和客户的要求；要便于各环节有关人员的操作；要在保证包装牢固的前提下节省费用。

(二)销售包装

1. 销售包装的作用

销售包装(Packing of Sales)又称内包装(Inner Packing)、小包装，是直接接触商品，随商品进入零售市场和消费领域的包装。它具有保护商品、便于储存和保管的作用；同时还具有美化商品、宣传商品、介绍商品、吸引消费者的作用。销售包装的美观感、新潮感、艺术感能引起消费者的购买欲望。作为“无声售货员”，销售包装在征服消费者、扩大销量等方面有着不可低估的作用。

2. 销售包装的种类

(1)便于陈列的包装

①堆叠式包装。这种包装的顶部和底部都设有吻合部分，上下堆叠可以互相吻合，既稳固又节省货位。这类包装多用于进入超级市场销售的罐头、瓶类、盒等商品。

②挂式包装。这种包装通过挂钩、挂孔、吊带等将商品悬挂在货架上展销，以便利用货架的空间。这类包装常见的有贴体包装、盒形、套形包装。

③展开式包装。这种包装有特殊结构的盒盖，打开盒盖，盒面图案与盒内商品互相衬托，具有良好的展销效果。

(2)便于识别商品的包装

①透明包装和开窗包装。是指容器全部或部分采用透明材料制成，或在容器上开有窗口的包装。这种包装能直接看到商品的形态，增加购买信心。

②习惯性包装。是指某些商品的包装经长期使用而形成的习惯造型，使消费者很容易认出是某种牌号的商品。

(3)便于使用的包装

①携带式包装。它是适于消费者携带的包装。如在包装上设置便于携带的提手装置。

②易开包装。它是便于消费者开启使用的包装。通常是在封口严密的容器上增加易开结构，例如易拉罐、易开瓶等。

③喷雾包装。使用时只要按动按钮，液体或粉末即可喷出，适用于日用消费品，例如香水、

洗发露等。

④配套包装。是指把在使用上有关联的商品搭配成套，放在同一包装内。

⑤一次用量包装。为仅使用一次的商品所作的较简单的包装，例如一天用量的药品包装。

⑥礼品包装。它是指专为送礼用的包装。要求美观大方，具有艺术性。

3. 销售包装的要求

为了使销售包装适应国际市场的需要，在设计和制作时要体现如下要求：

(1)包装的造型与装潢设计要有利于促销。造型装潢美观大方，富有艺术吸引力并能突出商品的特点，其图案和色彩应符合有关国家的风俗习惯和消费者爱好。

(2)标签的使用不能违反有关国家的标签管理条例的规定。许多国家对进口商品特别是食品和药品的标签内容有具体要求，一般都要求标明产地、重量、成分、生产者名称、生产期、保质期以及有关添加剂、化学成分或脂肪含量等的特殊说明。如不符合规定，则禁止进入该国市场。

(3)要有条形码标志。条形码是由一组粗细间隔不等的平行线条及其相应的数字组成的标记。随着光电扫描阅读设备的使用，条形码成为销售包装上不可缺少的标记。通过条形码标记，消费者可以了解商品的原产地、生产厂家、品种规格等信息；售货员可以在数据库查询商品的单价、结算等；商场可以对商品进行分类、汇总及更新库存，并及时进行分析，掌握市场动态。所以条形码是进入超级市场和大型百货商店的先决条件，在出口商品上使用条形码显得相当重要。

国际上通用的条形码有两种：一种是美国统一代码委员会编制的 UPC 码；另一种是由欧洲各国成立的国际物品编码协会编制的 EAN 码。目前 EAN 是国际上使用最广、国际公认的物品编码标识系统。我国于 1988 年 12 月成立了中国物品编码中心，该中心于 1991 年 4 月代表中国加入国际物品编码协会。

(4)包装的设计要有利于再用、再循环和最终处理，实行绿色包装标志。包装材料本身的后处理应安全、方便、可行，不造成环境危害，能再利用、再生和再循环，完善绿色包装标准体系，实行绿色包装标志制度。

三、包装标志

包装标志是在运输包装外部用文字、图形、数字制作的特定记号和说明事项。其主要作用是：便于识别货物，以利运输、仓储、商检和海关查验，便于核对单证、货物，使单货相符，避免发生错运，便于收货人收货。包装标志按其用途，可分为运输标志、指示性标志、警告性标志等。

(一)运输标志

运输标志(Shipping Mark)又称唛头，是由一个简单的几何图形和一些字母、数字以及简单的文字组成。其主要作用是便于识别货物、方便运输、易于计数、查箱等，防止错发错运。唛头一般由下列内容组成：

(1)收货人(发货人)的代号、合同号码、信用证号码，通常用一个简单图形表示，如三角形、矩形、菱形等。

(2)目的港(目的地)的名称，如需经某地或某港口转运的，在目的港下面加上转运地的名称。

(3)件号。该批货物的总件数和本件货物的顺序号，例如“NO. 1-100”。

此外，有的运输标志还包括原产地、许可证号和体积与重量等内容。运输标志的内容，繁简不一，由买卖双方根据商品特点和具体要求商定。图 7—1 为运输标志的式样之一。

图 7—1　运输标志式样之一

鉴于运输标志的内容差异较大，有的过于繁杂，不适应货运量增加、运输方式变革和电子计算机在运输与单据流转方面应用的需要，因此联合国欧洲经济委员会简化国际贸易程序工作组在国际标准化组织和国际货物装卸协调会的支持下，制定了一套运输标志向各国推荐使用。该标准运输标志包括：(1)收货人或买方简称或代号；(2)参考号，如运单号码、订单号码或发票号码；(3)目的地；(4)件数代号。至于根据某种需要而须在运输包装上刷写的其他内容，如许可证号等，则不作为运输标志必要的组成部分。需要指出的是，为了便于刻唛、刷唛，节省时间和费用，便于在制单及其信息传递过程中用电信手段，国际标准化组织推荐的标准运输标志应为 4 行，每行不超过 17 个字母，不采用几何图形或其他图形。具体样式如下：

CBD ……………………………………………………… 收货人代号
4326 ……………………………………………………… 参考号
NEW YORK …………………………………………… 目的地
1/50 ……………………………………………………… 件数代号

按照国际惯例，运输标志一般由卖方设计，但买方要求由其指定运输标志，卖方也可以接受，但要在合同中作具体规定，并订明如在装运前若干天未接到买方提供的运输标志，卖方也可自行决定。在制作单据时，要把运输标志印载于发票、提单、保险单、产地证、装箱单等有关单据上。

(二)指示性标志

指示性标志(Indicative Mark)是指针对一些易碎、易损、易变质商品的性质，用醒目的图形和简单的文字提醒有关人员在装卸、搬运和储存时应注意的事项，例如“易碎”、“防湿”、“防热”、“防冻”、“由此吊起”、“重心”等。

(三)警告性标志

警告性标志(Warning Mark)又称危险性标志，是指对一些易燃品、易爆品、有毒品、腐蚀性物品、放射性物品等危险品在其运输包装上清楚而明确地刷制的标志，以示警告。

各国对警告性标志都有统一规定。我国颁布有危险货物包装标志，联合国政府海事协商组织公布有国际海运危险品标志，目前已被国际上许多国家所采用。有的国家规定进口危险品时要在运输包装上刷写国际海运危险品标志，否则不准靠岸卸货。所以在出口危险品时，除刷写我国国内危险品标志外，还应刷写国际海运危险品标志。

(四)条形码标志

条形码是由一组粗细间隔不等的平行线条及其相应的数字组成的标记。随着光电扫描阅读设备的使用，条形码成为销售包装上不可缺少的标记。通过条形码标记，消费者可以了解商品的原产地、生产厂家和品种规格等信息；售货员可以在数据库查询商品的单价、记录和结算等;商场可以对商品进行分类、汇总及更新库存,并及时进行分析,掌握市场动态。因此,条形码是进入超级市场和大型百货商店的先决条件,而在出口商品上使用条形码显得相当重要。

国际上通用的条形码有两种:一种是由美国统一代码委员会编制的 UPC 码;另一种是由欧洲各国成立的国际物品编码协会编制的 EAN 码。目前 EAN 是国际上使用最广、国际公认的物品编码标识系统。我国于 1988 年 12 月成立了中国物品编码中心,该中心于 1991 年 4 月代表中国加入国际物品编码协会,该协会分配给中国的国别号为“690、691、692”。凡标有“690、691、692”国别代码的商品,即表示为中国出产的商品,如图 7—2 所示。

6 901234 567892　　6 916108 201024　　6 920616 311298

图 7—2　EAN-13 条码符号

(五)二维码

二维码(dimensional barcode),又称二维条码,是在一维条码的基础上扩展出的一种具有可读性的条码。设备扫描二维条码,通过识别条码的长度和宽度中所记载的二进制数据,可获取其中所包含的信息。相比一维条码,二维码记载更复杂的数据,比如图片、网络链接等,如图 7—3 所示。

图 7—3　二维码示例

国外对二维码技术的研究始于 20 世纪 80 年代末,我国对二维码技术的研究始于 1993 年。中国物品编码中心对几种常用二维码 PDF417、QR Code、Data Matrix、Maxi Code、Code 49、Code 16K、Code One 的技术规范进行了翻译和跟踪研究,并制定了两个二维码的国家标准:二维码网格矩阵码(SJ/T 11349-2006)和二维码紧密矩阵码(SJ/T 11350-2006)。

分类:按原理可分为堆叠式/行排式二维条码和矩阵式二维条码;按业务可分为被读类和主读类两大类。

功能:信息获取;网站跳转;广告推送;手机电商;防伪溯源;会员管理;手机支付。

优点:高密度编码,信息容量大;编码范围广;容错能力强,具有纠错功能;译码可靠性高;可引入加密措施;成本低,易制作,持久耐用。

缺点:二维码技术成为手机病毒;钓鱼网站传播的新渠道。

四、定牌、无牌生产和中性包装

(一)定牌和无牌

定牌是指根据买方的要求在出口商品的包装上使用买方指定的商标、牌名。其目的是适应国外市场,利用买方的企业商誉和名牌声誉,提高商品售价。主要用于外商订货数量较大、需求比较稳定的商品。

无牌是指买方要求在我国出口的商品上不使用任何商标和牌号。其目的是避免浪费，节省广告费用，降低销售成本，达到薄利多销。主要用于半制成品和低值易耗的日用消费品。

（二）中性包装

中性包装（Neutral Packing）是指在商品和内外包装上不注明生产国别的包装，中性包装分无牌中性包装和定牌中性包装。无牌中性包装是指商品和包装上既无商标、牌号，也无生产国别的包装；定牌中性包装，是指商品包装上有买方指定的商标、牌号，但不注明生产国别的包装。

采用中性包装是为了适应国际市场的特殊需要，如转口销售；打破某些进口国的关税和非关税壁垒，它是出口厂家扩大出口的一种手段。

［案例 7—5］ 菲律宾某公司与上海某自行车厂洽谈进口业务，打算从我国进口“永久”自行车 1 000 辆。但要求我方改用“剑”牌商标，并在包装上不得注明“Made in China”字样。请问：我方是否可以接受？在处理此项业务时，应注意什么问题？

分析 这是一笔中性包装交易，外方要求采用定牌中性包装，我方一般可以接受。但在处理该业务时应注意：(1)要注意对方所用商标在国外是否有第三者已经注册，若有则不能接受。如果一时无法判明，则应在合同中写明“若发生工业产权争议，应当由买方负责”。(2)要考虑我方品牌产品在对方市场销售情况，若我方商品已在对方市场树立良好声誉，则不宜接受，否则会影响我方产品出口。

五、合同中的包装条款

（一）包装条款的基本内容

国际商品贸易合同中的包装条款一般包括包装材料、包装方式、包装费用和运输标志等内容。

1. 包装材料和包装方式

在包装条款中要订明包装材料和包装方式。一般是根据商品的性能、特点及运输方式而定，通常采用的包装方式和材料有纸箱装、木箱装、麻袋装、铁桶装等。在规定包装材料和包装方式时，还要订明用料、尺寸、每件重量以及填充物和加固条件等。在进出口贸易中，有时商品要以花色、尺寸搭配装箱或装袋出口，这就必须具体规定搭配方式及搭配量。

2. 包装费用

按国际惯例，包装费用包括在货价之内，不必在合同中另行订明。但有时买方认为卖方的包装不能满足要求而使用特殊包装，由此产生的超出正常的包装费用应由买方承担，并在合同中具体规定负担的金额和支付方法。

3. 运输标志

按国际贸易惯例，运输标志由卖方设计确定，然后通知买方。但如买方要求自己设计运输标志，卖方也应接受，但必须在合同中订明买方提供运输标志的式样和内容及具体的时间；如超过时间，卖方可自行决定。

（二）订立包装条款应注意事项

(1)对包装的规定要明确具体，一般不宜采用“海运包装”、“习惯包装”之类的术语，因为这些术语缺乏统一的定义和解释，容易引起纠纷。

(2)注意有关国家对包装的特殊要求和风俗习惯。各国对包装的要求越来越严格，有的国家不允许使用玻璃和陶瓷作包装材料；有的国家禁止使用稻草、报纸作包装衬垫；同时还要符合各国的风俗习惯。

(3)卖方交付的货物,须按合同规定的方式包装。如果包装与合同不符,买方有权索赔甚至拒收货物。

本章小结

国际货物贸易合同中商品的品名、品质、数量和包装条款的订立,是买卖双方交接货物的依据。

货物品质的表示方法有两大类:凭实物样品表示货物品质和凭文字说明表示货物品质。前者包括看货买卖、凭样品买卖;后者包括凭规格买卖、凭等级买卖、凭标准买卖、凭商标或牌名买卖、凭产地名称买卖、凭说明书和图样买卖。

国际货物贸易中通常按数量、重量、长度、面积、体积、容积等计算。货物计量重量通常按毛重、净重、公量、理论重量、法定重量和实物重量等计量。

在国际贸易中,包装可分为运输包装和销售包装。运输包装可分为单件运输包装和集合运输包装。运输包装标志可分为运输标志、指示标志和警告性标志。销售包装包括有便于陈列展销包装、便于识别商品包装、便于使用包装。采用定牌、无牌生产和中性包装是国际贸易中常用的习惯做法。

关键概念

货物品名　货物数量　货物品质　货物包装　中性包装

练习题

一、单项选择题

1. 适用于在造型上有特殊要求或具有色、香、味方面特征的商品,表示品质的方式是(　　)。

A. 凭等级买卖　B. 凭商品买卖　C. 凭说明书买卖　D. 凭样品买卖

2. 对工业制成品交易,一般在品质条款中灵活制定品质指标,通常使用(　　)。

A. 品质机动幅度　B. 品质公差

C. 品质与样品大致相符　D. 规定一个约量

3. 在国际贸易中,使用最多的一种计量方法是(　　)。

A. 按重量计量　B. 按数量计量　C. 按体积计量　D. 按面积计量

4. 运输包装的俗称是(　　)。

A. 大包装、外包装　B. 小包装、内包装　C. 大包装、小包装　D. 外包装、内包装

5. 在商品和包装上不注明生产国的包装是(　　)。

A. 中性包装　B. 无牌中性包装　C. 有牌中性包装　D. 使用包装

6. 在国际上,对冷冻鱼或冻虾等没有公认规格和等级的商品,其交货时规定品质的方法常用(　　)。

A. 良好平均品质　B. 上好可销品质　C. 看货买卖　D. 凭样品买卖

7. 合同中未注明商品重量是按毛重还是按净重计算时,则习惯上应按(　　)计算。

A. 毛重　B. 净重　C. 以毛作净　D. 公量

8. 在交货数量前加上“约”或“大约”字样,按《UCP600》的规定,这种约定可解释为交货数量不超过(　　)的增减幅度。

A. 10%　B. 5%　C. 2.5%　D. 1.5%

二、多项选择题

1. 在凭卖方样品买卖时,卖方所提供的能充分代表日后整批货物交货品质的少量实物,称为(　　)。

A. 代表性样品　B. 对等样品　C. 标准样品　D. 原样

2. 数量条款的基本内容一般包括(　　)。

A. 交货的数量　B. 计量单位　C. 品质公差条款　D. 溢短装条款

3. 国际标准化组织推荐的标准唛头应包括的四项内容是(　　)。

A. 收货人名称的缩写或代号　B. 目的港

C. 箱号或件号　D. 参考号

E. 磅码、产地标志

4. 在国际贸易中,按样品提供者的不同,凭样品成交可分为(　　)。

A. 凭卖方样品买卖　B. 凭买方样品买卖

C. 凭对等样品买卖　D. 凭图样买卖

E. 凭参考样品买卖

5. 对等样品也称为(　　)。

A. 复样　B. 回样　C. 确认样　D. 卖方样品

E. 买方样品

6. 以说明表示商品品质的方法有(　　)。

A. 凭规格买卖　B. 凭等级买卖　C. 凭标准买卖　D. 凭说明书买卖

E. 凭商品或品牌买卖

7. 当凭买方样品买卖时,如果卖方认为按照买方来样交货没有切实把握,卖方可根据买方来样仿制或从现有货物中选择品质相近的样品提交买方,这种样品称为(　　)。

A. 标准样品　B. 对等样品　C. 回样　D. 原样

8. 在国际贸易中,常用的度量衡制度有(　　)。

A. 公制　B. 英制　C. 美制　D. 国际单位制

三、简答题

1. 什么是样品、复样、对等样品?它们有何区别?
2. 表示货物品质的方法有哪些?说明其含义及在使用中应注意的问题。
3. 品质机动幅度和品质公差的含义及其作用是什么?
4. 什么是溢短装条款?规定溢短装条款应注意哪些问题?
5. 运输标志由哪些内容组成?在使用中应注意哪些问题?
6. 什么是定牌、无牌和中性包装?
7. 什么是指示性标志和警告性标志?简述其用途和用法。

四、计算题

1. 甲公司与乙公司签订了一份100公吨羊毛的出口合同,合同中规定以公量来计算商品的重量,商品的公定回潮率是11%,货物到达目的港后抽样检测所得到的实际回潮率是8%。试计算该批商品的公量是多少?

2. 如果卖方按每箱150美元的价格售出某商品1 000箱,合同规定“数量允许有5%上下浮动,由卖方决定”。试问:(1)这是一个什么条款?(2)最多可装多少箱?最少可装多少箱?(3)如实际装运1 040箱,买方应付货款多少?

五、案例分析题

中国某公司从国外进口某农产品,合同数量为100万吨,允许溢短装5%,而外商装船时共装运了120万吨,对多装的15万吨,我方应怎样处理?

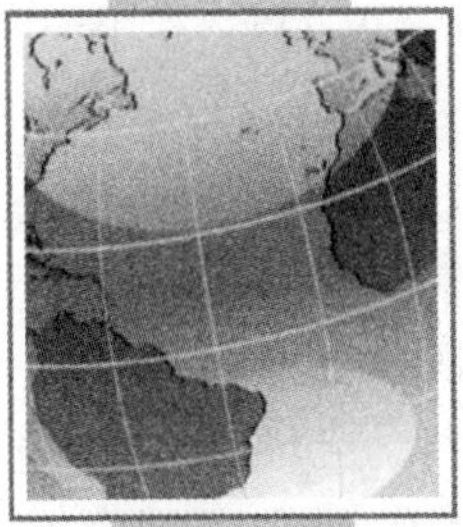

第八章 国际贸易术语与货物价格

要点提示

- 国际贸易术语的概念、有关国际贸易术语的国际惯例
- INCOTERMS 2010 对适用于水上运输方式的贸易术语的解释及在实际运用中应注意的问题
- 适用于任何运输方式的贸易术语的解释和使用
- 进出口商品作价的原则和方法、合同中的价格条款的订立
- 出口商品的成本核算，以及有关的佣金和折扣的计算

内容引言

贸易术语是国际货物买卖合同中不可缺少的重要内容。从事国际贸易的人员必须了解和掌握国际贸易中现行的各种贸易术语及其他有关的国际贸易惯例，以便正确选择和使用各种贸易术语。例如，某公司以 FOB 条件出口一批冻鸡。合同签订后接到买方来电，称租船较为困难，委托我方代为租船，有关费用由买方负担。为了方便合同履行，我方接受了对方的要求。但时已至装运期，我方在规定装运港无法租到合适的船，且买方又不同意改变装运港，因此到装运期满时货仍未装船。买方因销售季节即将结束，便来函以我方未按期租船履行交货义务为由撤销合同。从案例中可以看出，卖方可以接受买方的委托代为租船订舱，但不承担租不到船的责任。

第一节 国际贸易术语概述

一、国际贸易术语的含义和作用

国际贸易术语(Trade Terms)也称价格术语(Price Terms)，是指用一个简短的英文缩写来表示价格的构成和交易双方的有关责任、费用、风险的划分的一种专门用语。

贸易术语是在国际贸易的长期实践中产生的，随着国际贸易的发展变化，贸易术语也在不断发展。一般来说，每一个贸易术语都包含了以下三方面内容：

(1)责任划分问题。包括买卖双方如何交货、收货，从卖方交货到买方收货过程中涉及的一些相关工作由谁负责，买卖双方需要交接哪些有关的单据等。

(2)费用负担问题。指买卖双方在交接货物过程中需要支付的相关费用由谁负担。

(3)风险划分问题。指买卖双方在交接货物过程中，尤其是长途运输过程中，货物可能遇到的风险由谁来承担。

因此，每种贸易术语都有其特定的含义，不同的贸易术语意味着买卖双方承担的责任、费用和风险不同。一般而言，卖方承担的责任、费用和风险小，商品售价就低；反之，售价就高。

在贸易术语中，责任、费用和风险的划分与商品价格呈正比例关系。

国际贸易术语的作用有：简化交易手续，缩短洽商时间，节省费用，促进交易尽快达成；有利于买卖双方核算价格和成本；明确买卖双方的权利和义务，有利于履约中争议的解决，促进国际贸易的发展。

二、有关国际贸易术语的国际贸易惯例

国际贸易惯例(International Trade Practice)是指在长期的国际贸易实践中逐步形成的具有普遍指导意义的一些习惯性做法和解释。早在19世纪初，在国际贸易中就已使用贸易术语，但是由于各国法律制度、贸易惯例和习惯做法不同，不同国家对贸易术语解释和运用存在差异，易引起贸易纠纷。为了避免各国对贸易术语解释上出现分歧和争议，有些国际组织和商业团体便分别就某些贸易术语作出统一的解释和规定。

有关国际贸易术语的国际贸易惯例，主要有以下三种：

(一)《1932年华沙—牛津规则》(Warsaw-Oxford Rules 1932)

国际法协会于1928年在波兰华沙开会，就CIF术语制定了统一规则，称为《1928年华沙规则》。后经多次修改，将此规则定名为《1932年华沙—牛津规则》，全文共21条。这一规则规定了CIF术语下买卖双方责任、义务，以及CIF术语所确定的买卖合同的性质和特点。

(二)《1941年美国对外贸易定义修订本》(Revised American Foreign Trade Definition 1941)

1919年，美国九大商业团体在纽约以美国贸易惯用的FOB价格为基础，制定了《美国出口报价及其缩写条例》。1941年美国对这一条例进行了修订，改称为《1941年美国对外贸易定义修订本》。该修订本同年被美国商会、全国进出口商协会和全国对外贸易协会所采用。它对6种贸易术语作了解释：

(1)EX(point of origin)(产地交货)。

(2)FOB(free on board)(在运输工具上交货)。

(3)FAS(free along side)(在运输工具旁边交货)。

(4)C&F(cost and freight)(成本加运费)。

(5)CIF(cost insurance and freight)(成本加保险费、运费)。

(6)EX Dock(named port of importation)(目的港码头交货)。

在美国、加拿大以及其他一些美洲国家采用该条例，但国际很少采用。

(三)《国际贸易术语解释通则》(International Rules for the Interpretation of Trade Terms, INCOTERMS)

它是国际商会(ICC)于1936年制定的，定名为INCOTERMS 1936。《国际贸易术语解释通则》的宗旨是为国际贸易中最普遍使用的贸易术语提供一套解释的国际规则，以避免因各国不同解释而出现的不确定性或至少在相当程度上减少这种不确定性。为了适应国际贸易实践的发展，先后于1953年、1967年、1976年、1980年、1990年、1999年进行了六次补充修订。为适应国际贸易不断发展，如交易中使用电子信息的增多、运输方式的变化以及无关税区的广泛发展等，国际商会于2009年对该通则进行第七次修订并于2010年1月1日起正式生效。目前它已成为国际贸易中得到普遍承认和广泛应用的国际惯例。

《2010年国际贸易术语解释通则》(International Rules for the Interpretation of Trade Terms 2010)是国际商会根据国际货物贸易的发展，对《2000年国际贸易术语解释通则》的修订，2010年9月27日公布，于2011年1月1日实施。相对于INCOTERMS 2000，INCO-

TERMS 2010 的主要变化为：

(1)术语分类的调整。INCOTERMS 2000 术语分为 E、F、C、D 四组，而 INCOTERMS 2010 术语分为两组，适用于各种运输方式和水运；适用于所有运输方式的术语包括 EXW、FCA、CPT、CIP、DAT、DAP 和 DDP，适用于水路运输方式的术语包括 FAS、FOB、CFR、CIF。

(2)贸易术语的数量由原来的 13 种变为 11 种，这 11 种术语为：

第一组：适用于任何运输方式的术语七种：EXW、FCA、CPT、CIP、DAT、DAP、DDP。

EXW(ex works)	工厂交货
FCA(free carrier)	货交承运人
CPT(carriage paid to)	运费付至目的地
CIP(carriage and insurance paid to)	运费/保险费付至目的地
DAT(delivered at terminal)	目的地或目的港的集散站交货
DAP(delivered at place)	目的地交货
DDP(delivered duty paid)	完税后交货

第二组：适用于水上运输方式的术语四种：FAS、FOB、CFR、CIF。

FAS(free alongside ship)	装运港船边交货
FOB(free on board)	装运港船上交货
CFR(cost and freight)	成本加运费
CIF(cost insurance and freight)	成本、保险费加运费

(3)《2010 年国际贸易术语解释通则》删去了《2000 年国际贸易术语解释通则》中的 4 个术语：DAF(delivered at frontier)，边境交货；DES(delivered ex ship)，目的港船上交货；DEQ(delivered ex quay)，目的港码头交货；DDU(delivered duty unpaid)，未完税交货。

(4)新增了 2 个术语：DAT(delivered at terminal)，在指定目的地或目的港的集散站交货；DAP(delivered at place)，在指定目的地交货。即用 DAP 取代了 DAF、DES 和 DDU 三个术语，用 DAT 取代了 DEQ，且扩展至适用于一切运输方式。

(5)修订后的《2010 年国际贸易术语解释通则》取消了“船舷”的概念。卖方承担货物装上船为止的一切风险，买方承担货物自装运港上船后的一切风险。考虑到对于一些大的区域贸易集团内部贸易的特点，INCOTERMS 2010 不仅适用于国际销售合同，也适用于国内销售合同。

(6)电子文件取代纸质文件。新通则顺应国际贸易市场的电子货运趋势，指明在货物买卖双方同意下，电子文件可取代纸质文件。

第二节　适用于海运和内河水运的贸易术语

以《2010 年国际贸易术语解释通则》为依据，掌握适用于海运和内河水运的贸易术语的买卖双方权利和义务及在使用中应注意的问题。

一、FAS

(一)FAS 术语的含义

FAS 是 Free Alongside Ship(... named port of shipment)的缩写，即装运港船边交货(……指定装运港)。它是指卖方在约定的时间内将合同规定的货物交到指定装运港买方所指派船只的船边即完成交货义务。买卖双方负担的风险和费用均以船边为界。当买方所派船只不能靠岸时，要求卖方负责用驳船把货物运至船边，仍在船边交货。装船的责任和费用由买方承担。

(二)在 FAS 贸易术语下买卖双方的义务

1. 卖方义务

(1)必须在买方指定的装运港、装运地点并在约定的日期，按照该港习惯方式将货物交到买方指定的船边。

(2)承担货物交至船边的一切风险和费用。

(3)自负风险和费用，取得出口许可证或其他官方许可，并办理货物的出口清关手续。

(4)提交商业发票，以及证明完成交货义务的单据或具有同等作用的电子信息。

2. 买方义务

(1)自负费用订立运输合同并支付运费，并将船名、装货地点和要求交货时间及时通知卖方。

(2)在船边按照合同规定的时间、地点受领货物，并按合同规定支付货款。

(3)承担受领货物之后的一切风险和费用。

(4)自担风险和费用，取得任何进口许可证或其他官方许可，办理货物的进口和从他国过境所需的一切海关手续。

(三)使用 FAS 术语时应注意的问题

1. 对 FAS 术语的不同解释

《2010 年国际贸易术语解释通则》对 FAS 的解释与《1990 年美国对外贸易定义修订本》的解释有所不同。按照《2010 年国际贸易术语解释通则》，FAS 术语只适用于包括海运、内河运输在内的水上运输方式，交货地点只能是装运港。但是，按照《1990 年美国对外贸易定义修订本》的解释，FAS 是 Free Along Side 的缩写，是指交货到运输工具的旁边，该运输工具可以是轮船，也可以是车辆、航空器等其他运输工具，其具体交货地点也会因运输工具不同而有所不同。因此，在同北美国家的交易中使用 FAS 术语时，如果买卖双方希望在装运港船边完成交货，则应在 FAS 后面加上"Vessel"字样，即 FAS Vessel(… named port of shipment)，以明确表示"装运港船边交货"。

2. 关于船货衔接问题

FAS 术语要求买方订立从装运港至目的港的运输合同，因此，买方需要及时将船名、航次以及具体的装货时间通知卖方，以便卖方顺利交货。卖方也应将货物交至船边的情况及时通知买方，以利于买方办理装船和保险事宜。如果买方未能及时、准确地发出派船通知，或者买方指派的船只未按时到港接收货物，或者比规定的时间提前停止装货，由此产生的风险和损失均由买方承担。

3. 关于办理出口清关的手续和费用

《2010 年国际贸易术语解释通则》要求卖方负责办理货物的出口清关手续并负担相关的费用。

二、FOB

(一)FOB 术语的含义

FOB 是 Free on Board(… named port of shipment)的缩写，即装运港船上交货(……指定装运

港)。它是指卖方必须在合同规定的日期或期间内在指定装运港将货物交至买方指定的船上,并负担货物装上船为止的一切货物丢失或损坏的风险。该术语仅适用于水上运输。

(二)在 FOB 贸易术语下买卖双方的义务

1. 卖方义务

(1)在合同规定的装运期内,在指定的装运港将货物装到买方指定的船上,并及时通知买方。

(2)承担货物在装运港装上船之前的一切费用和风险。

(3)必须自负风险和费用,取得任何出口许可证或其他官方许可,办理货物出口所需的一切海关手续。

(4)提供符合合同规定的商业发票和证明货物已交至船上的通常单据,或有同等作用的电子信息以及合同可能要求的、证明货物符合合同规定的其他任何凭证。

2. 买方义务

(1)负责租船订舱、支付运费,并将船名、装船地和装船时间通知卖方。

(2)承担货物在装运港装上船后的一切费用和风险。

(3)收取符合合同规定的货物,接受与合同相符的单据,按照合同规定支付货款。

(4)自负风险和费用,取得进口许可证或其他官方证件,并办理货物进口报关手续。

(三)使用 FOB 术语时应注意的问题

1. 以货物装上船为界

买卖双方风险划分的界限是以货物装上船为界。即货物装船前的风险,包括货物在装船过程中落入海中所造成的损失,均由卖方承担;货物装船后的风险,包括货物不慎跌落海中所造成的全部或部分损失以及在运输过程中所发生的损失,均由买方承担。

2. 船货衔接

在 FOB 合同中,买方负责租船或订舱,并将船名、装船地点和时间通知卖方;卖方负责在合同规定的时间和地点,将货物装到买方指定的船上。这就涉及一个船货衔接的问题。未经卖方同意,船只提前到达,则卖方不负责支付空舱费或滞期费。如果买方按时派船,而卖方未备妥货,则卖方应承担由此造成的空舱费或滞期费;如果买方不按期派船,卖方有权拒绝交货,由此导致的卖方仓储费用的增加、空舱费以及因迟收货款而造成的利息损失等均由买方负责。

因此,在以 FOB 贸易术语签订合同进行贸易时,买卖双方在合同签订后,仍然要注意加强联系,密切配合,防止船货脱节。另外,采用 FOB 术语时,买卖双方可以协商,由买方委托卖方安排运输,办理租船或订舱,这是代办性质,买方仍要负担运费。

[案例 8—1]　某年我国某公司以 FOB 条件出口一批冻鹅。合同签订后接到买方来电,称租船较为困难并委托我方代为租船,有关费用由买方负担。为了方便合同履行,我方接受了对方的要求。但时至装运期我方在规定装运港无法租到合适的船,且买方又不同意改变装运港。因此,到装运期满时货仍未装船,买方因销售季节即将结束便来函以我方未按期租船履行交货义务为由撤销合同。试问:我方应如何处理?

分析　我方应拒绝买方撤销合同的要求。

(1)按 FOB 条件成交的合同,按常规由买方负责租船订舱。卖方可以接受买方的委托代为租船订舱,但卖方不承担租不到船的责任。

(2)就本案例来讲,因卖方代为租船没有租到,买方又不同意改变装运港,因此,卖方不承担因自己未租到船而延误装运的责任,买方也不能因此要求撤销合同。

3. 装船费用的负担

若采用班轮运输，船方负责装卸，装卸费、平舱费、理舱费等都已包括在运费内，由于 FOB 合同的运费由买方支付，所以上述费用实际上由买方负担；若采用租船运输，船方一般不负担装卸费用，因此在合同中就必须明确说明各种有关装船费用由谁来负担。为了明确租船运输时有关装船费用的划分，买卖双方往往在 FOB 术语后加列附加条件来表明具体的有关装船费用到底由谁来负担，从而形成了 FOB 术语的变形。

4. 美国对 FOB 的解释

在《1941 年美国对外贸易定义修订本》中，FOB 共有 6 种形式，仅有 FOB 是不完整的，必须在 FOB 后附加说明。在这 6 种形式中，只有第五种是装运港船上交货，与《2010 年国际贸易术语解释通则》中的 FOB 相近，却也存在着不同。所以我国在与美国、加拿大等国家进行贸易并使用 FOB 方式成交时，要特别注意，除在 FOB 后注明 Vessel 外，还应在合同中明确由对方(卖方)负责办理出口清关手续，并且给予买方关于货物已交至船上的充分通知。

相关链接：FOB 的变形

FOB 的变形是为了解决装船费用由谁负担的问题而产生的，主要包括以下几种：

1. FOB Liner Terms(FOB 班轮条件)

这一变形是指装船费用按照班轮的做法处理，即由船方或买方承担。所以，采用这一变形，卖方不负担装船的有关费用。

2. FOB Under Tackle(FOB 吊钩下交货)

这一变形是指卖方负担费用，将货物交到买方指定船只的吊钩所及之处，而吊装入舱以及其他各项费用概由买方负担。

3. FOB Stowed(FOB 理舱费在内)

这一变形是指卖方负责将货物装入船舱并承担包括理舱费在内的装船费用。理舱费是指货物入舱后进行安置和整理的费用。

4. FOB Trimmed(FOB 平舱费在内)

这一变形是指卖方负责将货物装入船舱并承担包括平舱费在内的装船费用。平舱费是指对装入船舱的散装货物进行平整所需的费用。

三、CFR

(一)CFR 术语的含义

CFR 是 Cost and Freight (… named port of destination)的缩写，即成本加运费(……指定目的港)。它是指卖方必须在合同规定的日期或期间内，在指定装运港将货物交至运往指定目的港的船上，并承担货物装上船前的一切货物灭失或损坏的风险。卖方负责租船订舱，负担货物装上船前的一切费用和风险，支付运费。该术语仅适用于海运和内河运输。

(二)在 CFR 贸易术语下买卖双方的义务

1. 卖方义务

(1)负责租船订舱和支付运费，在约定期限内在装运港装船，并及时向买方发出已装船通知。

(2)承担货物在装运港装上船前的一切费用和风险。

(3)自负风险和费用，取得出口许可证或其他官方证件，并办理货物出口所需的海关手续。

(4)按合同规定向买方提供运输单据等有关单证或具有同等效力的电子信息。

2. 买方义务

(1)接受卖方提供的有关单据,受领货物,并按合同规定支付货款。

(2)承担货物在装运港装上船以后的一切风险。

(3)自负风险和费用,取得进口许可证或其他官方证件,并办理货物进口所需的海关手续,支付关税及其他有关费用。

(三)使用CFR术语时应注意的问题

1. 明确规定目的港指定地点

CFR术语下,由于卖方要承担将货物运至目的港具体地点的费用,特别建议双方应尽可能确切地指定目的港内明确地点。建议卖方取得完全符合该选择的运输合同。

2. 租船订舱问题

卖方负责安排运输,但是按规定,卖方只要安排了通常的船只和惯常的行驶航线,就尽到了自己的责任。如果买方提出一些超越这一范围的要求,卖方有权拒绝,也可在不增加费用的前提下考虑接受,但这不是卖方必须履行的责任和义务。

3. 装船通知问题

使用CFR术语,要特别注意装船通知问题。按照CFR术语成交,卖方在货物装船后必须及时发出装船通知,以便买方办理货运保险。

4. 关于卸货费用的划分

在班轮运输情况下,CFR条件下的卸货费用实际上由卖方负担。但大宗商品的交易通常采用程租船运输,一般情况下,船公司不负担装卸费。故买卖双方在商定买卖合同时,应明确装卸费用由谁负担。

[案例8-2] 我方以CFR贸易术语与B国的H公司成交一批消毒碗柜的出口合同,合同规定装运时间为4月15日前。我方备妥货物,并于4月8日装船完毕,由于遇星期日休息,我公司的业务员未及时向买方发出装运通知,导致买方未能及时办理投保手续,而货物在4月8日晚因发生火灾被烧毁。问:货物损失责任由谁承担?为什么?

分析 货物损失的责任由我方承担。这是因为,在CFR术语成交的情况下,租船订舱和办理投保手续分别由卖方和买方办理,因此,卖方在装船完毕后应及时向买方发出装运通知,以便买方办理投保手续;否则,由此而产生的风险应由卖方承担。本案中,因为我方未及时发出装运通知,导致买方未能及时办理投保手续,未能将风险及时转移给保险公司,因而风险应由我方承担。

相关链接:CFR的变形

为解决大宗货物在租船运输中的卸货费用负担问题,产生了CFR的变形。业务中常见的变形有以下几种:

1. CFR Liner Terms(CFR班轮条件)

这一变形是指卸货费按班轮做法办理,即买方不负担卸货费。

2. CFR Landed(CFR卸至码头)

这一变形是指由卖方承担卸货费,包括可能涉及的驳船费在内。

3. CFR Ex Tackle(CFR吊钩下交接)

这一变形是指卖方负责将货物从船舱吊起一直卸到吊钩所及之处(码头上或驳船上)的费用。船舶不能靠岸时,驳船费用由买方负担。

4. CFR Ex Ship's Hold(CFR舱底交接)

按此条件成交,船到目的港在船上办理交接后,由买方自行启舱,并负担货物由舱底卸至码头的费用。

四、CIF

(一)CIF 术语的含义

CIF 是 Cost Insurance and Freight(...named port of destination)的缩写,即成本加保险费、运费(……指定目的港)。它是指卖方必须在合同规定的日期或期间内在指定装运港将货物交至运往指定国的港口的船上,并负担货物装上船前的一切货物丢失或损坏的风险。卖方负责租船订舱、办理运输保险,并支付到目的港的运费、保险费。该术语仅适用于水上运输。

(二)在 CIF 贸易术语下买卖双方的义务

1. 卖方义务

(1)签订从指定装运港承运货物的合同;在合同规定的时间和港口,将合同要求的货物装上船并及时通知买方支付至目的港的运费。

(2)承担货物在装运港装上船前的一切费用和风险。

(3)按照买卖合同的约定,自负费用办理运输保险。

(4)自负风险和费用,取得出口许可证或其他官方批准证件,并办理货物出口所需的一切海关手续。

(5)提交商业发票和在目的港提货所用的通常的运输单据,或具有同等效力的电子信息,并且自费向买方提供保险单据。

2. 买方义务

(1)接受卖方提供的有关单据,受领货物并按合同规定支付货款。

(2)承担货物在装运港装上船之后的一切风险和费用。

(3)自负风险和费用,取得进口许可证或其他官方证件,并且办理货物进口所需的海关手续,支付相应的进口税。

(三)使用 CIF 术语时应注意的问题

1. 明确规定目的港指定地点

CIF 术语下,由于卖方要承担将货物运至目的港具体地点的费用,特别建议双方应尽可能确切地指定目的港内明确地点。建议卖方取得完全符合该选择的运输合同。

2. 保险问题

在 CIF 术语下,卖方负责订立保险合同,按约定的险别和金额投保货物运输险,支付保险费,提交保险单。但如果合同中未能就保险险别等问题作出具体规定,那就要根据有关惯例来处理。卖方只需要投保责任范围最小的一种险别,而最低投保金额应为合同规定价款的10%,同时须以合同货币投保。在买方要求下,卖方可加保战争、罢工、暴乱等险,但费用需要买方自行承担。

3. 租船订舱问题

以 CIF 术语签订合同,卖方应租船订舱,办理从装运港到目的港的运输事项。根据《2010年国际贸易术语解释通则》规定,卖方必须按照通常条件及惯驶航线,用通常类型可供运输合同货物之用的海轮,装运货物至指定目的港。所以买方提出限制装运船舶的国籍、船型、船龄、船级以及指定装载某班轮公司的船只等要求,卖方有权拒绝接受。但在实际业务中,如买方提出了上述有关规定,在卖方能够办到又不增加额外费用的情况下,也可考虑接受。

4. 象征性交货问题

根据交货方式,交货可分为象征性交货和实际交货。象征性交货指卖方只要按期在约定地点完成装运,并向买方提交合同规定的包括物权凭证在内的有关单据,就算完成了交货义务,而无须保证到货。实际交货则是指卖方要在规定的时间和地点,将符合合同规定的货物提交给买方或者指定人,而不能以交单代替交货。

在CIF条件下,卖方只要按期在约定地点完成装船并向买方提交符合合同规定的合格单据,就算完成了交货义务。买方则对卖方负有凭装运单据付款的义务,并非以卖方实际到达目的港交货作为付款的前提条件。也就是说,CIF实行的是交单与付款对流的原则,若货物在运输途中发生丢失或损坏,但只要卖方提交了符合合同要求的单据,买方就必须履行付款义务,然后可凭卖方提供的有关单据向船方或保险公司提出索赔。可见CIF实际上是一种单据买卖。所以装运单据在CIF条件下的贸易中具有特别重要的意义。当然,买方凭单付款后,对抵运目的港的货物仍保留复验权,如检验结果发现货物不符合合同规定,仍有依照合同向卖方索赔或拒收货物的权利。

5. 关于卸船费用的划分

同CFR术语一样,CIF术语有关卸货费用的划分也是通过变形来说明的。

[案例8—3] 某进出口公司同法国一客户洽谈一笔核桃仁出口业务,双方同意以CIF条件成交,并就具体价格达成了一致。但在签约时,客户提出,该批核桃仁是为在圣诞节前销售用的。因此要求在合同中订明:卖方需于当年10月份在上海装运,并保证货物于11月前到达目的港,否则买方有权撤销合同并要求损害赔偿。我方能同意客户的这一要求吗?

分析　我方不能同意客户的要求。因为CIF合同属于象征性交货,签订的合同属于装运合同。如果规定了到货时间,就变成了到货合同,将增加卖方的风险和费用,所以不可以接受。

相关链接:CIF的变形

CIF主要有以下几种变形:

1. CIF Liner Terms(CIF班轮条件)

这一变形是指卸货费用按照班轮的做法来办,即买方不负担卸货费,而由卖方或船方负担。

2. CIF Landed(CIF卸至码头)

这一变形是指由卖方承担将货物卸至码头上的各项有关费用,包括驳船费和码头费。

3. CIF Ex Tackle(CIF吊钩下交接)

这一变形是指卖方负责将货物从船舱吊起并卸到船舶吊钩所及之处(码头上或驳船上)的费用。在船舶不能靠岸的情况下,租用驳船的费用和货物从驳船卸至岸上的费用,概由买方负担。

4. CIF Ex Ship's Hold(CIF舱底交接)

按此条件成交,货物运达目的港在船上办理交接后,自船舱底起吊直至卸到码头的卸货费用,均由买方担负。

第三节　适用于任何运输方式的贸易术语

按《2010年国际贸易术语解释通则》,适用于任何运输方式的贸易术语有七种。

一、EXW

(一)EXW术语的含义

EXW是Ex Woks(…named place)的缩写,即工厂交货(……指定地点)。它是指当卖方在其所在地或其他指定的地点将货物交给买方处置时，即完成交货，卖方不办理出口清关手续或将货物装上任何运输工具。

(二)在 EXW 贸易术语下买卖双方的义务

1. 卖方义务

(1)按合同要求提供货物和商业发票或者同等的 EDI 电子发票，以及合同可能要求的、证明货物符合合同规定的其他任何凭证。

(2)在通常的地点或合同规定的时间和地点，将货物交由买方处置。

(3)应买方要求并由其承担风险和费用，在需要办理海关手续时，卖方必须给予买方一切协助，以帮助买方取得为货物出口所需的出口许可证或其他官方许可。

(4)卖方必须承担货物交至买方处置前的一切费用和风险。

(5)自费提供货物的包装，在包装上打上适当的标志，并承担对货物进行必要检查的工作及费用。

(6)根据买方请求并由买方承担风险和费用的前提下，卖方需将其所拥有的关于货物清关以及与安全相关的信息和文件提供给买方，并向买方提供必要的买方投保的信息。

在 EXW 术语下，卖方承担责任最小，买方必须承担在卖方所在地受领货物后的全部费用和风险。

2. 买方义务

(1)买方必须自负风险和费用，取得任何出口和进口许可证或其他官方许可，在需要办理海关手续时，办理货物出口的一切海关手续。

(2)在通常地点或合同规定的地点，及时提取卖方提供的货物，承担卖方交货后的一切费用与风险；按照合同规定支付价款。

(3)买方必须支付任何装运前检验的费用，包括出口国有关当局强制进行的检验。

(4)在卖方协助下取得的进出口报关所需的、由出口国所提供的各种文件或同等的 EDI 的有关费用，由买方承担。

(5)买方必须及时告知卖方任何安全信息要求。

二、FCA

(一)FCA 术语的含义

FCA 是 Free Carrier (…named place)的缩写，即货交承运人(……指定地点)。它是指卖方只要将货物在指定的地点交给买方指定的承运人，并办理出口清关手续，即完成交货。承运人是指在运输合同中承诺通过铁路、公路、空运、海运、内河运输或上述运输的联合方式履行运输或由他人履行运输的任何人。该术语可用于各种运输方式，包括多式联运。

(二)在 FCA 贸易术语下买卖双方的义务

1. 卖方义务

(1)办理出口清关手续，在指定地点按约定日期将货物交给买方指定的承运人，并给予买方已交付的充分通知。

(2)承担货物交给承运人以前的一切费用和风险。

(3)向买方提供约定的单据或具有同等效力的电子信息。

2. 买方义务

(1)自负费用订立自指定地点承运货物的合同，并将承运人名称及时通知卖方。

(2)从卖方交付货物时起，承担货物丢失或损坏的一切风险。

(3)按合同规定受领交货凭证或具有同等效力的电子信息。

(三)使用 FCA 术语时应注意的问题

1. 关于承运人和交货地点

在 FCA 条件下，通常是由买方安排承运人，与其订立运输合同，并将承运人的情况通知卖方。该承运人可以是拥有运输工具的实际承运人，也可以是运输代理人或其他人。交货地点的选择直接影响到装卸货物的责任划分问题。如果双方约定的交货地点是在卖方所在地，卖方负责把货物装上买方安排的承运人所提供的运输工具即可；如果交货地点是在其他地方，卖方就要将货物交给承运人，在自己所提供的运输工具上完成交货义务，而无须负责卸货。

2. 风险转移的问题

买卖双方的风险划分是以货交承运人为界的。FCA 术语下是由买方订立运输合同，如果买方未能将承运人的相关信息通知卖方，或者买方指定的承运人未能在约定时间接受货物，则自合同规定的交付货物的日期和期限届满之日起，由买方承担货物灭失或损坏的一切风险，但以货物已被划归本合同项下为前提条件。也就是说，正常情况下，风险在卖方货交买方指定的承运人时发生转移，但如果由于买方的原因致使卖方无法按时货交承运人，只要货物已被特定化，那么风险界限可以前移至合同约定的交货期限届满。

3. 有关责任和费用的划分问题

卖方要自负风险和费用，取得出口许可证或其他官方批准证件，并办理货物出口所需的一切海关手续。按照 FCA 术语成交时，一般由买方自行订立从指定地点承运货物的合同，但是，如果买方有要求，并由买方承担风险和费用，卖方也可以代替买方指定承运人并订立运输合同。当然，卖方也可以拒绝订立运输合同；如果拒绝，应立即通知买方，以便买方另行安排。

FCA 术语下，买卖双方承担的费用以货交承运人为界，即卖方承担货物交给承运人控制之前的有关费用，买方承担货物交给承运人之后的各项费用。

[案例 8—4]　我国某进出口公司向美国某贸易公司出口玩具 6 000 个，对外报价为每个 5 美元 FOB 宁波，装运期为 8 月份，集装箱装运。我方 8 月 11 日收到买方的装运通知，为及时装船，公司业务员于 8 月 13 日将货物存于宁波码头仓库，不料货物因当夜发生火灾而全部灭失，以致货物损失由我方承担。该笔业务中，我方选用的贸易术语是否妥当？若不妥，应选用何种贸易术语？

分析　本案中我方贸易术语的选择是不妥当的。应采用 FCA 术语。

三、CPT

(一)CPT 术语的含义

CPT 是 Carriage Paid to (… named place of destination)的缩写，即运费付至(……指定目的地)。它是指卖方向其指定的承运人交货，并须支付将货物运至目的地的运费，而买方承担交货之后的一切风险和其他费用。该术语可适用于各种运输方式，包括多式联运。

(二)在 CPT 贸易术语下买卖双方的义务

1. 卖方义务

(1)在约定日期或期限内，将货物在双方约定地点交给卖方指定的承运人或其他人，并向买方发出通知。

(2)自负风险和费用，按照通常条件办理运输；取得所有的出口许可或其他官方授权，办理货物出口和交货前从他国过境运输所需的一切海关手续；采用适合运输的方式包装货物，并作适当标记。

(3)应买方要求并由其承担风险和费用，及时向买方提供办理保险需要的信息；及时向买方提供或协助其取得相关货物进口和/或将货物运输到最终目的地所需要的任何文件和信息，包括安全相关信息。

(4)承担完成交货前货物一切风险和费用及交货后的运输费用，包括根据运输合同规定由卖方支付的装货费用和在目的地的卸货费用，以及由卖方支付的货物从他国过境运输的费用等。

2. 买方义务

(1)当有权决定发货时间和/或指定目的地或目的地内收取货物的交付点时，必须向卖方发出充分的通知。

(2)自负风险和费用，办理保险；取得所有的进口许可或其他官方授权，办理货物进口和从他国过境运输所需的一切海关手续。

(3)应卖方要求并由其承担风险和费用，及时向卖方提供或协助其取得货物运输和出口及从他国过境运输所需要的任何文件和信息，包括安全相关信息。

(4)承担自交货时起货物的一切风险和费用(运费除外)，包括在目的地的卸货费用、从他国过境运输的费用等；除非根据运输合同，这些费用应由卖方支付。

四、CIP

(一)CIP 术语的含义

CIP 是 Carriage and Insurance Paid to (… named place of destination)的缩写，即运费、保险费付至(……指定目的地)。它是指卖方向其指定的承运人交货，并须支付将货物运至目的地的运费，办理买方货物在运输途中丢失或损坏风险的保险和支付保险费，而买方承担卖方交货之后的一切风险和额外费用。该术语可适用于各种运输方式，包括多式联运。

(二)在 CIP 贸易术语下买卖双方的义务

1. 卖方义务

(1)在约定日期或期限内，将货物在双方约定地点交给卖方指定的承运人或其他人，并向买方发出通知。

(2)自负风险和费用，按照通常条件办理运输；与信誉良好的保险公司签订货运保险合同，最低可以投保“协会货物条款”的(C)险或类似条款的最低险别，最低应按合同价格另加 10%(即 110%)作为保险金额，并采用合同货币，保险期间应自交货点起至少到指定目的地止。如果买方有额外保险要求，且能够提供所需信息并承担费用，卖方应该办理。

(3)自负风险和费用，取得所有的出口许可或其他官方授权，办理货物出口和交货前从他国过境运输所需的一切海关手续；采用适合货物运输的方式包装货物，并作适当标记。

(4)应买方要求并由其承担风险和费用，及时向买方提供或协助其取得货物进口和/或将货物运输到最终目的地所需要的任何文件和信息，包括安全相关信息。

(5)承担交货前货物的一切风险和费用及交货后的运输和保险费用，包括根据运输合同规定由卖方支付的装货费用和在目的地的卸货费用、货物从他国过境运输的费用等。

2. 买方义务

(1)当有权决定发货时间和/或指定目的地或目的地内收取货物的交付点时，必须向卖方发出充分的通知。

(2)自负风险和费用,取得所有的进口许可或其他官方授权,办理货物进口和从他国过境运输所需的一切海关手续。

(3)应卖方要求并由其承担风险和费用,必须及时向卖方提供或协助其取得货物运输和出口及从他国过境运输所需要的任何文件和信息,包括安全相关信息。

(4)承担自交货时起与货物相关的一切风险和费用(运费和保费除外),包括目的港的卸货费用、从他国过境运输的费用等,除非它们已包括在运输合同中。

五、DAT

(一)DAT术语的含义

DAT是Delivered at Terminal的缩写,即目的地或目的港的集散站交货。类似于被取代的DEQ术语,指卖方在指定的目的地或目的港的集散站卸货后将货物交给买方处置即完成交货,术语所指目的地包括港口。卖方应承担将货物运至指定的目的地或目的港的集散站的一切风险和费用(除进口费用外)。本术语适用于任何运输方式或多式联运。

(二)在DAT贸易术语下买卖双方的义务

1. 卖方义务

(1)卖方必须自负风险和费用,取得任何出口许可证、其他官方许可或其他文件,并在需要办理海关手续时办理货物出口及从他国过境所需要的一切海关手续。

(2)卖方必须自付费用订立运输合同,将货物运至指定的目的地或目的港口并从运输工具上卸下。

(3)卖方必须承担交货前货物灭失或损坏的一切风险和费用。

(4)向买方提交约定的单证或相等的电子信息。

(5)在买方自负风险和费用的情况下,按买方要求提供买方安全清关和后续所需要的单据和信息。

2. 买方义务

(1)买方必须按照销售合同规定支付价款。

(2)买方必须在卖方按照规定交货时受领货物,从卖方交付货物时起承担货物灭失和损坏的一切风险。

(3)在卖方自负风险和费用的情况下,按卖方要求提供卖方运输、出口和安全清关所需的信息。

(三)使用DAT术语时应注意的问题

(1)卖方应当在指定的目的地或目的港将货物从运输工具上卸下,并承担卸货费。

(2)交易双方应对指定的地点进行精确的规定。

(3)如果约定由卖方承担货物从指定地点运到另一地点的费用和风险,则可采用DAP或DDP。

六、DAP

(一)DAP术语的含义

DAP是Delivered at Place的缩写,即《2010年国际贸易术语解释通则》规定的指定地点交货(指定目的港或目的地)。DAP是指卖方在指定的目的地将货物交由买方处置即完成交货义务，无须将货物从运输工具上卸下。卖方承担货物运至指定目的地的一切风险。该术语适用于任何运输方式，包括多式联运。

（二）在DAP贸易术语下买卖双方的义务

1. 卖方义务

（1）卖方必须自负风险和费用，取得任何出口许可证、其他官方许可或其他文件，并在需要办理海关手续时办理货物出口及从他国过境所需的一切海关手续。

（2）卖方必须自付费用订立运输合同，将货物运至指定目的地或目的港。

（3）卖方必须承担交货前货物灭失或损坏的一切风险和费用。

（4）向买方提交约定的单证或相等的电子信息。

（5）在买方自负风险和费用的情况下，按买方要求提供买方安全清关和后续所需的单据和信息。

2. 买方义务

（1）买方必须按照销售合同规定支付价款。

（2）买方必须在卖方按照规定交货时受领货物，从卖方交付货物时起承担货物灭失和损坏的一切风险。

（3）在卖方自负风险和费用的情况下，按卖方要求提供卖方运输、出口和安全清关所需的信息。

（三）使用DAP术语时应注意的问题

（1）交易双方应对指定的地点进行精确的规定，如未约定或按照惯例也无法确定具体交货地点，则卖方可在目的地选择最适合其目的的交货地点。

（2）如果卖方订立运输合同支付的费用中包含了卸货费，除非双方另有约定，否则卖方无权向买方索偿。

（3）如果约定由卖方负责进口报关，则宜采用DDP。

七、DDP

（一）DDP术语的含义

DDP是Delivered Duty Paid(... named place of destination)的缩写，即完税后交货(……指定目的地)。它是指卖方在指定的目的地办理完进口清关手续，将在交货运输工具上尚未卸下的货物交与买方，卖方即完成交货。卖方要承担交货前的一切风险、责任和费用。该术语适用于各种运输方式，是卖方承担的风险、责任和费用最大的一种术语。

（二）在DDP贸易术语下买卖双方的义务

1. 卖方义务

（1）卖方必须自负风险和费用，取得任何出口许可证和进口许可证或其他官方许可、其他文件，并在需要办理海关手续时办理货物出口和进口以及从他国过境所需的一切海关手续。

（2）卖方必须自付费用订立运输合同，将货物运至指定目的地。如未约定或按照惯例也无法确定具体交货地点，则卖方可在目的地选择最适合其目的的交货地点。

（3）卖方必须承担交货前货物灭失或损坏的一切风险和费用。

（4）向买方提交约定的单证或相关的电子信息。

2. 买方义务

（1）买方必须按照销售合同规定支付价款。

(2)应卖方要求，并由其负责承担风险和费用，买方必须给予卖方一切协助，帮助卖方在需要办理海关手续时取得进口货物所需的进口许可证或其他官方许可。

(3)买方必须在卖方按照规定交货时受领货物，从卖方交付货物时起承担货物灭失和损坏的一切风险。

相关链接：贸易术语的使用

目前在国际贸易中，较多使用象征性交货的术语，即以装运港或装运地交货的方式成交。我国外贸企业在进出口业务中，对贸易术语的选用主要考虑下列因素：

(1)我国在进口贸易中大多使用FOB或FCA术语。在出口贸易中，则争取按CIF或CIP方式成交。

(2)有些国家规定进口贸易必须在本国投保，有些买方为了谋求保险费的优惠，与保险公司订有预保合同，则我方可同意按CFR和CPT方式出口。在大宗商品出口时，国外买方为谋求以较低运价租船，我方也可按FOB或FCA方式与之成交。

(3)在航空运输和铁路运输情况下，应采取FCA、CPT、CIP术语。但即使是海洋运输，在以集装箱方式运输时，出口商在货交承运人后即失去了对货物的控制，因而作为出口方，应尽量采用FCA、CPT、CIP方式成交。此类贸易术语还有利于出口方提早转移风险，提前出具运输单据，早日收汇，加快资金周转。

(4)我方进口大宗货物需以租船方式装运时，原则上应采用FOB方式，由我方自行租船、投保以避免卖方与船方勾结，利用租船提单骗取货款。

第四节　国际货物的价格

一、进出口商品的作价原则与方法

(一)进出口商品的作价原则

在进出口业务中，我国进口商品作价应遵循的原则是：在平等互利的前提下，参照国际市场价格水平，结合国别与地区政策，根据购销意图，制定适当价格。由于成交商品价格构成因素不同，影响商品价格变化的因素也比较多，所以在制定进出口商品价格时，还应适当考虑下列因素：

(1)商品质量的优劣。主要包括商品档次的高低、包装的好坏、式样的新旧以及商品品牌的知名度等。

(2)成交数量的大小。一般情况下，交易量比较大时，应在价格上给予适当的优惠；反之，成交量较小时，可提高售价。

(3)运输距离的远近。在制定价格时，要核算好运输成本，做好比价工作。

(4)交货条件不同。依据不同的贸易术语进行贸易时，贸易双方所承担的责任、费用和风险不同。所以对于同一商品，在与同一国家或地区进行贸易时，可以有不同的价格。

(5)季节性需求的变化。一些商品随着季节的变化，其需求量会发生很大的变化，因此应适当考虑季节性差价，提高商品的竞争力。

(6)货款的支付条件与外汇汇率变动的风险。同一商品在其他条件相同的情况下可以选用不同的支付条件，对于出口方，应尽量采取有利的支付条件。为了防止汇率变动给买卖双方带来的风险，应尽量选取有利的货币。

(7)交货期的远近、货物保险条件、市场销售习惯等因素。

(二)进出口商品的作价方法

在实际业务中根据不同情况,买卖双方的作价方法主要有以下几种:

1. 固定价格

固定价格是指买卖双方在签订合同时将货物的价格定死,不再变动。规定固定价格是一种常规做法,具有明确、具体、肯定和便于核算的特点,并可避免事后发生价格争议的可能性。合同价格一经确定,双方当事人就必须严格执行。除非合同另有约定或经双方当事人一致同意,任何一方都不得擅自更改。在国际贸易中规定价格,就意味着买卖双方要承担从订约到交货付款以至转售时价格波动的风险。

由于市场商品价格行情的变动不定,影响商品价格变化的因素也很多,因此在采用固定价格时必须分析行情变化趋势,对客户的资信进行了解和研究,以减少风险和损失。

2. 暂不固定价格

在买卖双方洽商交易时,如果对价格变动趋势难以判断,可签订活价合同,即只约定成交的品种、数量和交货期,而具体的价格,或在合同中订明以后定价时间及定价方法,或在合同中规定以后某个时期商定。按此办法成交,由于买卖双方都不承担价格变动的风险,故有利于交易的顺利完成。但对于在合同中规定在以后某个时期商定具体的价格这种情况,容易给合同带来较大的不稳定性,双方也可能因未规定作价方法而各执己见。一般只有长期合作的贸易伙伴才宜使用。

3. 部分固定价格,部分暂不定价

在大宗交易和分批交货的情况下,买卖双方为避免风险可在合同中规定,近期交货部分的商品价格采用固定作价的方法;远期交货部分的商品价格不采用固定作价的方法,而是根据市场变化按国际市场价格或双方另行协商议定的价格。因此同暂不固定价格一样,该方法有一定的不稳定性,双方有可能在远期作价时出现矛盾,影响合同的正常履行。

4. 暂定价格

买卖双方在合同中先订立一个初步价格,作为开立信用证和初步付款的依据,待双方确定正式价格后,再根据多退少补的原则进行最后清算。这种做法有利于促进贸易,减少双方风险。

5. 滑动价格

国际贸易中对某些成套设备、机械的买卖合同,因交货期限较长,为避免交货商品因原材料、工资的价格变动而影响产品价格或给买卖双方造成价格变动的风险,往往采用“滑动价格”,又称“价格调整条款”。这种作价方法通常是指在签约时先规定一个初步价格,同时规定如果原材料价格、工资发生变化,卖方保留调整价格的权利。即交货时再对价格作相应调整,按原材料、工资的实际变动情况来计算合同的最后价格。

我国进出口贸易作价,一般都采用固定作价的方法,但根据不同商品的不同特点,有时也采用其他作价方法。

相关链接:在滑动价格条款中,常用下面公式进行调整:

$$P=P_0\left(A+B\cdot\frac{M}{M_0}+C\cdot\frac{W}{W_0}\right)$$

式中:P——商品交货时的价格,即最终价格;

P_0——签约时规定的初步价格;

A、B、C——分别代表签约时的经营管理费用和利润、原料、工资三者各自在价格中所占的比重；

M 和 M_0——分别代表计算最后价格和签订合同时引用的有关原料的价格或价格指数；

W 和 W_0——分别代表计算最后价格和签订合同时引用的有关工资的价格或指数。

另外，也有的用物价指数的变动趋势作为价格调整的依据。

二、成本核算

（一）出口商品盈亏率

出口商品盈亏率是指出口商品盈亏额与出口总成本的比率。出口盈亏额是指出口销售人民币净收入与出口总成本的差额，前者大于后者为盈利；反之，为亏损。其计算公式如下：

$$出口商品盈亏率=\frac{出口销售人民币净收入-出口总成本}{出口总成本}\times 100\%$$

$$=\frac{出口盈亏额}{出口总成本}\times 100\%$$

（二）出口商品换汇成本

出口商品换汇成本是用来反映出口商品盈亏的一项重要指标，它是指以某种商品的出口总成本与出口商品的外汇净收入之比，得出用多少人民币换回1单位外币。如出口商品换汇成本高于银行的外汇牌价，则出口为亏损；反之，则说明出口有盈利。其计算公式为：

$$出口商品换汇成本=\frac{出口总成本(人民币)}{出口销售外汇净收入(外币)}$$

［案例8—5］　出口某商品1 000件，每件15美元CIF纽约，总价为15 000美元，其中运费2 010美元，保险费102美元。进价每件人民币70元，共计70 000元人民币，费用定额率为10%。1USD=6.7RMB。试求：(1)该商品的出口盈亏额和盈亏率各是多少？(2)该笔业务的出口换汇成本是多少？

解　出口盈亏额＝出口销售人民币净收入－出口总成本

$$=(15\,000-2\,010-102)\times 6.7-(70\,000+70\,000\times 10\%)$$

$$=9\,350(元人民币)$$

$$出口商品盈亏率=\frac{出口盈亏额}{出口总成本}\times 100\%$$

$$=\frac{9\,350}{70\,000}\times 100\%$$

$$=13.36\%$$

$$出口商品换汇成本=\frac{出口总成本(人民币)}{出口销售外汇净收入(外币)}$$

$$=\frac{70\,000+70\,000\times 10\%}{15\,000-2\,010-102}$$

$$=\frac{77\,000}{12\,888}$$

$$=5.97(元人民币/美元)$$

（三）出口创汇率

出口创汇率（也称外汇增值率）是指加工后成品出口的外汇净收入与原料外汇成本的比

率。如原料为国产品，则外汇成本可以按照原料的 FOB 出口价计算；如原料是进口的，则按照该原料的 CIF 价计算。通过出口的外汇净收入和原料外汇成本的对比，可以看出成品出口的创汇情况，从而确定出口成品是否有利。特别是在进料加工的情况下，核算出口创汇率这项指标更有必要。其计算公式为：

$$出口创汇率=\frac{成品出口外汇净收入-原料外汇成本}{原料外汇成本}\times 100\%$$

计算时应注意：成品出口时，不论按何种价格条件成交，一律按 FOB 价计算成品出口外汇净收入；对于原料外汇成本的计算，若原料系进口，则不论按何种价格条件成交，一律应折成 CIF 价计算。

外汇增值额（又称创汇额）是指把原材料加工后，以成品出口所增加的外汇收入数额。其计算公式为：

$$外汇增值额=成品出口外汇净收入-进口原料外汇支出$$

上式中的外汇支出应以 CIF 价计算，即应包括进口原材料的所有实际外汇支出。

[案例 8—6] 北京某公司实行进料加工策略出口某货物，进口原料每吨 CIF 价为 29 000 美元，加工后成品出口外汇净收入为每打 130 美元，每吨进口原料可加工 270 打产品出口，试计算外汇增值额和出口创汇率各为多少？

解 外汇增值额＝成品出口外汇净收入－进口原料外汇支出

$$=130\times 270-29\ 000$$

$$=6\ 100(美元)$$

$$出口创汇率=\frac{外汇增值额}{进口原料外汇支出}\times 100\%$$

$$=\frac{6\ 100}{29\ 000}\times 100\%$$

$$=21.03\%$$

此外，在掌握出口商品价格上，还要防止盲目坚持高价或随意削价竞销的偏向。在这方面，我们是有教训的。出口商品价格过高，不仅会削弱我国出口商品的竞争能力，而且还会刺激其他国家发展生产或增加代用品来同我国产品竞销，从而产生对我国不利的被动局面。反之，不计成本地削价竞销，盲目出口，不仅会在外销价格方面出现混乱，造成肥水外流，给国家带来经济损失，而且还会使一些国家借此对我国出口产品采取限制措施，致使反倾销案件增多。在当前形势下，主要应该防止后一种偏向。

三、佣金与折扣

(一)佣金

1. 佣金的含义

佣金是指卖方或买方付给中间商代理买卖或介绍交易的服务酬金。此佣金可由卖方支付，也可由买方支付。

2. 佣金的表示方法

凡价格中含有佣金的称为含佣价。佣金有明佣和暗佣两种。凡在商品的价格中明确佣金的百分比或绝对数的，称为明佣。如果不标明佣金的百分比或绝对数，甚至连“佣金”的字样也不表示出来，有关佣金问题由双方另行约定，这种做法称为暗佣。

明佣的表示方法有以下三种：

(1)用文字说明。如 USD 100 per M/T CIF London including 3%Commission(每公吨 100 美元 CIF 伦敦包括 3%佣金)。

(2)直接在贸易术语后面加上 Commission 的缩写字母“C”和所付的佣金率。如 USD 100 per M/T CIFC 3% London(每公吨 100 美元 CIFC3%伦敦)。

(3)绝对数表示。如 Pay Commission USD 40 per M/T(每公吨付佣金 40 美元)。

暗佣的表示方法从贸易条件本身看不出来，双方可通过签订“付佣协议”或“代理协议”来规定具体内容。

3. 佣金的计算方法

佣金一般是按交易金额的百分比计算，也可按成交的数量来计算。我国在实际业务中，一般是按发票金额作为计算基数。佣金的计算公式为：

佣金＝含佣价×佣金率

含佣价＝净价＋佣金＝净价/(1－佣金率)

净价＝含佣价－佣金

＝含佣价×(1－佣金率)

[案例 8－7] 某公司出口 CIF 发票净价金额 2 000 美元，佣金率 5%，佣金和含佣价为多少？

解 含佣价＝2 000/(1－5%)＝2 105.26(美元)

佣金＝含佣价×佣金率＝2 105.26×5%＝105.26(美元)

4. 佣金的支付方法

一种是由中间代理商直接从货价中扣除；另一种是由卖方收到货款后按双方约定的佣金比率另行支付给中间商。在支付佣金时，要防止错付、漏付和重付。在我国，佣金通常是我国出口企业在收到全部货款后再支付给中间商或代理商。

(二)折扣

1. 折扣的含义

折扣是卖方在原价格的基础上给予买方的一定比例的价格减让。货价中的折扣一般应在合同中订明，这种在价格条款中明确表明价格折扣的做法，称为明扣；如果单价中没有表明折扣而由买卖双方另行约定折扣的做法，称为暗扣。暗扣一般属于不公平竞争。

2. 折扣的表示方法

明扣有以下三种表示方法：

(1)用文字来说明表示。如 USD 100 per M/T FOB Dalian including 2% discount(每公吨 100 美元 FOB 大连，折扣 2%)。

(2)用绝对数来表示。如 Discount USD 200 per M/T(每公吨折扣 200 美元)。

(3)在贸易术语中加注“D”(Discount)或“R”(Rebate)和折扣率来表示。如 CIFD 2% 新加坡或 CIFR 2% 伦敦。

采用暗扣时，在合同的价格中不作规定。折扣按买卖双方达成的协议处理。

3. 折扣的计算方法

折扣一般按成交额或发票金额来计算。其计算公式为：

折扣＝原价×折扣率

卖方净收入＝原价×(1－折扣率)

[案例8—8] 某公司以每公吨520美元CIF香港出口一批货物,含折扣2%的价格,该公司每公吨的净收入为多少?

解 卖方净收入=原价×(1—折扣率)

=520×(1—2%)=509.6(美元)

4. 折扣的支付方法

折扣是由买方在付款时预先扣除。如是暗扣,在合同中不表示出来,按双方达成的协议,由卖方另行支付给买方。

佣金与折扣虽都直接影响到商品的价格,但两者存在着很大的不同。例如,两者付给的对象不同,佣金是由卖方或买方付给中间商的报酬,而折扣是卖方给予买方价格上的优惠;许多国家对佣金要征收所得税,而对折扣则不征税。

(三)常用价格换算

1. 净价之间的换算

(1)FOB与CIF、CFR的换算

①FOB价换算为其他价格。

$$\text{CIF 价}=\frac{\text{FOB 价}+\text{运费}}{1-\text{投保加成}\times\text{保险费率}}=\frac{\text{CFR 价}}{1-\text{投保加成}\times\text{保险费率}}$$

$$\text{CFR 价}=\text{FOB 价}+\text{运费}$$

②CIF价换算为其他价格。CIF价的构成包括FOB价、海运保险及扩展责任保险费和海运运费。

$$\text{FOB 价}=\text{CIF 价}\times(1-\text{投保加成}\times\text{保险费率})-\text{运费}$$

$$\text{CFR 价}=\text{CIF 价}-\text{保险费}=\text{CIF 价}\times(1-\text{保险加成}\times\text{保险费率})$$

③CFR价换算为其他价格。CFR价包括FOB价及单位货物的海运运费。

$$\text{CIF 价}=\frac{\text{CFR 价}}{1-\text{投保加成}\times\text{保险费率}}$$

$$\text{FOB 价}=\text{CFR 价}-\text{运费}$$

(2)FCA、CPT、CIP之间的换算

①FCA价换算为其他价格。

$$\text{CPT 价}=\text{FCA 价}+\text{运费}$$

$$\text{CIP 价}=(\text{FCA 价}+\text{运费})/(1-\text{投保加成}\times\text{保险费率})$$

②CPT价换算为其他价格。

$$\text{FCA 价}=\text{CPT 价}-\text{运费}$$

$$\text{CIP 价}=\text{CPT 价}/(1-\text{投保加成}\times\text{保险费率})$$

③CIP价换算为其他价格。

$$\text{FCA 价}=\text{CIP 价}\times(1-\text{投保加成}\times\text{保险费率})-\text{运费}$$

$$\text{CPT 价}=\text{CIP 价}\times(1-\text{投保加成}\times\text{保险费率})$$

2. 净价与含佣价的换算

(1)以FOB含佣价换算为其他价格。

$$\text{FOB 净价}=\text{FOB 含佣价}\times(1-\text{佣金率})$$

$$CIF净价=\frac{FOB含佣价\times(1-佣金率)}{1-投保加成\times保险费率}$$

$$CFR净价=FOB含佣价\times(1-佣金率)+运费$$

(2)以CFR含佣价换算为其他价格。

$$FOB净价=CFR含佣价\times(1-佣金率)-运费$$

$$CIF净价=\frac{CFR含佣价\times(1-佣金率)}{1-投保加成\times保险费率}$$

$$CFR净价=CFR含佣价\times(1-佣金率)$$

(3)以CIF含佣价换算为其他价格。

$$FOB净价=CIF含佣价\times(1-投保加成\times保险费率-佣金率)-运费$$

$$CIF净价=CIF含佣价\times(1-佣金率)$$

$$CFR净价=CIF含佣价\times(1-投保加成\times保险费率-佣金率)$$

四、合同中的价格条款

(一)价格条款的基本内容

合同中的价格条款包括单价和总值两部分。

1. 单价

单价通常由4部分组成,即计量单位、单位价格金额、计价货币和贸易术语。

例如:per M/T	100	USD	CIF New York
计量单位	单位价格金额	计价货币	贸易术语

(每公吨100美元CIF纽约)

(1)计量单位

由于各国度量衡制度不同,因此计量单位必须明确规定清楚,例如公吨、长吨或短吨,不可笼统规定为吨。

(2)单位价格金额

单位金额是货物价格中最基本的内容,是每一计量单位货物价值的货币表现。对外贸易货物价格是由国内价格和国外费用两部分组成的,贸易术语以买卖双方承担的责任来说明价格的构成,而单位金额则给予价格构成以数字上的具体显示。对于同一货物的进出口,单位金额要根据不同的贸易术语而作相应的调整。

(3)计价货币

计价货币是指合同中规定用来计算价格的货币。在国际贸易中,价格通常表现为一定量的特定货币。一般情况下支付货币与计价货币相同。计价货币可以是进口国货币、出口国货币,也可以是进出口双方同意的第三国货币,还可以是买卖双方协商同意的某种记账单位。买卖双方在选择计价货币时,一般会考虑两个因素:一是汇价风险问题;二是从汇率角度衡量货价高低的问题。通常买卖双方愿意选择汇率稳定的货币作为计价货币。

但在汇率不稳定的情况下,出口方倾向于选用“硬币”,而进口方则倾向于选用“软币”。若合同中的计价货币对其中一方不利,这一方应采取合适的保值措施,并把所承担的汇率风险考虑到货价中去。

对计价货币,要注明货币国别或地区,例如“元”有美元、日元、加元、港元等,不可笼统记为“元”。

(4)贸易术语

在国际贸易中,每种不同的贸易术语所代表的风险、责任和费用的划分不同,表示的价格构成因素也各不相同,因此在制定价格条款时贸易术语的选用对双方都至关重要。

若后接具体的港口名称,例如 CIF 伦敦、FOB 东京,一定要注意,凡世界上有同名的港口,必须加注国名。

2. 总值

总值即总价,是指出售一批货物的全部金额。它等于单价乘以数量,总值的计价货币应与单价使用的计价货币一致。

例如,…,for 100 metric tons of Bitter Apricot Kernels 2004 crop at USD 1 500 per metric ton CIFC 2% San Francisco.

……,100 吨 2004 年产杏仁,每公吨 CIFC2%价 1 500 美元,旧金山交货。

(二)订立价格条款应注意的问题

(1)合理确定商品的单价,防止作价偏高或偏低。

(2)合同中的价格条款要与合同中的其他条款在内容上保持一致,不能发生抵触和矛盾;如不一致,则必须采用相应条款加以说明和调整。

(3)根据拟采用的运输方式和销售意图,选择适当的贸易术语。

(4)争取选用有利的计价货币以免遭受币值变动带来的风险,必要时可以加订保值条款。

(5)灵活运用各种不同的作价方法,力求避免价格变动的风险。

(6)单价中涉及的计价数量单位、计价货币、装卸地名称等,必须书写正确、清楚,以利合同的履行。

(7)参照国际贸易的习惯做法,注意佣金和折扣的合理运用。

(8)如对交货品质和数量订有机动幅度而又同意机动部分的价格另订的,必须明确另订价格的具体方法。

(三)价格条款示例

1. 单价:每公吨 95 英镑 CIF 香港

总值:14 550 英镑

Unit price: at GBP 95 per metric ton CIF HongKong

Total Value: GBP 14 550(Say pounds sterling fourteen thousand five hundred and fifty only)

2. 单价:每箱 0.80 美元 FOB 大连含 2%佣金

总值:14 850 美元

Unit price: at USD 0.80 per box FOB Dalian including 2% commission

Total Value: USD 14 850(Say US dollars fourteen thousand eight hundred and fifty only)

3. 单价:每件 50 美元 CIF 汉堡折扣 2%

总值:50 000 美元

Unit price: at USD 50 per piece CIF Hamburg less 2% discount

Total Value: USD 50 000 (Say US dollars fifty thousand only)

本章小结

目前在国际上有关贸易术语的惯例主要有三种。现行的《2010 年国际贸易术语解释通则》对 11 种贸易术语归类分为两组，适用于水路运输方式的术语有 FAS、FOB、CFR、CIF，并对每个术语关于买卖双方在风险、费用和责任划分方面进行了详细的解释，提出了在实际业务中使用时应注意的有关问题。适用于所有运输方式的术语有 EXW、FCA、CPT、CIP、DAT、DAP 和 DDP，并对每个术语关于买卖双方在风险、费用和责任划分方面作了解释。

商品价格是国际贸易买卖合同主要内容之一。在这一条款中，根据商品特点、进出口商品作价原则和方法，分析了出口盈亏的主要指标，正确运用佣金与折扣，以达到促销目的；同时讲解了根据交易的需要，对价格进行换算以及订立价格条款应注意的问题。

关键概念

贸易术语　国际贸易惯例　FOB　CIF　CFR　FCA　CPT　CIP　固定价格
暂不定价格　出口货物盈亏率　出口货物换汇成本　出口创汇率　佣金　折扣

练习题

一、单项选择题

1.《2010 年国际贸易术语解释通则》解释贸易术语有(　　)种。

A. 6　B. 9　C. 13　D. 11

2. 按照《2010 年国际贸易术语解释通则》的解释，采用 CIF 条件成交时，卖方无义务(　　)。

A. 租船订舱　B. 办理货运保险
C. 办理出口通关手续　D. 办理进口通关手续

3. 根据《2010 年国际贸易术语解释通则》的解释，采用 FCA 术语时，买卖双方风险划分的界限是(　　)。

A. 货交买方处理　B. 出口国交货地点
C. 货交承运人　D. 将货物装上承运人运输工具

4. 根据《2010 年国际贸易术语解释通则》的解释，FAS 条件下买卖双方风险划分的界限是(　　)。

A. 装运港船边　B. 装运港船上　C. 目的港船边　D. 目的港船上

5. 根据《2010 年国际贸易术语解释通则》的解释，采用 CFR 术语时，卖方无义务(　　)。

A. 提交货运单据　B. 租船订舱
C. 办理货运保险　D. 取得出口许可证

6. 下列术语中，卖方不负责办理出口手续及支付相关费用的是(　　)。

A. FCA　B. FAS　C. FOB　D. EXW

7. 象征性交货意指卖方的交货义务是(　　)。

A. 不交货　B. 既交单，又实际性交货
C. 凭单交货　D. 实际性交货

8. 某合同条款规定为“每公吨 CIF 大阪 100 美元”，这种价格是(　　)。

A. 净价格　B. 含佣价　C. 离岸价　D. 成本价

9. 货物买卖中，接受佣金的多数是(　　)。

A. 买方　B. 卖方　C. 船方　D. 中间商

10. 出口成本价格包括(　　)。

A. 进货成本和国内费用　　B. 进货成本和国外费用

C. 进货成本　　D. 国内费用和国外费用

二、多项选择题

1. 有关贸易术语的国际贸易惯例有(　　)。

A.《2010 年国际贸易术语解释通则》　　B.《1932 年华沙—牛津规则》

C.《1941 年美国对外贸易定义修订本》　　D.《汉堡规则》

2. 在使用集装箱海运的出口贸易中，卖方采用 FCA 贸易术语比采用 FOB 贸易术语更为有利的具体表现是(　　)。

A. 可以提前转移风险　　B. 可以提早取得运输单据

C. 可以提早交单结汇，提高资金的周转率　　D. 可以减少卖方的风险责任

3. FOB 贸易术语的变形是(　　)。

A. FOB 的班轮条件　　B. FOB 包括平舱、理舱

C. FOB 包括理舱　　D. FOB 吊钩下交货

4. 在进出口业务中，非固定价格的规定方法主要有(　　)。

A. 只规定作价的方式而具体价格留待后确定

B. 暂定价

C. 部分固定价格，部分非固定价格

D. 支付一定的定金，余款后付

5. 在国际货物买卖中，作价的方法主要有(　　)。

A. 预付款　　B. 固定作价　　C. 非固定作价　　D. 价格调整条款

三、简答题

1. 什么是国际贸易术语？它有哪些作用？

2. 常用的国际贸易术语的国际惯例有哪几种？

3. 我出口公司对美商报价，每公吨 CIF 纽约 500 美元，发货港是上海。现美商要求我方改报 FOB 大连价。分析在 CIF 和 FOB 条件下，双方在所负担的责任、费用和风险方面有什么差别？

4. 进出口商品作价的方法有哪几种？

5. 佣金、折扣两者有何区别？

四、计算题

1. 某出口商品成本为人民币 1 500 元，出口外汇净收入为 3 100 港元，设结算日银行外汇牌价 USD 100＝HKD 775，求该商品的换汇成本。

2. 设某工厂出口 1 吨钢材，支出外汇 300 美元，加工成品出口，外汇净收入为 500 美元，求创汇率。

3. 我国某对外贸易公司出售一批商品，原报价为每千克 100 美元 CFR LONDON(投一切险，加一成投保，保费率为 4%)，客户要求改报 CIF LONDON 美元价。试问在不影响收汇额的前提下，CIF 报价应为多少？

五、案例分析题

1. 我方公司以 FOB 条件出口一批冻鸡。合同签订后接到买方来电，称租船较为困难，委托我方代为租船，有关费用由买方负担。为了方便合同履行，我方接受了对方的要求。但时已至装运期，我方在规定装运港无法租到合适的船，且买方又不同意改变装运港，因此，到装运期满时货仍未装船。买方因销售季节即将结束，便来函以我方未按期租船履行交货义务为由撤销合同。问：我方应如何处理？

2. 某公司以 CIF 条件进口一批货物。货物自装运港启航不久，载货船舶因遇风暴而沉没。在这种情况下，卖

方仍将包括保险单、提单、发票在内的全套单据寄给买方，要求买方支付货款。问：进口方是否有义务付款？

3. 我某进出口公司对日本某客户发盘，供应棉织浴巾 4 000 打，每打 CIF 大阪 80 美元，装运港大连。现日商要求我方改报 FOB 大连价。问：我出口公司对价格应如何调整？如果最后按 FOB 条件签订合同，买卖双方在所承担的责任、费用和风险方面有什么区别？

4. 我方以 FCA 贸易术语从意大利进口布料一批，双方约定最迟的装运期为 4 月 12 日，由于我方业务员的疏忽，导致意大利出口商在 4 月 15 日才将货物交给我方指定的承运人。当我方收到货物后，发现部分货物有水渍，据查是因为货交承运人前两天大雨淋湿所致。据此，我方向意大利出口商提出索赔，但遭到拒绝。问：我方的索赔是否有理？为什么？

六、论述题

1. 试述 FOB、CIF、CFR 三种贸易术语下买卖双方的责任及异同点。
2. 试述 FOB、CFR、CIF 术语与 FCA、CPT、CIP 术语的异同。

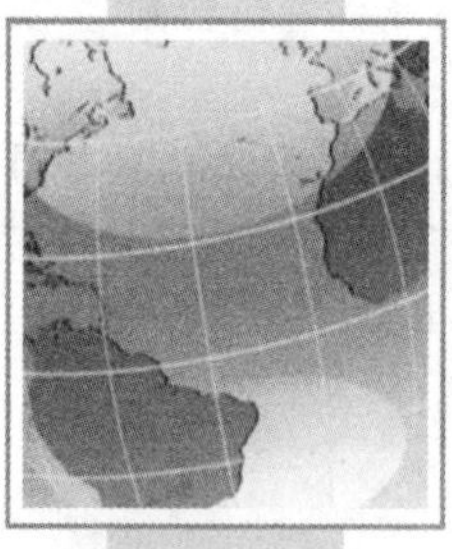

第九章 国际货物运输

要点提示

● 国际物流的特点及国际物流系统的组成、国际货物运输代理人的类型和业务范围

● 国际货物贸易的运输方式和特点，海洋运输中班轮运输的特点、运费的计收标准，滞期费和速遣费的含义，国际铁路运输、航空运输、邮包运输、集装箱运输、国际多式联运的做法

● 国际货物贸易合同中的运输条款的主要内容

● 国际货物贸易中涉及的各种运输单据

内容引言

在国际贸易中，货物从出口国转移到进口国，必须通过运输来实现。因此，出口商在商品出口时必须根据本公司商品的情况和各种运输的特点来选择最佳的运输途径和运输方式，并按规定履行交货义务，取得有关单据议付货款。例如我国某公司按CFR条件、即期不可撤销信用证用集装箱装运出口成衣300箱，装运条件是CY/CY。货物交运后，我公司取得“清洁已装船”提单，提单上标明：“Shippers load and count”，在信用证规定的有效期内，我公司及时交单议付了货款。

第一节　国际物流与货物运输代理

一、国际物流

(一)国际物流的含义

国际物流(International Logistics，简称IL)是应国际贸易的需要而发生在不同国家之间的物流，具体是指当生产和消费分别在两个或两个以上的国家(或地区)独立进行时，为了克服生产和消费之间的空间距离和时间隔离，对物资(商品)进行物理性移动的一项国际商品贸易或交流活动，从而完成国际商品交易的最终目的。广义的国际物流不仅包括上述国际贸易物流，还包括国际展览与展品物流、国际邮政物流和援外项目物流等非贸易国际物流。国际物流是相对国内物流而言的，是跨越国境的物流活动方式，是国内物流的延伸。

(二)国际物流的特点

1. 物流环境的差异性

国际物流所面临的环境相对于国内物流来说具有很大的差异性。这种差异性来自各方面的因素，例如不同的国家和不同的地区适用的法律法规不同，操作规程和技术标准不同，地理、气候等自然环境不同，风俗习惯等人文环境不同，经济和科技发展及各自消费水平不同等。这些具有显著差异的物流环境使得国际物流的建立必须同时适应不同的法律法规、人文、习俗、语言、科技发展程度及相关的设施，由此国际物流相对于国内物流来说，要形成完整、高效的物流系统难度较大。

2. 物流系统范围的广泛性

国际物流系统不仅具有物流本身复杂的功能要素、系统与外界的沟通因素，而且还要面对不同国家、不同地区错综复杂的不断变化的各种因素。国际物流涉及广阔的地域空间和诸多内外因素，需要较长的时间、难度较大的操作过程，以及面临较大的风险。国际物流系统范围的广泛性使得相关的现代化技术的开发与使用显得尤为重要，现代化系统技术可以尽可能降低物流过程的复杂性，减少其风险性，从而使国际物流尽可能提高速度、增加效益，并推动其发展。

3. 要求物流信息化具有先进性

国际物流面对的市场变化大、稳定性小，所以对信息的提供、收集与管理具有更高的要求，因此必须要有国际化信息系统的支持，建立技术先进的国际化信息系统成为发展现代国际物流的关键所在。同时它需要克服一系列困难，管理技术难度高，投资数额巨大，世界各国、各地区信息技术水平参差不齐，只有逐一地解决这些困难，才能建立起符合现代国际物流需求的物流信息支持系统。

4. 要求物流标准化具有统一性

国际物流要使国家间物流互相接轨并畅通起来，有一个必需的条件是标准统一。在国际流通体系中，应当推行国际基础标准、安全标准、卫生标准、环保标准及贸易标准的进一步统一，并在此基础上制定并推行运输、包装、配送、装卸、储存等技术标准，从而提高国际物流水平。

(三)国际物流系统的组成

国际物流系统由商品的包装、储存、运输、检验、外贸加工及其前后的整理、再包装以及国际配送等子系统构成。国际物流通过其中的储存和运输实现其自身的时空效应。

1. 国际货物运输

国际货物运输是国际物流系统的核心，创造物流的空间效应。通过国际货物运输实现商品由发货方到收货方的转移。国际货物运输是国内运输的延伸和扩展，同时又是衔接出口国货物运输和进口国货物运输的桥梁与纽带。相对于国内货物运输来说，国际货物运输具有路线长、环节多、涉及面广、手续繁杂、风险性大、时间性强、内外运两段性和联合运输等特点。现代物流业的迅速发展与运输业的技术革命紧密相关，特别是集装箱技术的推广应用给国际物流业的发展带来一场深刻的革命，极大地提高了国际物流系统的效率。

2. 外贸商品储存

外贸商品流通是一个由分散到集中，再由集中到分散的流通过程。储存保管可以克服外贸商品使用价值在时间上的差异，创造商品的时间价值。外贸商品的储存地点可以是生产厂成品库，也可以在流通仓库或国际转运站点，而在港口、站场储存的时间则取决于港口装运系统与国际运输作业的有机衔接。由于商品在储存进程中有可能降低其使用价值，而且需要消耗管理资源，因此必须尽量缩短储存时间，加快周转速度。

3. 进出口商品装卸与搬运

在物流系统中，装卸与搬运主要指垂直运输和短距离运输，其主要作用是衔接物流各环节的作业。货物装船和卸船、商品进库和出库以及在库内的搬、倒、清点、转运转装等都是装卸与搬运的重要内容。提高装卸与搬运的作业质量和作业效率，可以有效地减少物流各环节之间的摩擦，提高物流系统的效率，降低物流成本。

4. 进出口商品的流通加工与检验

商品在流通过程中的检验与加工，不仅可以促进商品销售、提高物流效率和资源利用率，而且还能通过加工过程保证并提高进出口商品的质量、扩大出口。流通加工既包括分装、配装、拣装、刷唛等出口贸易商品服务，也包括套裁、拉拨、组装、服装烫熨等生产性外延加工。这些加工不仅能最大限度地满足客户的多元化需求，还能增加外汇收益。

进出口商品的检验是对卖方交付商品的品质和数量进行鉴定，以确定交货的品质、数量和包装是否与合同的规定一致的过程。我国商检机构的主要任务是：对重要进出口商品进行法定检验，对一般进出口商品实施监督管理和鉴定。在对外贸易中的商品检验，主要是对进出口商品的品质、规格、数量以及包装等实施检验，对某些商品进行检验以确定其是否符合安全、卫生的要求；对动植物及其产品实施病虫害检疫；对进出口商品的残损状况和装运某些商品的运输工具等也需进行检验。

5. 商品包装

在国际物流系统中，商品包装的主要作用是保护商品、便利流通、促进销售。商品的商标与包装不仅反映了企业的经营水平与风格，也是一个国家综合科技文化水平的直接反映。在对出口商品包装进行设计和具体包装作业中，应将包装、储存、装卸搬运、运输等物流各环节进行系统分析、全面规划，实现现代国际物流系统所要求的“包、储、运一体化”，从而提高整个物流系统的改革。

6. 国际物流信息系统

国际物流信息是国际物流活动的反映，也是组织和调控国际物流活动的依据。其主要内容包括进出口单证的作业过程信息、支付方式信息、客户资料信息、市场行情信息和供求信息等。随着国际市场竞争的日益激烈，世界各国日益加强了对国际物流系统中信息流的管理，把提高信息流水平和技术作为降低国际物流成本、提高国际物流服务水平和质量、提高整个国际物流效益和运行可靠性的发展战略。目前已应用于国际物流系统的信息技术主要有电子数据交换、条形码技术和全球卫星定位系统等。

二、国际货运代理

（一）国际货运代理人

国际货物运输代理人是指接受进出口收货人、发货人的委托，以委托人的名义或者以自己的名义，为委托人办理国际货物运输及相关业务并收取服务报酬的企业。

1. 国际货运代理人类型

按法律特征的不同，国际货运代理人可以分为以下三种类型：

(1)居间人型。这种类型的货运代理的特点是其经营收入来源为佣金，即作为中间人，根据委托人的指示和要求向委托人提供订约的机会或进行订约的介绍活动，在成功地促成双方达成交易后有权收取相应的佣金。这种类型的企业一般规模较小、业务品种单一。

(2)代理人型。这种类型的货运代理的特点是其经营收入来源为代理费。根据代理开展业务活动中是否披露委托人的身份，可再细分为以下两种类型：①披露委托人身份的代理人，即代理人以委托人的名义与第三方发生业务关系。传统意义的代理人即属于此种类型，在英美法系国家，这类代理通常称为直接代理、显名代理。②未披露委托人身份的代理人，即代理人以自己名义与第三方发生业务关系。在英美法系国家，这类代理通常称为间接代理、隐名代理；在德国、法国、日本等大陆法系国家，这类代理通常称为经纪人。在我国《合同法》"委托合同"一章吸收了英美法系这类代理的相关规定。

(3)当事人型。当事人型，也称委托人型、独立经纪人型、独立经营人型。这种类型的货运代理的特点是其经营收入的来源为运费或仓储费差价，即已突破传统代理人的界限，成为独立经营人，具有了承运人或场站经营人的功能。这种类型的货运代理既有仅局限于某一种运输方式领域的，如海运中的无船承运人，也有从事多式运输方式运输组织的多式联运经营人，以及提供包括货物的运输、保管、装卸、包装、流通所需要的加工、分拨、配送、包装物和废品回收等以及与之相关的信息服务的物流经营人。

2. 代理人的选择和使用

(1)政治背景和合作态度。代理人的政治背景和合作态度是建立和保持代理关系的基础。因此首先必须遵照国家外交外贸方针政策，选择政治可靠、对委托人友好并能合作共事的代理人，才能为委托人着想，维护委托人的利益。

(2)业务能力和工作质量。能否按时、按质、按量完成代理业务，很大程度上取决于代理人的工作能力和工作质量，仅有良好合作态度而缺乏业务能力的代理是无法担负委托任务的。所以业务能力和工作质量是选择代理的重要条件和标准。

(3)资信和经营作风。各个国家有各种各样的代理人，其中不乏商业道德败坏、经营作风恶劣、像皮包商之类的代理人。所以代理人的资信和经营作风也是衡量选择代理人的重要因素。

我国在使用代理上，遵照平等互利的原则处理好委托人与代理人之间的关系；在业务上，双方是委托与被委托关系；在政治上和经济上，双方是友好合作关系。

在代理的使用上，保持代理关系的相对稳定能够调动代理人的积极性，对工作有利。但对个别不符合要求、不称职的或作风不够正派的代理绝不能将就，应更换的必须坚决更换。

(二)国际货运代理责任

1. 国际货运代理的责任

国际货运代理的责任是指当国际货运代理作为代理人和当事人两种情况时的责任。国际货运代理人作为代理人，负责代发货人或货主订舱、保管和安排货物运输、包装、保险等，并代他们支付运费、保险费、包装费、海关税等，然后收取一定的代理手续费。

国际货运代理作为当事人，指在为客户提供所需的服务中，是以其本人的名义承担责任的独立合同人，他应对其履行国际货运代理合同而雇佣的承运人、分货运代理的行为或不行为负责。

2. 国际货运代理从事传统业务的责任分类

国际货运代理的责任可具体划分为以下几个方面：

(1)国际货运代理作为代理人的责任。国际货运代理只对其本身(在履行义务过程中)的过失及其雇员的过失负责，一般对运输公司、分包人等第三人的行为疏忽不负责任，除非对第三人的行为负有法律责任。

(2)国际货运代理对海关的责任。有报关权的国际货运代理在替客户报关时应遵守海关的有关规定，向海关当局及时、正确、如实地申报货物的价值、数量和性质，以免政府遭受税收损失。同时如报关有误，国际货运代理将会遭到罚款，并难以从客户那里得到此项罚款的补偿。

(3)国际货运代理对第三人的责任。多指对装卸公司、港口当局等参与货物运输的第三人提出的索赔承担的责任。这类索赔可分为两大类:第三人财产的灭失或损坏及由此产生的损失;第三人的人身伤亡及由此产生的损失。

(4)国际货运代理作为当事人的责任。国际货运代理作为当事人,不仅对其本身和雇员的过失负责,而且对履行过程中提供的其他服务的过失也应负责。

3. 国际货运代理的除外责任

除外责任又称免责,是指根据国家法律、国际公约、运输合同的有关规定,责任人免于承担责任的事由。国际货运代理与承运人一样享有除外责任,对于承运人,我国《海商法》规定了12项免责事由,《海牙规则》和《海牙—维斯比规则》规定了17项免责事由。

国际货运代理的除外责任包括以下七个方面:

(1)客户的疏忽或过失所致。

(2)客户或其代理人在搬运、装卸、仓储和其他处理中所致。

(3)货物的自然特性或潜在缺陷所致,如由于破损、泄漏、自燃、腐烂、生锈、发酵、蒸发或由于对冷、热、潮湿的特别敏感性。

(4)货物的包装不牢固、缺乏或不当包装所致。

(5)货物的标志或地址的错误或不清楚、不完整所致。

(6)货物的内容申报不清楚或不完整所致。

(7)不可抗力所致。

另外,一旦当局下达关于某种货物(危险品)的唛头、包装、申报等的特别指示时,客户有义务履行其在各方面应尽的职责。

客户不得让其国际货运代理对由于下列事实产生的后果负责:有关货物的不正确、不清楚或不全面;货物包装、刷唛和申报不当;货物在卡车、车厢、平板车或集装箱的装载不当;国际货运代理不能合理预见到的货物内在的危险。

(三)国际货物运输代理的业务范围

国际货物运输代理的业务范围非常广泛,从理论上说,包括与国际货物运输相关的一切运输方式和业务环节。例如,与货物本身相关的加工、包装、分拨、配送、存储、保管、保险等业务;与运输相关的货物国际运输、内陆运输、装卸等业务;与政府法令相关的进出口报关、报检等代理业务。

在我国,政府通过制定规则对国际货物代理行为进行管理。根据《国际货物运输代理业管理规定》,国际货物运输代理业务包括以下几个方面:

(1)揽货、订舱(含租船、包机、包航)、托运、仓储、包装。

(2)货物的监装和监卸、集装箱装拆箱、分拨、中转及相关的短途运输服务。

(3)报送、报检、报验、保险。

(4)缮制签发有关单证、交付运费、结算及交付杂费。

(5)国际展品、私人物品及过境货物运输代理。

(6)国际多式联运、集运(含集装箱拼箱)。

(7)国际快递(不含私人信函)。

第二节　国际货物运输方式

一、海洋运输

海洋运输(Ocean Transport)是指利用商船在国内外港口之间通过一定的航区和航线进行货物运输的一种方式。目前海运量在国际货物运输总量中占80%以上。海洋运输具有货物运量大、运费低、不受道路和轨道限制等优点。

但是海洋运输也有速度较慢、海上自然风险较大、船期不准确的缺点。按照海洋运输经营方式不同,海洋运输可分为班轮运输和租船运输。

(一)班轮运输

班轮运输 (Liner Shipping)又称定期船运输,是指船舶在固定的航线上和港口间,按事先公布的船期表和运费率航行,从事客货运输业务的一种运输方式。

1. 班轮运输的特点

(1)“四固定”,即固定的船期、固定的航线、固定的港口、相对固定的运费率。

(2)运费中包括装卸费。

(3)承运货物比较灵活,不论数量、品种,只要有舱位就可以接受。尤其对国际贸易中的杂货、零星货的运输更为适宜。

(4)船方或其代理人签发的提单是承运人与托运人之间的运输契约,船主与货主的权利和义务以班轮提单为依据。

2. 班轮运费

班轮运费(Liner Freight)是承运人为承运货物而向托运人收取的费用。计算运费的单价或费率称为班轮运价。班轮运价一般是以运价表的形式公布的。运价表一般包括说明及有关规定、货物分级表、航线费率表、附加费率表、冷藏货及活牲畜费率表等。按照运价表的形式,可分为等级运价表和单项费率运价表。等级运价表是将承运的货物分为若干等级,一般分为20个等级,每一等级有一基本费率。在实际业务中,等级运价表用得最多。单项费率运价表是按每项货物列出其基本费率。

班轮运费由基本运费和附加费用构成。基本运费是从装运港到目的港的基本费用,它构成班轮费用的主体。

(1)基本运费

①按货物的毛重计收,又称重量吨,1个重量吨为1公吨或1长吨或1短吨,在运价表内货物名称后用“W”表示。

②按货物的体积(容积)计收,又称尺码吨,1尺码吨为1立方米或40立方英尺,在运价表内货物名称后用“M”表示。

③按货物的毛重或体积(容积)计收,即在货物的重量吨或尺码吨中从高收费,在运价表内货物名称后用“W/M”表示。

④按货物的价格计收,又称从价运费,在运价表内货物名称后用“A. V.”或“Ad. Val”表示。即以货物FOB价的百分之几收费,一般不超过5%。适用于古玩、机密仪器等高价格物品。

⑤按货物的毛重、体积或从价计收,即按货物毛重、体积或从价三者中较高的一种计收,在

运价表内货物名称后用"W/M or A. V. "表示。

⑥按货物的毛重或体积计价并从价计收,即按货物的毛重或体积两者中较高的一种计收后,另加一定百分比的从价运费,在运价表内货物名称后用"W/M Plus A. V. "表示。

⑦按货物的件数计收,在运价表内货物名称后用"Per unit"表示。例如卡车按"辆"计收,活牲畜按"头"计收。或者对于规则包装的货物按每箱、每捆、每件等特定的运费额计收。

⑧按船货双方临时议定的价格计收,在运价表内货物名称后用"Open"表示。适用于大宗、低值货物,例如粮食、煤炭、矿石等。

(2)附加费

附加费是指对一些需要特殊处理的货物或由于客观情况的变化等使运输费用大幅度增加,班轮公司为弥补损失而格外加收的费用。附加费的种类很多,而且随着客观情况的变化而变化。以下为几种常见的附加费:

①超重附加费。指每件货物的毛重超过规定重量时所增收的附加费。

②超长附加费。指每件货物的长度超过规定长度时所增收的附加费。

③选卸附加费。指装货时尚不能确定卸货港,而在抵达第一选卸港前才向船方宣布最后确定卸货港的货物所增收的附加费。

④直航附加费。指交运货物量超过船公司规定的数量且要求船舶直接靠挂基本挂靠港所增收的附加费。

⑤转船附加费。指向需要在中途港转船的货物增收的中转包干费,包括换装费、仓储费及二程船运费等附加费。因为它是包干费,所以盈亏由船公司自理。

⑥港口附加费。指船舶需要进入港口条件较差、装卸效率较低或港口费用较高的港口以及拥塞的港口而向货方增收的附加费。

⑦燃油附加费。指因燃油价格上涨而增加的附加费。

⑧绕航附加费。指因战争、运河关闭、航道阻塞等原因造成临时绕航而需增加的附加费。

班轮运价的计算公式如下:

$$F = F_b(1 + \sum S) \cdot Q$$

式中:F——运费总额;

F_b——基本运费;

S——某项附加费;

Q——货物数量(公吨或立方米)。

[案例 9—1] 以 CFR 价格条件出口加拿大温哥华一批罐头水果汁,其重量为 8 公吨,尺码为 10 立方米。求该批货物总运价。

解 先查出水果汁的准确英文译名为"Fruit Juice"。

从有关运价本的"货物分级表"(Classification of Commodities)中查找相应的货名。在此以相应运价本查到该货为 8 级,计算标准为 M,即按尺码吨计算运费。

再查中国—加拿大航线等级费率表(Scale of Class Rates for China-Canada Service),得 8 级货物相应的基本费率为每吨 219.00USD。

另查得燃油附加费率为 20%。

计算:$F = F_b(1 + \sum S) \cdot Q = (219.00 + 219.00 \times 20\%) \times 10$

$= 262.80 \times 10 = 2\,628.00(\text{USD})$

该批货物总运价为 2 628.00USD。

(二)租船运输

租船运输(Charter Shipping)又称不定船期运输,是指船舶所有人以获取租金为目的,按照一定条件把船舶租给承租人用于运输货物的业务。租船运输适合于大宗货物。

1. 租船运输的特点

(1)船舶的航行时间、航线和停泊的港口由船舶的所有人和承租人在租船合同中约定。

(2)运价和租金按船舶市场行市变化而定。货物装卸费和船期延误费在租船合同中作出明确规定。

(3)以租船合同作为确定双方权利和义务的依据。

2. 租船运输的方式

(1)定程租船(Voyage Charter)又称航次租船,是指所租船舶在指定港口之间进行一个或数个航次的租船运输。分为单程租船、来回航次租船、连续航次租船、包运合同。采用这种方式,船方必须按照合同规定的航程完成货物运输任务,并负责船舶的经营管理和船舶在航行中的一切开支。租船的租金或运费是按货物的数量计算,也有按航次包租总金额计算的。

在定程租船合同中,应明确规定装卸费用由谁负担。一般有以下 4 种方法:

①船方负担装费和卸费,又称"班轮条件"(Gross Terms/Liner Terms 或 Berth Terms)。这种条件一般适用于木材和包装货物的运输。

②船方管装不管卸(Free Out,F. O.)。船方只负责装货和负担费用,但不负责卸货和费用。

③船方管卸不管装(Free In,F. I.)。船方只负责卸货和负担费用,但不负责装货和费用。

④船方装和卸均不管(Free In and Out,F. I. O.)。在此条件下,一般同时明确船方不管卸装、理舱和平舱(Free In and Out,Stowed and Trimmed,F. I. O. S. T.)。这种条件一般适用于散装货运输。

通常船方不负担装卸费。采用定程租船要规定装卸期限和装卸率,用以计算滞期费和速遣费。

(2)定期租船(Time Charter)又称期租船,是指船舶所有人将船出租给承租人,供其使用一定时期的租船方式。承租人可将租赁的船舶作为班轮或定程租船使用,并由其调度船舶和负责船员工资、船舶给养、维护、修理。租船的租金一般是按每月每吨若干金额计算或整船每天若干金额计算。

(3)光船租船(Bare Boat Charter),是指船舶所有人将船舶出租给承租人使用一个时期,但是所提供的船舶没有配备船员并且由承租人自己负责船舶管理所需的一些费用,相当于一种财产租赁。由于这种租船方式复杂,在国际货物运输中很少使用。

相关链接:中国主要海运航线

1. 近洋航线

(1)中国—朝鲜、韩国航线。包括朝鲜的南浦、清津等港,韩国的仁川、釜山等港。

(2)中国—日本航线。包括神户、横滨、大阪、名古屋、东京、门司、川崎、四日市等港。

(3)中国—越南航线。包括海防、胡志明市等港。

(4)中国内地—中国香港航线。

(5)中国—俄罗斯航线。包括纳霍德卡、东方、海参崴等港。

(6)中国—菲律宾航线。包括马尼拉、宿务等港。

(7)中国—新马航线。包括新加坡、巴生、马六甲、槟城等港。

(8)中国—北加里曼丹航线。包括文莱、诗巫、古晋等港。

(9)中国—泰国湾航线。包括曼谷、磅逊等港。

(10)中国—印度尼西亚航线。包括雅加达、泗水、三宝垄等港。

(11)中国—孟加拉湾航线。包括仰光、吉大、加尔各答、马德拉斯等港。

(12)中国—斯里兰卡航线。至科伦坡港。

(13)中国—波斯湾航线。包括波斯湾沿岸8国的港口以及巴基斯坦、印度西海岸的港口。主要有孟买、卡拉奇、班达阿巴斯、科威特、霍拉姆萨赫尔、麦纳麦、多哈、迪拜、巴士拉等港。

(14)中国—澳大利亚、新西兰航线。包括澳大利亚东南岸的布里斯班、悉尼、墨尔本、阿德莱德等港,西岸的弗里曼特尔港,以及新西兰的奥克兰、惠灵顿港。

2. 远洋航线

(1)中国—红海航线。包括亚丁、荷台达、亚喀巴、阿萨布、苏丹、吉达等港。

(2)中国—东非航线。包括自索马里以南的非洲东岸,以及马达加斯加、毛里求斯各港口。主要有摩加迪沙、蒙巴萨、桑给巴尔、达累斯萨拉姆、路易港等。

(3)中国—西非航线。包括直布罗陀以南的非洲西岸各港口。主要有马塔迪、黑角、拉各斯、塔科腊迪、阿比让、蒙罗维亚、弗里敦、科纳克里、达喀尔、奴瓦克肖特、达尔贝达(卡萨布兰卡)等港。

(4)中国—地中海航线。包括地中海南岸航线、地中海北岸航线及黑海航线。

①地中海南岸航线。包括亚历山大、的黎波里、阿尔及尔等港。

②地中海北岸航线。包括巴塞罗那、马赛、热那亚、威尼斯、里耶卡、贝鲁特、拉塔基亚等港。

③黑海航线。包括康斯坦察、敖德萨以及沿途靠泊的比雷埃夫斯、伊斯坦布尔等港。

(5)中国—西欧航线。包括伦敦、利物浦、勒阿弗尔、敦刻尔克、鹿特丹、阿姆斯特丹、安特卫普、汉堡、不来梅等港。

(6)中国—北欧、波罗的海航线。包括哥本哈根、哥德堡、斯德哥尔摩、赫尔辛基、奥斯陆、卑尔根、格但斯克、格丁尼亚等港。

(7)中国—北美航线。包括北美西海岸航线和北美东海岸航线。

①北美西海岸航线。包括温哥华、西雅图、波特兰、旧金山、洛杉矶、火奴鲁鲁等港口。

②北美东海岸航线。包括美国、加拿大的大西洋及墨西哥湾沿岸港口。

(8)中国—中南美航线。包括墨西哥、中美洲、西印度群岛、南美洲。本航线的港口主要有马萨特兰、巴尔博亚、克里斯托巴尔、哈瓦那、圣多斯、里约热内卢、蒙得维的亚、布宜诺斯艾利斯、卡亚俄、安托法加斯塔、瓦尔帕莱索等。

二、集装箱运输

集装箱运输(Container Transport)是以集装箱作为运输单位进行货物运输的现代运输方式。它适用于海洋运输、铁路运输及国际多式联运。

(一)集装箱运输的特点

提高装卸效率,扩大港口吞吐能力;节省包装用料和费用,降低营运成本,减少运杂费用;减少货损、货差,提高货运质量;简化货运手续,便利货物运输。

(二)集装箱应具备的条件

(1)能长期反复使用,具有足够的强度。

(2)在一种或多种运输方式中运输时无须中途换装。

(3)能快速装卸,设有便于从一种运输方式转换到另一种运输方式时装卸和搬运的装置。

(4)便于货物装满或卸空。

(5)具有一立方米或一立方米以上的容积。

(三)集装箱的分类

按用途集装箱可分为以下几种:

(1)干货集装箱。箱体密封,适于装载一般杂货。

(2)液体集装箱。箱体外部为长方形,内部为罐式,上下分设进出口管,适于装载油类、酒类、食品、药品、化工品等液态物品。

(3)散装集装箱。货从顶部舱口装入,底部有升降机可升高成40°倾角便于卸货。适于装载粮食、水泥等散货。

(4)散装粉状货集装箱。用于装载粉状散装货,装卸时使用吸管和喷管。

(5)牲畜集装箱。箱侧设栅栏式金属网壁,通风良好,便于喂食饮水,适于装载活牲畜。

(6)通风集装箱。设有通风孔,内壁涂塑料层,适于装载新鲜水果和蔬菜等怕热、怕潮、怕闷的货物。

(7)冷藏集装箱。内设冷冻机,适于装载肉类、水果等冷藏食品和特种化工品等。

(8)保温集装箱。箱内有隔热层,箱顶有可调节方向的进出风口,可利用外界空气、风向来调节箱内温度。适于装运对温度敏感的货物。

(9)平台集装箱、框架集装箱和开顶集装箱。适于装载超重货物。

(四)集装箱的规格

集装箱的规格习惯上以长度为标准。ISO研究并制定了三个系列13种类型的通用集装箱标准规格。目前国际上通用的集装箱多为LA型(长40英尺,简称40′柜)和IC型(长20英尺,简称20′柜)。目前国际上均以20′柜为衡量单位,称为"相当于20英尺单位",以标箱TEU来表示。

(五)集装箱运输的方式

1. 集装箱货物装箱方式

根据集装箱货物装箱数量和方式不同,装箱方式可分为整箱货和拼箱货两种:

(1)整箱货,是指由发货人负责装箱、计数、填写装箱单,并由海关加铅封的货。整箱货通常只有一个发货人和收货人。整箱货的拆箱一般由收货人办理,但也可以委托承运人在货运站拆箱。承运人不负责箱内的货损、货差,除非货方举证确属承运人责任事故的损害,承运人才负责赔偿。承运人对整箱货以箱为交接单位,只要集装箱外表与收箱时相似和铅封完整,承运人就完成了承运责任。整箱货提运单上要加上"委托人装箱、计数并加铅封"的条款。

(2)拼箱货,是指装不满一整箱的小票货物。这种货物通常是由承运人分别揽货并在集装箱货运站或内陆站集中,而后将两票或两票以上的货物拼装在一个集装箱内,而且要在目的地的集装箱货运站或内陆站拆箱分别交货。对于这种货物,承运人要负担装箱与拆箱作业,装拆箱费用仍向货方收取。承运人对拼箱货的责任基本上与传统杂货运输相同。

2. 集装箱货物交接方式

集装箱货物交接方式有以下四种:

(1)整箱交、整箱接。是指发货人以整箱交货,而收货人以整箱接货。该方式能发挥集装箱运输的优越性,效果最好。

(2)拼箱交、拆箱接。是指发货人拼箱交货,各收货人凭单拆箱接货。承运人负责货物的装箱和拆箱。

(3)整箱交、拆箱接。是指交货人以整箱交货,而各收货人凭单拆箱接货。

(4)拼箱交、整箱接。是指各货主以不足整箱的小票货物交承运人,承运人分类整理后,将同一收货人的货物集中拼成整箱,运往目的地,收货人整箱接货。

3. 集装箱货物交接地点

集装箱货物的交接地点一般可分为以下四种:

(1)门到门。是指从发货人工厂或仓库至收货人工厂或仓库。适宜于整箱交、整箱接。

(2)门到场站。是指从发货人工厂或仓库至目的地的集装箱堆场或集装箱货运站。适宜于整箱交、拆箱接。

(3)场站到门。是指从装运地的集装箱堆场或货运站至收货人工厂或仓库。适宜于拼箱交、整箱接。

(4)场站到场站。是指从装运地的集装箱堆场或货运站至目的地的集装箱堆场或货运站。适宜于拼箱交、拆箱接。

(六)集装箱运费的计收方法

(1)按件杂货基本费率加附加费。是指以每运费吨为计算单位,再加收一定的附加费。

(2)按包箱费率。是指以每个集装箱为单位收取运费。集装箱包箱费率有三种形式:

①FAK 包箱费率(Freight for All Kinds)。即不细分箱内货物类别,不计货量,只按箱型规定统一的费率。

②FCS 包箱费率(Freight for Class)。即按不同货物种类和等级制定的包箱费率。

③FCB 包箱费率(Freight for Class and Basis)。即按不同货物的类别、等级及计算标准制定的包箱费率。

三、其他运输方式

(一)铁路运输

铁路运输(Rail Transport)是指利用铁路进行国际贸易货物运输的一种方式。铁路运输一般不受气候条件的影响,可保障全年的正常运输,而且具有运载量大、速度快、成本低、连续性强、手续简单、风险小等特点和优势,它是国际贸易中仅次于海洋运输的一种主要运输方式。铁路运输可分为国际铁路联运和国内铁路运输两种。

1. 国际铁路联运

国际铁路联运是指使用一份统一的国际联运票据,由铁路负责经过两国或两国以上铁路的全程运送,在由一国铁路向另一国铁路移交货物时不需要发货人和收货人参加的运输。

采用国际铁路联运,当事国家事先必须有书面协定。目前,关于国际铁路货物运输的公约有两个:《国际货约》和《国际货协》。

《国际货约》是 1980 年欧洲各国在瑞士首都伯尔尼举行的各国铁路代表会议上制定的。1938 年修改时改称《国际铁路货物运送公约》,又称《伯尔尼货运公约》,同年 10 月 1 日开始实行。在第一次和第二次世界大战期间曾经中断,战后又重新恢复,以后为适应国际形势的不断发展变化又屡经修改。当时参加国共有 24 个:德国、奥地利、比利时、丹麦、西班牙、芬兰、法国、希腊、意大利、列支敦士登、卢森堡、挪威、荷兰、葡萄牙、英国、瑞典、瑞士、土耳其、前南斯拉夫、保加利亚、匈牙利、罗马尼亚、波兰、前捷克斯洛伐克。

《国际货协》(CMIC)，全称《国际铁路货物联合运输协定》，1951 年在华沙订立。我国于 1953 年加入。1974 年 7 月 1 日生效的修订本，其成员国主要是苏联、东欧国家加上我国、蒙古、朝鲜、越南共计 12 国。

2. 国内铁路运输

国内铁路运输是指进出口货物在口岸和内地之间的集散。国内货物铁路运输有两种方式：

(1)我国进出口货物铁路运输。它是指我国进出口货物卸船后，经铁路转运全国各地和全国各地出口货物经铁路运至港口装船。

(2)大陆内地供应港澳地区的货物铁路运输。它是指货物在内地各始发站装车后，运到深圳北站，再由设在深圳的外贸机构通过原车直接过轨至香港九龙车站，该方式是对香港地区铁路货物运输的主要方式；或将货物从内地通过铁路运至深圳北站，卸车后再转装汽车经文锦渡公路口岸运至香港；或货物从内地通过铁路运至广州南站，再用驳船转运至香港。内地与澳门之间没有铁路直通，内地各地运往澳门的货物，先由铁路运至广州南站，然后再转水运，或公路运至澳门。

(二)航空运输

航空运输(Air Transport)是指利用飞机通过空中飞行在航空港之间运送客货的运输方式。航空运输具有速度快，交货迅速，安全准确，货损率低，节省包装费、保险费和储藏费，航行便利，不受地面条件限制等优点。缺点是运费较高、运量不大。它适宜运送易腐商品、鲜活商品、急需物资和贵重物品。我国航空运输的承运人是中国对外贸易运输总公司。它可以是货主的代理，也可以是航空公司的代理。航空货运的方式有：

1. 班机运输

班机运输是指有固定时间、固定航线、固定始发站和目的站的飞机运输。一般是客货混合型飞机。

2. 包机运输

包机运输是指包租整架飞机或由几个发货人(航空货运代理)联合包租一架飞机运送货物。包机运输分为整包机和部分包机两种。前者适于大宗货物，后者适于一吨以上不足一整架飞机的货物。

3. 集中托运

集中托运是指由航空货运公司把若干单独发货人的货物组成一整批货物，用一份总运单整批发运到目的地，由航空货运公司在那里的代理人办理收货报关手续后交给实际收货人。此种方式运费较低，实际工作中较多采用。

4. 急件传递

急件传递又称“桌到桌运输”，是航空公司和专营这项业务的公司联合开展的速递服务项目，由专门机构在货主、机场、收件人之间进行快速传递。这项服务快速安全，适用于急需药品、图纸资料、货样单证等的传递。

航空运价一般是按货物的实际重量或体积计算，以两者较高者为准。但体积折合千克或磅的计算方法，各航空公司不尽相同。有按 6 000 立方厘米或 365 立方英寸折合千克的；有按 7 000 立方厘米或立方英寸折合千克的；也有按 166 立方英寸或 194 立方英寸折合 1 磅的。至于尾数，一般采用四舍五入法。

（三）公路、内河和管道运输

1. 公路运输

公路运输（Road Transport）是一种现代化的“门到门”运输方式。具有机动灵活、快速方便等特点，但是费用较高、载货量有限、风险较大。我国同俄罗斯、朝鲜、缅甸等许多周边国家有公路相通，同这些国家的货物运输可以采用这种方式。

2. 内河运输

内河运输（Inland Water Transport）是水上运输的组成部分，是连接内部腹地和沿海地区的纽带，是边疆地区同邻国边境河流的连接线。它具有投资少、运量大、成本低的特点。

我国拥有四通八达的内河运输网，同一些邻国还有国际河流相通，为我国对外贸易通过内河运输提供了有利条件。

3. 管道运输

管道运输（Pipeline Transport）是通过管道用高压气泵的压力向目的地输送液态或气态货物的一种特殊运输方式。主要适用于运送原油、天然气等液体和气体的物品。它具有速度快、流量大、运费低廉等特点。管道运输的运费计算是按油类、品种规格不同规定不同的费率。计算标准一般以桶为单位，也可以吨为单位。

（四）邮政运输

邮政运输（Parcel Post Transport）是一种简便的运输方式，手续简便、费用不高，是国际贸易中普遍采用的运输方式之一。但是对邮件的重量和体积有一定的限制，一般每件重量不得超过 20 千克，长度不得超过 1 米，所以它只适宜于量轻体小的小商品，例如精密仪器、机器零件、金银首饰、文件资料、药品以及各种样品和零星物品等。国际邮政运输一般由国家办理，邮政部门之间签订协定和公约。我国与很多国家签订了邮政包裹协议和邮电协议，并于 1972 年加入万国邮政联盟组织。

近年来，特快专递业务快速发展，目前主要有：

1. EMS

EMS 即全球邮政特快专递（Express Mail Service）是由各国邮政联合创办，由万国邮政联盟统一制定名称和标志。我国于 1980 年开办 EMS 业务。

2. DHL

DHL 信使专递（DHL Courier Service）是由 Dalsey、Hilbolom、Lind 三位美国人组建的敦豪国际有限公司信使专递和民航快递服务（AIR Express Service，AE），是国际信使专递行业中具有代表性的专递公司，总部设在美国纽约。

3. UPS

UPS 是 United Parcel Service 的缩写，即联合包裹运送服务公司。1907 年成立于美国，是目前世界上最大的快递承运商与包裹递送公司。

4. FedEx

FedEx 是 Federal Express 的缩写，即美国联邦快递公司。1973 年，FedEx 正式开展快递业务，现已成为世界上最具规模的速递运输公司之一，是全球最具规模的全货运航空公司。

5. TNT

TNT 是 Thomas Nationwide Transport 的缩写，即托马斯全国运输公司。1946 年创建于澳大利亚，公司总部位于荷兰，是欧洲最大的快递公司。

相关链接：万国邮政联盟

万国邮政联盟是联合国关于国际邮政事务的专门机构。它成立于1874年10月9日，当时称邮政总联盟，1878年5月改为万国邮政联盟，简称"万国邮联"或"邮联"，1948年7月1日成为联合国的一个专门机构，总部设在伯尔尼。

万国邮政联盟的宗旨是组织和改进全世界服务工作，并保证国际邮政合作。万国邮政联盟大会为最高权力机构，每5年召开一次；行政理事会是大会休会期间联盟的执行机构，每年开会一次；邮政研究咨询理事会由35名成员国组成；国际局相当于秘书处是常设机构，是邮联的中央办事机构，是各成员国邮政主管部门的联络、信息交流和咨询机构。

中国大陆于1914年加入该联盟，由于台湾地区占据了席位，中国大陆1953年与该联盟断绝往来。1972年4月在万国邮政联盟承认中国为该组织的唯一合法代表后，中国与该组织关系恢复正常。同年11月，中国作为邮政研究咨询理事会理事国，派代表参加了在伯尔尼举行的该理事会的年会。从此，中国履行了接受邮联有关法规的手续，参加了1974～1994年历届邮联大会，并4次当选为大会副主席和历届邮政经营理事会的理事国。

(五)国际多式联运和大陆桥运输

1. 国际多式联运

国际多式联运(International Combined Transport)是指按照多式联运合同，以至少两种不同的运输方式，由多式联运经营人把货物从一国境内接运货物的地点运至另一国境内指定交付货物的地点。国际多式联运是在集装箱运输基础上发展起来的综合性连贯运输方式。

国际多式联运需要具备下列几个条件：必须由一个多式运输经营人对全程运输负总责；必须有一个多式运输合同；必须使用一份包括全程的多式运输单据；必须至少有两种不同运输方式的连贯运输；必须是全程单一的运费费率。

根据联运组织方式和体制的不同，多式联运可分成协作式多式联运和衔接式多式联运两大类。

(1)协作式多式联运

协作式多式联运是指采用两种或两种以上运输方式的不同运输企业按照统一的公约、规章或商定的协议，共同将货物从接管货物的地点运到指定交付货物的地点的联运。

在协作式多式联运下，参与联运的承运人均可受理托运的托运申请、接收货物、签署全程运输单据，并负责自己区段的运输生产。后续承运人除负责自己区段的运输生产外，还需要承担运输衔接工作，而最后承运人则需要承担货物交付以及受理收货人的货损货差的索赔。在这种体制下，参与联运的每个承运人均具有双重身份：对外而言，他们是共同承运人，其中一个承运人或代表所有承运人的联运机构与发货人订立的运输合同对其他承运人均有约束力，即每个承运人均视为与货主存在运输合同关系；对内而言，每个承运人不但有义务完成自己区段的实际运输和有关的货运组织工作，还应根据规章或约定协议的规定承担风险和分配利益。

(2)衔接式多式联运

衔接式多式联运是指一个多式联运经营人综合组织两种或两种以上运输方式的不同运输企业，将货物从接管货物的地点运到指定交付货物的地点的联运。

在衔接式多式联运下，运输组织工作与实际运输生产实现了分离，多式联运经营人负责全程运输组织工作，各区段的实际承运人负责实际运输生产。在这种体制下，多式联运经营人具有双重身份：对于货主而言，他是全程承运人，与货主订立全程运输合同，向货主收取全程运费及其他费用，并承担承运人的义务；对于各区段实际承运人而言，他是托运人，他与各区段实际承运人订立分运合同，向实际承运人支付运费及其他必要的费用。

国际多式联运汇集了各种运输方式的优点，达到了比较完善的运输效果：多式联运责任统一，手续简便；多式联运是一种直达、连贯的运输，各运输环节紧凑，中转迅速；货主可及早结汇，这样可以加快资金周转，减少利息支付。

目前我国已开办的多式运输路线可到达欧、美、非洲的港口或内地城市，形式也多种多样。

2. 大陆桥运输

大陆桥运输(Land Rail Way Transport)是指横贯大陆的铁路或公路运输系统作为中间桥梁，把大陆两端海洋运输连接起来的连贯运输方式。它是以集装箱运输为媒介的特殊的国际多式联运方式，是海—陆—海的连贯运输形式。大陆桥运输具有运输里程短、运输成本低、货物运输快的特点。

目前世界主要有三条大陆桥：

(1)北美大陆桥

北美大陆桥是指美国和加拿大以本土横贯东西的铁路、公路作为桥梁，连接太平洋和大西洋的运输方式。它是远东至欧洲运输途径北美的大陆桥。

美国的大陆桥运输有三条。

第一条：小路桥运输(Mini-Land Bridge)。远东地区的货物海运至美国西部太平洋口岸，转装铁路或公路运至东部大西洋口岸(波士顿、迈阿密)或南部墨西哥湾口岸(布朗斯维尔、坦帕)。

第二条：微桥运输(Micro-Land Bridge)。远东地区的货物海运至美国西部太平洋口岸，换装铁路或公路集装箱专用列车，运往美国中东部内陆城市及五大湖区的周边城市。

第三条：内陆公共点运输(Overland Common Point，简称 OCP)。远东地区的货物海运至美国西海岸口岸，转铁路或公路运往落基山脉以东的内陆地区，即 OCP 地区。OCP 运输方式可享受比一般直达东海岸港口低约 3%～5%的优惠内陆运输费率。反向运输时，每个出口商也可享有比一般正常运输低的优惠海运运费。

(2)西伯利亚大陆桥

西伯利亚大陆桥是以俄罗斯西伯利亚铁路作为陆地桥梁，把太平洋远东地区与波罗的海和黑海沿岸以及大西洋口岸连接起来。此条大陆桥地跨欧、亚两洲，因而又称为“欧亚大陆桥”。

西伯利亚大陆桥运输东起海参崴的纳霍特卡港和东方港，横贯欧亚大陆，西至莫斯科，然后分三条线路，以“铁—铁”、“铁—公”、“铁—海”方式完成全程运输，到达中东、地中海沿岸国家，中亚、西亚国家，以及欧洲各国。西伯利亚大陆桥已成为远东地区往返欧洲之间的一条重要运输路线，我国对外贸易货物运输也主要利用这条大陆桥。

(3)新欧亚大陆桥

1990 年 9 月我国北疆铁路与哈萨克斯坦土西铁路接轨，至此第二条欧亚大陆桥运输线全线贯通并于两年后正式开通使用。

新欧亚大陆桥东起我国连云港，西至荷兰鹿特丹，连接我国境内的陇海、兰新、北疆铁路，在新疆的阿拉山口出境，与哈萨克斯坦的德鲁日巴站相接，经由俄罗斯、波兰、德国直达荷兰鹿特丹，将我国和俄罗斯、哈萨克斯坦、东欧及西欧国家的铁路连接起来，从而形成了一条新的国际运输大动脉。该条运输线路全长 10 800 公里，在我国境内长 4 134 公里。

新欧亚大陆桥的开通，对我国对外贸易铁路货物运输的发展和该陆桥沿线地区的经济发展起到了重要推动作用。并且由于该条大陆桥横贯欧亚大陆中部，辐射 20 多个国家和地区，将世界上最大的几个集装箱港口如新加坡、中国香港、神户、釜山、鹿特丹等有机地连接起来，因此它对远东乃至太平洋西岸各国地区到中亚和欧洲的国际货物运输产生了很大的吸引力。

与西伯利亚大陆桥相比，新欧亚大陆桥的运输距离缩短了，运输时间减少了，运输费用节省了，加上港口（连云港）无封冻期，船舶可以全年营运，因此新欧亚大陆桥具有更大的优越性。

第三节 国际货物运输条款

在国际货物买卖合同中，装运货物条款一般须订明装运时间、装运港和目的港、能否分批和转运等内容。

一、装运时间

装运时间（Time of Shipment）又称装运期，是指卖方履行交货的时间，它是买卖合同的主要条件。它有以下几种规定方法：

（一）规定装运时间

（1）规定具体的装运时间。包括规定某月内装运、规定最迟期限装运、规定一段期限装运。这种规定含义明确，便于卖方备货。

（2）规定收到信用证（信汇、电汇或票汇）后一定时间内装运。这种方式有利于卖方及时、安全地收汇和结汇，为避免买方故意拖延开证时间以致装运期无法确定，可在合同中增加一条限制买方开证时间的规定，争取主动。

（3）规定近期装运。适用于卖方备有现货情况下使用。由于这种规定方法没有统一的解释，应尽量避免使用。例如“立即装运”、“尽快装运”、“即速装运”就属于近期装运规定。

（二）应注意的问题

（1）要考虑货源的实际情况。货源是履行出口合同的基础，在出口业务中规定交货时间必须与库存品种的规格和数量相适应。

（2）装运期限长短适度。合同规定由我方负责安排运输时，对装运时间的规定要考虑我国与有关国家间的运输能力、航线、港口条件等情况。对有直达船和航次较多的港口，装运期可短一些；对无直达船或较偏僻的港口，以及虽有直达船但航次较少的港口，装运期要规定长一些。

（3）规定装运期时，应考虑将装运期和开证日期衔接起来。

二、装运港和目的港

装运港（Port of Shipping）是起始装运的港口，目的港（Port of Destination）是最终卸货的港口。

（一）装卸港的规定方法

（1）规定一个装运港和目的港。

（2）如果实际业务需要，可以规定两个或两个以上港口。但所选择港口应在一条航线上，数量不能超过 3 个；买方必须在船只到达第一个港口前一定时间将最后确定的目的港通知船方；运费应按选择港最高的费率和附加费计算。

(二)确定装运港和目的港应注意的问题

(1)装运港和目的港的规定应该具体明确。应避免使用"欧洲主要港口"、"非洲主要港口"等笼统的提法。

(2)装运港和目的港应该是可以安全停靠的港口。

(3)应注意国外港口重名的问题。例如,名为维多利亚的城市在全世界共有12个,对于有重名的城市应加注国名和省名。

[案例9—2] 美国某商人曾按CFR新奥尔良条件从英国某商人处购买500吨生铁,合同规定在格拉斯哥港口装船。后因格拉斯哥港口租不到舱位,卖方便改在里斯港口装船。实际上,从里斯港口装船可以使货物到达时间更早。货物到达美国后,正值钢铁市场价格下跌,买方以卖方擅自改变装运港为由而拒收货物。于是卖方诉诸地方法院,以关于格拉斯哥港装船的规定不是一项重要的规定为由,要求买方赔偿。卖方的观点正确吗?

分析 卖方的观点不正确。因为装运条款也是合同中的重要条款之一,未经对方同意,不可擅自更改。实际上,卖方应事先与买方协商,因为更换装运港不损害买方的利益,买方是不会不同意的。买方拒收的真正原因是商品的市场价格下跌,而不是所谓的装运港口变更。

三、分批装运和转运

分批装运(Partial Shipment)和转运(Transhipment)条款直接关系到买卖双方利益,是合同中装运条款的重要内容。

分批装运是指一个合同项下的货物分若干批装运。国际货物交易中,买卖双方可根据交货数量、运输条件和市场销售需要等因素,在合同中规定分批装运条款。

转运是指货物从装运港到目的港的运输途中,由于没有直达船或无合适的船舶运输,而从中途港转船。买卖双方可以在合同中商定"允许转船"的条款。

根据《跟单信用证统一惯例》的有关规定,关于分批装运和转运应注意以下几点:

第一,若信用证中没有明显禁止分批装运或转运,可视为允许分批装运或转运。为了避免不必要的争议,除非买方坚持不允许分批装运,原则上应在合同中明确规定允许分批装运或转运。

第二,对于同一船只、同一航次及同一目的港的多次装运,即使运输单据表面上注明不同的装运日期或不同的装运港口,也不应视为分批装运。

第三,对于分批装运的货物,如其中任何一批未按规定装运,则该批及以后各批均告失效。

[案例9—3] 中国某公司向国外买方出售500吨花生仁,双方约定:从中国港口运至伦敦,分5个月装运,其中,3月份80吨,4月份120吨,5月份140吨,6月份110吨,7月份50吨,每月不许分批装运。卖方按信用证规定,先后于3月份及4月份于青岛分别装运了80吨与120吨,均顺利收回货款。卖方于5月20日及5月28日分别将约定品质、规格的花生仁在青岛装运70.5吨,在烟台装运64.1吨,共计为134.6吨。卖方将这两套装运单据寄给开证行时,开证行认为卖方违反每月不许分批装运条款,且交货数量少5.4吨,以单证不符为由拒绝付款。卖方应如何面对?

分析 开证行的说法不正确。因为本案例中,5月份的两次装运属于同一船只、同一航次、同一目的港,虽然有两个装船日期,也不构成分批装运。此外,由于是散装货物,虽然不许分批,但交货总数量和每批数量都可以有5%的增减。因此,开证行的说法是错误的。

四、滞期速遣条款

滞期速遣条款是在采用租船运输大宗进出口货物的情况下，买卖合同中装运条款的组成部分。规定这个条款的目的在于，租船人要求对方按照约定时间定额完成装卸任务。滞期速遣条款的主要内容包括：

（一）装卸时间

装卸时间是指合同双方约定的完成装卸任务的时间。一般以天数或小时数来表示。常见的规定方法有：

（1）日或连续日。指从装货或卸货开始，每个日历日（指午夜至午夜）为一个作业日。

（2）工作日或连续工作日。指按港口习惯，属于正常工作的日子，星期日和节假日除外。

（3）累计 24 小时好天气工作日。指在好天气情况下，不论港口习惯作业为几小时，均以累计 24 小时算一个工作日。

（4）连续 24 小时好天气工作日。指在好天气情况下，连续作业 24 小时算一个工作日，因坏天气而不能作业的时间应扣除。适用于昼夜作业的港口。

此外，关于装卸时间开始和终止计算方法，应按港口惯例在合同中明确规定。

（二）装卸率

装卸率是指每日装卸货物的数量。装卸率的具体确定应按照港口习惯的正常装卸速度作出规定。

（三）滞期费和速遣费

（1）滞期费（Demurrage）是指实际装卸时间超过许可装卸时间，租船人支付给船东一定的补偿金。滞期费通常是根据滞期费率按照船舶滞期的天数计收，不足一天按比例计收。其中滞期费率通常以船舶的定期租金的租金率为基础，由双方在租约中确定；滞期天数是指自允许的装卸时间到期时起，一直到装货或卸货结束时止所使用的天数，通常不应被除外事项所中断。即所谓"一旦滞期，永远滞期"。

（2）速遣费（Despatch Money）是指实际装卸时间少于可装卸时间，船东因节省船舶在港费用和时间而支付给租船人一定金额的奖励。速遣费通常根据速遣费率按照船舶节省的天数计收，不足一天按比例计收。按惯例，速遣费为滞期费的一半，节省的天数通常是指从装货或卸货完毕时起，至可用装卸时间终止时的天数，通常星期日、节假日及不良天气的时间应从节省时间中予以扣除。

由于买卖合同中的滞期速遣条款是以承租人与船舶所有人之间租船合同为基础制定的，因此它的规定应与租船合同的相应条款一致。

应当指出的是，在采用班轮运输时，装运条款中不需要加订滞期速遣条款。

五、装运通知

装运通知（Shipping Advice）是指在采用租船运输大宗进出口货物的情况下，在合同中加以约定的条款。规定这个条款的目的在于，明确买卖双方的责任，使买卖双方互相配合，做好船货衔接工作，并便于办理货运保险。特别是按 CFR 贸易术语成交时，卖方应在货物装船后，立即向买方发出装运通知，以便买方及时办理货运保险。如果由于卖方没有及时发出装运通知导致买方漏保或没有及时办理保险，而货物在装运后又遭遇意外损害，则卖方需承担责任。

相关链接:O. C. P. 运输

O. C. P. 是 Overland Common Points 的缩写,意即内陆地区或陆上公共点。O. C. P. 运输是指在海陆联运中运往或运自美国内陆地区或陆上公共点的一种运输方式。按照 O. C. P. 运输条款规定,凡是使用美国西海岸航运公司的船舶,经过西海岸港口转往所述内陆地区(以美国西部 9 个州为界,即以落基山脉为界,其以东地区均为内陆地区范围,约占美国全国国土的 2/3)的货物,均可享受低于一般直达西海岸港口的海运优惠费率和内陆运输优惠费率。条件是,成交的贸易合同须订明采用 O. C. P. 运输方式,并使用集装箱运输,目的港应为美国西海岸港口并在提单的目的港栏内注明 O. C. P. 字样,在商品品名栏和货物运输标志上注明 O. C. P. 内陆地区名称。这样,出口商把货物托运到指定的西海岸港口后,就被认为完成了合同的交货义务,以后则由进口商委托港口转运代理人持提单向船公司提货,并由其自行按 O. C. P. 费率把货物经由内陆运输运到目的地。对出口商来说,实际上是相当于把货物卖至美国西海岸港口,但可享受较低的优惠费率,节省运费;对进口商来说,在内陆运输中也可享受 O. C. P. 优惠费率。这样,对买卖双方都有利。

第四节 国际货物运输单据

一、海运提单

海运提单(Ocean Bill of Lading)简称提单,是船方或其代理人签发的,证明已收到货物,允许将货物运至目的地并交付给收货人的书面凭证。它是承运人和托运人之间的契约证明,在法律上具有物权证书的效用。

(一)海运提单的内容

每个船舶公司的提单格式都不相同,但基本内容大致相同,分为正面的记载事项和背面印刷的运输条款。

1. 提单正面的内容

提单正面的内容分别由托运人和承运人或其代理人填写,一般包括以下内容:托运人;收货人;被通知人;收货地或装货港;目的地或卸货港;船名及航次;唛头及件号;货名及件数;重量和体积;运费预付或运费到付;正本提单的份数;船公司或其代理人的签章;签发提单的地点及日期。

2. 提单背面的内容

提单背面的内容就是印就的条款,是处理承运人与托运人或收货人之间争议的依据。一般包括以下内容:法律诉讼条款;承运人责任条款;负责条款;有关改装、改卸目的港;甲板货物、危险货物、装货、卸货、交货、共同海损等条款;赔偿条款;运费条款;留置权条款等。

国际上有关提单的重要国际公约有:1924 年签署的《关于统一提单的若干法律规则的国际公约》,简称《海牙规则》(The Hague Rules);1968 年签署的《布鲁塞尔议定书》,简称《维斯比规则》(The Visby Rules);1978 年签署的《联合国海上货物运输公约》,简称《汉堡规则》(The Hamburg Rules)。

(二)海运提单的种类

1. 已装船提单和备运提单

根据货物是否装船,分为已装船提单和备运提单。

(1)已装船提单(On Board B/L;Shipped B/L)是指船公司已经将货物装上指定船舶后所签发的提单，这种提单上必须以文字标明货物已经装在船上。

(2)备运提单(Received for Shipment B/L)是指船公司已经收到托运货物等待装运期间签发的提单，此种提单签发时货物尚未装船。

2. 清洁提单和不清洁提单

根据提单上对货物表面状况有无不良批注，分为清洁提单和不清洁提单。

(1)清洁提单(Clean B/L)是指货物在装船时“表面状况良好”，船公司在提单上未加任何有关货物受损或包装不良等批注的提单。

(2)不清洁提单(Unclean B/L;Foul B/L)是指船公司在提单上对货物表面状况或包装不良等批注的提单，如“有三包破损”。

3. 记名提单、不记名提单和指示提单

根据收货人抬头不同，分为记名提单、不记名提单和指示提单。

(1)记名提单(Straight B/L)是指在提单的收货人栏内填明确定的收货人名称，只能由该特定收货人提货，不能用背书方式转让。

(2)不记名提单(Bearer B/L)又称空白提单，是指提单的收货人栏内是空白的，没有指明任何收货人。任何持有该提单的人都可以提货，承运人交货是凭单不凭人。

(3)指示提单(Order B/L)是指提单收货人栏内只填写“凭指定”或“凭××人指定”字样。指示提单经过指示人的背书后可以流通转让。

4. 直达提单、转船提单和联运提单

根据运输方式不同，分为直达提单、转船提单和联运提单。

(1)直达提单(Direct B/L)是指从装运港装船后直接运抵目的港的提单，提单上不得出现“在某地转船”字样。

(2)转船提单(Transhipment B/L)是指货物在装运港装船后，需要在中途一次或几次换装其他船舶运往目的港的情况下签发的提单。

(3)联运提单(Through B/L)是指由海运和其他运输方式联合运输时，由第一承运的海运承运人签发的、包括全程的、在目的地可凭以提货的提单。

5. 班轮提单和租船提单

根据船舶营运方式不同，分为班轮提单和租船提单。

(1)班轮提单(Liner B/L)是指由班轮公司承运货物后签发给托运人的提单。

(2)租船提单 (Charter Party B/L)是指承运人根据租船合同而签发的提单。

6. 全式提单和略式提单

根据提单内容繁简，分为全式提单和略式提单。

(1)全式提单(Long Form B/L)是指提单背面列有承运人和托运人权利、义务的详细条款的提单。

(2)略式提单(Short Form B/L)是指仅有提单正面条款，而背面无条款的提单。

7. 其他各种提单

(1)倒签提单(Anti-dated B/L)是指承运人应托运人请求，签发提单日期早于实际装船日期的提单，以符合信用证对装船日期的规定，便于结汇。这是一种违法行为。

(2)预借提单(Advanced B/L)是指在信用证的有效使用期即将届满，而货物却未及时装船的情况下，托运人未能及时结汇，而要求承运人提前签发的已装船提单。

倒签提单和预借提单均须托运人提供保函才能取得，它们的提单日期都不是实际的装船日期。这种行为侵犯了收货人的合法权益，应尽量减少或避免不使用。

(3)过期提单(Stale B/L)是指错过规定的交单日期或晚于货物到达目的港日期的提单。前者是指卖方超过提单日期后 21 天或信用证规定的交单日期才交到银行议付的提单，属于无效提单。后者是在近洋运输中容易出现的情况，但不影响银行接受此类单据。

(4)集装箱提单(Container B/L)是指以集装箱装运货物所签发的提单。它有两种形式：一种是普通的海运提单上加注“用集装箱装运”字样；另一种是使用“多式联运提单”，它增加了集装箱号码和“封号”。

(5)舱面提单(on Deck B/L)是指承运人对装在船舶甲板上的货物所签发给托运人的提单。它常用于体积特别庞大的货物以及某些有毒物品和危险货物不宜装入舱内的情况。

[案例 9—4] 国外开来不可撤销信用证，证中规定最迟装运期为 2000 年 12 月 31 日，议付有效期为 2001 年 1 月 15 日。我方按证中规定的装运期完成装运，并取得签发日为 12 月 10 日的提单。当我方备齐议付单据并于 1 月 4 日向银行交单议付时，银行以我方单据已过期为由拒付货款。试分析银行的拒付是否有理，为什么？

分析 银行的拒付是有理的。这是因为，本案中，我方取得了签发日期为 12 月 10 日的提单，于 1 月 4 日到银行交单议付。尽管我方未超过信用证规定的有效期到银行议付，但我方提交的提单已构成了过期提单。根据《UCP600》第 14 条的规定，则须由受益人或其代理人或其代表在不迟于发运日期后的 21 个日历日内交单，但在任何情况下都不得迟于信用证的截止日。因此，我方提交的过期提单银行是有权拒付的。

二、其他运输单据

(一)铁路运输单据

1. 国际铁路货物联运运单

它是指通过国际铁路联运的货物，由始发站铁路承运人签发的运单，它是铁路与货主之间的运输契约的证明，是铁路同货主交接货物、核收运杂费和处理索、理赔的依据。该运单正本随货物到达终点站并交给收货人。运单副本是卖方凭以向银行结算货款的主要证件之一。国际铁路货物联运运单不是物权凭证，不能流通转让。

2. 承运货物收据

承运货物收据是将货物由内地通过铁路运往港澳使用的货运单据。它既是承运人出具的货物收据，也是承运人与托运人签订的契约。

(二)航空运单

航空运单(Air Waybill)是承运人与托运人之间签订的运输合同，也是承运人或其代理人签发的货物收据，还可作为承运人核收运费的依据和海关查验放行的基本单据。但航空运单不是物权凭证，不能通过背书转让。收货人提货不是凭航空运单，而是凭航空公司的提货通知单。

(三)邮包收据

邮包收据(Parcel Post Receipt)是邮局收到寄件人的邮包后签发的收货凭证，也是收件人凭以提取邮件的凭证，是邮包灭失或损害时凭以向邮局索赔的依据。但它不是物权凭证。

(四)国际多式联运单据

国际多式联运单据(Multi-mode Transport Document，简称 M. T. D.)是证明国际多式联

运经营人接管货物，并负责按照多式联运合同条款交付货物的单据。

(五)电子提单

1. 电子提单的概念与特点

电子提单是一种利用 EDI 系统对海运途中的货物支配权进行转让的程序。

电子提单具有以下三个特点：卖方、发货人、银行、买方和收货人均以承运人(或船舶)为中心，通过专有计算机密码通告运输途中货物支配权的转移时间和对象；在完成货物的运输过程中，通常情况下不出现任何书面文件；收货人提单，只要出示有效证件证明身份，由船舶代理验明即可。

2. 电子提单的优点

传统的书面提单是一张提货凭证，因此对货物权利的转移是通过提单持有人的背书而实现的。而电子提单转移是利用 EDI 系统根据特定密码使用计算机进行的，因此它具有许多传统提单无法比拟的优点：可快速、准确地实现货物支配权的转移；可方便海运单的使用；可防冒领和避免误交。

3. 电子提单的运用

以 CIF 买卖合同为例，买方通过开证行开给卖方一张信用证，买方根据银行通知，按合同规定付款。在目的港，买方向承运人请求交货，承运人履行交货义务。

根据 EDI 系统，上述合同的履行过程如下：

(1)卖方向承运人订舱，承运人确认。确认时应包括双方都同意的条款。

(2)卖方提供货物的详细说明，承运人确认是否承运该批货物。卖方同时向承运人指明银行。

(3)卖方将货物交给承运人，承运人向卖方发送一个收到该批货物，但同时可做某些保留的电讯。此时，在法律上仍由卖方控制着这批货物。在电讯上，承运人给卖方一个密码，卖方在此后与承运人的电讯往来中可用此密码，以保证电讯的鉴定和完整。

(4)承运人将货物装船后通知卖方，同时通知银行。

(5)卖方凭信用证即可取款，货物支配权由卖方转移到银行。

(6)卖方通知银行谁是买主。

(7)买方支付货款并获得货物支配权后，银行则通知承运人货物权利的转移。承运人即销毁与银行之间的密码，向买方确认其控制着货物，并给买方一个新的密码。

(8)船舶抵目的港后，承运人通知买方。买方有义务指定一个收货人，否则在法律上买方即被视为收货人(“在法律上”是指根据 EDI 系统实践中总结出的一般惯例或章程，或按《电子提单规则》办事)。

(9)收货人实际接收货物后通知承运人，买方对货物的支配权终止(买方有时自己就是收货人)。此时，承运人销毁与买方之间的密码。

本章小结

本章介绍了国际物流的含义和特点，国际货运代理人类型、业务范围，国际货运代理责任。国际货物运输方式主要有海洋运输、铁路运输、航空运输、集装箱运输、国际多式联运、大陆桥运输。海洋运输分为班轮运输和租船运输；租船运输又分为定程租船、定期租船和光船租船。海运主要的单据是海运单据，海运单据主要有海运提单、海运单和电子提单，又介绍了国际货物运输条款，主要包括装运时间、装运港和目的港、分批装运和转船、装卸时间。

关键概念

国际物流　国际货运代理人　班轮运输　租船运输　定程租船　定期租船　集装箱运输　国际多式联运　装运期　滞期费　海运提单　清洁提单　指示提单　联运提单　O. C. P.　转运　电子提单

练习题

一、单项选择题

1.（　　）具有航线固定、停泊港口固定、船期固定和费用固定的特点。

A. 班轮运输　B. 光船租船　C. 定期租船　D. 定程租船

2. 提单上若批注了“包装松散”，则该提单是（　　）。

A. 清洁提单　B. 不清洁提单　C. 指示提单　D. 已装船提单

3. 光船租船运输经由的港口、停靠的码头是由（　　）确定的。

A. 船东　B. 租船人　C. 货方　D. 租船合同

4. 班轮运输的运费应该包括（　　）。

A. 装卸费，不计滞期费、速遣费　B. 装卸费，但计滞期费、速遣费

C. 卸货费和滞期费，不计速遣费　D. 卸货费和速遣费，不计滞期费

5. 采用班轮运送货物时，如果运费计收标准为“A. V.”，则表示（　　）。

A. 按货物毛重计收　B. 按货物体积计收

C. 按商品价格计收　D. 按货物件数计收

6. 下列有关国际多式联运的说法，错误的是（　　）。

A. 由多个经营人联合负责货物的全程运输

B. 将陆、海、空各种运输方式、多个运输工具有机结合起来

C. 仅需一份包括全程的多式联运单据

D. 全程实施单一运费

7. 单独海损仅涉及受损货物单方面的损失，应由受损方单独承担，这种损失对于受损方而言，是（　　）。

A. 部分损失　B. 全部损失

C. 部分损失，或全部损失　D. 推定全损

8. 必须经过背书才能进行转让的提单是（　　）。

A. 记名提单　B. 不记名提单　C. 指示提单　D. 空白提单

二、多项选择题

1. 班轮运输的运费包括（　　）。

A. 装货费　B. 滞期费　C. 速遣费　D. 卸货费

2. 航空运输的方式包括（　　）。

A. 班机运输　B. 航空急件传送　C. 集装箱运输　D. 包机运输

E. 集中托运

3. 联运提单与国际多式联运单据在性质上的区别是（　　）。

A. 使用的范围不同　B. 签发人不同

C. 签发人对运输负责的范围不同　D. 运费率不同

4. 定程租船运输的运费计算方式包括(　　)。

A. 按运费率计算　　B. 按时间计算　　C. 整船包价　　D. 从价计算

5. 按照提单收货人抬头不同，提单可分为(　　)。

A. 已装船提单　　B. 指示提单　　C. 记名提单　　D. 不记名提单

6. 海运提单的性质与作用为(　　)。

A. 它是海运单据的唯一表现形式　　B. 它是承运人或其代理人出具的货物收据

C. 它是代表货物所有权的凭证　　D. 它是承运人与托运人之间订立的运输契约的证明

7. 共同海损分摊时，涉及的受益方包括(　　)。

A. 货方　　B. 船方　　C. 运费方　　D. 救助方

8. 在发生(　　)的情况下，可判定货物发生了实际全损。

A. 为避免实际全损所支出的费用与继续将货物运抵目的地的费用之和超过了保险价值

B. 货物发生了全部损失

C. 货物完全变质

D. 货物不可能归还被保险人

三、简答题

1. 国际货物运输主要有哪些方式？

2. 班轮运费的计算标准有哪几种？

3. 租船运输有几种主要的租船方式？特点是什么？

4. 进出口业务中，在确定装运港(地)和目的港(地)时应注意哪些问题？

5. 进出口业务中，使用选择港条款应注意哪些问题？

6. 集装箱运输具有哪些特点？其货物交接方式有哪几种？

四、计算题

1. 某纺织品按规定依照 M & Ad. Val 综合法计算，以每立方米为一运费吨，由甲地运至乙地的运价为“每运费吨 6 美元加 1%”(USD 6 plus 1%)。现有该纺织品一批共 10 箱，每箱长 90cm，宽和高分别为 80cm。FOB 价值为 7 000 美元。求该批货物的运费。

2. 某公司出口箱装货物一批，报价为每箱 35 美元 CFR 利物浦，英国商人要求改报 FOB 价。已知该批货物体积每箱长 45cm、宽 40cm、高 25cm，每箱毛重 35kg，商品计费标准为 W/M，每运费吨基本运费为 120 美元，并加收燃油附加费 20%、港口附加费 10%。我方应报价多少？

五、案例分析题

1. 我外贸公司与荷兰进口商签订了一份皮手套合同，价格条件为 CIF 鹿特丹，向中国人民保险公司投保了一切险。生产厂家在生产的最后一道工序将手套的湿度降到了最低限度，然后用牛皮纸包好装入双层瓦楞纸箱，再装入 20 英尺集装箱。货物到达鹿特丹后，检查结果表明，全部货物湿、霉、玷污、变色，损失价值达 8 万美元。据分析，该批货物的出口地不异常热，进口地鹿特丹不异常冷，运输途中无异常，运输完全属于正常运输。试问：(1)保险公司对该批货物是否负责赔偿？为什么？

(2)进口商对受损货物是否支付货款？为什么？

(3)你认为出口商应如何处理此事？

2. 某公司对外出口茶叶 600 箱，合同和信用证均规定“从 1 月份开始，每月 200 箱”。该公司于 1 月份装 200 箱，2 月份没装，3、4 月份各装 200 箱。请问：该公司这种做法是否会遭到银行拒付？为什么？

附录

多式联运提单样示

BILL OF LADING

<table>
<tr><td rowspan="3">托运人 ②
DA LIAN LONGXING GARMENT CO. ,LTD
XINGGONG STREET,SHAHE KOU,DA LIAN</td><td colspan="4">提单号 B/L NO. ① COSU299120029</td></tr>
<tr><td colspan="4" rowspan="2">华 盛 船 务 有 限 公 司</td></tr>
<tr></tr>
<tr><td>收货人 .③
Consignee
TO ORDER OF SHIPPER</td><td colspan="4"></td></tr>
<tr><td>被通知人 ④
Notify Address
SHITAYA KINZOKU CO. ,LTD.
6-11 7-CHOME UENO TAITO-KU TOKYO,JAPAN</td><td colspan="4"></td></tr>
<tr><td>前程运输 ⑤
Pre-carriage by</td><td>收货地点 ⑥
Place of Receipt</td><td colspan="3"></td></tr>
<tr><td>海运船名航次 ⑦
Ocean Vessel Voy . no.
JING AN CHENG V. 024E</td><td>装货港 ⑧
Port of Loading
DA LIAN</td><td colspan="3"></td></tr>
<tr><td>卸货港 ⑨
Port of Discharge
YOKOHAMA</td><td>交货地 ⑩
Place of Delivery
YOKOHAMA</td><td colspan="3">Final Destination for the Merchant's Reference only</td></tr>
<tr><td>集装箱箱号 封箱号 唛头⑪
Container,Seal No. &
Marks & Nos.

A98JP1990006
SHITAYA
YOKOHAMA

JOHK250365(20′)</td><td colspan="2">包装种类 件数 货名 ⑫
No. of Package & Description of Goods

400 BUNDLES RABBIT BRAND
SHOVEL WITH
METAL HANDLE
⑮
FOUR HUNDRED BUNDLES ONLY.
L/C NO. GD983212</td><td>毛重 ⑬
Gross
Weight Kgs

10,000KGS</td><td>尺码 ⑭
Measurement m^3

32. 126CBMS

FREIGHT PREPAID</td></tr>
<tr><td>运费和费用 ⑯
FREIGHT & CHARGES</td><td>Revenue Tons</td><td>运费率
Rate Per</td><td>已付
Prepaid</td><td>Collect</td></tr>
<tr><td>Prepaid at</td><td colspan="2">Payable at</td><td colspan="2">签单地点和时间 Place and date of issue
⑰ DA LIAN JAN. 25,2006</td></tr>
<tr><td>Total Prepaid</td><td colspan="2">正本提单份数 ⑱
No. of Original B(s)/L
THREE (3)</td><td colspan="2">签章 ⑲
Stamp & Signature
AS AGENT FOR THE CARRIER:</td></tr>
</table>

LADEN ON BOARD THE VESSEL ⑳ KENWA SHIPPING CO. ,LTD.
Date JAN. 27,2006

By 中国大连外轮代理公司
签名

(TERMS CONTINUED ON BACK HERE OF)
CHINA OCEAN SHIPPING AGENCY DA LIAN AS AGENT

1. 提单号

提单号(B/L No.)。提单号一般位于提单右上角,提单上必须注明承运人或代理人规定的提单号以便核查,否则该提单无效。此号码由承运人或其代理人提供。

2. 托运人

托运人(shipper)。又称发货人,在托收项下,为合同卖方;在信用证项下,一般为信用证受益人,如信用证无具体规定,可以以第三方作为托运人。本栏通常填写托运人的全称和地址。

3. 收货人

收货人(consignee)。提单的抬头决定了海运提单的性质和货权的归属。如果是托收项下的提单,一般做成空白指示或托运人指示提单,然后由托运人背书送交托收银行,托收项下的提单应避免做成以买方为抬头的提单,防止物权转移。信用证项下的提单必须严格按照信用证的提单条款填制。信用证项下多使用指示性抬头,指示性抬头分为两种:不记名指示和记名指示。

4. 被通知人

填写货物到达目的港(地)后船公司需要通知的人。如果来证没有说明哪一方为被通知人,就将信用证中申请人名称、地址填入副本提单的该栏,而正本提单的该栏目保持空白。如果来证要求两个或两个以上通知人,应按信用证规定全部填写。

5. 前程运输

如果货物需要转运,在这一栏中填写第一程船的名称;否则,为空。驳船运输用"Lighter"字样填入此栏目。

6. 收货地点

如果货物需要转运,填写收货的港口名称或地点;否则,为空。

7. 船名航次

如果货物需要转运,填写第二程船的船名;否则,填写第一程船的船名。

8. 装货港

如果货物需要转运,填写中转港口名称;否则,填写装运港名称。

9. 卸货港

卸货港(port of discharge)。填写卸货港(目的港)名称。若有重名港口,港口名称后还应加上国家名称,以避免货物送错的情况。

10. 交货地

填写最终目的地名称。如果货物的目的地就是目的港的话,该栏为空。

11. 集装箱箱号、封箱号与唛头

填写集装箱箱号。通常在集装箱箱号之后还加注海关查验后作为封箱的铅制关封号。

提单上的唛头必须与其他单据和实际货物保持一致;否则,提货和结算都会发生困难。缮制提单唛头应以信用证规定的唛头为准。

12. 包装件数、种类及货名

对于包装货物,本栏应注包装件数和种类;对于散装货,此栏应加"in bulk";对于裸装货物,应加件数,如一台机器或一辆汽车等,填"1 UNIT";对于集装箱装运货物,由托运人装箱的整箱货可只注集装箱数量;如果是两种或多种包装,件数栏内要逐项列明,同时下面应注合计数量。

提单货名应按信用证或发票货名填写,并与其他单据的货名相同,可以写商品的统称,但是不能与信用证或发票的货物描述冲突。

13. 毛重

毛重(gross weight)。填写货物总毛重量,通常以 KG 表示。提单中毛重应与发票或包装单相符。

14. 尺码

尺码(measurement)。填写货物的总体积数。该数据是船公司计算运费的根据之一。

15. 大写件数栏

除煤炭、石油等散装货以外,其他都应注明大写件数。大写件数应与小写件数完全相符。大写件数通常由三部分组成,即数字、单位和"only"(整)。

16. 运费和费用

运费和费用(freight and charges)。除非信用证明确规定填具体运费与费率外,一般此栏填"As Arranged"(按约定)或为空。

17. 签单地点和时间

海运提单签发地点表示货物实际装运的港口或接受有关方面监管的地点。

海运提单签发时间表示货物实际装运的时间或已经接受船方或船代理的有关方面监管的时间。

18. 正本提单份数

承运人一般签发海运提单正本两份，也可应收货人的要求签发两份以上。签发份数应用大写数字在栏内标明。

19. 承运人签字

承运人签字(signed for or on behalf of the carrier)。提单必须由承运人或其代理人签字方能生效，且提单上各当事人身份需表述清楚。

20. 装船备忘录

备运提单只表明货物已收妥，待货物装船后提单内还应做明确表示。通常备运提单在下端印有专供填写装船条款的栏目，有人称之为“装船备忘录”。此栏目通常印有“已装船”(Laden on board the Vessel)、“装船日”(Date)和“签字”(Signature)等栏目。装船后，加注必要内容，并由有关人员签字或简签。

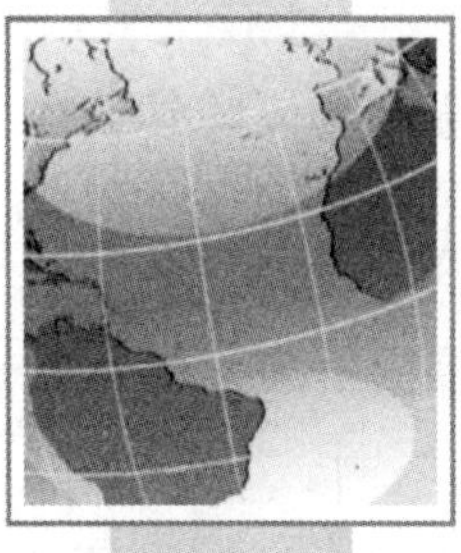

第十章 国际货物运输保险

要点提示

- 海上货物运输保险的原则
- 海上货物运输保险的风险、损失和费用
- 海上货物运输基本险和一般附加险别、特殊附加险别的含义及责任起讫
- 伦敦保险协会现行的《协会货物保险条款》的基本内容
- 其他运输方式下的货运保险
- 国际货物运输险别的选择、手续的办理和保险费的计算等问题

内容引言

进出口货物在运输、装卸、储存过程中，可能因各种风险使货物遭受损失，为了转嫁风险和保障货物受损后能得到经济上的补偿，买卖双方就需要按约定条件投保国际货物运输保险。国际货物运输保险属于财产保险的范畴，是一种特殊形式的财产保险。由于国际货物采取的运输方式多种多样，因此国际货物运输保险也相应地分为海洋运输保险、航空运输保险、集装箱运输保险、国际多式联运保险等。进行货物买卖过程中涉及保险的问题，买卖双方必须在交易前协商好，在合同中规定清楚。例如，我国某外贸公司按 CFR 马尼拉价格出口一批仪器，投保的险别为一切险。我方将货物用卡车由北京运往天津发货，但在运送途中一辆货车翻车，致使车上所载部分仪器损坏。在本案中虽然买方投保了一切险，但我方不是保险单的合法受益人，不能得到赔偿。我方应事先投保内陆运输险以规避运输风险。

第一节　海上货物运输保险的原则

一、可保利益原则

可保利益原则是指只有对保险标的具有可保利益的投保人与保险人签订的海上保险合同才有法律效力，保险人才承担保险责任。保险人所承保的标的，是保险所要保障的对象。但被保险人（投保人）投保的并不是保险标的本身，而是被保险人对保险标的所具有的利益，这个利益称为保险利益。被保险人对保险标的不具有保险利益的，保险合同无效。

国际货物保险同其他保险一样，被保险人必须对保险标的具有保险利益。这个保险利益，在国际货运中体现在对保险标的的所有权和所承担的风险责任上。以 FOB、CFR、FCA 和 CPT 方式达成的交易，货物在越过船舷后，风险由买方承担。一旦发生损失，买方的利益受到损失，买方即具有保险利益。由买方作为被保险人向保险公司投保，保险合同只有在货物越过船舷后才生效。货物越过船舷以前，买方不具有保险利益，因此不属于保险人对买方所投保的承保范围。

二、保险补偿原则

保险补偿原则是指在财产保险中被保险人与保险人签订保险合同，将特定的风险转由保险人承担。当保险标的发生了承保责任范围内的损失时，保险人应当按照保险合同条款的规定履行全部赔偿责任。但保险人的赔偿金额不得超过保险单上的保险金额或被保险人遭受的实际损失，即不能超过被保险人对保险标的所具有的可保利益。保险人的赔偿不应使被保险人因此而获得额外利益。

三、最大诚信原则

最大诚信原则是指保险双方在签订和履行保险合同时，必须保持最大的诚意，互不欺骗和隐瞒，恪守合同的承诺，全面履行自己应尽的义务；否则，将导致保险合同无效或承担其他法律后果。

四、近因原则

近因原则是为了明确事故与损失之间的因果关系，认定保险责任而专门设立的一项基本原则。它的含义是指保险人对于承保范围内的保险事故作为直接的、最接近的原因所引起的损失，承担保险责任，而对于承保范围以外的原因造成的损失，不负赔偿责任。

五、代位追偿原则

代位追偿原则是指当保险标的物发生了由第三者责任造成的保险责任范围内的损失，保险人按照合同的规定向被保险人履行了损失赔偿的责任，有权获得被保险人在该项损失中向第三者责任方要求索赔的权利。

第二节　海上货物运输保险的范围

一、风险

风险(Risk)是指人们在生产、生活或对某一事项做出决策的过程中，对未来结果的不确定性。海上风险保险业把海上货物运输的风险分成海上风险和外来风险两类。风险的分类如图10—1所示。

(一)海上风险

海上风险(Perils of Sea)又称海难，一般指船舶或货物在海上运输过程中发生的或随附海上运输所发生的风险，包括自然灾害、意外事故。

1. 自然灾害

自然灾害是指由于自然界变异引起破坏力量所造成的现象。但海上保险业务中，它并不是泛指一切自然界变异所造成的破坏，而是仅指恶劣气候、雷电、海啸、地震或火山爆发等人力不可抗拒力量所造成的灾害。

(1)恶劣气候。是指海上发生飓风、大浪引起船只颠簸和倾斜造成船只的船体、机械设备的损坏，或者因此而引起的船上所载货物相互挤压、碰触而导致破碎、渗漏和凹瘪等损失。

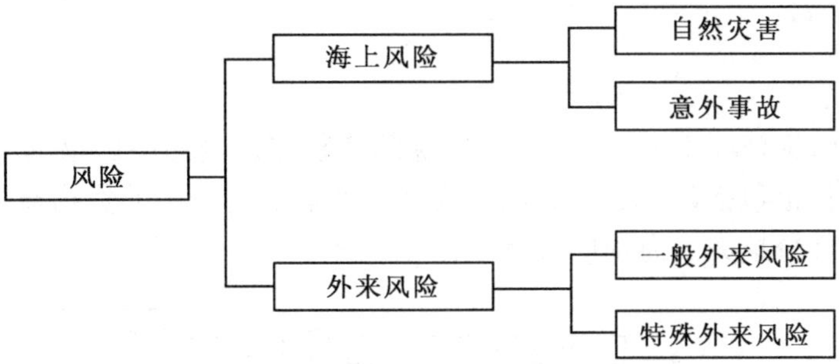

图 10—1　风险的分类

(2)雷电。是指被保险货物在海上或陆上运输过程中,由雷电所直接造成的或者由于雷电引起火灾所造成的损失。

(3)海啸。主要是指由于海底地壳发生变异,引起剧烈震荡而产生巨大波浪,致使保险货物遭受损坏或灭失。

(4)地震。是指由于地壳发生急剧的自然变化,使地面发生震动、坍塌、地陷、地裂等造成的保险货物的损失。

(5)火山爆发。是指由于火山爆发产生的地震以及喷发出的火山岩灰造成的保险货物的损失。

(6)洪水。是指因江河泛滥、山洪暴发、湖水上岸及倒灌或暴雨等致使保险货物遭受泡损、淹没、冲散等损失。

(7)浪击落海。是指存放在舱面上的货物在运输过程中受海浪的剧烈冲击而落海造成的损失。

2. 意外事故

意外事故(Accident)是指由于偶然的非意料中的原因所造成的事故。在海上保险业务中,它不同于一般的意外事故,而是仅指运输工具遭受搁浅、触礁、沉没、船舶与流冰或其他物体碰撞,以及失踪、失火、爆炸等造成的货物损失。

(1)搁浅。是指船底同海底或浅滩保持一定时间的固定状态。

(2)触礁。是指船体触及海中礁石和岩石等造成的意外事故。

(3)沉没。是指船体的全部或大部分已经没入水面以下,并已失去继续航行的能力。

(4)碰撞。是指载货船舶同水以外的外界物体,如码头、船舶、灯塔、流冰等发生的猛力接触,由此造成船上的货物损失。

(5)失踪。是指船只在航运中失去联络,音信全无,达到一定时间,可以按“失踪”论处。对“一定时间”无统一规定,有的国家是 6 个月,有的则为 4 个月。

(6)失火。它既包括船只本身、船上设备和机器着火,也包括货物自身的燃烧。

(7)爆炸。一般是指船只锅炉爆炸或船上货物因气候影响产生化学作用引起爆炸事故。

(二)外来风险

外来风险(Extraneous Risks)一般是指海上风险以外的原因所造成的风险,主要包括:

(1)一般外来风险。是指被保险货物在运输中由于偷窃、短量、雨淋、玷污、渗漏、破碎、受热受潮、串味等一般外来原因所造成的风险。

(2)特殊外来风险。是指由于军事、政治、国家政策法令以及行政措施等外来原因所造成的风险与损失。

二、损失

海上损失又称海损(Sea Damage),是指被保险货物在运输途中因遭遇海上风险施救所造成的各种损失。海损也包括与海运相连的陆运和内河运输过程中的货物损失。按照程度不同可分为全部损失和部分损失。海损的分类见图 10—2。

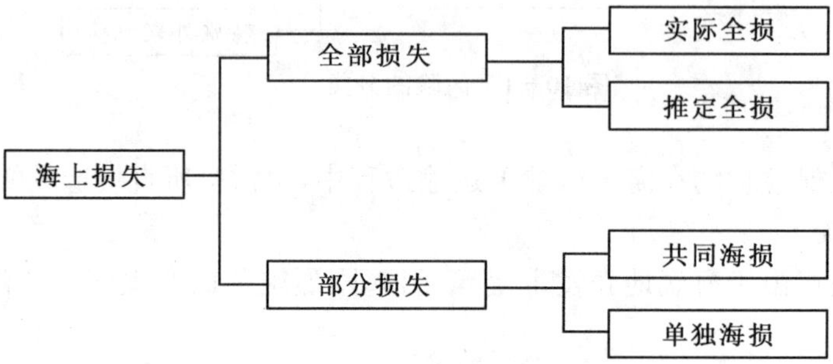

图 10—2 海损的分类

(一)全部损失

简称全损(Total Loss),是指运输途中整批货物或不可分割的一批货物的全部损失。根据情况不同,可分为实际全损和推定全损。

1. 实际全损

实际全损(Actual Total Loss)是指保险货物完全灭失、变质或实际上已不可能归还保险人。实际全损有四种情况:

(1)被保险货物完全灭失。例如船只遇海难后沉没,货物同时沉入海底。

(2)被保险货物遭受严重损害,已丧失了原有的用途和价值。例如水泥遭海水浸泡后变成水泥硬块,无法使用。

(3)被保险人对被保险货物的所有权已无可挽回地被完全剥夺。例如船、货被海盗劫去或被敌对国扣押。

(4)载货船舶失踪达到一定时期仍无音信。

2. 推定全损

推定全损(Constructive Total Loss)是指保险事故发生后,认为实际全损已不可避免,或者为了避免发生实际全损所需支付的费用与继续将货物运抵目的地的费用之和超过保险价值。推定全损主要有四种情况:

(1)被保险货物遭受严重损害,完全灭失已不可避免,或者为了避免实际全损需要施救等所花费用将超过获救后被保险货物的价值。

(2)被保险货物受损害后,修理费用估计要超过货物修复后的价值。

(3)被保险货物遭受严重损害之后,整理和续运目的地的费用超过了残存货物到达目的地的价值。

(4)被保险货物遭受责任范围内的事故,使被保险人失去被保险货物所有权,而收回这一所有权,其所需费用将超过收回被保险货物的价值。

(二)部分损失

部分损失(Partial Loss)是指被保险货物的损失没有达到全部损失的程度。部分损失按损失的性质又可分为共同海损和单独海损。

1. 共同海损

共同海损(General Average)是指载货的船舶在海上遇到共同危险，为了维护船货共同安全，由船方有意采取合理的施救措施所直接造成的特殊牺牲和支付的额外费用。

共同海损损失由共同海损牺牲和共同海损费用构成。

(1)共同海损牺牲

常见的共同海损牺牲项目有：

①抛弃，指抛弃船上载运的货物或船舶物料；

②救火，指为扑救船上的火灾，向货舱内灌浇海水、淡水、化学灭火剂，造成舱内货物或船舶的灭失；

③自动搁浅，指为了共同安全，采取紧急的人为搁浅措施造成舱内货物或船舶的灭失；

④起浮脱浅，指船舶因海上自然灾害或意外事故而造成舱内货物或船舶的损失；

⑤船舶在避难港卸货重装或倒移货物、燃料或物料的这些操作造成货物或船舶的损失；

⑥将船上货物或船舶物料当作燃料以保证船舶继续航行；

⑦割断锚链，指为避免发生碰撞等紧急事故，停泊的船舶来不及进行正常起锚，有意识地割断锚链、丢弃锚具，以便船舶启动，因此造成的断链、弃锚损失。

(2)共同海损费用

共同海损费用是指为了避免共同危险由船方采取措施而支出的特别费用。常见的共同海损费用有以下几种：

①避难港费用，是指船舶在航行途中发生了严重的危险不断继续航行，必须立即驶入避难港修理，由此导致的驶往及驶离避难港费用，驶往和停留避难港口期间合理的船员工资，给养和燃料、物料费用，卸载、重装或倒移船中货物、燃料和物料的费用，为完全完成航程修理船舶的费用。

②杂项费用，是指与处理共同海损有关的费用，包括共同海损损失检验费，船舶在避难港的代理费、电报费，船东监修人员的费用，船东或承运人垫付的共同海损费用的利息和手续费，以及共同海损理算费用等。

共同海损的费用由船方、货方和运费收入方根据获救价值按比例分摊。这种分摊一般称为共同海损分摊。

分摊的共同海损应该是实际遭受的合理损失，而且未损方和受损方均须按比例分摊，否则有失公平分摊原则。共同海损的损失额发生后，应先计算各方的分摊价值，然后再根据分摊价值计算各项分摊额。

各方对共同海损承担分摊金额的计算：

首先，计算出共同海损分摊率。将船舶、货物和运费的共同海损牺牲和费用的总额，除了这三方的共同海损分摊价值的总额，即可求得分摊率。其公式为：

$$\text{共同海损分摊率}=\frac{\text{船舶、货物和运费的共同海损损失(包括牺牲和费用)总额}}{\text{船舶、货物和运费的共同海损分摊价值总额}}$$

其次，分别计算出各方的共同海损分摊金额。将共同海损分摊率，分别乘以船舶、货物和运费的分摊价值，即可求得各方的分摊金额。其公式为：

船舶的分摊金额＝船舶分摊价值×分摊率

货物的分摊金额＝货物分摊价值×分摊率

运费的分摊金额＝运费分摊价值×分摊率

各国都针对共同海损理算依据制定了相应的规则。目前，在国际上影响较大的海损理算规则是《约克—安特卫普规则》。该规则虽不是强制性国际公约，但已为国际海运、贸易和保险界所广泛接受，并成为具有国际性质的海损理算规则。我国国际贸易促进委员会在总结我国共同海损理算经验的基础上，参照国际做法，制定了《中国国际贸易促进委员会共同海损理算暂行规则》（简称《北京理算规则》），并于1975年1月1日正式公布实施。目前，我国各海运船队在提单或其他运输合同中都规定："如发生共同海损，按《北京理算规则》办理。"

（3）构成共同海损的条件

构成共同海损需具备以下条件：

①导致共同海损的危险必须是真实存在的、危及船舶与货物共同安全的危险。导致共同海损的危险必须是真实存在或不可避免的，船舶必须处于或接近危险而引起的灾难之中。

②共同海损的措施必须是为了解除船舶与货物的共同危险，人为地、有意识地采取合理措施。所谓"合理"，是指在采取措施的当时看来，措施是可以有成效和节约的，因而也是符合全体利害关系方的利益的。所谓"有意识"，是用于区别意外的损失，船舶在航行中遭遇到的意外损失由受害者自行负担，而有意识地采取措施造成的损失，应由受益各方共同分担。

③共同海损的牺牲是特殊性质的，费用损失必须是额外支付的。

④共同海损的损失必须是共同海损措施直接的、合理的后果。共同海损的损失与采取的共同海损措施之间必须存在一种必然的、内在的因果关系。

⑤造成共同海损损失的共同海损措施最终必须有效。所谓必须有效，是指经过抢救措施以后，船舶或货物的全部或一部分安全抵达航程的终点港或目的港，从而避免了船舶和货物同归于尽的局面。

2. 单独海损

单独海损（Particular Average）是指共同海损以外的意外损失，它仅涉及船舶或货物所有人单方面利益的损失，该损失由受损者单独负担。

共同海损和单独海损的不同在于：第一，造成海损的原因不同。单独海损是承保风险所直接导致的船舶和货物的损失；共同海损则不是承保风险所直接导致的损失，而是为了解除船舶和货物面临的共同危险有意采取合理措施而造成的损失。第二，损失的承担责任不同。单独海损由受损方自行承担；共同海损则由各受益方按照受益大小的比例共同分摊。

[案例10－1] 海轮的舱面上装有1 000台拖拉机，航行中遇大风浪袭击，其中450台拖拉机被卷入海中，海轮严重倾斜，如不立即采取措施，则有翻船的危险，船长下令将余下的550台拖拉机全部抛入海中。请问：这1 000台拖拉机的损失属于何种性质？

分析 1 000台拖拉机为全损，其中450台为单独海损，550台为共同海损。

三、费用

海上费用（Maritime Charges）是指保险货物遭遇保险责任范围内的事故所产生费用方面的损失，主要有施救费用和救助费用。对于这种费用，保险人也给予赔偿。

施救费用（Sue and Labour Charges）是指在遭遇保险责任范围内的灾害事故时，被保险人或他的代理人、雇佣人员和保险单受让人等为抢救被保险货物、防止其损失扩大而采取措施所支出的费用。保险人对这种施救费用负责赔偿。

救助费用（Salvage Charges）是指被保险货物遭遇保险责任范围内的灾害事故时，由保险人和被保险人以外的第三者采取救助行为而向其支付的报酬费用。

第三节　海运货物保险

一、我国海运货物保险

(一)保险险别

保险险别(Insurance Coverage)是指保险人对风险和损失的承保责任范围,也是承保人责任和义务大小及被保险人缴付保费数额的依据。海运货物保险的险别可分为基本险和附加险,如图10—3所示。

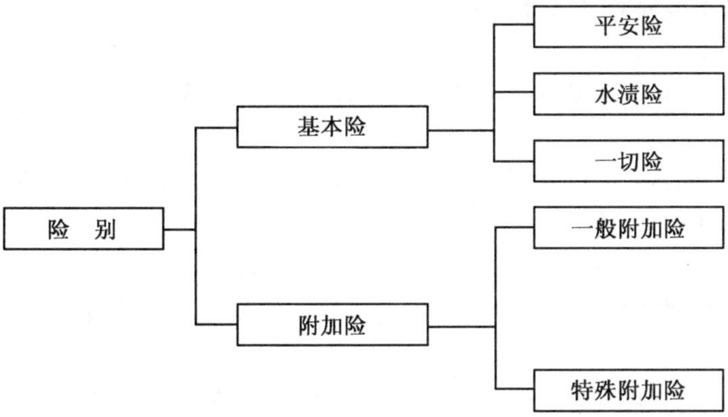

图10—3　险别的分类

1. 基本险

又称主险,是可以独立承保的险别。它包括平安险、水渍险和一切险。

(1)平安险

平安险(Free from Particular Average,简称FPA)的英文原意是“单独海损不赔”。其责任范围包括:

①被保险货物在运输途中由于自然灾害造成的实际全损或推定全损。

②由于运输工具遭遇到搁浅、触礁、沉没、互撞、与流冰或其他物体碰撞以及失火、爆炸等意外事故所造成的货物全部或部分损失。

③运输工具发生搁浅、触礁、沉没等意外事故,不论意外事故发生之前或者之后货物在海上由遭受了恶劣气候、雷电、海啸等自然灾害所造成的被保险货物的部分损失。

④在装卸转船过程中,被保险货物一件或数件落海所造成的全部损失或部分损失。

⑤被保险人对遭受承保责任内危险的货物采取抢救,防止或减少货损措施支付的合理费用,但以不超过该批被救货物的保险金额为限。

⑥运输工具遭遇自然灾害和意外事故,需要在中途的港口或者在避难港口停靠,因而引起的卸货、装货、存仓以及运送货物所产生的特别费用。

⑦发生共同海损所引起的牺牲、分摊费和救助费用。

⑧运输契约订有“船舶互撞责任”条款,根据该条款规定由货方偿还船方的损失。

(2)水渍险

水渍险(With Particular Average,简称 WPA)的英文原意是“负责单独海损”,其责任范围除包括“平安险”的各项责任外,还包括被保险货物由于恶劣天气、雷电、海啸、地震、洪水等自然灾害所造成的部分损失。

需要注意的是:平安险和水渍险只对海水所致的各种损失负有赔偿责任,而被保险货物直接由于淡水、雨淋、冰雪融化所造成的损失,不包括在这两种险别的承保责任范围中。

(3)一切险

一切险(All Risks,简称 AR)的责任范围除包括“平安险”和“水渍险”的所有责任外,还包括货物在运输过程中因一般外来原因所造成的全部或部分损失。

2. 附加险

附加险是对基本险的补充和扩大。投保人只能在投保基本险的基础上才可加保一种或数种附加险。附加险有一般附加险和特殊附加险两种。

(1)一般附加险

一般附加险(General Additional Risks)承保一般外来风险所造成的损失。共有以下 11 种:

①偷窃、提货不着险(Theft,Pilferage and Non-delivery Risks,TPND)。对偷窃行为所致的损失和整批提货不着等损失,保险公司负责按保险价值赔偿。

②淡水雨淋险(Fresh Water and/or Rain Damage Risks,FWRD)。对直接遭受雨水、淡水以及雪融水浸淋所致的损失,保险公司负责赔偿。淡水是与海水相对而言的,包括船上淡水舱或水管漏水、舱汗等。

③渗漏险(Leakage Risks)。对因容器损坏而引起的渗漏损失,或用气体储藏的货物因气体的泄漏而引起的货物腐蚀等损失,保险公司负责赔偿,如以流体装存的湿肠衣,因为流体渗漏而使肠衣发生腐烂、变质等损失,均由保险公司负责赔偿。

④短量险(Shortage Risks)。对因外包装破裂或散装货物发生数量损失和实际重量短缺的损失,保险公司负责赔偿,但不包括正常运输途中的损耗。

⑤混杂、玷污险(Intermixture and Contamination Risks)。对在运输过程中因混进杂质或被玷污所致的损失,保险公司负责赔偿。

⑥碰撞、破碎险(Clash and Breakage Risks)。对金属、木质等货物因震动、颠簸、挤压所造成的碰损和对易碎性货物运输途中由于装卸野蛮、粗鲁、运输工具的颠震所造成的破碎损失,保险公司负责赔偿。

⑦钩损险(Hook Damage Risks)。对在装卸过程中使用手钩、吊钩所造成的损失,由保险公司负责赔偿,如粮食包装袋因吊钩钩坏而造成的粮食外漏的损失。

⑧锈损险(Rust Risks)。对运输途中发生的锈损,保险公司负责赔偿。但生锈必须是在保险期内发生的,如装船前已发生锈损的,保险公司不负责赔偿。

⑨串味险(Taint of Odour Risks)。对于被保险的食用物品、中药材、化妆品原料等因受其他物品的影响而引起的串味损失,保险公司负责赔偿。如茶叶、香料与皮张、樟脑等堆放在一起产生异味而不能使用。

⑩包装破裂险(Breakage of Packing Risks)。对因运输或装卸不慎,包装破裂所造成的损失,以及为继续运输安全的需要对包装进行修补或调换所支付的费用,保险公司均负责赔偿。

⑪受潮受热险(Sweat and Heating Risks)。对因气温突然变化或由于船上通风设备失灵导致船舱内水汽凝结、受潮或受热所造成的损失,保险公司负责赔偿。

值得注意的是，上述11种附加险只能在投保平安险和水渍险的基础上加保一种或数种险别，但若投保“一切险”时，因上述险别均包含在内，故无须加保。

一般附加险不能独立投保，只能在投保平安险或水渍险的基础上加保。

(2)特殊附加险

特殊附加险(Special Additional Risks)承保特殊外来风险所造成的损失。共有以下8种：

①交货不到险(Failure to Deliver Risks)。不论何种原因，从被保险货物装上船开始，6个月内不能运到原定目的地交货的，保险公司负责按全损赔偿。

②进口关税险(Import Duty Risks)。当货物遭受保险责任范围内的损失，而仍需按完好货物价值缴纳进口关税时，保险公司对损失部分货物的进口关税负责赔偿。

③舱面险(On Deck Risks)。当货物置于船舶甲板上时，保险公司除按保单所载条款负责外，还赔偿被抛弃或浪击落海的损失。

④黄曲霉素险(Aflatoxin Risks)。花生、谷物等易产生黄曲霉素，对含量超过进口国限制标准而被拒绝进口、没收或强制改变用途所遭受的损失，保险公司负责赔偿。

⑤拒收险(Rejection Risks)。对被保险货物在进口港被进口国政府或有关当局拒绝进口或没收，保险公司按货物的保险价值负责赔偿。

⑥出口货物到中国香港(包括九龙在内)或中国澳门存仓火险责任扩展条款(Fire Risk Extension Clause for Storage of Cargo at Destination Hongkong，including Kowloon，or Macao，FREC)。这是一种扩展存仓火险责任的保险，是指出口货物到达中国香港(包括九龙在内)或中国澳门等目的地，在卸离运输工具后，如直接存放在保险单所载明的过户银行所指定的仓库，保险责任自运输责任终止时开始，至银行收回押款解除货物的权益为止，或自运输责任终止时起满30天为止。在此期间，对发生了火灾所造成的损失，保险公司负责赔偿。

⑦战争险(War Risks)。战争险是特殊附加险的主要险别之一，它虽然不能独立投保，但对其他附加险而言又有很强的独立性。

⑧罢工险(Strikes Risks)。凡因罢工、被迫停工所造成的直接损失，恐怖主义者或出于政治目的而采取行动的个人所造成的损失，以及任何人的恶意行为造成的损失，都属于承保范围。按国际保险业惯例，在投保战争险的前提下，加保罢工险，不加收保险费。如单独要求加保罢工险，则按战争险费率收费。

[案例10—2]　我方按CIF向纽约出口冷冻羊肉一批，合同规定投保一切险加战争险、罢工险。货到纽约后，适逢码头工人罢工，货物因港口不作业而无法卸载。第二天货轮因无法补充燃料，致使冷冻设备停机。等到第五天罢工结束，该批羊肉已变质。进口商可以向保险公司索赔吗？

分析　进口商不可以向保险公司索赔。因为损失的原因不是罢工所致的直接损失，是间接损失，保险公司可以不赔。

(二)除外责任

除外责任是指保险公司明确规定不予承保的损失或费用。我国海洋运输货物保险条款中对基本险规定了以下除外责任：

(1)由于被保险人的故意行为或过失；

(2)发货人的责任；

(3)保险责任开始前保险货物早已存在的品质不良和数量短缺；

(4)保险货物的自然损耗，本质缺陷、特性；

(5)保险货物的市价下跌；

(6)运输延迟造成的损失和引起的费用。

[案例 10－3] 我方向海湾某国出口花生糖一批，投保的是一切险。由于货轮陈旧，速度慢，加上该轮沿途到处揽载，结果航行 3 个月才到达目的港，卸货后，花生糖因受热时间过长已全部潮解软化，无法销售。这种情况保险公司可否拒赔？

分析 根据 I. C. C. 条款，下列情况属“除外责任”：被保险货物的自然损耗、本质缺陷、特性及市价跌落、运输延迟所引起的损失或费用。本例的花生糖变质是由于运输延迟造成的，属除外责任，所以保险公司不予赔偿。

(三)责任起讫

1. 基本险的责任起讫

中国人民保险公司按照目前国际惯例对保险责任的起讫，采用“仓至仓” 条款规定的办法处理，即保险公司所承担的保险责任从被保险货物运离保险单所载明的起运地发货人仓库或储存处所时开始，直至货物到达保险单所载明的目的地收货人仓库时为止，但最长不超过被保险货物卸离海轮后 60 天。

2. 战争险的责任起讫

战争险的保险责任期限不采用“仓至仓”条款，而仅以水面危险为限。即从货物装上海轮或驳船时开始至卸离驳船时为止。如不卸离海轮或驳船，则从海轮到达目的港的当日午夜起算满 15 天，保险责任自行终止。如在中途转船，不论货物在当地卸货与否，保险责任以海轮到达该港或卸货地点的当日午夜起满 15 天为止，待再装上续运的海轮时恢复有效。

相关链接：中国人民保险公司

中国人民保险公司是国家经营保险业务的专业公司，成立于 1949 年 10 月 20 日，总公司设在北京。公司设有董事会和监事会。中国人民保险公司同世界 120 多个国家和地区的保险同业建立有业务联系，并在世界各主要港口聘有 300 多家理赔检验代理人。

中国人民保险公司的业务经营方针是：积聚保险基金，组织经济补偿，防止灾害损失，增进社会福利。经营的业务范围为各种保险及再保险业务。

中国人民保险公司经办的国外主要险种包括远洋货物运输保险(包括进出口货运险)、船舶保险、飞机保险、建筑工程及安装工程保险、营业中断保险、公众责任保险、雇主责任保险、机器损坏保险、投资(政治风险)保险、船舶建造保险、来料加工装配一揽子保险、产品责任保险、雇员忠诚保险、履约保证保险、海上石油勘探和开发保险以及再保险等。

二、伦敦保险协会海运货物保险条款

英国伦敦保险协会是国际上有较大影响的保险机构，其“协会货物条款”(Institute Cargo Clauses，简称 ICC)在国际上广为采用。

英国“协会货物条款”最早制定于 1912 年，1963 年曾进行过修订和补充。20 世纪 80 年代，英国又对 ICC 条款进行了修订(简称 ICC1982)，并于 1982 年 1 月 1 日起在伦敦保险市场开始使用。新条款取消了旧条款“单独海损不赔”(FPA，平安险)、“负责单独海损”(WA，水渍险)和“一切险”(All Risks)的名称，代之以“协会货物条款(A)”[ICC(A)]、“协会货物条款(B)”[ICC(B)]和“协会货物条款(C)”[ICC(C)]。2009 年，英国又对 ICC1982 进行了修订，推出 ICC2009。ICC2009 扩展了保险责任起讫，对保险人援引免责条款作出了一定的限制，且对条款中易于产生争议的词语做出了更加明确的规范。新条款中的文字、结构等也更加简洁、严密，便于阅读和理解。

(一)协会货物保险条款的种类

协会货物保险条款规定了(A)险、(B)险、(C)险、战争险、罢工险和恶意损害险6种险别：(1)协会货物条款(A)[institute cargo clauses(A)]；(2)协会货物条款(B)[institute cargo clauses(B)]；(3)协会货物条款(C)[institute cargo clauses(C)]；(4)协会战争险条款(货物)[institute war clauses(cargo)]；(5)协会罢工险条款(货物)[institute strikes clauses(cargo)]；(6)恶意损害险条款(malicious damage clauses)。

其中(A)险大致相当于中国人民保险公司的一切险，其责任范围最广，采用承保"除外责任"之外的一切风险的概括式规定办法。(B)险和(C)险则采用列明风险的办法，即把承保的风险一一列举出来，(B)险大体相当于水渍险，(C)险承保的责任范围最小。伦敦保险协会修订公布的上述6种险别中的恶意损害险属附加险别，故其内容比较简单，其他5种险别都具有独立完整的结构，对承保风险及除外责任有明确的规定。因此，险(A)险、(B)险和(C)险可以单独投保外，必要时，战争险和罢工险也可征得保险公司的同意，作为独立的险别进行投保。

(二)协会货物保险条款的承保风险与除外责任

1. ICC(A)险的承保风险与除外责任

(1)承保风险

根据伦敦保险协会的规定，(A)险的承保风险采用"一切风险减除外责任"的方式予以明确。除了下列除外责任不予承保外，承保货物因一切风险所造成的损失、共同海损的牺牲及救助的费用、船舶互撞导致的货方损失。

(2)除外责任

①归因于被保险人的恶意行为所引起的灭失、损害或费用。

②保险标的的自然渗漏、重量或容量的自然损耗或自然磨损。

③保险标的的包装或配装不足或不当引起的无法承受运输途中发生的事故而产生的灭失、损害或费用。

④保险标的的内在缺陷或特征所引起的灭失、损害或费用。

⑤因迟延所引起的灭失、损害或费用，即使迟延因承保风险所引起也是如此(但共同海损应予赔偿的费用不在此限)。

⑥由于船舶所有人、经理人、租船人或经营破产或不履行债务所引起的灭失、损害或费用。

⑦因使用原子或核子裂变和(或)聚变或其他类似反应或放射性力量或物质的武器或设备直接或间接导致的灭失、损害或费用。

⑧被保险人或其受雇人在保险标的装船时已经知道船舶或驳船的不适航，即船舶或驳船、集装箱或运输工具不适合安全运输保险标的。

⑨因战争、内战、扣押或任何其他遗弃的战争武器等原因所引起的灭失、损害或费用。

⑩因罢工、停工、恐怖行为等，或者出于政治、信仰或宗教目的实施的行为所引起的灭失、损害或费用。

2. ICC(B)险的承保风险与除外责任

(1)承保风险

ICC(B)险对承保风险的规定采取"列明风险"的方式，其承保下列两类风险：

①货物灭失或损害可合理归因于下列风险事故：

- 火灾或爆炸；

- 船舶或驳船触礁、搁浅、沉没或倾覆；
- 陆上运输工具倾覆或出轨；
- 船舶、驳船或运输工具同水以外的任何其他外界物体的碰撞或接触；
- 在避难港卸货；
- 地震、火山爆发或雷电。

②货物灭失或损害由于下列风险事故所致：

- 共同海损牺牲；
- 投弃(或抛货)；
- 浪击落海；
- 海水、湖水或河水进入船舶、驳船、船舱、运输工具、集装箱或储存处所；
- 货物在装卸船舶或驳船时落海或跌落造成整件的全损。

(2)除外责任

ICC(B)险不承保的风险除与ICC(A)险相同的部分外，还包括任何人的不法行为引起货物全部或部分的恶意损害以及“海盗行为”。

3. ICC(C)险的承保风险与除外责任

(1)承保风险

①货物灭失或损害可合理归因于下列风险事故：

- 火灾或爆炸；
- 船舶或驳船触礁、搁浅、沉没或倾覆；
- 陆上运输工具倾覆或出轨；
- 船舶、驳船或运输工具同水以外的任何其他外界物体的碰撞或接触；
- 在避难港卸货。

②货物灭失或损害由于下列风险事故所致：

- 共同海损牺牲；
- 投弃(或抛货)。

(2)除外责任

ICC(C)险的除外责任与ICC(B)险相同。

4. ICC战争险与罢工险

由于协会海运货物战争险与罢工险条款独立、完整，因而它们可以单独投保，不再作为附加险险别依附于ICC(A)、ICC(B)或ICC(C)。

除了上述可以独立投保的险别外，伦敦保险协会还新增加了可以独立投保的“恶意损害险”，以及“偷窃、提货不着险”等附加险别。由于附加险别没有完整的结构，不能独立投保，必须在投保了基本险别后才可以加保。此外，伦敦保险协会还陆续制定了航空险、陆运险以及特种货物等保险险别，以供被保险人选择使用。

(三)协会货物条款的保险期限

英国伦敦保险协会海运货物ICC(A)、ICC(B)、ICC(C)条款与我国海运货物保险条款(CIC)中基本险的规定大体相同，也是采用“仓至仓”条款，但比我国条款规定得更为详细。战争险的保险期限与我国现行海运战争险条款一样，也是根据承保“水上危险”的原则，不使用“仓至仓”条款。

第四节　其他运输方式的货运保险

一、陆上运输货物保险

(一)陆运货物保险的险别

1. 陆运险

陆运险(Overland Transportation Risks)的承保责任范围与海洋运输货物保险条款中的水渍险相似。保险公司对被保险货物在运输途中遭受暴风、雷电、洪水等自然灾害,或由于运输工具遭受碰撞、倾覆或出轨,或在驳运过程中,驳运工具搁浅、触礁、沉没、碰撞或由于遭受隧道坍塌、崖崩或火灾、爆炸等意外事故造成的全部或部分损失,负责赔偿。

2. 陆运一切险

陆运一切险(Overland Transportation All Risks)的承保责任范围与海洋运输货物保险条款中一切险相似。保险公司除承担上述一些险外,还对由于一般外来原因造成的货物短少、偷窃、破损、发霉、串味等全部或部分损失负责赔偿。

3. 陆上运输冷藏货物险

陆上运输冷藏货物险(Overland Transportation Insurance Frozen Products Risks)是陆上运输货物险中的专项保险,具有基本险的性质。其保险责任除陆运险的范围之外,还负责赔偿由于冷藏机器或隔温设备在运输途中损坏所造成的被保险货物解冻而腐坏的损失。

4. 陆上运输货物战争险(火车)

陆上运输货物战争险(火车)(Overland Transportation Cargo War Risks-by Train)是陆运货物保险的附加险。该险承保在火车运输途中,因战争、类似战争和敌对行为、武装冲突所致的损失,以及各种常规武器所致的货物损失。陆上运输货物保险的附加险还有罢工险,其承保范围与海洋运输货物罢工险的责任范围相同。

(二)陆运货物保险的除外责任

陆运险和陆运一切险的除外责任范围仅以火车和汽车运输为限,其除外责任与海洋运输货物保险的除外责任相同。陆上运输冷藏货物险包括由于战争、罢工或运输延迟而造成的被保险货物的腐败或损失。陆上运输货物战争险(火车)不包括敌对行为使用原子弹或热核武器所造成的损失。

(三)陆运货物保险的责任起讫

保险责任的起讫期限与海洋货物保险“仓至仓”条款基本相同,是从被保险货物运离保险单所载明的起运地发货人的仓库或储存处所开始运输时生效,直至货物送交保险单所载明的目的地收货人仓库或储存处所为止。但最长不超过被保险货物到达最后卸载的车站后60天。

在陆上运输货物保险中,被保险货物投保了陆运险或陆运一切险的基础上,可以加保陆上运输货物保险的附加险,例如陆运战争险等。

二、航空运输货物保险

(一)航空运输货物保险的险别

1. 航空运输险

航空运输险(Air Transportation Risks)的承保责任范围与海运水渍险大体相同。包括被保险货物在运输途中遭受雷电、火灾、爆炸或由于飞机遭受恶劣气候或其他危难事故而被抛弃，或由于飞机遭遇碰撞、倾覆、坠落或失踪等自然灾害和意外事故所造成的全部或部分损失。

2. 航空运输一切险

航空运输一切险（Air Transportation All Risks）的承保责任范围除包括上述航空运输险的全部责任外，对被保险货物在运输途中由于一般外来原因所造成的，包括被偷窃、短少等全部或部分损失负赔偿责任。

3. 航空运输货物战争险

航空运输货物战争险（Air Transportation Cargo War Risks）的承保责任范围是负责赔偿由于战争、类似战争行为、敌对行为或武装冲突，以及各种常规武器和炸弹所造成的货物损失。航空运输货物战争险是一种附加险，是投保人在投保了航空运输险或航空运输一切险的基础上才加保的险别。航空运输货物保险的附加险还有罢工险，其责任范围与海洋运输罢工险的责任范围相同。

（二）空运货物保险的除外责任

航空运输险和航空运输一切险的除外责任与海洋运输货物基本险的除外责任大致相同。

航空运输货物战争险不包括原子弹或热核武器所导致的损失。

（三）空运货物保险的责任起讫

航空运输险和航空运输一切险的责任起讫也采用“仓至仓”条款。但与海洋运输货物保险“仓至仓”责任条款不同的是：如果货物运达目的地而未运抵收货人仓库或储存处，则被保险货物在最后卸载地卸离飞机后满 30 天，保险责任即告终止。如在上述 30 天内转运非保险单载明的目的地时，则以该转运起终止。

航空运输货物战争险的责任起讫，从被保险货物在启运地装上飞机时开始，至到达目的地卸离飞机时为止。如果货物不卸离飞机，则以飞机抵达目的地当日午夜起算满 15 天为止。

航空运输一切险除包括上述航空运输险的责任外，对被保险货物在运输途中由于一般外来原因所造成的，包括被偷窃、短少等全部或部分损失负责赔偿。

在航空运输货物保险的情况下，也明确规定了除外责任。

航空运输货物保险，以被保险货物运离保险单所载明的起运地仓库或储存处所或被保险人用作分配、分派或非正常运输的其他储存处所为止。如被保险货物未到达上述仓库或储存处所，则以在最后卸货地卸离飞机后满 30 天为止。

被保险货物在投保航空运输险或航空一切险后，可加保航空运输货物战争险等附加险。

三、邮运包裹保险

邮运包裹保险是承保邮包在运输途中因自然灾害、意外事故和外来原因所造成的损失。

（一）邮运包裹保险的险别

邮运包裹保险包括邮包险和邮包一切险。此外还有附加险，即邮包战争险。

1. 邮包险

邮包险（Parcel Post Insurance Risks）的承保责任范围是被保险邮包在运输途中，由于遭受恶劣气候、雷电、流冰、海啸、地震、洪水等自然灾害，或由于运输工具搁浅、触礁、沉没、碰撞、出轨、坠落、失踪，或由于失火和爆炸等意外事故所造成的全部或部分损失。还负责被保险人对遭受承保责任内危险的邮包采取抢救、防止或减少货损的措施而支付的合理费用，但以不超过该批被救邮包的保险金额为限。

2. 邮包一切险

邮包一切险(Parcel Post Insurance All Risks)的承保责任范围除包括上述邮包险的全部责任外，还负责赔偿被保险邮包在运输途中用于外来原因所致的全部或部分损失。

3. 邮包战争险

邮包战争险(Parcel Post War Risks)的承保责任范围与海运战争险相似。该险承保在邮包运输途中，因战争、类似战争和敌对行为、武装冲突所致的损失，以及各种常规武器所致的货物损失。邮包附加险除战争险外还有罢工险，其责任范围与海运罢工险的责任范围相同。

(二)邮包运输保险的除外责任

邮包险和邮包一切险的除外责任，对因战争、敌对行为、武装冲突和罢工所致的损失，以及由于运输延迟导致货物缺陷，或由被保险人的故意、过失所造成的损失不负责赔偿。

邮包战争险不负责赔偿使用原子弹或热核武器所造成的损失和费用。

(三)邮包运输保险的责任起讫

邮包险和邮包一切险的保险责任起讫，自被保险邮包离开保险单所载明的起运地点、寄件人的处所运往邮局时开始生效，直至该项邮包运达保险单所载明的目的地邮局。自邮局发出通知书给收货人当日午夜起算满15天为止，但此期限内邮包一经递交至收件人的处所，保险责任即告终止。

邮包战争险的保险责任自被保险邮包经邮局收讫后自储存处所开始运送时生效，直至该项邮包运达保险单所载明的目的地邮局送交收件人为止。

第五节　国际货物运输保险实务

买卖合同所采用的贸易术语不同，办理保险的人就不同。例如按FOB或CFR条件成交时，合同的保险条款中应订明由买方投保；按CIF条件成交时，合同的保险条款中应订明由卖方负责办理保险。买卖合同中的保险条款主要包括下列内容：

一、货物运输保险业务

(一)投保险别的选择

选择投保险别时，应该考虑下列因素：

(1)根据货物的性质和特点选择合适的保险险别。例如粮食类商品易受潮、受热、发霉，故应投保一切险，或在水渍险的基础上加保受潮受热险及短量险。

(2)根据货物包装方式的特点选择合适的投保险别。

(3)根据不同的运输方式与运输工具选择不同投保险别。

(4)根据运输路线和停靠港口的不同选择不同投保险别。

(二)办理投保业务手续

1. 出口保险手续

在办理出口保险手续时，应根据出口合同或信用证规定，在备妥货物并确定装运期和运输工具后，按规定格式逐笔填制保险单，具体列明被保险人名称，保险货物项目、数量、包装及标志，保险金额，起止地点，运输工具名称，起止日期和保险险别等送保险公司投保，缴纳保险费，向保险公司领取保险单证。

2. 进口保险手续

我国保险公司一般采取预约保险的做法。所谓预约保险，是专营进口或有经常性进口业务的外贸公司为简化投保手续，做到及时保险，可以采用与保险公司签订预约保险合同的方式投保进口货物运输险。

(三)保险金额和费用

保险金额是保险人所应承担的最高赔偿金额。它是计算保险费的基础，又是货物发生损失后计算赔偿的依据。

实际业务中，买方为了取得充分的保障，一般都把货值、运费、保险费以及转售该批货物的逾期利润和费用的总和作为向保险公司投保的保险金额。按照国际保险市场习惯，通常按CIF或CIP总值加成10%计算。

保险金额和保险费的计算公式是：

保险金额＝CIF价×(1＋投保加成率)

保险费＝保险金额×保险费率

保险费是保险金额与保险费率的乘积。保险费率是由保险公司根据一定时期、不同种类的货物的赔付率，按不同险别和目的地确定的被保险人缴纳的费用。

[案例10－4] 某买卖合同的CIF价为11 400美元，按CIF价加成10%投保水渍险和战争险，总保险费率为0.8%。请计算保险金额和保险费。

解 保险金额＝CIF价×(1＋投保加成率)
＝11 400×(1＋10%)
＝12 540(美元)

保险费＝保险金额×保险费率
＝12 540×0.8%
＝100.32(美元)

[案例10－5] 我方出口货物3 000件，对外报价为2美元/件CFR纽约。为避免漏保，客户来证要求我方装船前按CIF总值代为办理投保手续。查得该货的保险费率为0.8%，问：我方对该货投保时的投保金额和应缴纳的保险费是多少？

解 CIF＝CFR/(1－投保加成×保险费率)
＝2/(1－110%×0.8%)
＝2.02(美元)

投保金额＝CIF总值×110%＝3 000×2.02×110%＝6 666(美元)

保险费＝保险金额×保险费率＝3 000×2.02×110%×0.8%＝53.33(美元)

(四)保险单据

保险单据是保险公司和保险人之间订立的保险合同，是保险人的承保证明，也是被保险人向保险公司索赔和保险公司进行理赔的依据。我国进出口业务中使用的保险单据主要有以下四种：

1. 保险单

保险单(Insurance Policy)又称大保单，是使用最广的一种保险单据。其正面内容有被保险人名称和地址，保险货物描述、数量、包装，保险金额，起止地点，运输工具名称，起止日期和投保险别等。此外，保险单背面还印就保险公司的责任范围以及保险公司与被保险人双方各自的权利、义务等方面的详细条款。

2. 预约保单

预约保单(Open Policy)是被保险人与保险人之间订立的总合同。凡属预约保单规定范围内的货物，一经起运我国保险公司即自动按预约保单所订立的条件承保。预约保单适用于我国自国外进口的货物和出口展卖品。

3. 保险凭证

保险凭证(Insurance Certificate)又称小保单，是一种简化的保险合同，除其背面没有详细保险条款外，正面内容与保险单相同。它与保险单具有同等法律效力。

4. 联合凭证

联合凭证(Combined Certificate)是比保险凭证更简化的保险单据。即在出口货物发票上由保险公司加注承保险别、保险金额及保险编号，并加盖印戳。这种凭证现已很少使用。

(五)保险索赔

保险索赔是指被保险货物在保险责任有效期内遭受属于保险责任范围内的损失时，被保险人向保险人提出赔偿要求的行为。

1. 损失通知

当被保险人获悉或发现被保险货物已遭损失，应立即通知保险公司或保险单上所载明的保险公司在当地的检验、理赔代理人，并申请检验。

2. 向承运人等有关方面提出索赔

被保险人或其代理人在提货时发现被保险货物整件短少或有明显残损痕迹，除向保险公司报损外，还应立即向承运人或有关当局(如海关、港务当局等)索取货损货差证明。

3. 采取合理的施救、整理措施

被保险货物受损后，被保险人应迅速对受损货物采取必要合理的施救、整理措施，防止损失的扩大。被保险人收到保险公司发出的有关采取防止或者减少损失的合理措施的特别通知的，应当按照保险公司通知的要求处理。

4. 备妥索赔单证

被保险货物的损失经过检验，并办妥向承运人等第三者责任方的追偿手续后，应即向保险公司或其代理人提出赔偿要求。提出索赔时，除应提供检验报告外，通常还须提供其他单证，包括：保险单或保险凭证正本；运输单据，包括海运提单、海运单、铁路或公路运单、航空运单、邮包收据、多式运输单据等；发票；装箱单或重量单；向承运人等第三者责任方请求赔偿的函电及其他必要的单证或文件；货损货差证明；海事报告摘录或海事声明书；列明索赔金额及计算依据，以及有关费用的项目和用途的索赔清单。

5. 代位追偿

在保险业务中，为了防止被保险人双重获益，保险人在履行全损赔偿或部分损失赔偿后，在其赔付金额内，要求被保险人转让其对造成损失的第三者责任方要求全损赔偿或相应部分赔偿的权利。这种权利称为代位追偿权或称代位权。在实际业务中，保险人须首先向被保险人进行赔付，才能取得代位追偿权。

二、合同中保险条款

(一)合同中保险条款的主要内容及订立的方法

1. FOB、FCA、CFR、CPT 贸易条件下的保险条款

如果按 FOB、FCA、CFR、CPT 贸易条件签订买卖合同，则由买方办理保险手续，并支付保险费。在此情况下，合同中的保险条款比较简单，只需明确保险责任。

2. CIF、CIP 贸易条件下的保险条款

如果按CIF、CIP贸易条件签订买卖合同，应由卖方负责办理货运保险并缴纳保险费。此时，保险涉及买卖双方的利益，买卖合同中的保险条款应订得明确具体，一般包括投保责任、投保金额、投保险别和适用的条款等内容。

[案例10—6] 某进出口公司以CIF条件进口货物一批，合同中的保险条款规定："由卖方按发票金额的13%投保一切险。"卖方在货物装运完毕以后，已凭结汇单据向买方收回了货款。而货物在运输途中遇险导致全部灭失。当买方凭保险单向保险公司要求赔付时，卖方却提出，超出发票金额20%的赔付部分，应该是买卖双方各得一半。卖方的要求是否合理？

分析 卖方的要求是不合理的。本案例中，买卖双方在合同中规定"由卖方按发票的13%投保一切险"，但并没有"货物发生损失时，超出发票金额20%的赔付部分，双方各得一半"的规定。因此，买方可以独享保险公司赔偿的全部赔偿金额。

(二)订立保险条款时应注意的事项

订立买卖合同中的保险条款，应注意下列内容：

(1)确定依据何种保险条款进行投保。例如按CIC条款或ICC条款，应予以明确说明。

(2)明确投保险别。根据货物的性质和特点选择平安险、水渍险或一切险，如需另加保一种或几种附加险也应同时写明。

(3)规定投保加成率，如超过按发票金额10%的加成，要说明由此而产生的保险费由买方负担。

(4)明确保险单据形式。合同中明确注明投保人应提交保险单据的名称，例如保险单或保险凭证等。

(5)保险单所采用的币种通常与发票币种一致。

本章小结

保险的基本原则包括可保利益原则、保险补偿原则、最大诚信原则、近因原则、代位追偿原则。海运货物保险的范围包括风险、损失和费用。

货物运输保险的险别，按能否单独投保，可以分为基本险和附加险。基本险可以单独投保，附加险不能单独投保，只有在投保某种基本险的基础上才能加保附加险。

保险条款是国际货物买卖合同中的重要组成部分，内容包括由哪一方办理保险手续、投保险别、保险金额、保险单据形成的确定。

关键概念

可保利益原则　保险补偿原则　最大诚信原则　风险　海上风险　实际全损
推定全损　共同海损　单独海损　仓至仓条款　平安险　水渍险　一切险
保险金额　保险费　保险单　保险索赔

练习题

一、单项选择题

1. 在海洋运输货物保险业务中，共同海损(　　)。

A. 是部分损失的一种　　B. 是全部损失的一种

C. 有时是全部损失，有时是部分损失　　D. 既是全部损失，又是部分损失

2. 根据我国《海洋货物运输保险条款》的规定，承保范围最小的基本险别是（　　）。

A. 平安险　　B. 水渍险　　C. 一切险　　D. 罢工险

3. 某公司按 CIF 条件出口坯布 1 000 包，货在途中因货舱淡水管道滴漏，致使该批坯布中的 150 包遭水渍，保险公司对投保（　　）负责赔偿。

A. 平安险　　B. 水渍险　　C. 一切险　　D. 以上三种险

4. 按照中国人民保险公司海运货物保险条款的做法，投保一切险后还可以加保（　　）。

A. 偷窃、提货不着险　　B. 卖方利益险

C. 战争险、罢工险　　D. 一般附加险

5. 根据现行伦敦保险协会所制定的保险条款的规定，承保风险最大的险别是（　　）。

A. ICC(A)　　B. ICC(B)　　C. ICC(C)　　D. ICC(D)

6. 根据现行伦敦保险协会所制定的保险条款的规定，下列险别中，不能单独投保的是（　　）。

A. ICC(A)　　B. 战争险　　C. ICC(C)　　D. 恶意损害险

7. 被保险货物在最后卸载港卸离海轮后，保险责任以（　　）天为限。

A. 60　　B. 15　　C. 30　　D. 90

8. 在定值保险中，保险金额都高于合同的 CIF 价值，国际上习惯按 CIF 价值的（　　）投保。

A. 150%　　B. 120%　　C. 110%　　D. 125%

二、多项选择题

1. 我国对外贸易货运保险可分为（　　）。

A. 海上运输保险　　B. 陆上运输保险　　C. 航空运输保险　　D. 邮包运输保险

2. 伦敦保险协会海运货物保险条款所规定的险别中，可单独投保的是（　　）。

A. ICC(A)、ICC(B)、ICC(C)　　B. 协会战争条款

C. 协会罢工条款　　D. 恶意损害险条款

3. 根据我国海运货物保险条款的规定，海洋运输货物保险中的基本险可分为（　　）。

A. 平安险　　B. 水渍险　　C. 一切险　　D. 附加险

4. 为防止运输途中货物被偷窃，应投保（　　）。

A. 偷窃、提货不着险　　B. 一切险

C. 一切险加保偷窃险　　D. 水渍险加保偷窃险

E. 平安险加保偷窃险

5. 土畜产公司出口肠衣一批，为防止在运输途中因容器损坏而引起渗漏损失，保险时应投保（　　）。

A. 渗漏险　　B. 一切险

C. 一切险加保渗漏险　　D. 水渍险加保渗漏险

E. 平安险加保渗漏险

6. 某公司以 CFR 条件进口一批货物，在海运途中部分货物丢失。要得到保险公司赔偿，该公司可投保（　　）。

A. 平安险　　B. 一切险

C. 平安险加保偷窃、提货不着险　　D. 一切险加保偷窃、提货不着险

7. 根据英国的“协会货物条款”的规定，下列险别中，可以单独投保的是（　　）。

A. ICC(A)　　B. ICC(B)　　C. ICC(C)　　D. ICC(D)

8. 代位追偿权实施的前提条件是（　　）。

A. 保险标的的损失属于保险责任事故　　B. 保险标的的损失是由第三方责任造成的

C. 保险人履行了赔偿责任　　D. 被保险人对于第三者依法应负赔偿责任

E. 保险标的的损失是由本人责任造成的

三、简答题

1. 风险和损失有哪些种类?
2. 什么是共同海损? 共同海损的构成条件有哪些?
3. 单独海损与共同海损有哪些区别?
4. 我国海上货物运输保险的险别有哪几种? 各自的责任范围有何区别?
5. 现行伦敦保险协会货物保险条款有哪些险别?

四、计算题

1. 某买卖合同的CIFC5%价值为12 000美元,按CIF净价的110%投保水渍险和战争险,总保险费率为0.8%。请计算保险金额和保险费。

2. 我方出口货物3 000件,对外报价为2美元/件CFR纽约。为避免漏保,客户来证要求我方装船前按CIF总值代为办理投保手续。查得该货的保险费率为0.8%。问:我方对该货投保时的投保金额和应缴纳的保险费是多少?

五、案例分析题

1. 海轮的舱面上装有1 000台拖拉机,航行中遇大风浪袭击,450台拖拉机被卷入海中,海轮严重倾斜,如不立即采取措施,则有翻船的危险,船长下令将余下的550台拖拉机全部抛入海中。请问:这1 000台拖拉机的损失属于何种性质?

2. 有一货轮在航行中与流冰相撞,船身一侧裂口,舱内部分乙方货物遭浸泡。船长不得不将船就近驶入浅滩,进行排水修补裂口。而后为了浮起又将部分甲方笨重货物抛入海中。船体撞裂和部分货物遭受浸泡又损失了3万美元,将船舶驶上浅滩以及产生的一连串损失共为8万美元,那么如何分摊损失?

(该船舶价值为100万美元,船上载有甲、乙、丙三家的货物,分别为50万美元、30万美元、8万美元,待收运费为2万美元。)

附录

保险单证是保险公司和投保人之间订立的保险合同,也是保险公司出具的承保证明,是被保险人凭以向保险公司索赔和保险公司进行理赔的依据。在国际贸易中,保险单证是可以转让的。通常保险单证有保险单(俗称的大保单)、保险凭证(俗称的小保单)、联合保险凭证、预约保险单。

下面以中国人民保险公司的海洋运输保险单为例,介绍保险单证的填制方法。

海运货物保险单样示

中保财产保险有限公司

The People's Insurance (Property) Company of China, Ltd.

	No. of Original: One
发票号码 ①	保险单号次 ②
Invoice No. YSM1999C	Policy No. 0712837

海洋货物运输保险单

MARINE CARGO TRANSPORTATION INSURANCE POLICY

被保险人:③

Insured: GUANGDONG MACHINERY IMPORT AND EXPORT CORP. (GROUP)

中保财产保险有限公司(以下简称本公司)根据被保险人的要求及其所缴付约定的保险费,按照本保险单承担险别和背面所载条款与下列特别条款下列货运输保险,特签发本保险单。

This policy of Insurance witnesses that The People's(Property)Company of China, Ltd. (hereinafter called "The Company")at the request of the INSURED AND IN CONSIDRATION OF THE AGREED PREMIUM PAID BY THE insured, undertakes to insure the undermentioned goods in transportation subject to the conditions of this Policy as per the Clauses printed overleaf and other special clauses attached hereon.

保险货物项目 ④ Descriptions of Goods	包装单位数量 ⑤ Packing Unit Quantity	保险金额 ⑥ Amount Insured
RABIT BRAND SHOVELWITH METAL HANDLE TOTAL:400 BUNDLES	400 BUNDLES	USD17 600.00

承保险别 ⑦
Conditions
COVERING ALL RISKS AND WAR RISKS AS PER OCEAN MARINE CARGO CLAUSES (WAREHOUSE TO WAREHOUSE CLAUSE IS INCLUDED) AND OCEAN MARINE CARGO WAR RISK CLAUSES OF THE PEOPLE'S INSURANCE COMPANY OF CHINA(1/1/1981)

货物标记 ⑧
Marks of Goods
A06JP1990006
SHITAYA
YOKOHAMA

总保险金额:⑥
Total Amount Insured: U. S. DOLLARS SEVENTEEN THOUSAND SIX HUNDRED ONLY

保费 ⑨ 载运工具 ⑩ 开航日期 ⑪
Premium As arranged Per conveyance S. S JING AN CHENG V. 0231E Slg. On or abt JAN. 25,2006

起运港 ⑫ 目的港 ⑫
From GUANGZHOU To YOKOHAMA

所保货物,如发生本保险单项下事能引起索赔的损失或损坏,应立即通知本公司下述代理人查勘。如有索赔,应向本公司提交保险单正本(本保险单共有⑬份正本)及有关文件。如一份正本已用于索赔,其余正本则自动失效。

In the event of loss or damage which may result in a claim under this Policy, Immediate notice must be given to the Company's Agent as mentioned hereunder . Claims, if any ,one of the Original Policy which has been issued in 2 Original(s) together with the relevant documents shall be surrendered to the Company, If one of the Original Policy has been accomplished, the others to be void.

⑭

赔款偿付地点 ⑮
Claim payable at YOKOHAMA

日期 ⑯ 在 ⑰
Date JAN. 25,2006 at GUANGZHOU

地址:
Address:

中保财产保险有限公司
THE PEOPLE'S INSURANCE(PROPERTY) COMPANY OF CHINA, LTD.
⑱签章

1. 发票号码

填写投保货物商业发票号码。

2. 保险单号次

填写保险公司编制的保险单号码。

3. 被保险人

即投保人或称"抬头",如果合同和信用证中无特殊规定,此栏应填写出口单位的名称。保险单应由被保险人背书表示索赔权利转让给保单持有人。保险单的背书方式主要有:

(1)空白背书。只在保险单后面注明被保险人的名称。

(2)记名背书。在保险单背面注明被保险人的名称后,打上"Delivery to ××× Co. (Bank)"或"In the name of ×××”的字样。

记名背书多用于信用证和合同中有特殊规定的情况下。例如来证规定“Delivery to (The order of)××× co. (Bank)”。

(3)记名指示背书。在保险单背面打上“To order of ×××”的字样,然后签署被保险人的名称。

记名指示背书由于信用证有关特殊要求的情况。例如来证规定“Insurance policy or certificate in negotiable form issued to the order of ×××”。

4. 保险货物项目

与提单相同,填写货物的总称。

5. 包装及数量

与提单相同,填写最大包装的总件数。裸装货物填写货物本身件数,散装货物填写货物净重,有包装但以重量计价的应同时填写总件数和计价总重量。

6. 保险金额和保险总金额

一般按照发票金额加一成(即 110%)填写。最终以双方商定的比例计算而成,但人保公司不接受保额超过发票总值 30%的加成。按惯例,保险金额货币单位应与信用证一致,如发票已扣除佣金或折扣,应按扣除佣金和折扣之前的毛值投保。

保险总金额是将保险金额以大写形式填入。计价货币也应以全称形式填入。注意,保险金额大写应与保险金额的阿拉伯数字一致。

7. 承保险别

按信用证或合同规定的险别填写。如果合同和信用证对此未作规定,出口单位只需投保最低责任险别。在填写时,一般只需填险别的英文名称,同时注明险别适用的文本及日期。

8. 标记

即唛头,应与发票或提单相符。如果唛头较复杂,可注明“如×××号发票”(As per invoice No. ×××)。

9. 保费和费率

通常不注明具体数字而分别注明“As arranged”(按约定)。保费(Premium)栏亦可打“paid” 或“prepaid”。但如果信用证或合同中要求注明保费金额和费率,则应如实注明。

10. 装载工具

海运在运输方式后加船名,最好再加航次号;铁路运输在运输方式后最好加车号。海运如需转船并已知二程船名,应将二程船名加在一程船名之后,中间用斜线隔开。

11. 开航日期

如果知道实际开船日,应填开航日。通常填提单日。如果为备妥待运提单应填装船日。根据《UCP500》的规定,此栏填开航日前后 5 天都是可以接受的。

12. 起运港(地)和目的港(地)

应按提单或其他运输单据填写,如需转船,最好注明转运港名称。如果海运至某港口,保险保到内陆某地,例如目的港马赛,保险保到巴黎,保单目的港处可填“Marseilles and thence to Paris”。

13. 保险单份数

当信用证没有特别说明保险单份数时,出口单位一般提交一套(一份正本、一份副本)完整的保险单。根据《UCP500》的规定,正本保险单必须有“正本”字样。

中国人民保险公司出具的保险单一套五份。由一份正本、一份副联和三份副本构成。

14. 勘查、理赔代理人

勘查、理赔代理人是指货物出险时负责检验、理赔的承保人的代理人。通常检验与理赔为同一代理人,但根据需要也可以分开。

勘查工作由保险公司委托赔付地某保险公司负责,并将勘查代理人的名称、地址填在保险单该栏内。勘查、理赔代理人一般为目的港所在国国内。

15. 赔付地点

赔付地点多为目的地。

16. 日期

也就是保险单签发的日期，该日期应不晚于提单的签发日期。

17. 投保地点

多为出口单位所在地或装运港（地）。

18. 签章

由承保人或其代理人签字，并加盖保险公司法人签章或签字。

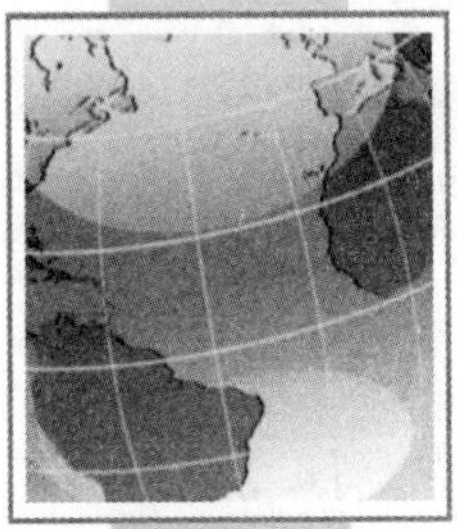

第十一章
国际贸易货款的收付

要点提示

- 国际贸易货款收付的工具
- 三种主要支付方式：汇付、托收、信用证
- 银行保函的性质、种类
- 国际贸易货款结算方式的结合使用

内容引言

国际贸易货款的收付是一个非常重要的环节，涉及买卖双方的基本权利和义务，是国际结算的一个重要组成部分，在国际贸易销售合同中占有重要的地位。如有一份国外开来的信用证，金额是100 000美元，允许分批装运。受益人已装出50 000美元货物，议付银行在议付50 000美元货款后的第二天收到开证银行撤销信用证的通知，结果遭到议付银行的拒绝。根据《跟单信用证统一惯例》第八条规定："对办理可撤销信用证项下即期付款、承兑或议付的另一家银行，在其收到修改或撤销通知之前，以凭表面与信用证条款相符的单据做出的任何付款、承兑或议付，予以偿付。"

第一节　国际贸易货款收付的工具

国际贸易货款的收付，以现金结算货款的方式使用较少，大多使用非现金结算，即使用代替现金作为流通手段和支付手段的结算和信贷工具来进行国际债权债务的结算。票据是国际通行的结算和信贷工具，是可以流通转让的债权凭证。在国际贸易中，使用比较多的票据是汇票，其次是本票和支票。

一、汇票

（一）汇票的定义和内容

汇票(Draft或Bill of Exchange)是由一个人（出票人）向另一个人（付款人）签发的要求即期、定期或在可以确定的将来时间内向指定人或来人（收款人）无条件支付一定金额的书面命令。

1. 对汇票含义的理解

汇票，是出票人的书面命令；是一种无条件的支付命令；基本当事人包括出票人、收款人、付款人；按照付款时间可以分为见票即付和远期汇票两种。

2. 汇票的内容

汇票的内容包括绝对必要记载项目和相对必要记载项目。由于汇票可以经过议付或贴现转让给他人，因此从这种意义上说，汇票也是一种流通工具。汇票的必要记载项目必须齐全，否则有遭受拒付的风险。

(1)汇票的绝对必要记载项目

①“汇票”字样，如 Exchange、Bill、Draft 等。

②无条件付款命令。

③确定的金额。

④付款人(Drawee)名称。

⑤收款人(Payee，主债权人)名称，又称为“抬头”。可以分为三种：

A. 限制性抬头：pay to B Company only。

B. 指示性抬头：pay to the order of B Company 或者 pay to B。

C. 来人抬头：pay bearer 或者 pay B Company or bearer。

⑥出票日期。

⑦出票人签字。

(2)汇票的相对必要记载项目

①出票地点：发生法律冲突时，按出票地法律执行。

②付款地点：没有注明付款地点，汇票仍然有效。

③付款日期：根据即期汇票和远期汇票的区分有所区别。

(二)汇票的种类

汇票的种类很多，可以按不同的划分标准分为不同的种类。常见的分类方法包括以下四种：

(1)根据出票人不同，分为银行汇票 (Banker's Draft)和商业汇票 (Trade Bill)。

(2)根据承兑人不同，分为银行承兑汇票(Banker's Acceptance Bill)和商业承兑汇票(Trader's Acceptance Bill)。

(3)按付款时间不同，分为远期汇票(Usance Bill)和即期汇票(Sight Draft)。

其中，关于远期汇票的付款时间，有以下几种规定办法：

①见票后若干天付款：At ×× days after sight。

②出票后若干天付款：At ×× days after date。

③提单签发日后若干天付款：At ×× days after date of Bill of Lading。

④提定日期付款：Fixed Date。

(4)按有无附属票据，分为光票(Clean Bill)和跟单汇票(Documentary Bill)。

以上介绍的是国际贸易货款收付中使用得比较多的四种分类方法。除此以外，汇票还可以按照其他的标准来分类。比如根据币种可以分为本币汇票(Home Money Bill)和外币汇票(Foreign Money Bill)；根据出票地和付款地可以分为国内汇票(Inland Bill)和国外汇票(Foreign Bill)等。

(三)汇票的使用

汇票的使用也称为票据行为。汇票的使用一般要经过出票、提示、承兑、付款等环节，如需转让，通常经过背书行为转让。汇票遭到拒付时，还要涉及做成拒绝证书和行使追索等法律权利。

1. 出票

出票(Issue)是指出票人在汇票上填写付款人、付款金额、付款日期、地点以及收款人等项目，经签字后交给受票人的行为。

2. 提示

提示(Presentation)是持票人将汇票提交付款人要求承兑或付款的行为。提示包括付款提示和承兑提示两种。

3. 承兑

承兑(Acceptance)是指付款人对远期汇票表示承担到期付款责任的行为。付款人在汇票上写明"承兑"字样,注明承兑日期,并由付款人签字交还持票人。

4. 付款

付款(Payment)是即期汇票或经过承兑的远期汇票到期时,持票人提示汇票由付款人或承兑人履行付款。

5. 背书

背书(Endorsement)是转让汇票的一种手续,汇票抬头人在汇票背面签上自己的名字,或再加上受让人(被背书人,Endorsee)的名字,并把汇票交给受让人的行为。

6. 拒付

持票人提示汇票要求承兑时遭到拒绝承兑,或持票人提示汇票要求付款时遭到拒绝付款,均称拒付(Dishonour),也称退票。

7. 追索

持票人在票据被拒付时,对背书人、出票人及其他票据债务人行使请求赔偿的权利,这种行为称为追索(Recourse)。

[案例 11—1] 上海某公司向香港某公司出售一批服装,汇票为 at 60 days after sight。汇丰银行对该张汇票进行了保证(guarantee),付款日期为 2006 年 3 月 6 日。汇票经承兑后,汇丰银行将汇票给上海某公司。后香港某公司破产,汇丰银行以此为理由拒付。请问:汇丰银行能否以进口商破产为由而拒付?为什么?

分析 汇丰银行不能以进口商破产为由拒付上海某公司的这笔款项。在本案中,汇丰银行对该张汇票进行了保证,保证人应负的责任与被保证人完全相同。在实际业务中,当付款人是被保证人、银行为保证人时,保证银行就直接承担汇票到期付款的责任。因此,汇丰银行必须承担付款责任。不过汇丰银行可在清偿汇票债务后,行使持票人对被保证人及其前手的追索权。

二、本票和支票

在国际贸易货款的收付工具中,除汇票以外,使用的比较多的还有本票和支票。

(一)本票

本票(Promissory Note)是指由出票人签发的、承诺自己在见票时无条件支付确定金额给收款人或持票人的票据。本票的出票人与付款人为同一人。

本票的必要记载内容包括"本票"字样、无条件的支付承诺、确定的金额、收款人名称、出票日期和地点(未载明出票地点者,制票人名字旁的地点为出票地)、出票人签章、付款期限(未载明付款期限者,视为见票即付)。其他相对必要记载事项与汇票相同。

本票按出票人不同,可以分为商业本票(Trader's Notes)和银行本票(Banker's Note)。前者由公司、企业、个人签发,以商业信用为信用基础,多为远期本票;后者由银行签发,被用于代替现金支付或进行现金的转移,多为即期本票。其中,来人抬头的银行即期本票也称为银行券,有些国家将其视为现金使用。

(二)支票

支票(Cheque 或 Check)是指由出票人签发的、委托办理支票存款业务的银行或其他金融机构在见票时无条件支付确定金额给收款人或持票人的票据。

支票的必要记载内容包括“支票”字样、无条件支付委托、确定的金额、付款银行名称和地点、出票日期和地点(未载明出票地点者,出票人名称旁的地点视为出票地)、出票人签章。同时,收款人、付款地、出票地也是重要内容。

支票的出票人负担保付款责任,必须满足的条件是:在银行有足够存款,透支金额不超过银行允许的范围,不得开立空头支票;若付款行拒付,支票签发人应负偿还之责;支票提示期限过后,出票人仍应对持票人承担责任。

支票根据收款人种类不同,可以分为记名支票(取款时须由收款人签章后方可支取)、无记名支票(取款时持票人无须在支票背后签章即可支取);根据支票对付款有无特殊限制,可以分为普通支票(可以现金付款)、划线支票(只能转账付款);按照支票是否保付,可以分为保付支票(由付款银行加注“保付”字样)、普通支票(即未经保付的支票)。

第二节 汇付与托收

汇付和托收是国际贸易货款收付中最常用的两种结算方式。

一、汇付

(一)汇付的定义及内容

汇付(Remittance)也叫汇款,指的是付款人主动将款项交给银行,委托其以一定方式将款项交给收款人的结算方式。汇付采用的是顺汇法,即资金流向和结算工具的流向是一致的。

汇付业务主要涉及的当事人有四个:汇款人(Remitter)、收款人(Payee or Beneficiary)、汇出行(Remitting Bank)、汇入行(Paying Bank)。汇款人在委托汇出行办理汇款时,要出具汇款申请书。此申请书被视为汇款人与汇出行之间的一种合约。汇出行一旦接受申请,即有义务按汇款申请书的指示通知汇入行。汇出行与汇入行之间事先订有代理协议,在代理协议规定的范围内,汇入行对汇出行承担解付汇款的义务。

(二)汇付的方式

汇付业务主要分为三种方式:电汇、信汇及票汇。

1. 电汇

电汇(Telegraphic Transfer,简称 T/T)是指汇出行应汇款人的申请,通过加押电报或电传指示汇入行解付一定金额给收款人的汇款方式。电汇工具一般包括电报(Cable)、电传(Telex)、SWIFT 等。电汇具有汇款迅速、安全可靠的优点,但是费用较高。

相关链接:环球银行金融电信协会

环球银行金融电信协会(Society for Worldwide Interbank Financial Telecommunications,SWIFT),或译为环球同业银行金融电讯协会,是一个国际银行间非营利性的国际合作组织。它成立于 1973 年 5 月,总部设在比利时的布鲁塞尔,同时在荷兰阿姆斯特丹和美国纽约分别设立交换中心,并为各参加国开设集线中心(National Concentration),为国际金融业务提供快捷、准确、优良的服务。

SWIFT 运营着世界级的金融电文网络,银行和其他金融机构通过它与同业交换电文(message)来完成金融交易。除此之外,SWIFT 还向金融机构销售软件和服务,其中大部分的用户在使用 SWIFT 网络。其全球计算机数据通信网在荷兰和美国设有运行中心,在各会员国设有地区处理站。到 2007 年 6 月为止,SWIFT 的服务已经遍及 207 个国家和地区,接入的金融机构超过 8 100 家。中国是 SWIFT 会员国，中国银行、中国工商银行、中国农业银行、中国建设银行、中国交通银行等均加入了 SWIFT 组织，开通了 SWIFT 网络系统。

会员银行在使用"环球银行间金融电讯网络"汇付时使用各银行的代码(BIC)。SWIFT 电文根据银行的实际业务运作分为十大类。其中，第一类格式代码为 MT1××，用于客户汇款与支票业务，如 MT199 通常用于电汇业务；第七类格式代码为 MT7××，用于跟单信用证及保函业务，如开立跟单信用证的格式代码为 MT700/MT701，MT710 是通知由第三家银行开立的跟单信用证报文格式。

2. 信汇

信汇(Mail Transfer，简称 M/T)是指汇出行应汇款人的申请，用航空信函指示汇入行解付一定金额给收款人的汇款方式。信汇使用的工具主要是邮寄支付凭证。信汇的优点是费用最省，但是汇款所需的时间最长。

3. 票汇

票汇(Demand Draft，简称 D/D)是指汇出行应汇款人的申请，开出银行即期汇票交汇款人，由其携带出国或寄送给收款人凭票取款的汇款方式。票汇使用的工具即银行即期汇票。这种汇款方式的主要优点是：只要抬头许可，可以灵活取款、背书转让；持票人可以取款，也可以转卖给汇出行的联行或代理行；结算时间由持票人自定。

(三)电汇、信汇、票汇三种方式的比较

从具体的国际贸易货款收付来看，涉及国际贸易主要货款中大额、紧急货款的收付采用 T/T；一般情况下采用 T/T 或 D/D。另外，国际贸易货款中一些从属费用汇款的收付一般采用 M/T。表 11－1 是三种汇付方式的比较。

表 11－1　　电汇、信汇、票汇三种方式比较

	电汇	信汇	票汇
成本费用	高	低	低
安全性	安全	次于电汇	丢失或损失
汇款速度	最快	慢	次于电汇

二、托收

(一)托收的概念

托收(Collection)指的是出口商通过开具以进口人为付款人的汇票，委托本地银行通过进口地银行向进口商收取货款的方式。

托收方式一般都通过银行办理，所以又称为银行托收。银行托收的基本做法是：由出口人根据发票金额开出以进口人为付款人的汇票，向出口地银行提出托收申请，委托出口地银行(托收行)通过它在进口地的代理或往来银行(代理行)代向进口人收取货款。可见，托收方式采用的是逆汇方法，即资金的流向与支付工具的传递方向相反。在托收方式下，出口人能否收回货款完全取决于进口人的信誉，所以托收的性质为商业信用。

在托收业务中，通常涉及四个当事人：(1)委托人(Drawer)：开立汇票委托银行代收货款的人，通常是出口商；(2)托收银行(Remitting Bank)：接受出口商委托代为收款的出口地银行；(3)代收银行(Collecting Bank)：接受托收银行委托，向进口商或付款人收款的银行，是托收行的联行或代理行;(4)付款人(Drawee):承担付款责任的人,一般即进口方。

(二)托收的种类

托收的种类一般根据托收使用的单据种类来划分。

托收使用的单据主要有两种:一种是汇票、本票、支票、付款收据或其他用于取得付款或款项的凭证,称为金融单据(Financial Documents);另一种是发票、运输单据、物权单据或其他类似单据,称为商业单据(Commercial Documents)。

根据托收使用单据的不同,托收可以分为光票托收和跟单托收。国际贸易中货款的收取大多采用跟单托收。

1. 光票托收(Clean Collection)

它是指仅附带金融单据的托收。例如仅凭出口人开具的托收汇票进行的托收。这种托收方式主要用于贸易从属费用及非贸易款项的收取,例如佣金、样品费的托收。

2. 跟单托收(Documentary Collection)

它是指附带商业单据的托收。这种托收方式在附带商业票据的同时,也可以附带汇票等金融票据。根据交单条件的不同,跟单托收又可以分为付款交单和承兑交单。

(1)付款交单(Documents against Payment,简称 D/P)

代收行以进口商的付款为条件向进口商交单。在汇票上标明"D/P"字样。按支付时间的不同,付款交单又可分为即期付款交单(Documents against Payment at sight,D/P at sight)和远期付款交单(Documents against Payment after sight,D/P after sight)两种方式。

即期付款交单指的是当托收行向进口商提示汇票和单据时,进口商立即付款,代收行在收到货款后将单据交付进口商的托收方式。无汇票时,以发票金额为准。即期付款交单的程序如图 11—1 所示。

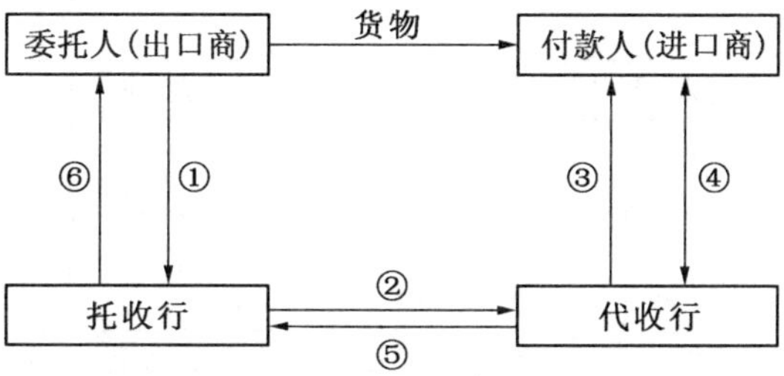

①委托人向出口地银行(托收行)递交托收申请书和即期汇票;
②托收行向进口地银行(代收行)发出委托;
③代收行向付款人提示汇票;
④付款人付款,代收行交单;
⑤代收行向托收行付款;
⑥托收行向委托人付款。

图 11—1 即期付款交单程序

远期付款交单指的是由出口商开具远期汇票,附带单据通过托收行一并寄代收行。代收行在收到单据后,立即向进口商提示远期汇票和单据,进口商予以承兑,到期日付款。远期付款交单的程序如图 11—2 所示。

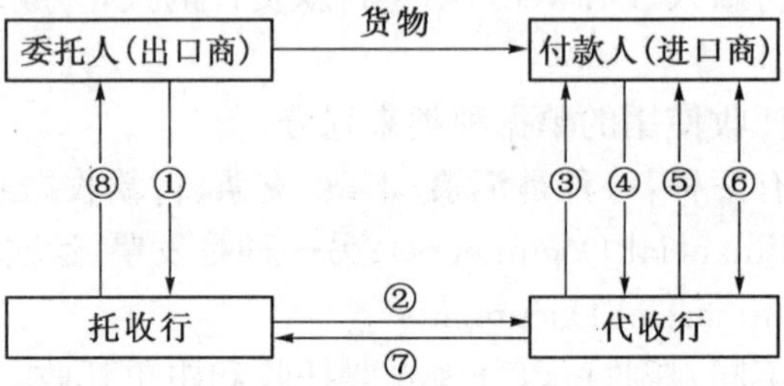

①委托人向出口地银行(托收行)递交托收申请收和远期汇票;
②托收行向进口地银行(代收行)发出委托;
③代收行向付款人提示汇票;
④付款人承兑汇票;
⑤代收行向付款人提示付款;
⑥付款人付款,代收行缴纳单据;
⑦代收行将货款转交托收行;
⑧托收行向委托人递交货款。

图 11—2　远期付款交单程序

(2)承兑交单(Documents against Acceptance,简称 D/A)

代收行以进口商的承兑为条件交单。进口人在汇票到期时方履行付款义务。

承兑交单方式只适用于远期汇票的托收。承兑交单是进口人只要在汇票上承兑后,即可取得货运单据凭以提取货物。也就是说,出口人已交出了物权凭证,其收款的保障取决于进口人的信用。一旦进口人到期不付款,出口人便会遭到货物与货款全部落空的损失。因此,出口人对接受这种方式一般持很慎重的态度。承兑交单的程序如图 11—3 所示。

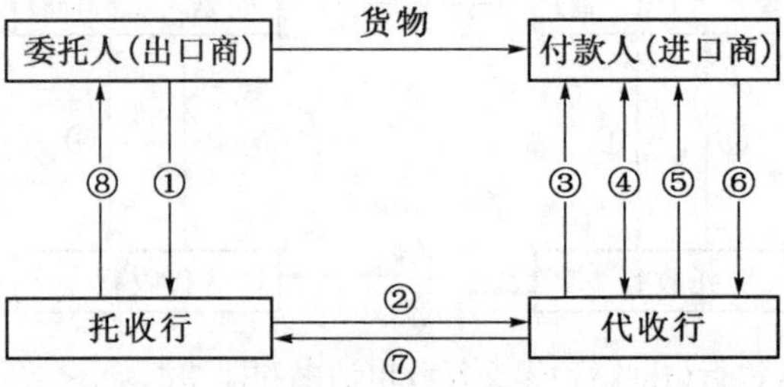

①委托人向出口地银行(托收行)递交托收申请书和远期汇票;
②托收行向进口地银行(代收行)发出委托;
③代收行向付款人提示汇票;
④付款人承兑汇票,代收行交单;
⑤代收行向付款人提示付款;
⑥付款人付款;
⑦代收行将货款转交托收行;
⑧托收行向委托人递交货款。

图 11—3　承兑交单程序

(三)托收方式的特点

在国际贸易中,托收方式具有结算简便、迅速以及费用较低的优点,有利于调动买方订购货物的积极性，从而有利于卖方扩大出口。但是由于托收方式属商业信用，存在着收不回货款的风险，尤其是托收方式中的承兑交单风险更大。因此对于出口商来说，托收方式增加了出口商的收款风险，也加大了出口商的资金负担，所以卖方对此方式的采用应持慎重态度。

［案例 11－2］ 我国某公司与某国 A 商达成一项出口合同，付款条件为 D/P 45 天付款。当汇票及所附单据通过托收行寄抵进口地代收行后，A 商及时在汇票上履行了承兑手续。货抵目的港时，由于用货心切，A 商出具信托收据向代收行借得单据，先行提货转售。汇票到期时，A 商因经营不善，失去偿付能力。代收行以汇票付款人拒付为由通知托收行，并建议由我外贸公司直接向 A 商索取货款。对此，你认为我外贸企业应如何处理？

分析 应该向代收行索赔。托收情况下，银行有义务按托收委托书行事。本案中，代收行没有按委托书要求，于进口方付款后再交单，而是在进口方承兑时，凭信托收据借出单据，所以，它对款项能否收回负有责任。

第三节 信用证

信用证起源于 19 世纪，是国际贸易支付方式上的一次革命。信用证是由银行出面担保的一种贸易货款的支付方式。只要卖方按合同规定交货，并向银行提交符合规定要求的单据，就可以得到货款；同时，买方也无须在卖方履行合同规定的交货义务之前支付货款。因此信用证在一定程度上解决了买卖双方互不信任的矛盾，并且在使用信用证结算货款的过程中还可以得到银行资金融通的便利。

一、信用证的概念、性质及内容

（一）信用证的概念

信用证（Letter of Credit，L/C）是银行应买方要求和指示向卖方开立的、凭符合信用证条款规定的单据向第三者（受益人）或其指定方进行付款或承兑、议付汇票，或授权另一银行进行付款或承兑、议付汇票的一种书面承诺。

（二）信用证的性质

（1）信用证是一种银行信用。信用证结算方式是一种银行信用，开证行负第一性的付款责任。开证银行是主债务人，其对受益人负有不可推卸的、独立的付款责任。只要受益人满足了信用证的条件，就直接向银行要求付款，而无须向开证申请人要求付款。

（2）信用证项下的付款是一种单据的买卖。《UCP600》第 4 条“单据与货物/服务/行为”规定：“在信用证业务中，各有关当事人所处理的只是单据，而不是单据所涉及的货物、服务或其他行为。”因此，只要单据没问题，对于信用证而言，受益人就算满足了信用证规定的条件，银行就可以付款。

（3）信用证是一种独立于合同之外的自足的文件。信用证是银行与信用证受益人之间存在的一项契约，依据贸易双方的合同开立，但信用证一经开立就不再受到合同的牵制。银行履行信用证付款责任，仅以信用证受益人满足了信用证规定的条件为前提，不受贸易合同争议的影响。

［案例 11－3］ 我某公司从国外进口一批货物，分两批装运，每批分别由中国银行开立一份 L/C。第一批货物装运后，卖方在有效期内向银行交单议付，议付行审单后，即向外国商人议付货款，然后中国银行对议付行作了偿付。我方收到第一批货物后，发现货物品质与合同不

符，因而要求开证行对第二份L/C项下的单据拒绝付款，但遭到开证行拒绝。请分析开证行这样做是否有道理？

分析 信用证是一种独立于合同的自足文件。在信用证业务中，实际货物是否与合同一致，对于银行来说无关紧要。开证行和参与信用证业务的其他银行只按信用证的规定办理。

(三)信用证的内容

信用证根据具体的情况有不同的格式，国际上并没有统一的规定。一般来说，信用证的主要内容有如下几点：

1. 信用证类型及信用证号码

按照《UCP600》的规定，信用证均为不可撤销信用证。信用证号码一般由开证行编写，以便业务管理和查询。

2. 开证日期和开证地点

开证日期即开证行开立信用证的日期，开证地点为开证行所在地。

3. 开证行名称及地址

开证行名称及地址一般在信用证上印就，通常还应写明开证行的电报、电传、SWIFT等内容。

4. 开证申请人的名称和地址

开证申请人即贸易合同下的进口商，其名称和地址应在信用证中详细列明。

5. 受益人的名称和地址

受益人的名称和地址应与贸易合同下的出口商的名称和地址相符。

6. 通知行的名称和地址

通知行是由开证行指定向受益人通知信用证的银行，一般是受益人所在地的银行，其名称和地址应在信用证上详细列明。

7. 信用证有效期和有效地点

这是指信用证的到期日和到期地点，到期地点一般是指银行(议付行、付款行等)所在地。

8. 信用证金额

信用证金额应以文字大写、数字小写，大小写应相符。应标明币种，并使用ISO制定的货币代号表示。按照《UCP600》的规定，如果金额前有“about”或“approximately”字样，表示信用金额可以有10%的增减幅度。

9. 信用证兑付方式

信用证的兑付方式有四种：(1)即期付款；(2)延期付款；(3)承兑；(4)议付。兑付方式应在信用证中明确列明。

10. 汇票条款

如果信用证需要提交汇票，应在信用证中规定汇票出票人、付款人、付款期限、出票条款、出票日期等；如果不需要汇票，则无此项内容。

11. 装运条款

装运条款中应列明装运港或启运地、卸货港或目的地、是否允许分批装运、是否允许转运及装运期限等。

12. 单据条款

单据条款中应列明受益人应提交的单据名称、份数及单据制作的具体要求等。信用证下提交的单据一般包括商业发票、运输单据、保险单据、重量单、装运单、商品检验证、原产地证书等。

13. 货物描述

信用证应列明货物的名称、规格、数量、单价、包装、价格条件、总金额等。

14. 偿付方式和寄单条款

即规定是单到付款还是指定偿付行付款，抑或是指定付款行付款，并说明寄单方式及开证行收单地址。

二、信用证的当事人及一般业务程序

(一)信用证的当事人

信用证业务中涉及的当事人比较多，主要包括：

(1)开证申请人(Applicant)。又称开证人(Opener)，是指根据商务买卖合同向其所在地的银行提交开证申请，即申请开立信用证的当事人，也就是进口商。

(2)开证行(Opening Bank;Issuing Bank)。开证行是指接受开证申请人的委托开立信用证的银行，它承担第一性付款责任。开证行一般是进口商所在地银行。

(3)通知行(Advising Bank;Notifying Bank)。通知行是指受开证行的委托，将信用证转交出口商的银行，它只证明信用证的真实性，并不承担其他义务。通知行一般是出口商所在地银行。

(4)受益人(Beneficiary)。受益人是指信用证上所指定的有权使用该证的人，即有权开具汇票向开证行或其指定的付款行收取货款的出口商。

(5)议付行(Negotiating Bank)。议付行是对受益人交来的单据进行审验，经单单相符后，买入全套单据，并向受益人垫付款项，随后向开证行或偿付行索偿的银行。议付行可以是指定的银行，也可以是非指定的银行，由信用证的条款来规定。

(6)保兑行(Confirming Bank)。保兑行是指根据开证行的授权或要求对信用证加具保证兑付的银行，它一般为出口地信誉较好的银行，通常就是通知行。保兑行在信用证上加具保兑后，即对信用证独立负责，承担第一性的付款责任。

(7)付款行(Paying Bank;Drawee Bank)。付款行是开证行的付款代理人。若开证行在信用证中指定另一家银行为信用证项下汇票上的付款人，则该银行就是付款行。它可以是通知行或其他银行。

(8)承兑行(Accepting Bank)。承兑行是指远期信用证下对受益人签发的远期汇票进行承兑，并到期付款的银行，可以是开证行，也可以是开证行指定的另一家银行。承兑行的付款是终局性付款，一经审单付款后，对受益人没有追索权，承兑行付款后可向开证行索赔。

(9)偿付行(Reimbursing Bank)。偿付行是开证行指定的对议付行或付款行偿还垫款的银行。当开证行与议付行或付款行之间无账户关系时，特别是信用证以第三国货币开出时，为方便结算，开证行便委托另一家与之有账户关系的银行，即偿付行代向议付行或付款行偿付。

(二)信用证的一般收付程序

信用证方式的一般收付程序如图 11—4 所示。

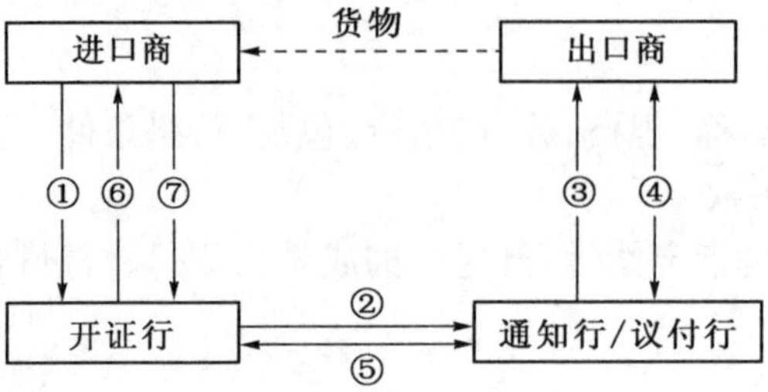

①进口商向所在国的银行申请开立信用证；
②银行接受进口商的申请后开出信用证；
③出口商所在国的银行向受益人通知信用证；
④受益人完成交货，取得相关单据，向银行交单议付；
⑤银行在议付后向开证行寄单索偿；
⑥开证行付款后向进口商提示；
⑦进口商向开证行付款赎单。

图 11—4　信用证交易程序

三、信用证的种类

信用证的种类很多，可以从其性质、用途、期限、流通方式等不同角度分为以下几种：

(一)根据是否随附货运单据，信用证可以分为跟单信用证和光票信用证

1. 跟单信用证

跟单信用证(Documentary Credit)是开证行凭跟单汇票或单纯凭单据付款的信用证。所谓“跟单”，大多是指代表货物所有权或证明货物已装运的运输单据、商业发票、保险单、商检证书、海关发票、产地证书、装箱单等。

2. 光票信用证

光票信用证(Clean Credit)是开证行仅凭受益人开具的汇票或简单收据而无须附带单据付款的信用证。光票信用证在贸易货款的结算上使用不广，它主要被用于贸易总公司与各地分公司间的货款清偿及贸易从属费用和非贸易费用的结算。

(二)根据开证行对信用证所负的责任，信用证可以分为可撤销信用证与不可撤销信用证

1. 不可撤销信用证

不可撤销信用证(Irrevocable Credit)是指未经开证行、保兑行(如有)以及受益人同意既不能修改也不能撤销的信用证，一般在信用证上加注“Irrevocable”字样。这种信用证对于受益人来说是比较可靠的。当然，在征得开证行、保兑行和信用证受益人同意的情况下，即使是不可撤销信用证也是可以撤销和修改的。

2. 可撤销信用证

可撤销信用证(Revocable Credit)是指在开证之后，开证行无须事先征得受益人同意就有权修改其条款或者撤销的信用证。在可撤销信用证上应注明“Revocable”字样以资识别。受益人接受该类信用证后，在议付前随时有被撤销信用证的可能，其权益毫无保障，一般不会被出口商接受。随着《UCP600》的施行，可撤销信用证会被取消。

(三)根据信用证是否加以保证，信用证可分为保兑信用证和不保兑信用证

1. 保兑信用证

保兑信用证(Confirmed Letter of Credit),当一份信用证上除了有开证银行确定的付款保证外,还有另一家银行确定的付款保证,这样的信用证就是保兑信用证,这种信用证一般是不可撤销信用证。其中,对信用证加保的银行称为保兑行(Confirmed Bank)。信用证经过保兑以后,保兑行和开证行都是承担第一性付款责任的银行,所以出口商拥有双重付款保证,对其有利。

2. 不保兑信用证

不保兑信用证(Unconfirmed Letter of Credit)是指未经另一家银行加具保兑的信用证。

(四)根据付款期限的不同,信用证可以分为即期付款信用证和远期付款信用证

1. 即期付款信用证

即期付款信用证(Sight Payment Credit)是指信用证规定受益人开立即期汇票,或不需即期汇票仅凭单据即可向指定银行提示请求付款的信用证。付款行付款后无追索权。即期信用证一般要求出具汇票,汇票的付款人是银行,但目前由于信用证有时规定无须开立汇票,所以凡是凭单据立即付款的信用证也是即期付款信用证。由于即期信用证可使受益人通过银行付款或议付及时取得货款,因而在国际贸易结算中被广泛使用。

2. 远期付款信用证

远期付款信用证(Usance Credit)是指开证行或付款行在收到远期汇票或单据后不是立即付款,而是首先对汇票进行承兑,在汇票到期日再履行付款责任的信用证。其主要作用是便于进口商资金融通。远期信用证又可分为银行承兑信用证、延期付款信用证及假远期信用证。

(1)银行承兑信用证(Banker's Acceptance Credit)是指受益人开具以银行为付款人的远期汇票并附单据交于开证行或其指定付款行的信用证。具体做法是:受益人开出远期汇票,连同商业单据一起交到信用证指定银行;银行收到汇票和单据并验单无误后,则在汇票正面写上"承兑"字样并签章,然后将汇票交还受益人(出口商),收进单据。在汇票到期之前,议付行或受益人可以向市场进行贴现,收入扣除远期利息后的现金;也可以将汇票不进行贴现,保持在受益人手中,按约定的时间到期时持以向承兑行收取货款。

(2)延期付款信用证(Deferred Payment Credit)是指受益人提示符合信用证条款规定的单据,在信用证所确定的日期,由开证行付款的信用证。延期付款信用证不要求开立远期汇票。

(3)假远期信用证(Usance Credit Payable at Sight)。信用证规定受益人开立远期汇票,由付款行负责贴现并规定一切利息和费用由开证人承担。这种信用证对受益人来说,属于即期收款的信用证,对开证人来说属于远期付款的信用证。所以这种信用证也称为买方远期信用证。

(五)根据信用证的付款方法,信用证可以分为付款信用证、承兑信用证和议付信用证

1. 付款信用证

付款信用证(Payment Credit)是指指定某一银行付款的信用证。此种信用证一般不要求受益人开具汇票,而仅凭受益人提供的单据付款。

2. 承兑信用证

承兑信用证(Acceptance Credit)是指指定某一银行承兑的信用证。采用此种信用证时,指定银行应承兑受益人向其开具的远期汇票,并于汇票到期日履行付款义务。

3. 议付信用证

议付信用证(Negotiation Credit)是指允许受益人向某一指定银行或任何银行交单议付的

信用证。通常在单证相符条件下，受益人开具汇票，连同单据一起向信用证允许的银行进行议付，议付银行则在审单后扣除垫付资金的利息将余款付给受益人。然后议付行将汇票与单据按信用证规定的方法交于开证行索偿。议付信用证可分为公开议付信用证、限制议付信用证和指定议付信用证。

(六)根据受益人对信用证权利可否转让，信用证分为可转让信用证与不可转让信用证

1. 可转让信用证

可转让信用证(Transferable Credit)指信用证的受益人(第一受益人)可以要求授权付款、承担延期付款责任、承兑或议付的银行(统称"转让行")或当信用证是自由议付时可以要求信用证中特别授权的转让银行，将信用证全部或部分转让给一个或数个受益人(第二受益人)使用的信用证。开证行在信用证中要明确注明"可转让"(Transferable)且只能转让一次。

可转让信用证的定义包含了以下几层意思：

(1)可转让信用证适用于中间贸易。可转让信用证适用于以卖方作为中间商人向买方成交的交易，卖方再去寻找供货人将已成交的货物发给买方。这里，卖方是第一受益人，供货人是第二受益人。

(2)只有被明确注明"可转让"(Transferable)字样的信用证才可以被转让。

(3)只能转让一次。但是第二受益人将信用证转回第一受益人不在禁止之列。

(4)办理转让的银行是信用证指定的转让行。第一受益人必须通过转让行办理信用证转让业务，不能由第一受益人自行转让信用证给第二受益人。

(5)转让的金额可以是部分的，也可以是全部的。

(6)转让的对象可以是一个或几个。可转让信用证能否分割转让给几个第二受益人，应视信用证是否允许分批装运。若允许分批装运，便可以分割转让给数个第二受益人，且每个第二受益人仍然可以办理分批装运。

(7)除少数条款外，信用证只能按照原证规定的条款转让。

2. 不可转让信用证

不可转让信用证(Non-Transferable Credit)指受益人不能将信用证的权利转让给他人的信用证。凡信用证中未注明"可转让"，即为不可转让信用证。

(七)背对背信用证

背对背信用证(Back to Back Credit)又称转开信用证，是指受益人要求原证的通知行或其他银行以原证为基础，开立以该银行为开证行、以原证受益人为申请人的一份内容相似的新信用证。新开的信用证即背对背信用证。

背对背信用证的开立通常是中间商转售他人货物，或两国不能直接办理进出口贸易时，通过第三者以此种办法来沟通贸易。其中的原始信用证又称为主要信用证，而背对背信用证是第二信用证。背对背信用证的特点主要如下：

(1)背对信用证的开立并非原始信用证申请人和开证行的意旨。

(2)背对背信用证与原证是两个独立的信用证，同时并存。

(3)背对背信用证的第二受益人不能获得原证开证行的付款保证，只能得到背对背开证行的付款保证。

(4)原始信用证的金额或单价应高于背对背信用证的金额或单价，装运期也应早于背对背信用证的规定，从而使得贸易中间商可以从中获利以及有充裕时间交单议付。

(八)对开信用证

对开信用证(Reciprocal Credit)是指两份信用证的开证申请人互以对方为受益人而开立的信用证。第一张信用证的受益人就是第二张信用证(也称回头证)的开证申请人;反之,第一张信用证的开证申请人就是第二张信用证的受益人,第一张信用证的通知行往往就是第二张信用证的开证行。两张信用证的金额相等或大致相等,两证可同时互开也可先后开立,这种信用证一般用于来料加工、补偿贸易和易货交易。

对开信用证的生效方法有两种:两份信用证同时生效或两份信用证分别生效。前者指的是一方开出的信用证,虽已为对方所接受,但暂不生效,等另一方开来回头信用证并被该证受益人接受时,通知对方银行两证同时生效;后者指的是一方开出的信用证被受益人接受后随即生效,无须等待另一方开来回头信用证。

(九)循环信用证

循环信用证(Revolving Credit)指的是信用证被全部或部分利用后,其金额能够重新恢复至原金额而再被利用,直至达到规定次数或规定的总金额为止。它与一般信用证的不同之处在于它可以多次循环使用,而一般信用证在使用后即告失效。使用这种信用证可以为买方节省开证押金及逐单开证的手续费,同时也避免了卖方等证、催证以及逐单审证的麻烦,通常在长期或较长时期内分批均匀交货的情况下使用,为买卖双方都提供了便利和实惠。循环信用证按运用的方式分为按时间循环和按金额循环两种。

1. 按时间循环信用证

它是指受益人在一定时间内可多次支取信用证规定金额的信用证。这种信用证又可分为两种:一是受益人上次因故未交或未交足货物从而未用完信用证规定的金额,其货物可移至下一次一并补交,其金额可移至下次一并使用的,称为可积累使用的循环信用证(Cumulative Revolving Credit);二是受益人上次因故未交或未交足货物,该批货物的支款权也相应取消,其金额不能移至下次一并使用的,称为非累积使用的循环信用证(Non-cumulative Revolving Credit)。

2. 按金额循环信用证

它是指受益人按信用证规定金额议付后,仍恢复原金额再继续使用,直至用完规定的循环次数或总金额为止。恢复到原金额的方式有三种:

(1)自动循环。它是指在一定时期内金额被使用完毕后,不等开证行通知而恢复到原金额。

(2)半自动循环。它是指金额被使用完毕后,如开证行未在一定期限内提出停止循环的通知,可自动恢复至原金额。

(3)非自动循环。它是指信用证规定的金额使用完以后,需开证行通知后才能恢复至原金额。

(十)预支信用证

预支信用证(Anticipatory Credit 或 Prepaid Credit)指开证行授权付款行(通常为通知行)向受益人预付信用证金额的全部或一部分,由开证行保证偿还并负担利息。与远期信用证恰恰相反的是开证行付款在前,受益人交单在后。信用证中预先垫款的特别条款,习惯上用红字打出以引人注目,所以这类信用证也称为“红条款信用证”。

这种信用证主要用于出口商资金紧张或者信用证项下的货物在市场上属于紧缺物资,或者货物的投资大、生产周期长等情况,所以信用证的预支是凭受益人光票和按时发货交单的保证进行的，有些信用证则规定受益人要提交货物仓单作抵押。

预支信用证分为全部预支和部分预支两种：

(1)全部预支信用证是指仅凭受益人提交的光票预支全部货款，实际上等于预付货款。

(2)部分预支信用证是指凭受益人提交的光票和以后补交装运单据的声明书预支部分货款，待货物装运后货运单据交到银行再付清余款。但是，预支货款要扣除利息。

(十一)备用信用证

备用信用证(Standby Letter of Credit)又称商业票据信用证、担保信用证，指开证行根据开证申请人的请求对受益人开立的承诺承担某项义务的凭证。即开证行保证在开证申请人未能履行其义务时，受益人只要凭备用信用证的规定提交开证人违约证明，即可取得开证行的偿付。

备用信用证属于银行信用，开证行对受益人保证，在开证申请人未履行其义务时即由开证行付款。因此，备用信用证对受益人来说是备用于开证申请人发生毁约时取得补偿的一种方式。如果开证申请人按期履行合同的义务，受益人就无须要求开证行在备用信用证项下支付货款或赔款。这是之所以称作"备用"(standby)的由来。

备用信用证与跟单信用证既有联系，又有区别。相同点主要表现在：备用信用证与跟单信用证的开证行所承担的付款义务都是第一性的；均凭符合信用证规定的凭证或单据付款；备用信用证与跟单信用证都是在买卖合同或其他合同的基础上开立的。同时，备用信用证与跟单信用证也有所区别。不同之处主要是：

(1)在跟单信用证下，受益人只要提交与信用证要求相符的单据，即可向开证行要求付款；而在备用信用证下，受益人只有在开证申请人未履行义务时，才能行使信用证规定的权利。如开证申请人履行了约定的义务，备用证就成为备而不用的文件。

(2)跟单信用证一般只适用于货物的买卖。而备用信用证可适用于货物以外的多方面交易，例如在投标业务中，可保证投标人履行其职责；在借款、垫款中，可保证借款人到期还款；在赊销交易中，可保证赊购人到期付款等。

(3)跟单信用证一般以符合信用证规定的货运单据为付款依据；而备用信用证一般只凭受益人出具的说明开证申请人未能履约的证明文件，开证银行即保证付款。

第四节　银行保函

在国际贸易交往中，贸易双方往往缺乏了解和信任，因而给达成交易和履行合同造成一定障碍。为解决这些问题，就出现了由信誉卓著的银行以及其他金融机构开具银行保函。在银行保函中，一般是由开具保函的银行作为担保人，保证申请人履行双方签订的有关商务合同或其他经济合同项下的某种责任或义务，从而有利于交易的顺利进行。

一、银行保函的含义及其性质

银行保函(Letter of Guarantee，简称 L/G)又称保证书，是指银行、保险公司、担保公司或个人(保证人)应申请人的请求，向第三方(受益人)开立的一种书面信用担保凭证。保证在申请人未能按双方协议履行其责任或义务时，由担保人代其履行一定金额、一定期限范围内的某种支付责任或经济赔偿责任。

银行保函是由银行开立的承担付款责任的一种担保凭证，银行根据保函的规定承担绝对付款责任。银行保函大多属于"见索即付保函"(无条件保函)，是不可撤销的文件。见索即付保函是一种与基础合同相脱离的独立性担保文件，受益人的权利与担保人的义务完全以保函所载内容为准，不受基础合同的约束，受益人只要提交了符合保函要求的单据，担保人就必须付款。

银行保函必须是书面的，"书面"包括有效的电讯信息或加密押的 EDI 信息。有关银行保函的国际惯例是由国际商会制定并修订的《见索即付保函统一规则 2010》，即国际商会第 758 号出版物，简称 URDG 758。

相关链接：《见索即付保函统一规则》

《见索即付保函统一规则》(The Uniform Rules for Demand Guarantees, ICC Publication No. 458. 1992 Edition)即国际商会第 458 号出版物，简称 URDG 458，是国际商会制定的有关保函的国际惯例。随着银行保函在国际上使用的范围不断扩大，其内容也逐渐复杂化，为了便于研究和使用，国际商会于 1978 年制定了《合同担保统一规则》(URCG 325)，1982 年又制定了《开立合约保证书模范格式》，供实际业务参考和使用。以后随着国际经济贸易的发展和变化，1991 年国际商会又对《合同担保统一规则》进行了修订，并于 1992 年 4 月出版发行《见索即付保函统一规则》。2009 年国际商会在 URDG 458 基础上，借鉴近年来保函及相关业务实践发展经验，引入全新的术语体系，修订了《见索即付保函统一规则 2010》(URDG 758)，于 2010 年 7 月 1 日正式实施。

《见索即付保函统一规则》阐述了该规则的目的及适用范围，各当事人的合理愿望及国际商会对鼓励采用好的、有关各方均感公平的见索即付保函惯例所给予的关注。当出现违约时，在要求快速补偿的受益人和要求防范不适当要求的委托人之间保持一种公正的平衡。该规则为担保人与受益人之间、指示人与担保人之间，在某些方面还为委托人与担保人或指示人之间的交易提供了一个合同框架。

二、银行保函的种类

银行保函在实际业务中的使用范围很广，它不仅适用于货物的买卖，而且广泛适用于其他国际经济合作领域，例如在国际工程承包、招标与投标以及借贷业务中均有使用。银行保函按其用途主要可分为投标保函、履约保函和还款保函。

(一)投标保函

投标保函(Tender Guarantee)是保证人向受益人(招标人)承诺，当申请人(投标人)不履行其投标所产生的义务时，保证人应在规定的金额限度内向受益人付款。投标保函主要担保投标人在开标前不撤销投标和片面修改投标条件，中标后要保证签约和交付履约金；否则，银行负责赔偿招标人的损失。

(二)履约保函

履约保函(Performance Guarantee)是指保证人承诺，当担保申请人(承包人)不履行他与受益人(业主)之间订立的合同时，应由保证人在约定金额限度内向受益人付款。

(三)还款保函

还款保函(Repayment Guarantee)是指保证人应合同一方当事人的申请，向合同另一方当事人开立的保证书。保函规定，当申请人不履行他与受益人订立的合同的义务，如不将受益人预付或支付的款项退还给受益人时，银行则向受益人退还或支付款项。

除上述几种保函外，还可以根据其他功能和应用的不同，分为其他种类，例如补偿贸易保函、融资租赁保函、借款保函、贸易项下的延期付款保函、来料或来件加工保函、质量保函、预留金保函、票据或费用保付保函、提货担保保函、保释金保函及海关免税保函等。

三、银行保函与信用证的异同

银行保函与信用证有相同之处,但又有所不同。

相同之处是:银行保函和信用证均属银行信用,银行的付款责任都是第一性的;都规定有金额限制;均有有效期限和保付条款;等等。

银行保函与信用证的不同之处主要是:(1)适用范围不同。信用证主要适用于货物的买卖;而银行保函的用途较为广泛,除用于货物贸易,还可用于工程承包、投标与招标、借贷与融资等业务。(2)对单据的要求不同。在信用证方式下与信用证相符的货运单据是付款的主要依据;在银行保函方式下单据则不是付款的依据,而是凭符合保函条款的索赔书或保函中规定的其他文件承担付款。

第五节 国际贸易货款结算方式的结合使用

在国际贸易业务中,一笔交易的货款结算通常只使用一种结算方式,也可根据需要,例如交易商品的不同、交易对象的不同等具体情况将两种以上的结算方式结合在一起使用,这样有利于促成交易,也有利于安全及时收汇,同时还有利于妥善处理付汇。常见的结算方式有信用证与汇付结合、信用证与托收结合、汇付与银行保函结合。

一、信用证与汇付结合

这是指一笔交易的货款,部分用信用证方式支付,余额用汇付方式进行结算。这种结算方式的结合形式一般用于允许其交货数量有一定机动幅度的某些初级产品的交易。经过国际贸易买卖双方的同意,在信用证中规定凭装运单据先付发票金额或在货物发运前预付若干金额,余额等货到目的地(港)后或经再检验的实际数量用汇付方式支付。使用这种结合形式,必须首先说明采用的是何种信用证、何种汇付方式,按信用证支付金额的比例这些必须事项。

例如成交的契约货物是散装物,如矿砂、煤炭、粮食等,进出口商同意采用信用证支付总金额的 90%,余下的 10%待货到后经过验收,确定其货物计数单位后,将余额货款采用汇付办法支付。

二、信用证与托收结合

这是指一笔交易的货款,部分用信用证方式支付,余额用托收方式结算。这种结合形式的具体做法通常是:信用证规定受益人(出口人)开立两张汇票,属于信用证项下的部分货款凭光票支付,而其余额则将货运单据附在托收的汇票项下,按即期或远期付款交单方式托收。

对进口商来讲,可减少开证保证金,用少数的资金完成大于投资几倍的贸易额,有利于资金的周转,而且可节约银行费用。对出口商来讲,采用部分使用信用证部分托收,虽然托收部分须承担一定的风险,但以信用证作保证是一种保全的办法。除此之外,还有保全措施,即全部货运单据须附在托收汇票项下,开证银行或付款银行收到单据与汇票时,由银行把住关口,须由进口商全部付清货款后才可把提单交给进口商,以策安全收汇,可防止进口商于信用证项下部分货款付款后取走提单。

在信用证上,表示上述功能的文句如下:

兹开立本信用证规定 50%发票金额凭即期光票支付,余 50%即期付款交单。100%发票全额的全套装运单据随附于托收项下，于进口商付清发票全部金额后交单。若进口方不付清全部金额，则装运单由开证银行(或付款银行)控制，凭出口商旨意予以办理。

We hereby issue this credit stipulating that 50% of the invoice value is available against clean draft at sight while the remaining 50% of documents be held against payment at sight under this credit. The full set of the shipping documents of 100% invoice value shall accompany the collection item and shall only be released after full payment of the invoice value. If the importer fails to pay full invoice value, the shipping documents shall be held by the issuing Bank (or Paying Bank) at the seller' s disposal.

[案例 11—4] 我某公司出售一批货物给外国进口商，合同规定的支付方式是50%货款凭不可撤销L/C见票后30天付款，其余50%凭即期D/P付款。我方委托当地银行(托收行)转托A银行凭单据向进口商收取货款，同时凭进口商通过A银行开立的以我方为受益人的L/C开出了50%价款的汇票。其后，A银行根据进口商按D/P支付的50%货款将全部单据交给了进口商，并将代收的50%货款拨付给了托收行。不久，A银行宣布破产，已承兑的汇票在到期向其提示时也遭到退票。我方遂以货物已被进口商全部收取为由，向进口商追偿50%的货款，进口商借口开证押金收不回来而拒不偿还。为此，我方诉诸法院。你认为此案应如何解决？我方应从中吸取什么教训？

分析　我方应向A银行索偿。本案例主要是由于开证银行在没有收妥全部货款之前就将货运单据交给进口人，因此我方为防止此类情况的再次发生，应要求信用证必须注明“在全部付清发票金额后方可交单”的条款。

三、汇付与银行保函结合

汇付与银行保函结合使用的形式常用于成套设备、大型机械和大型交通运输工具(飞机、船舶等)等货款的结算。这类产品交易金额大、生产周期大，往往要求买方以汇付方式预付部分货款或定金，其余大部分货款则由买方开加保函分期付款或迟期付款。

此外，还有汇付与托收结合、托收与备用信用证结合等形式。在开展对外经济贸易业务时，究竟选择哪一种结合形式一般要视具体的情况来确定。

本章小结

本章主要对国际贸易中支付工具，包括汇票、本票、支票等进行介绍，在国际货款结算中主要以汇票为主；同时对汇付、托收、信用证等支付方式进行介绍。汇付包括信汇、电汇和票汇三种。托收包括光票托收和跟单托收两种。信用证可以从不同角度分为若干种。汇付和托收属于商业信用，信用证属于银行信用。

随着国际贸易的不断发展，银行保函已经成为国际贸易中一种新型的支付方式，本章也进行了详细介绍。当事人可根据实际情况，选择一种或几种支付方式结合起来使用。

关键概念

汇票　本票　支票　汇付　托收　信托收据　付款交单　承兑交单　信用证　跟单信用证
不可撤销信用证　远期信用证　备用信用证　银行保函

练习题

一、单项选择题

1. 汇票上记载“出票日后三个月付款”，该汇票为（　　）。

A. 定日付款汇票　　B. 见票后定期付款汇票

C. 出票后定期付款汇票　　D. 分期付款汇票

2. 汇票的付款人承诺在票据到期日支付汇票金额的票据行为，为（　　）行为。

A. 出票　　B. 背书　　C. 承兑　　D. 保证

3. 在《票据法》中，通常把（　　）称为基本票据行为。

A. 出票行为　　B. 承兑行为　　C. 背书行为　　D. 保证行为

4. 出票人签发票据并将其交付给收款人的票据行为是（　　）。

A. 出票　　B. 背书　　C. 追索　　D. 承兑

5. 无须进行承兑的汇票是（　　）。

A. 见票后定期付款汇票　　B. 定期付款汇票

C. 定日付款汇票　　D. 即期汇票

6. 持票人对前手的追索权，自被拒绝承兑或者被拒绝付款之日起（　　）内不行使而消灭。

A. 6 个月　　B. 1 年　　C. 3 个月　　D. 2 个月

7. 收款人名称，是（　　）的绝对必要记载事项。

A. 汇票和支票　　B. 本票和支票　　C. 汇票和本票　　D. 汇票、本票和支票

8. 使用 D/P、D/A 和 L/C 三种方式结算货款，就卖方的收汇风险而言，从大到小依次为（　　）。

A. D/A、D/P 和 L/C　　B. D/P、D/A 和 L/C

C. L/C、D/P 和 D/A　　D. L/C、D/A 和 D/P

9. 出票人承诺在规定时间内无条件地由他自己向收款人支付一定金额的票据是（　　）。

A. 汇票　　B. 本票　　C. 支票

二、多项选择题

1. 在下列的票据中，属于无条件书面支付命令的是（　　）。

A. 支票　　B. 银行本票　　C. 商业本票　　D. 汇票

2. 在信用证支付方式下，（　　）。

A. 开证行是在受益人提交了符合合同规定的单据和货物时保证付款

B. 信用证以买卖合同为基础开立，但它是独立于合同之外的契约

C. 议付行和开证行既要处理受益人提交的单据，又要处理有关货物

D. 银行必须严格审核单据，但对于单据的真实性并不承担责任

3. 下列有关可转让信用证的说明中，（　　）是不正确的。

A. 可转让信用证的转让以一次为限　　B. 用以表明可转让的词语是 Assignable

C. 可转让信用证只能由指定的银行转让　　D. 可转让信用证只能转让给一个第二受益人

4. 在信用证支付方式下，出口人交货后要想得到银行的付款必须做到（　　）。

A. 单证相符　　B. 单单相符　　C. 单货相符　　D. 在规定期限内交单

5.（　　）的出票人的票据时效均自出票日起算。

A. 即期汇票　　B. 远期汇票　　C. 本票　　D. 支票

6. 保理业务中，保理商向出口商提供的服务有（　　）。

A. 出口贸易融资　　B. 销售账务处理　　C. 收取应收账款　　D. 买方信用担保

7. 议付信用证分为（　　）。

A. 背对背信用证　　B. 限制议付信用证　C. 对开信用证　　D. 自由议付信用证

8. 在以下事由中属于对物抗辩的为(　　)。

A. 原因关系　　B. 票据形式要件不完全

C. 票据尚未到期　　D. 票据时效届满

三、简答题

1. 汇票有哪些种类?
2. 汇付有哪些种类?
3. 托收及其特点是什么?
4. 简述托收的业务程序。
5. 简述信用证的业务程序。
6. 简述银行保函的含义和性质。

四、案例分析题

我某外贸企业与某国A商达成一项出口合同,付款条件为付款交单,见票后60天付款。当汇票及所附单据通过托收行寄到进口地代收行后,A商在汇票上履行了承兑手续并出具信托收据向代收行借得单据,先行提货转售。汇票到期时,A商因经营不善,失去偿付能力。代收行以汇票付款人拒付为由通知托收行,并建议我外贸企业向A商索取货款。对此,你认为我外贸企业应如何处理?为什么?

附录

汇票的填制如下:

BILL OF EXCHANGE

No. ___1___

For___2___　　　　　　　　______3______

(amount in figure)　　　　　　(place and date of issue)

At______4______sight of this FIRST Bill of exchange(SECOND being unpaid)

Pay to__________5__________ of order the sum of

__________5__________

(amount in words)

Value received for ______6______ of ______6______

(quantity)　　　　　　(name of commodity)

Drawn under__________7__________

L/C No. ______7______ dated ______7______

To:

8　　　　　　　　　　For and on behalf of

9

(signature)

1. No. 汇票号码

通常与此笔交易的发票号码一致,以便核对。

2. amount in figure 汇票小写金额

按信用证的规定,按发票金额填写,大小写必须一致。货币的种类应与信用证的货币相同。

3. place and date of issue 汇票的出票地点和日期

一般是提交议付行的日期,该日期必须在信用证的有效期之内。

4. At______ sight 汇票付款期限

(1)即期汇票。“At sight...”,只需在横线上用“ * * * * * * ”或“………………”表示,也可以直接打上“At sight”(但不要留空)。

(2)远期汇票。按信用证汇票条款的规定填入相应的付款期限。

如:“30 days after sight”,见票后 30 天付款。

“45 days after date”,汇票出票日后 45 天付款。

“60 days after the B/L date”,提单日后 60 天付款(注意:此时应在“B/L date”后加注实际的提单日期)。

5. Pay to... 收款人

在汇票中一般用“Pay to the order of...”或“Pay to ... or order”来表示。通常,在信用证支付条件下,收款人填信用证受益人的名称,或者直接填写“Ourselves”指出票人本人。

如“Pay to the order of ABC CO. ,LTD”。ABC CO. , LTD 为信用证受益人。

6. Value received for 对价条款

应填入有关货物的数量、包装及品名。

如“Value received for 370 Cartons of Plush Toys”。

7. Drawn under 出票依据

应填写相关信用证开证行、信用证号码及开证日期。

如“Drawn under The National Bank of Kuwait S. A. K. Head Office

L/C No. 02/419456/6 Dated 3rd Fed. , 2004”。

8. To 付款人(Payer)即受票人(Drawee)

一般此栏在汇票中用“To”表示。汇票付款人的填写要按照信用证的要求,在信用证汇票条款中付款人往往是用“drawn on...”或直接用“on...”表示。

如:汇票条款中规定“... drawn on us”,或“... on ourselves”,则付款人为开证行;

汇票条款中规定“... drawn on bank”(非开证行),则付款人为该银行(即信用证的付款行);

汇票条款中规定“... on yourselves”,则付款人为通知行,而此时通知行往往又是信用证的保兑行。

注意:《UCP600》第 6 条 c 款规定:“信用证不得开成凭以申请人为付款人的汇票兑用。”

9. For and on behalf of 出票人(Drawer)

在汇票右下角为出票人。一般填信用证受益人,并且受益人在出具了汇票后必须签署。

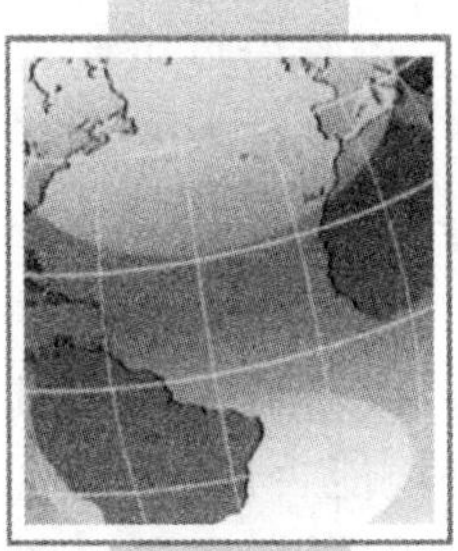

第十二章 国际货物贸易检验、索赔、不可抗力和仲裁

要点提示

- 商品检验检疫的含义、意义和内容
- 索赔的含义以及异议与索赔条款和罚金条款的含义、范围
- 不可抗力的含义及范围的限定
- 仲裁协议的含义、形式、作用、内容

内容引言

中方与澳方以 CIF 价格术语达成一笔交易，以信用证方式付款，商检条款规定："商品的品质、数量、重量及中国进出口商品检验局检验证书或卖方所出具的证明书为最后依据。"中方在收到信用证后按要求将货物运出并提交有关单据，其中商检证由我国湖北进出口商品检验局发出。而澳方以澳方商检部门出具检验结果指明货物未达合同标准以及中方商检证书不是合同规定商检机构出具为由提出索赔，导致中方向澳方赔偿了大部分损失。

第一节　商品的检验检疫

一、商品检验检疫概述

（一）商品检验检疫的含义

国际商品买卖中的商品检验检疫（Commodity Inspection and Quarantine），简称商检，是指在国际商品买卖过程中，由商品检验检疫机构对商品的品质、数（重）量、包装、安全性能、卫生指标、残损情况、商品装运技术条件等方面进行检验和鉴定，并出具检验证书，确定商品的各项指标是否符合合同规定、是否符合交易双方国家的有关法律和法规的规定。

（二）商品检验检疫的意义

商品检验检疫是随着国际商品买卖的发展而产生和发展起来的，它在国际商品买卖中占有十分重要的地位。在国际贸易中，买卖双方处于不同的国家，相距甚远，难以在成交时当面检验商品，而商品在长途运输中又难免出现残损、短少甚至灭失，另外在运输过程中，由于自然因素或非自然因素也会使商品的品质、数量、重量、包装等发生变化，同样会引起交货双方的争议。商品检验检疫机构正是以第三方的身份出现，公正地对商品进行检验和鉴定，并出具检验证书，以此作为买卖双方解决争端的依据，同时也是交换商品和支付货款的依据之一。从另一个角度出发，商品检验检疫还关系到出口国能否保持良好的信誉，使本国出口贸易持续发展；关系到进口国的社会福利；关系到买卖双方的经济利益等。可见，商品检验检疫是保证国际贸易顺利进行的一个非常重要也非常必要的环节。

(三)检验权

检验权(The Droit of Inspection)是指合同当事人中由哪一方享有对商品的品质、数量、重量、包装等项内容进行最后评定的权利。通常享有检验权的一方,就有权指定检验检疫机构对商品进行检验,该检验机构最终出具的检验证书将作为确定交货品质、数量、包装等内容是否与合同一致的依据。由此可见,检验权的规定是关系到买卖双方权利与义务的重要问题,也是买卖双方在洽谈检验条件时非常重视的问题。

由于商品检验检疫直接关系到买卖双方在商品交接方面的权利与义务,特别是某些进出口商品的检验工作还直接关系到本国的国民经济能否顺利协调发展、生态环境能否保值平衡、人民的健康和动植物的生长能否得到保证,以及能否促进本国出口商品质量的提高和出口贸易的发展,因此,许多国家的法律和国际公约都对商品检验检疫的问题作了明确规定。例如《中华人民共和国进出口商品检验检疫法》第 5 条规定:“列入《商检机构实施检验的进出口商品种类表》的进出口商品和其他法律、行政法规规定须经商检机构检验的进出口商品,必须经过商检机构或者国家商检部门、商检机构指定的检验部门检验。”该条款同时规定,凡是列入《商检机构实施检验的进出口商品种类表》的进出口商品,除非经国家商检部门审查批准免予检验的,进口商品未经检验或经检验不合格的,不准销售、使用;出口商品未经检验合格的,不准出口。除我国《中华人民共和国进出口商品检验检疫法》外,如英国《1893 年商品买卖法》(1979 年修订)以及《联合国国际货物销售合同公约》等有关的国际公约都就商品检验检疫问题作了规定。这些有关商品检验检疫的规定都体现了一个共同的原则,即除非买卖双方另有约定,买方在接受商品之前应享有对所购买的商品进行检验的权利。但需要注意的是,买方对商品的检验权并不是强制性的,它不是买方接受商品的前提条件。也就是说,如果买方没有利用合理的机会检验商品,那么他就自动放弃了检验商品的权利。另外,如果合同中的检验条款规定以卖方的检验为准,此时就排除了买方对商品的检验权。

二、商品检验检疫的时间和地点

在国际商品买卖合同中,检验的时间和地点是指在何时、何地行使对商品的检验权。在国际商品买卖中有关商品检验检疫时间和地点的规定方法主要有以下几种:

(一)在出口国检验

在出口国检验属于商品在装运前的检验,可以分为在出口国产地检验和在装运港或装运地检验。

1. 生产地检验

它是指商品在生产地启运或工厂出厂之前,由卖方或其委托的检验机构人员对商品的品质、数(重)量、包装等进行检验,并出具检验证书。卖方只承担商品离开生产地之前的各种责任,对于日后商品在运输过程中出现的问题由买方承担责任。在大型机械设备的交易中可以使用此种做法。

2. 装运港(地)检验

习惯上称为“离岸品质、离岸重量”(Shipping Quality and Weight),它是指商品在装运港或装运地装运前,由双方约定的商品检验检疫机构对商品的品质、数(重)量、包装等进行检验,并出具检验证书。当商品运抵目的港或目的地后,即使买方再对商品进行复验并发现了问题,也无权再表示拒收或提出异议和索赔。在散装货物的交易中可以使用此种做法。

采用以上两种方法规定检验时间和检验地点时,即使买方在货到目的港(地)且经检验发现商品的品质或数(重)量、包装等方面不符合合同规定，也不能就此向卖方提出异议，除非买方能证明其所收到的商品与合同规定不符是由于卖方的违约或商品的固有瑕疵造成的。因此，以上两种规定方法都要求卖方必须保证商品在离开生产地时，商品的品质、数(重)量、包装等符合合同规定，同时也否定了买方对商品的复检验权。这些都是对卖方有利而对买方不利的。

(二)在进口国检验

在进口国检验是商品在目的港或目的地卸货后进行检验，可以分为在目的港或目的地检验和在买方营业处所或最终用户所在地检验。

1. 目的港(地)检验

习惯上称为"到岸品质、到岸重量"(Landed Quality and Weight)，它是指商品在到达目的港或目的地卸货后的一定时间内，由买卖双方约定的目的港或目的地的商品检验检疫机构对商品的品质、数(重)量、包装等进行检验，并出具检验证书。采用这种方法时，买方可以凭借检验证书对属于卖方责任的品质、数(重)量、包装等不符点向卖方索赔。

2. 营业处所(用户所在地)检验

它是指由买卖双方约定的在买方营业处所或最终用户所在地的商品检验检疫机构对商品的品质、数(重)量、包装等进行检验，并出具检验证书。这类规定方法主要是针对那些密封包装不宜在使用前拆包检验的商品；或是规格复杂、精密程度高、需要一定的检验设备的商品；或是经过安装调试后才能进行检验的成套设备和机电仪表产品。

采用这两种方式约定检验时间和检验地点时，卖方必须保证商品的品质、数(重)量、包装等与合同规定相符。如存在的不符点是由于卖方责任所致，买方有权凭借检验证书向卖方提出索赔，卖方不得拒绝。因此，以上两种规定方法都要求卖方必须保证商品在到达目的港或目的地时，商品的品质、数(重)量、包装等符合合同规定。这些都是对卖方不利而对买方有利的。

(三)在出口国检验，进口国复验

这种方法是卖方在商品装运时，委托本国的商品检验检疫机构对商品的品质、数(重)量、包装等进行检验并出具检验证书，以作为向当地银行议付货款的单据之一，但不是最终的依据。当商品运抵目的港或目的地时，再由当地的商品检验检疫机构对商品的品质、数(重)量、包装等进行复验，如发现商品的品质、数(重)量、包装等方面不符合合同的规定，买方可以凭对商品进行复验的检验机构出具的检验证书，向卖方提出异议或索赔。这种规定方法比较公平合理，在国际贸易中使用较广泛，我国进出口业务中也多用这种规定方式来约定检验地点和检验时间。

(四)装运港(地)检验重量，目的港(地)检验品质

在大宗商品交易的检验中，为了调和买卖双方在商品检验检疫时间与地点问题上存在的矛盾，有时也将商品的重量检验和品质检验分别进行，称为"离岸重量、到岸品质"(Shipping Weight and Landed Quality)。即以装运港或装运地验货后检验机构出具的重量检验证书为卖方交货重量的最后依据，以目的港或目的地验货后检验机构出具的品质检验证书为卖方交货品质的最后依据。商品到达目的港或目的地后，若经检验发现商品品质与合同规定不符是由于卖方责任所致，则买方可凭检验证书对商品品质向卖方提出索赔，若是商品的重量与合同规定出现不符，则买方没有权利向卖方提出异议。

三、商品检验检疫的内容

对于不同的商品、不同的状况，商品检验检疫的内容是不同的。常见的商品检验检疫有品质检验、数量和重量检验、包装检验、卫生检验、残损检验等。

（一）品质检验

品质检验是对商品的外观、化学成分、物理性能等所进行的检验。通常采用仪器检验和感官检验两种方法。仪器检验是利用各种相关的仪器或机械设备，对商品的化学成分、物理性能等方面进行全面的分析和检验；感官检验则是通过人的眼、耳、鼻、口、手等对商品进行感官上的分析和检验。

（二）数量和重量检验

数量和重量检验是按照合同中规定的计量单位和计量方法对商品的数量和重量进行检验，以确定其是否符合合同规定的数量和重量。在实际业务中，由于人为因素或其他非人为因素，对商品的数量和重量的测定允许有一定的误差，但要求误差应在合理的范围内。

（三）包装检验

包装检验主要是对商品包装的材料、方法、标志等进行检验，看其是否适应商品本身的特性、是否适合商品在运输过程中的装卸及搬运、是否符合合同及相关的规定。

（四）卫生检验

卫生检验是检验进出口商品是否包含影响人类生命健康的各种物质，尤其是对于肉、蛋、奶、水果等商品，必须进行卫生检验检疫，不符合本国法律、法规的商品，一律不准进口和出口。

（五）残损检验

残损检验是对商品的残损部分进行检验和鉴定，确定商品残损的具体原因及其对商品使用价值的影响、估计损失程度并出具检验证书，作为受害方索赔的依据。商品的残损主要是指商品的残破、短缺、生锈、受潮、变质等情况。进出口商品残损检验的依据主要包括发票、装箱单、保险单、重量单、提单等有效单证或资料。

以上是几种常见的商品检验检疫，除此之外进出口商品检验检疫还包括船舱检验、监视装载、签封样品、签发产地证书和价值证书等检验内容。

四、商品检验检疫机构

在国际商品买卖中，交易双方除了自行对商品进行必要的检验外，通常还要委托独立于买卖双方之外的第三方，即商品检验检疫机构对商品进行检验。商品检验检疫机构是指根据买卖双方的委托或有关法律法规的规定对进出口商品进行各方面的检验和鉴定，并出具真实、公正、具有权威性的检验检疫证书的机构，简称商检机构或检验机构。

（一）国际上的主要商品检验检疫机构

商品检验检疫已经成为国际贸易中的一个重要环节，各个国家或地区都设立了自己的商品检验检疫机构，根据其性质，可以分为官方商品检验检疫机构、半官方商品检验检疫机构和非官方商品检验检疫机构三种。

1. 官方商品检验检疫机构

官方商品检验检疫机构是由国家或地方政府出资设立的，依据国家有关法律、法规对进出口商品进行强制性检验、检疫和监督管理的机构。例如美国食品药物管理局（FDA）、美国粮谷检验署（FGES）、法国国家实验室检测中心、日本通商产业检验所等。

2. 半官方商品检验检疫机构

半官方商品检验检疫机构是有一定权威的、由国家政府授权、代表政府行使某项商品检验检疫或某一方面检验管理工作的民间机构。例如美国保险人实验室（UL）、日本海外商品检验株式会社（OMIC）、法国船级社（B. V）等就属于此种情况。

3. 非官方商品检验检疫机构

非官方商品检验检疫机构是由各商会、协会或私人设立的具有专业检验、鉴定技术能力，并被当地法律所认可的商品检验检疫机构。例如瑞士日内瓦通用鉴定公司(SGS)、日本海事鉴定协会(NKKK)、新日本鉴定协会(SK)、英国劳合氏公证行(Lloyd's Surveyor)等。

(二)我国的商品检验检疫机构及任务

1. 中国的商品检验检疫机构

新中国成立后，我国成立了中华人民共和国进出口商品检验检疫局，并在各省、自治区、直辖市及进出口口岸、进出口商品集散地设立了分支机构，对一般的进出口商品进行检验。改革开放以后，为适应我国对外贸易迅速发展的需要，1980 年我国又成立了中国进出口商品检验检疫总公司，并在各省、自治区、直辖市开办了分公司，以非官方身份独立开展进出口商品的检验、鉴定业务，签发相应的证书，并对进出口双方当事人提供咨询服务，为促进我国对外贸易的发展作出了贡献。1998 年 7 月原国家商检局、原卫生部卫生检疫局、原农业部动植物检验局共同组建了中华人民共和国出入境检验检疫局，简称"国家出入境检验检疫局"或"中国出入境检验检疫局"，对我国出入境商品检验检疫进行统一管理。为了适应加入世贸组织的要求，进一步提高我国商品检验和质量监督的工作水平，2001 年 4 月 10 日国务院宣布将原国家质量技术监督局和原国家出入境检验检疫局合并，成立了中华人民共和国质量监督检验检疫总局，主管全国的质量、计量、出入境商品检验、出入境卫生检疫、出入境动植物检疫和认证、认可、标准化等工作，并行使行政执法职能。它是我国现时主管商品检验检疫工作的最高行政执法机关。其设在各地的质量监督检验检疫机构管理其所辖地区内的出入境检验检疫工作。

2018 年 3 月，根据第十三届全国人民代表大会第一次会议批准的国务院机构改革方案，将国家质量监督检验检疫总局的职责整合，组建中华人民共和国国家市场监督管理总局；将国家质量监督检验检疫总局的出入境检验检疫管理职责和队伍划入海关总署；将国家质量监督检验检疫总局的原产地地理标志管理职责整合，重新组建中华人民共和国国家知识产权局；不再保留中华人民共和国国家质量监督检验检疫总局。

出入境检验检疫局简称 CIQ，是为国家进行出入境检验检疫工作的部门。在 2018 年 4 月出入境检验检疫管理职责和队伍被划入海关总署，自 2018 年 4 月 20 日起以海关名义对外开展工作。

2. 我国商品检验机构的基本任务

我国新《商检法》规定，我国出入境商检机构在进出口商品检验方面的基本任务有三项：

(1)法定检验

它是指出入境检验管理部门根据《商检法》等法规的具体规定，对属于法定检验范围的商品或有关的检验检疫事项进行强制性的检验检疫。属于规定检验的出口商品，未经检验合格的不准出口。属于规定检验的进口商品，未经检验的不准销售或使用。

法定检验的范围包括：

①列入《商检机构实施检验的进出口商品种类表》(简称《种类表》)的商品的检验；

②根据《中华人民共和国进出境动植物检验检疫法》及其实施细则规定的进出口动植物产品的检验；

③根据《中华人民共和国食品卫生法》规定的进出口食品的检验；

④对有关国际条约规定须经商检机构检验的进出口商品的检验；

⑤对装运出口易腐烂变质食品、冷冻品的船舱、集装箱等运载工具的适载检验；

⑥对其他法律、行政法规规定须经商检机构检验的进出口商品的检验。

我国进行进出口货物检验主要是为了保护人类的健康和安全、保护动物和植物的生命和健康、保护环境、防止诈骗、维护国家安全等。

(2)公证鉴定

它是指经国家出入境检验检疫局许可的检验机构可以接受对外贸易关系人或者外国检验机构的委托，办理进出口商品检验鉴定业务，签发检验鉴定证书，作为对外贸易关系人办理进出口商品的交接、结算、报关、纳税、处理争议、索赔等业务的有效凭证。公证鉴定业务是对外贸易人委托检验机构办理的，不具有强制性，这是与法定检验所不同的。

(3)实施监督管理

它是指国家出入境检验检疫局委托地方检验检疫机构通过行政和管理手段，对进出口商品的收货人、发货人及生产、经营、储运单位以及经国家出入境检验检疫局许可的检验机构和认可的检验人员的检验工作实施监督管理，以推动和组织有关部门对进出口商品按照要求进行检验。

对进出口商品的质量和重量等的检查工作实施监督管理，是国家出入境检验检疫局和各地出入境检验检疫机构对进出口商品执行检验把关的一个重要手段。

五、商品检验证书

检验证书(Inspection Certificate)就是检验机构在检验、鉴定后出具的书面证明文件。

国际货物买卖中的检验证书种类繁多，常见的检验证书有品质检验证书、重量或数量检验证书、包装检验证书、兽医检验证书、卫生/健康检验证书、消毒检验证书、熏蒸证书、温度检验证书、残损检验证书、船舱检验证书、货载衡量检验证书、价值证明书、产地证明书等。在实际业务中，买卖双方应根据成交货物的种类、性质及有关国家的法律和贸易惯例来确定交易中应取得何种商品检验证书，并在合同中加以规定。

上述各种检验证书针对不同商品的不同检验项目出具，其内容、形式各有差别，但作用基本相同。主要有以下几个方面：(1)它是证明卖方所交货物是否符合合同规定的依据；(2)它是办理索赔、理赔的凭证；(3)它是卖方向银行议付货款的单据之一；(4)它是海关验关放行的依据；(5)它是进口国家实行关税差别待遇的依据。

在我国，检验证书通常由国家出入境检验检疫局及其设在各地的分支机构签发，也可由中国对外贸易促进委员会或中国进出口商品检验检疫总公司出具。需要注意的是，检验证书的有效期一般为两个月，鲜活商品的检验证书的有效期为两周。出口方应在货物经检验合格后尽快装运，以免逾期；否则，需重新办理报验。

第二节　索　赔

一、违约概述

(一)违约的含义

违约是指合同的一方不履行或不完全履行合同规定的义务的行为。违约一方面会引起买卖双方之间的争议，另一方面也会给对方造成经济损失，对此，违约的一方应承担相应的法律责任。

(二)违约的种类

(1)买方违约,如不按时开立信用证、不按时付款赎单、无理拒收货物、在买方负责运输的情况下不按时派船接货、不按时签订运输契约、不按时指定交货地点等。

(2)卖方违约,如不按时交货,货物的品质、数(重)量、包装等不符合合同规定,不提供合同,不提供信用证规定的合适单证等。

(3)买卖双方均有违约,如合同条款规定不明确,导致双方理解分歧,引起纠纷,或在履约中双方均有违约行为。

(三)违约的法律后果

不同性质的违约所承担的法律责任不同,与此相对应的各国法律或国际组织的文件对于违约方的违约行为和由此产生的法律后果,以及对该后果的处理有不同的规定和解释。

1. 我国《合同法》的规定

我国《合同法》规定:当事人一方延迟履行合同义务或者有其他违约行为致使不能实现合同目的,对方当事人可解除合同;当事人一方延迟履行债务,经过催告后在合同期内仍未履行的,对方当事人也可解除合同;另一方违反合同,以致严重影响订立合同所期望的经济利益,当事人一方有权通知另一方解除合同。

该法规还规定,合同的变更、解除或终止,不影响当事人要求赔偿损失的权利。

2. 美国法律的规定

美国法律把违约程度按其造成的后果分成"严重违约"和"轻微违约"。"严重违约"是指当事人一方违约,致使另一方当事人无法取得在这项交易中他本应获得的主要利益,这时受损害的一方当事人可以要求解除合同,同时要求损害赔偿。"轻微违约"则是指当事人一方违约的情况比较轻微,没有影响对方在交易中取得的主要利益,此时受损害的一方只能要求损害赔偿,而不能要求解除合同。

3. 英国法律的规定

英国则按合同中的不同条款,分成"违反要件"和"违反担保"。"违反要件"是指违反合同的主要条款,即违反与商品有关的品质、数量、交货期等要件,在合同的一方当事人违反要求的情况下,另一方当事人即受损方有权解除合同,并有权提出损害赔偿。"违反担保"是指违反合同的次要条款、与商品无直接联系的条款,在违反担保的情况下,受损方只能提出损害赔偿,而不能解除合同。

4.《联合国国际货物销售合同公约》的解释

《联合国国际货物销售合同公约》把违约分为"根本性违约"和"非根本性违约"。"根本性违约"是指当事人一方违反合同的结果,致使另一方当事人遭受损失,以致实际上剥夺了他得到合同规定货物的权利,受损害方有权宣告合同无效。"非根本性违约"是指当事人一方违反合同的结果,使另一方当事人遭受损失,但损失不大,受损害方只能要求损害赔偿,而不能宣告合同无效。

二、索赔概述

(一)索赔的含义

索赔(Claim)是指买卖合同的一方当事人因另一方当事人违约致使其遭受损失而向另一方当事人提出要求损害赔偿的行为。理赔(Settlement of Claim)是违约方对受损方提出的索赔要求进行处理。由此可见,索赔和理赔是一个问题的两个方面。其中属于卖方责任而引起买方索赔的主要有:卖方所交商品的品质、数量、包装与合同规定不符;卖方未按期交货;卖方其他违反合同或法定义务的行为。属于买方责任而引起卖方索赔的有:买方未按期付款;未及时办理运输手续;未及时开立信用证;买方其他违反合同或法定义务的行为。

在国际贸易实践中,损害赔偿是最重要的也是最常用的违约补救措施。按照法律的一般规则,受损害的一方当事人在采取其他违约补救措施时,不影响该当事人向违约一方提出损害赔偿的权利。

(二)索赔的对象

索赔的对象是指要对索赔方承担损失赔偿等责任的当事人。国际货物买卖涉及许多当事人,索赔对象即责任方不仅限于买卖双方,有时还会涉及其他当事人,例如承运人、保险公司等。在实际业务中经常遇到保险索赔、运输索赔和买卖索赔等情况。

1. 保险索赔

在运输过程中发生的保险项下的事故导致商品受到损失的各种情况,可以按规定向保险公司索赔。

2. 运输索赔

由于承运人未履行基本义务,可以向承运人索赔。主要有以下几种情况:(1)承运人短卸或误卸造成商品短少;(2)托运商品在运输途中遗失;(3)承运人未履行"管理商品"的基本义务,如积载不良、配载不当、装卸作业疏忽等造成或商品损坏;(4)开航前和开航时船舶不具备适航条件造成商品损坏。

3. 买卖索赔

主要是由于买方或卖方原因造成的损失,可向对方索赔。由买方原因造成的损失包括不按时开立信用证或故意开立不完全的信用证、不按时付款赎单、无理拒收商品、不按时派船、不指定交货地点等。由卖方原因造成的损失包括商品的品质、规格、数量、包装不符合合同规定,未按期交货或不交货等。

[案例 12—1] 某贸易商以 FOB 价向我国某厂订购一批货物,在买卖合同中订明若工厂未能于 7 月底之前交运,则工厂应赔付货款 5%的违约金。后工厂交运延迟 5 天,以致贸易商被其买方索赔货款的 5%。在这种情况下,贸易商是否可向工厂索赔?

分析 因合同规定工厂如未能于 7 月底之前交运则应赔付货款 5%的违约金,并且工厂交运延迟 5 天,造成违约,故贸易商可向工厂索赔 5%。

(三)索赔条款

国际贸易涉及的面很广,情况复杂多变,所以索赔的情况时有发生,特别是在市场剧烈动荡和价格瞬息万变的时候更是频繁出现。为了处理这类问题,买卖双方在合同中一般都应订立索赔条款。进出口贸易合同中的索赔条款大致有两种:一种是异议与索赔条款,另一种是罚金条款。在一般商品的买卖合同中,多数只订异议与索赔条款,同检验条款合并订在一起。在买卖大宗商品或机械设备的合同中,一般还订有罚金条款,这种条款一般适用于卖方延期交货等,双方可根据延误时间长短预先约定赔偿的金额,同时规定最高罚款金额。

1. 异议与索赔条款

异议与索赔条款(Discrepancy and Claim Clause)是针对卖方交货品质、数量或包装不符合合同规定而订立的。条款主要包括以下内容:

(1)索赔依据

索赔依据包括法律依据和事实依据两个方面。法律依据是指买卖合同及有关国家的法律、国际公约、惯例;事实依据是指违约的事实真相、情节及其书面证明。如果索赔时证据不足或出具证据的机构不符合要求等,都可能遭到对方的拒赔。实务中可作为证据的文件有公证报告、检验证明、破损证明、提单、发票、银行的各项通知或证明、双方往来函电、合约等。

(2)索赔期限

索赔期限又称索赔时效,是指受损方有权向违约方提出索赔的期限。受损方只能在一定的索赔期限内提出索赔,否则丧失索赔权。在通常情况下,索赔期限可分为约定索赔期限和法定索赔期限两种。约定索赔期限是指买卖双方在合同中明确规定索赔期限,根据商品交易的性质,约定索赔期限可长可短。一般来说,约定索赔期限不宜过长,这样会使卖方承担过重的责任;当然,也不能太短,以免买方不能正常行使索赔权。我国出口合同中的索赔期限,视商品的特征一般定为货到目的港(地)后 30 天或 60 天;如果商品为机器设备,这一期限可相应延长。法定索赔期限是指根据有关法律,受损害方有权向违约方提出索赔的期限。约定索赔期限的效力一般高于法定索赔期限。此外,对于某些特殊商品,特别是需要经过一段时间的存放和使用后才能发现质量和性能方面问题的商品,合同中应规定质量保证期。质量保证期是指买方在接受卖方提交商品后,在保存或使用中发现进口商品质量问题而向卖方索赔的时间期限。在合同中约定了索赔期限的情况下,当事人应严格对商品进行检验验收,一旦发现商品有不符合合同规定的情况,应立即请检验部门复验出证,在索赔期限内向违约方提出索赔。

在规定索赔期限时,很重要的问题是索赔开始计算的时间。根据国际上习惯,索赔期限的起算时间通常有以下几种算法:

①商品到达目的港后××天起算;

②商品到达目的港卸离海轮后××天起算;

③商品到达买方营业地或用户所在地后××天起算;

④商品经检验后××天起算。

[案例 12—2] 我公司以 CFR 术语对德国某公司出口一批小五金工具。合同规定货到目的港后 30 天内检验,买方有权凭检验结果提出索赔。我公司按期发货,德国客户也按期凭单支付了货款。可半年后,我公司收到德国客户的索赔文件,称上述小五金工具有 70%已锈损,并附有德国某内地一检验机构出具的检验证书。我方可否拒绝索赔?

分析 我方可以拒绝,因超过了索赔期限。合同规定货到目的港后 30 天内检验,买方有权凭检验结果提出索赔。另外德国客户提供的索赔依据也不符合要求。检验证书应由目的港的检验检疫机构出具,而德方使用了另一地的检验机构出具的检验证书。

(3)索赔金额

在实际业务中,索赔金额的确定不仅是处理争议的中心内容和解决纠纷的焦点问题,而且还关系到各方的经济权益与对外信誉,所以应按照法律和国际惯例的规定和要求来确定索赔金额。

如果买卖合同中规定有约定的损害赔偿金额或损害赔偿金额的计算方法,通常应按约定的金额或根据损害赔偿金额的计算方法计算出的赔偿金额提出索赔。如果合同中未作具体规定,则遵循《联合国国际货物销售合同公约》确定损害赔偿的原则,具体如下:

①赔偿金额应与因违约而遭受的包括利润在内的损失额相等。

②赔偿金额应以违约方在订立合同时可预料到的合理损失为限。

③由于受损害一方未采取合理措施,使有可能减轻而未减轻的损失,应在赔偿金额中扣除。

(4)索赔办法

处理索赔的办法是指确定损害赔偿的金额和处理的方式。通常只在合同中作笼统的规定。鉴于索赔是一项较复杂而又重要的工作,所以在处理索赔时应根据实际情况有理有据地提出索赔。至于索赔金额因约定时难以预料,只能本着实事求是的原则酌情处理,在合同中一般不作具体的规定。

2. 罚金条款

罚金条款(Penalty Clause)又称违约金条款、罚则,一般是用于卖方延期交货或买方延期接货等情况。合同中规定,如一方未履行合同或未完全履行合同,应向对方支付一定数量约定金额作为赔偿。罚金数额由交易双方商定并规定最高限额,并由违约时间的长短而定。

在合同中规定罚金条款是促使合同当事人履行合同义务的重要措施,能起到避免和减少违约行为发生的预防性作用;在发生违约行为的情况下,能对违约方起到一定的惩罚作用,对守约方的损失能起到补偿性作用。

相关链接:各国法律对合同中的罚金条款的解释

各国法律对合同中的罚金条款有不同的解释,有些国家的法律承认并执行合同中的罚金条款,有些国家则将合同中的固定赔偿金额按性质分为预定的损害赔偿和罚款两种。在英、美、法各国,如果当事人订立罚金条款的目的是为了惩戒和预防违约的发生,违约金为“罚款”,则该条款是无效的。若当事人是为了减少将来计算违约损害的麻烦而规定违约金,此违约金为“损害赔偿”,则该条款是有效的。根据我国《合同法》的规定:“当事人可以约定一方违约时应当根据违约情况向对方支付一定数额的违约金,也可以约定因违约产生的损失赔偿额的计算方法。约定的违约金低于造成的损失的,当事人可以请求人民法院或者仲裁机构予以增加;约定的违约金过分高于造成的损失的,当事人可以请求人民法院或仲裁机构予以适当减少。当事人迟延履行约定违约金的,违约方支付违约金后,还应当履行债务。”我国进出口业务中所采用的罚金条款一般都已事先拟定并印妥在合同的“一般条款”中。

第三节 不可抗力

一、不可抗力概述

(一)不可抗力的含义

不可抗力(Force Majeure)即人力不可抗拒,是指在商品买卖合同签订之后,不是由于合同任何一方当事人的过失或疏忽,而是由于发生了当事人既不能预见和预防又无法避免和克服的事件,以致不能履行或不能如期履行合同,遭受意外事件的一方可以免除履行合同的责任或延期履行合同。遭受不可抗力事件的当事人,可以据此免除履行合同的责任或推迟履行合同,对方无权要求赔偿。

(二)不可抗力事件的范围

并不是任意一种意外事故都可作为不可抗力事件。不可抗力的范围较广,通常分为两种情况:

(1)自然原因引起的,如水灾、风灾、冰灾、暴风雪、地震等。

(2)社会原因引起的,如战争、暴动、罢工、骚乱、政府封锁禁运、贸易政策调整等。

合同签订后市价涨落或者是货币升值(贬值)、履约费用的增加等正常交易风险,不属于不可抗力。

(三)不可抗力事件的认定

在国际贸易中，由于自然力量和社会力量所引起的任何意外事故，对交易双方来说是否算不可抗力，要看其是否具备以下条件：

(1)事件是订立合同之后发生的。

(2)事件的发生是当事人在订立合同时不能预见、不能控制、不能避免和不可克服的。

(3)事件的发生不是任何一方当事人的疏忽或过失造成的。

二、合同中的不可抗力条款

不可抗力条款(Force Majeure Clause)有时又被称为偶发事故条款(Contingency Clause)，它是一种免责条款，即免除由于不可抗力事件而违约的一方的违约责任。不可抗力条款的内容一般包括不可抗力事件的范围、事件发生后通知对方的期限和方法、不可抗力的法律后果、出具的证明文件以及出具机构。

(一)不可抗力事故的范围

事故范围的规定应力求明确、具体，切忌含混、笼统，以防止当事人随意扩大不可抗力事故范围，推卸责任。通常有三种规定方法：

(1)概括式。是指在合同中不具体规定哪些事件属于不可抗力事件，而只是笼统地规定："由于公认的不可抗力的原因，致使卖方不能交货或延期交货，卖方不负责任"；或"由于不可抗力事件使合同不能履行，发生事件的一方可据此免除责任"。这类规定办法过于笼统，容易引起争议，不宜采用。

(2)列举式。是指以一一列举的方式，在合同中详细规定不可抗力事件的范围。这种规定方法虽然比较明确，但文字繁琐、灵活性较差，容易造成遗漏。

(3)综合式。是指一方面列出比较常见的不可抗力事件(如战争、洪水、地震、火灾等)，另一方面还要加上"以及双方同意的其他不可抗力事件"一类的补充说明。综合式是把概括式和列举式相结合的一种方法。这种规定方法的优点是既比较具体，又具有一定的灵活性。在我国进出口合同中，一般都采用这种规定办法。

(二)不可抗力的法律后果

不可抗力的法律后果有解除合同或变更合同两种，主要根据不可抗力事件对履行合同产生的影响程度来区分。只有当不可抗力事件使履行合同成为不可能，当事人才可免责，解除合同。如果不可抗力只是部分地或暂时地阻碍的合同履行，只能变更合同，包括延期履行、期待履行、减量履行、分期履行。

我国对不可抗力事件规定了三种可能产生的法律后果：

(1)如果发生不可抗力事件，致使合同义务不能全部履行，当事人可解除合同并免除全部责任。

(2)如果发生不可抗力事件，致使合同的部分义务不能履行，则当事人可免除部分义务。

(3)如果发生不可抗力事件不是导致合同不能履行，而是不能按约定的时间履行，则当事人可以延迟履行合同，并在该事件的后果影响持续的时间内，免除其延迟履行的责任。

[案例 12－3]　某年 10 月，我国某外贸公司与外商签订一份出口农产品的合同，交货期为当年 12 月。由于同年 7、8 月份产区遭受水灾，产品无收，出口方不能依约交货，于是以遭受不可抗力为由，向对方提出解除合同的要求。试问：该项要求是否成立？请说明理由。

分析 该项要求不能成立。因为农产品产区发生水灾的时间是在签订合同之前,不是不能预见或无法避免的事件,只是由于我国外贸公司的疏忽,才出现无法交货的情况。所以,我国外贸公司不能以遭受不可抗力为由,向对方提出解除合同的要求。

(三)事故发生后通知对方的期限和方法

按照惯例,合同一方当事人因不可抗力事故不能履行合同的,应及时通知另一方,并提出处理意见;另一方当事人应及时答复,如有异议也应及时提出。《联合国国际货物销售合同公约》和我国《合同法》中也有类似的规定。为了使通知及时传达到另一方当事人,合同中对于通知的期限、通知的传递方法作出明确的规定。如果由于没有及时通知而给另一方造成损失的,怠于通知的一方应对此承担责任。

(四)证明文件以及出具证明的机构

在发生不可抗力事件时,应在合理的时间内向另一方提供有关机构出具的证明,以证明不可抗力事件的发生。该证明,在我国一般由中国国际贸易促进委员会(即中国国际商会)出具,在国外大多数由当地的商会或登记注册的公证行出具。

第四节 仲 裁

一、争议的解决方式

争议(Dispute)也称异议,是指在国际贸易中买卖双方或其他有关当事人之间因为各自的权利、义务问题而引起的纠纷。在国际贸易中,情况复杂多变,买卖双方经常会出现贸易摩擦导致合同不能正常履行,从而引起争议。通常解决争议的途径有以下几种:

(一)协商

协商(Negotiation)是指争议发生后,当事人双方直接进行磋商,自行解决纠纷,以利于保护商业秘密和企业声誉。这是解决争议的好办法,但这种办法有一定的局限性。

(二)调解

调解(Conciliation)是指双方当事人在自愿的基础上,将争议提交给选定的调解机构(法院、仲裁机构或专门的调解机构),由该机构按调解程序进行调解。若调解成功,双方应签订和解协议,作为一种新的契约予以执行;若调解意见不为双方或其中一方接受,则调解即为失败。我国在诉讼和仲裁中,均采用了调解与仲裁相结合的办法。

(三)仲裁

仲裁(Arbitration)又称公断,是指贸易双方在执行合同时发生争议,按协议将有关争议提交仲裁机构裁决。仲裁可分为质量仲裁和技术仲裁两种。前者是因商品的品质、规格问题引起的;后者是因单据的解释不同引起的。同时兼有质量问题和技术性问题的仲裁称为“混合仲裁”。由于国际贸易的当事人分别属于不同国家的商人,也有人把这种仲裁称为国际仲裁。仲裁的裁决具有法律约束力,当事人各方必须严格遵照执行。仲裁的优势在于其程序简便,结案较快,能独立、公正和迅速地解决争议,给予当事人以充分的自治权。它还具有灵活性、保密性、终局性和裁决易于得到执行等优点。

(四)诉讼

诉讼(Litigation)是指一方当事人向法院起诉,控告合同的另一方,一般要求法院判另一方当事人以赔偿经济损失或支付违约金的方式承担违约责任,也有要求对方实际履行合同义务的。

一般来说，各国商人在解决争议时大多本着“仲裁优于诉讼，调解优于仲裁，而防止争议胜过调解；若有争议，尽量友好协商”的原则行事。

二、仲裁和诉讼的特点

(一)仲裁的特点

在国际贸易中，仲裁是被采用最广泛的一种方式。采取仲裁方式解决争议与诉讼相比，具有以下一些特点：

(1)采用仲裁是以双方自愿为基础，双方当事人自行选定仲裁员，因而具有一定的灵活性。

(2)仲裁程序较简单，且仲裁员一般是熟悉国际贸易业务的专家和知名人士，故仲裁解决问题较快。

(3)仲裁费用比诉讼费低。

(4)仲裁对争议双方继续发展贸易关系的影响较小。

(5)仲裁是终局性裁决，败诉方不得上诉，必须执行。

(二)诉讼的特点

诉讼具有以下特点：

(1)诉讼带有强制性。只要双方当事人的一方向有管辖权的法院起诉，另一方就必须应诉；争议的双方都无权选择法官。

(2)诉讼程序复杂，处理问题比仲裁慢。

(3)用诉讼处理争议，双方当事人关系紧张，有伤和气，不利于今后贸易关系的继续发展。

(4)诉讼费用较高。

三、仲裁协议

国际贸易双方当事人采用仲裁方式解决争议，应当在资源的基础上达成仲裁协议。仲裁协议是仲裁机构和仲裁员受理争议案件的依据。

(一)仲裁协议的含义

仲裁协议(Arbitration Agreement)是指双方当事人达成协议，自愿将他们在国际贸易中已经发生或将来可能发生的争议提交仲裁机构解决。裁决是终局性的，对双方当事人都有约束力。仲裁协议是仲裁机构和仲裁员受理争议案件的依据。

(二)仲裁协议的形式

仲裁协议有两种形式，即仲裁条款和提交仲裁的协议。

1. 仲裁条款

仲裁条款(Arbitration Clause)是指在争议发生之前，交易双方在贸易合同中订立的表示愿意将未来可能发生的争议提交仲裁的条款。除了个别国家以外，合同中的仲裁条款被认为是一种有效的书面仲裁协议形式。

2. 提交仲裁的协议

提交仲裁的协议(Submission Agreement)是指在争议发生之后，双方当事人同意将争议提交仲裁解决的书面协议。它是独立于合同之外单独的协议，包括双方当事人同意将争议提交仲裁的来往信件、电报、电传等。

以上两种形式的仲裁协议效力是一样的，它们的区别在于提交仲裁的协议所涉及的问题除了合同中发生的争议外，还可能包括非合同关系或多个合同关系中的争执。

(三)仲裁协议的作用

根据多数国家仲裁法及仲裁实践，仲裁协议的作用表现在：

1. 对双方当事人具有约束力

如果双方当事人之间发生仲裁协议中约定的争议事项时，应以仲裁方法解决，不得向法院起诉。同时，在他方提起仲裁时必须应诉。

2. 是仲裁机构和仲裁员受理争议的依据

根据仲裁的基本原则，任何仲裁机构都不能受理没有仲裁协议的案件。仲裁机构必须按照仲裁协议的规定办理，所进行的仲裁不得与仲裁协议的内容相冲突。

3. 排除法院对争议案件的管辖权，使仲裁机构取得对争议案件的管辖权

这是仲裁协议作用的中心内容。包括我国在内的大多数国家法律规定，法院不受理订有仲裁协议的争议案件，如果任何一方违反仲裁协议向法院提起诉讼，对方可以要求法院停止诉讼程序，而把案件提交仲裁机构审理。

4. 是执行仲裁的依据

当事人必须提交仲裁协议，主管机关才能承认和执行仲裁裁决。

根据中国法律，有效的仲裁协议必须满足：载有请求仲裁的意思表示、选定的仲裁委员会和约定仲裁事项(该仲裁事项依法应具有可仲裁性)；是书面的，当事人具有签订仲裁协议的行为能力；形式和内容合法。否则，依中国法律，该仲裁协议无效。

(四)仲裁协议的内容

仲裁协议一般包括仲裁地点、仲裁机构、仲裁程序、仲裁裁决的效力和仲裁费用的负担等。

1. 仲裁地点

仲裁地点往往是交易双方磋商仲裁条款时极为关心的一个十分重要的问题。主要是因为仲裁地点所适用的程序法与合同所适用的实体法关系甚为密切。按照有关国家法律的解释，凡属程序方面的问题，除非仲裁协议另有规定，一般在哪个国家仲裁就往往适用哪个国家的仲裁法规，至于确定合同双方当事人权利、义务的实体法，如合同未规定，一般是仲裁员根据仲裁地点所在国家法律冲突规则予以确定。

在我国进出口贸易合同中，仲裁地点的选择，有以下几种规定方法：

(1)多数合同规定在我国仲裁。我国进出口合同中大多数采用此种做法。

(2)有时规定在被告所在国仲裁。这是为了避免因仲裁地点问题而使谈判陷入僵局，而在实践中发展起来的比较灵活的一种做法。

(3)规定在双方同意的第三国仲裁，这是在双方各执己见的情况下，双方各让一步的常见做法。选择这种做法时，该地的仲裁法律应允许受理双方当事人都不是本国公民的争议案的仲裁机构，而且该机构应具有一定的业务能力且态度公正。

2. 仲裁机构

国际贸易中的仲裁，可由双方的当事人约定在常设的仲裁机构进行，也可以由双方当事人共同指定仲裁员组成临时仲裁庭进行仲裁。仲裁机构是国际商事关系中的双方当事人自主选择出来用以解决其争议的民间性机构，其审理案件的管辖权限完全取决于当事人的选择和授权。国际商事仲裁机构可分为临时仲裁机构和常设仲裁机构。鉴于国际上仲裁机构很多，甚至一个国家或地区内就有若干个仲裁机构，各常设的仲裁机构都有自己的仲裁程序规则。绝大多数仲裁机构规定，如果选用该仲裁机构，必须适用其仲裁程序规则。但是也有一些仲裁机

构允许根据双方当事人的约定，采用仲裁地点以外的其他国家仲裁机构的仲裁程序规则。因此，在进行仲裁时选用哪个国家或地区的仲裁机构，应在合同仲裁条款中具体说明。

相关链接：国际常设商事仲裁机构

目前国际上影响力较大的几个常设商事仲裁机构是：国际商会仲裁院，成立于 1923 年，总部设在巴黎；瑞典斯德哥尔摩商事仲裁院，成立于 1917 年；英国伦敦仲裁院，成立于 1892 年；美国仲裁协会，成立于 1926 年，总部设在纽约；瑞士苏黎世商会仲裁院，成立于 1911 年。我国的国际商事仲裁机构主要有：中国国际经济贸易仲裁委员会，成立于 1956 年，1980 年、1988 年两次调整，总部设在北京，在深圳、上海设有分会；中国海事仲裁委员会，成立于 1959 年，1988 年调整，总部设在北京。

3. 仲裁程序

仲裁程序主要是规定进行仲裁的手续、步骤和做法。其主要内容一般是：

(1)仲裁申请。仲裁申请是仲裁机构立案受理的前提。申请人应提交仲裁申请书，申请书中应包括申请人的名称、地址，申诉人所依据的仲裁协议，申诉人的要求及所依据的事实和证据。

(2)仲裁庭组成。根据国际惯例，双方当事人可以在仲裁协议中规定仲裁员的人数和指定方式。如无协议规定，则按有关国家的仲裁法或仲裁机构的程序规则组成仲裁庭。我国《仲裁法》规定，仲裁庭可以由 3 名或者 1 名仲裁员组成。由 3 名仲裁员组成的，设首席仲裁员；若由 1 名仲裁员单独成立仲裁庭，负责案件审理并作出裁决，则该仲裁员可由当事人共同选定，也可由仲裁机构代为指定。

(3)仲裁审理。仲裁庭审理案件的形式有两种：一是不开庭审理，二是开庭审理。我国仲裁规则规定一般采取开庭审理方式。案件审理原则上不公开进行。

(4)仲裁裁决。裁决是仲裁程序的最后一个环节，做出裁决后审理案件的程序即告结束。仲裁裁决必须采用书面形式。仲裁裁决书作出的日期即为仲裁裁决生效日期。

4. 仲裁裁决的效力

仲裁裁决是终局的，一经做出，对双方当事人均有法律效力。任何一方当事人不得向法院起诉，也不得向其他任何机构提出变更裁决的请求。如果法院发现裁决缺乏有效的仲裁协议为依据，或仲裁员行为不当或越权作出裁决，或提交仲裁的事项是属于法律规定不得提交仲裁处理的问题，或裁决违反了某些国家的“公共程序”，或程序不当，或裁决不符合法律的要求等，则法院有权撤销仲裁裁决宣布仲裁无效。但是在实践中，对仲裁裁决提出上诉的情况很少。

5. 仲裁费用的负担

仲裁费用由谁负担应在仲裁条款中订明。一般由败诉方承担仲裁费用，也有的规定由仲裁庭酌情解决。仲裁费用一般按争议价值的 0.1%～1%收取。

[案例 12－4]　中国某公司曾与美国某商人签订一项买卖机械设备铁钉的合同，合同背面载有仲裁条款。后在履约过程中，双方发生争议，美国商人遂向美国法院起诉中方公司。该法院受理此案后，即向中方公司发出传票，中方公司即以合同背面载明的仲裁条款为证，提出抗辩，要求美国法院不予受理，美国法院核实材料后，只好承认它对本案无管辖权。后来，该争议案仍按双方约定的仲裁条款，通过仲裁途径解决。试对本案进行简单分析。

分析　仲裁协议最主要的作用是排除法院对该争议案的管辖权，并使约定的仲裁机构取得对该争议的管辖权。因此，在本案合同订有仲裁条款的情况下，争议双方均不得就彼此间的争议诉诸法院，法院也无权受理该争议案，本案争议只能由双方约定的仲裁机构来解决。本案合同项下的申请人向美国法院起诉，不仅违反双方协议，而且也有悖国际贸易法律的一般规定，中方及时就此提出抗辩，以维护自身的合法权益，是十分必要的。通过本案事实，说明在合同中规定仲裁条款，具有重要的法律与实践意义。

四、仲裁裁决的执行

仲裁裁决具有法律效力，当事人应当自觉执行。但是，在实践中败诉方拒不执行仲裁裁决的情况并不少见。特别是对外国的仲裁机构仲裁裁决的承认与执行，往往存在困难。为了解决各国在承认和执行外国仲裁裁决问题上存在的矛盾，各国之间缔结了一些国际公约，例如1923年缔结的《1923年日内瓦仲裁条款议定书》、1927年缔结的《关于执行外国仲裁裁决的公约》、1958年在纽约缔结的《承认和执行外国仲裁裁决的公约》(简称《纽约公约》)。

我国于1986年12月2日正式加入了《纽约公约》，但有两项保留：(1)中华人民共和国只在互惠的基础上对在另一缔约国领土内做出的仲裁裁决的承认和执行适用该公约；(2)中华人民共和国只对根据中华人民共和国法律认定为属于契约性和非契约性商事法律关系所引起争议适用该公约。我国政府对上述公约的加入和所作的声明，不仅为我国承认与执行外国仲裁裁决提供了法律依据，而且也有利于我国仲裁机构所做出的裁决在国外公约成员国内的执行。

本章小结

商检、索赔、不可抗力和仲裁经常被称为合同中的“一般交易条款”，是保证合同顺利进行的重要因素。

商品检验检疫是买卖双方交接货物过程中必不可少的环节。商品检验检疫机构对商品的品质、数(重)量、包装、安全性能、卫生指标、残损情况、商品装运技术条件等方面进行检验和鉴定，并出具检验证书。在合同中，应对商品检验检疫的时间、地点和方法等做出明确的规定。

违约是指买卖双方中，任何一方违反合同义务的行为。索赔是指在争议发生后，受害方向违约方提出赔偿要求，对违约方而言就是理赔。索赔是处理违约的一种重要补救措施，而且在采取其他补救措施时仍不影响索赔的权利。因此在合同中应明确规定索赔条款，包括索赔的时间、索赔的依据等。

不可抗力条款是指在合同中订明，如果是由于发生了人力不可抗拒的意外事件才使交易当事人违约，则遭受这一事件的当事人可以援引合同中的不可抗力条款免除自己履行合同的责任，或延迟履行合同。因此，应在合同中规定不可抗力事件的范围、后果、证明文件等内容，以使自己在这些事件发生时得以免责。另外，还应对不可抗力事件加以防范，在合同中应有明确具体的规定。

争议是由于在国际贸易中情况复杂多变，买卖双方经常出现贸易摩擦而引起的。为解决争议，双方可在合同中规定仲裁条款，预先选择仲裁机构和仲裁程序规则，它以简捷、高效、费用低、可跨国执行等优势成为贸易纠纷的主要解决方式。

关键概念

商品检验检疫　索赔　不可抗力　仲裁

练习题

一、单项选择题

1. 针对商品的外观、化学成分、物理性能等方面所进行的检验是(　　)。

A. 包装检验　　B. 品质检验　　C. 卫生检验　　D. 残损检验

2. 在买卖合同的检验条款中，关于检验的时间和地点的规定，在国际贸易中使用最多的是（　　）。

A. 在出口国检验　　B. 在进口国检验

C. 在出口国检验，在进口国复验　　D. 在第三国检验

3. 我国现时主管商品检验检疫工作的最高行政执法机关是（　　）。

A. 有关单位自行设立的检验检疫机构　　B. 国家商检局

C. 卫生部卫生检疫局　　D. 国家质量监督检验检疫总局

4. 美国法律把违约分成（　　）。

A. 严重违约与轻微违约　　B. 违反要件与违反担保

C. 严重违约与违反担保　　D. 违反要件与轻微违约

5. 根据英国的法律，在违反担保的情况下，（　　）。

A. 受损方可以提出损害赔偿并能解除合同

B. 受损方不能得到损害赔偿

C. 受损方只能提出损害赔偿，不能解除合同

D. 受损方可以提出损害赔偿，包括货物损失、利息及预期利润

6. 不可抗力条款适用于（　　）。

A. 买方　　B. 卖方　　C. 买卖双方　　D. 第三方

7. 发生不可抗力的法律后果是（　　）。

A. 解除合同　　B. 延迟履行合同

C. 解除合同或延迟履行合同　　D. 既不解除合同，也不延迟履行合同

二、多项选择题

1. 常见的商品检验主要包括（　　）。

A. 商品品质检验　　B. 数（重）量检验

C. 包装检验　　D. 卫生检验

E. 残损检验

2. 在国际贸易中，索赔通常有（　　）。

A. 银行索赔　　B. 买卖索赔　　C. 运输索赔　　D. 保险索赔

E. 买方索赔

3. 运输索赔是由于承运人未履行基本义务，主要包括（　　）。

A. 承运人短卸或误卸货物造成的货物短少

B. 货物在运输途中遗失

C. 承运人装卸作业疏忽、配载不当等造成的货物损坏

D. 开航前船舶不具备试航条件造成货物的损坏

E. 在运输过程中发生的保险项下的事故造成的货物损失

4. 在大陆法系的国家中，将不可抗力称为（　　）。

A. 情势变迁　　B. 合同落空　　C. 不可抗力　　D. 契约变迁

E. 契约失效

5.（　　）属于不可抗力。

A. 水灾　　B. 风灾　　C. 地震　　D. 触礁

E. 战争

6. 国际货物买卖合同中的预防和处理争议的办法通常涉及合同中的（　　）。

A. 商品检验条款　　B. 商品检疫条款　　C. 索赔条款　　D. 不可抗力条款

E. 仲裁条款

三、简答题

1. 简述商品检验检疫的意义。
2. 简述异议与索赔条款和罚金条款的用途及主要区别。
3. 简述仲裁协议的形式及其作用。
4. 简述商品检验证书的基本作用。

四、案例分析题

1. 国内某公司于1990年11月2日与伊朗签订了一份进口合同，交易条件为FOB。后因海湾战争爆发，我方接货货轮无法驶抵伊朗，到1991年4月海湾战争结束后，我方方能派船接货，而外商以我方未能按时派船接货为由，要求我方赔偿其仓储费。外商这一要求是否合理？

2. 某年10月，我国某外贸公司与外商签订一份出口农产品的合同，交货期为当年12月。由于同年7、8月份产区遭受水灾，产品无收，出口方不能依约交货，于是以遭受不可抗力为由，向对方提出解除合同的要求。试问：该项要求是否成立？请说明理由。

五、论述题

结合我国的实际情况，论述仲裁的优越性及确定仲裁条款应注意的问题。

附录

商检证书是出口商品经进出口检验检疫机构检验、鉴定后出具的对商品品质、重量、数量、包装、产地及卫生检疫等情况给予鉴定的证明文件。在交易中，经买卖双方同意，也可由出口商品的生产单位或进口商品的使用单位出具证明，该项证明也起到检验证书的作用。常见的商检证书有品质检验证书、重量检验证书、数量检验证书、兽医检验证书、卫生检验证书、消毒检验证书、产地检验证书、价值检验证书、验残检验证书等。

品质检验证书样示

中华人民共和国出入境检验检疫局
ENTRY-EXIT INSPECTION AND QUARANTINE
OF THE PEOPLE'S REPUBLIC OF CHINA

副　本
COPY
共1页第1页 Page 1 of 1
编号 No.：S21100203024486

品质检验证书　①
INSPECTION CERTIFICATE OF QUALITY

发货人 JIANGSU SUCCESS COMPANY，NANGJING　②
Consignor

收货人 ______③
Consignee ______

品名　④
Commodity CHINESE ROYAL JELLY

报验数量/重量　⑤
Quantity/Weight Declared 700 PLASTIC BOTTLE/700KGS

包装种类及数量　⑥
Number and Type of packages 70 CARTONS

标记及号码　⑧
Mark & No.
SUMIT IN TRIANGLE
P/O NO. 04JSSC1010
INV. NO. 252022-J
NARITA
NO. 1-70

运输工具　⑦
Means of Conveyance BY AIRCRAFT CA1580

检验结果　⑨
Results of Inspection
REPRESENTATIVE SAMPLE WAS DRAWN ON AGAINST THE STANDARD NO. GB9697-88
AND INSPECTED WITH THE RESULTS AS FOLLOWS:

LOT NO.	MOISTURE	DECENOIC ACID
040048	65.7%	2.1765%

CONCLUSION：IN CONFORMITY WITH THE CONTRACT NO. 04JSSC1010

签证地点 Place of issue　NANJING，CHINA　签证日期 Date of Issue 24 MARCH 2004
印章　⑩　⑩
Official Stamp
授权签字人 Authorized Officer ZHANGTONG 签　名 张　桐
⑪

我们已尽所知和最大能力实施上述检验，不能因我们签发本证书而免除卖方其他方面根据合同和法律所承担的产品质量责任和其他责任。All inspections are carried out conscientiously to the best of our knowledge and ability. This certificate does not in any respect absolve the seller and other related parties from his contractual and legal obligations especially when product quality is concerned.

(c e-1(2000. 1. 1))

A 0328780

下面介绍一下检验证书的填写方法。

1. 检验证明书的名称

名称应与信用证或合同规定完全相符。如果信用证规定由出入境检验检疫局（CCIB）出具"包装证"（Packing Certificate），通常以"重量检验证"（Inspection Certificate of Weight）的形式出具，其中注有包装证明。这种情况最好在"Inspection Certificate of Weight "下面用括号或直接加注"Packing Certificate"。

2. 发货人名称

发货人的名称和地址通常应与信用证的受益人或合同的卖方相一致。如第三方作为发货人，应与提单上的发货人一致。

3. 收货人名称

收货人通常是信用证的开证人或合同的买方。如果是中间交易，可打实际买方，或者留空不填写。

4. 商品名称

商品名称应与发票完全一致。如果发票货名过多，可打总称。

5. 报验数量或重量

有包装的应打包装件数，裸装货应打货物本身件数，散装货打净重。

6. 包装种类及数量

填写货物运输包装的种类及件数。

7. 运输工具

填写实际装载货物的运输工具类别名称（如船、飞机、货车、火车等）及运输工具编号（船名、飞机航班号、车牌号码、火车车次）。

8. 标记及号码

应与发票及提单相符。

9. 检验结果

这是商检证的核心部分。证书所标示的检验结果要与信用证的要求和发票等各项单据所列商品的规格、状况等一致。如检验结果所列明的规格项目超过来证规定的，应以该货物本身的正常规格为限。

10. 签证地点与签证时间

出证地点通常为装运港所在地。出证时间应在提单日之前。最好掌握在提单日前一两天之内，因为出证时间太早，货物到装船时容易发生变质，尤其是鲜活、易腐商品更是如此。除非信用证另有规定须注明检验时间，否则，出证时间被认为是检验时间。

11. 签章

应有检验机构盖章和检验人员签字。

另外，如果信用证、合同或申请人要求在检验证内加注诸如信用证号、合同号等内容，只要不违反检验部门规定，均应照加。

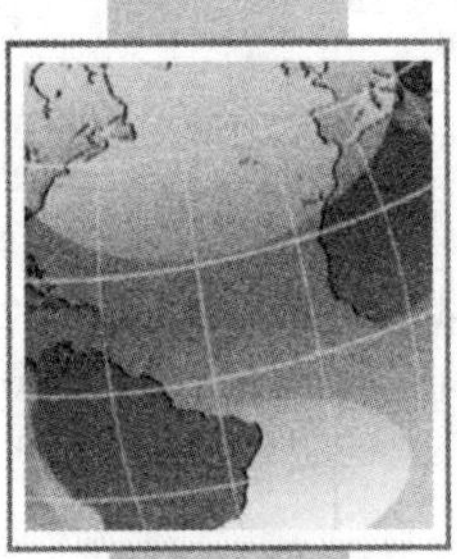

第十三章 国际贸易洽商与合同签订

要点提示

- 贸易洽商前国际进出口贸易的准备工作和国际货物贸易洽商的形式
- 国际贸易洽商的询盘、发盘、还盘、接受四个环节及相关内容
- 国际货物贸易的一般程序及各个环节
- 国际货物贸易合同成立的有效条件、签订意义、形式及内容

内容引言

国际贸易是处于不同国家的买卖双方当事人进行的经济交换活动,涉及面广,环节多。实际业务中,由于交易客户和交易条件不同,其中的业务环节内容也有所不同,但一般程序还是相似的。为了顺利进行国际贸易,了解国际贸易的程序及相关具体规定非常重要。如美国某中间商A针对某商品向我方询价,我方在2013年10月10日向A商以电报形式发盘(即报以价格等主要贸易条件),并要求有效期到2013年10月21日回复至我方。16日我方突然收到英国B公司按照我方发盘的规定开来的信用证,随后又收到A商的电报称:“你方10日发盘已经转给B商。”当时,该商品的价格在国际市场上即将上涨,我公司将信用证退回,对价格进行调整,并将调整后的价格向B商发盘。但是B商却称,“信用证在有效期内送到你处,以行为表示接受你的发盘,所以合同已经成立”,以此拒绝接受新报价,并要求我方履行交货义务。双方产生争议,试问:B商的行为是否构成有效的接受?双方是否已经建立合同关系?我方是否需要履约?

第一节 国际贸易洽商概述

国际贸易洽商(International Business Negotiation)就是指国际贸易的买卖双方就某项商品的交易条件进行协商以取得一致意见并达成交易的全过程。其目的是买卖双方取得一致意见,达成交易。因此,国际贸易洽商是订立国际货物买卖合同的基础,是合同的依据,合同是贸易洽商的结果。国际贸易洽商的成功与否直接关系到国际货物合同能否签订以及合同本身的质量高低,而合同质量的高低又直接关系到国家和企业的利益。因此,在实际工作中,有关工作人员必须认真对待,凡是有关交易的各项条件,都要通过洽商来确定;而且,经过国际贸易洽商达成的合同,对于国际贸易双方都具有法律约束力,任何一方不能擅自变更或者取消。

一、国际贸易交易前的准备工作

企业开拓国际市场,面临的竞争对手众多而且强大,如何获得成功,整体外销策略至关重要,知彼知己方能百战百胜。因此,了解国际贸易交易前的准备工作、了解国际商品市场调研和如何进入国际市场,才能够为进一步做好国际贸易打下良好的基础。

(一)出口交易前的准备工作

1. 市场调研

市场调研是指企业或个人直接对自己感兴趣的市场进行调研。市场调研是信息收集的有效手段。为了准确了解某一市场有关产品的具体情况,还要针对目标市场和对象产品进行市场调查,从而选择在最有利的市场销售商品。

(1)市场环境调研

企业开拓国际市场,首先要了解国际市场环境,企业对国际市场环境调研的主要内容如下:

①政治和法律环境。政治和法律环境是市场环境的重要因素,在国外进行营销活动,东道国会根据本国的经济发展、经济结构、资源配置和发展目标采取不同的态度。因此,调研应该包括政府的重要经济政策、政府对贸易实行的鼓励和限制措施,特别是有关外贸方面的法律法规,如关税、配额、国内税收、外汇限制、卫生检疫、安全条例等。

②经济环境。经济环境是指一国经济发展已达到的水平和未来的发展前景。它与企业经济活动关系密切,直接关系到该国或地区商品市场的现状和发展变动趋势,包括一国的经济体制、经济发展水平、经济发展前景、就业、收入分配等。

③文化环境。文化环境是指一国的社会结构、社会行为、教育水平及人民的知识水平和生活方式的总和。不同国家的文化环境代表着不同的生活和消费模式,也就必然对经济活动带来不同影响,包括物质文化、使用的语言、教育水平、宗教、风俗习惯、价值观念等。

④地理环境。包括气候、地形和交通运输等因素。

⑤竞争环境。竞争环境是一个企业在决定开拓海外市场前必须考虑的重要问题。包括:生产同样产品的厂商之间的竞争;每个竞争者在生产、销售、成本方面存在的优势及其生产能力的前景;目前的市场是否存在机会;竞争对手成功经验;等等。

(2)商品市场行情调研

商品市场行情调研的内容包括市场营销活动的各个方面。目的是为了帮助企业真正了解市场商品供求关系和情况、出口商品的生产和消费以及选择合适的销售渠道和促销方式。

①出口商品生产调研。调研商品的生产历史、发展趋势、产品质量和本企业所占份额,同时还要掌握生产波动的规律,以及商品生产的一些特点,包括商品的渠道及来源、国外生产厂家、生产能力、数量及库存情况等。

②出口商品消费研究。分析商品的趋势、消费习惯和消费对象,掌握商品消费的特点。

③商品价格调研。包括:影响价格变化的具体因素;商品的需求弹性大小的波动幅度;国际商品市场供求关系的状况及发展趋势;不同的价格政策对商品定价及销售的影响;新产品的定价策略。

④营销情况调研。包括:在海外市场对客户可能进行的营销组合;能促进营销的推广方法,如佣金、折扣、赞助等;营销中使用的广告宣传方式;等等。

2. 选择交易对象

出口商在对潜在市场进行调研的基础上,选择合适且成交可能最大的客户,主动与其联系以建立业务关系。

交易前,出口商对潜在客户的政治文化背景、资信情况、经营能力和经营作风等情况要进行细致的了解和分析。

(1)国外企业的组织机构情况。包括企业性质、创建历史、主要负责人及担任的职务、分支机构等。

(2)政治情况。包括主要负责人的政治背景、与我国的政治态度等。

(3)资信情况。包括企业的资金和信用两个方面。资金是指企业的注册资本、借贷能力、财政及资产负债情况等。信用是指企业的经营作风、商业道德、履约信誉及公共关系等。

(4)经营范围。包括企业生产或经营的品种、业务范围、经营性质,是代理商、生产商还是零售批发商等,以及是否与我国做过生意。

(5)经营能力。包括客户每年的营业额、销售渠道、经营方式,以及在当地和国际市场上的贸易关系等。

3. 制订出口商品经营方案

出口商品经营方案是推销商品和安排出口业务的依据。出口商在市场调研基础上,确定国外市场之后,应该对出口商品制订经营方案,内容主要包括:

(1)货源情况。包括生产地、主销地、主要消费地,商品的特点、品质、规格、包装、价格、产量、库存情况,以及国内生产能力、可供出口的数量等情况。

(2)国外市场情况。如市场容量、生产、消费、贸易的基本情况,今后可能发展变化的趋势,对商品品质、规格、包装、性能、价格等各方面的要求,以及国外市场经营该商品的基本做法和销售渠道。

(3)经营历史情况。如我国出口商品目前在国际市场上所处地位、主要销售地区及销售情况、主要竞争对手、经营该种商品的主要经验和教训等。

(4)经济效益分析。进行经济效益分析是为了帮助出口商判断出口是否有利,从而决定是否出口、出口多少以及如何掌握出口商品价格,包括对出口成本、盈亏率、创汇率的情况进行分析,并提出具体的意见和安排。

(5)销售计划和措施。包括销售数量或金额、增长速度、贸易方式、支付手段、结算办法、销售渠道、运输方式,以及对价格佣金和折扣的掌握等。

除此之外,出口商品经营方案的内容还涉及特定国家或地区的进口管制和关税情况、对其他国家和地区出口计划的初步安排,另外还要对出口过程中可能遇到的问题做出估计,并提出解决关键问题的方法。

另外,出口商在出口交易前,还应在国内外进行商标注册,委托国外的代理人、广告商或自己通过各种途径做好出口商品的广告宣传。

(二)进口交易前的准备工作

与出口贸易一样,进口交易前的准备工作也同样很重要。准备工作做得好坏与否,直接关系到交易能否顺利进行以及能否确保有关当事人的经济利益。

1. 选择采购市场与供货商

选择采购市场时,应比较不同国家和地区生产技术与工艺的先进程度及产品的性能,以便选择购买适合我国需要、价格合理的商品。选择供货商也适用选择出口交易对象的原则。同时,应特别注意对方所提供的商品是否先进、适用,交易条件是否对我方有利,从众多的供货商中选择最理想的供货对象。

2. 办理进口商品的审批

我国对有些进口商品,采用凭进口许可证进口的方法,海关凭进口货物许可证查验放行。对进口商品实施许可证制度是国家管理进口贸易的一种重要管制手段。国家通过签发许可证以控制进口商品的种类、数量、价格以及供货的国家或地区。

对国家规定必须申领进口许可证的商品，进口单位必须在向外商订货前填制进口许可证的申请表，连同应提交的有效文件，向发证部门申领进口许可证。实行许可证管理的进口货物的品种，由商务部根据国家规定统一公布、调整。

3. 审查进口订货卡片

通常，在进口商品审批通过之后，用货单位应填写进口订货卡片，其主要内容包括商品名称、品质、规格、数量、包装、估计单价与金额、要求到货时间、外汇来源等。外贸企业收到用货单位交来的订货卡片后，要审查其内容是否完整、进口商品是否符合国家政策的规定、外汇及所需人民币是否已落实等，若审查合格，便开始对外采购工作。

4. 制订进口商品经营方案

进口商品经营方案是对外洽商交易、采购商品和安排进口业务的依据。凡涉及大宗或重要商品的进口，一般都要在交易前制订进口商品经营方案。对订货数量、交货时间、采购市场、供货商、贸易方式做出适当安排，对价格及其他交易条件做出初步规定，并对进口经济效益进行核算。对中小商品的进口，一般制订一个比较简单的价格方案。

二、国际贸易洽商的内容及形式

国际贸易洽商的内容就是国际买卖合同的各项主要交易条款，包括商品的品名、品质、规格、数量、包装、价格、装运、保险、支付、商检、异议索赔、仲裁、不可抗力等内容。其中品名、品质、数量、包装、运输、支付等交易条件被认为是交易的主要条件，在每一笔交易中都需要逐项谈妥；而其他交易条件，如商检、异议索赔、仲裁、不可抗力等，由于内容相对固定，往往将这部分内容印成书面文件或者印于公司合同的背面，作为一般交易条件提供给客户，只要双方没有异议，就不必逐条洽商。

国际贸易洽商的形式可分为口头和书面两种。当然，在特殊情况下，一项交易的达成也可以通过买卖双方既已成为习惯的某些行为予以确认。

(一)口头洽商

口头洽商主要是指在谈判桌上面对面的谈判，如参加各种交易会、洽谈会、贸易小组出访及邀请客户来华洽商贸易等。此外，还包括双方通过国际长途电话进行的贸易洽商。口头洽商方式可以是通过直接接触，了解对方的诚意和态度，采取相应的对策，并根据进展情况调整策略，以达到预期的目的。口头洽商主要适合那些谈判内容比较复杂、涉及问题较多的业务，如大型成套设备的贸易洽商。

(二)书面洽商

书面洽商是指通过信函、电报、传真和 EDI 等通信方式进行业务洽商。目前，多数企业使用传真来进行洽商，有的已经开始使用电子邮件的形式，伴随着现代通信技术的发展，书面洽谈越来越简便易行，成本费用低廉。采用书面方式洽商时，往往要注意遵循以下三个原则：(1)简明，商务函电要求实效，应以简单明了的语言直接说明要点；(2)清晰，商务函电的目的是为了达成合同，其内容必须清晰、正确；(3)礼貌，交易的目的是为了与客户建立长远的业务联系，采用正式而礼貌的用语是必要的，尤其是办理索赔和申诉时。

上述两种洽商的形式虽然有所不同，但在国际贸易中，其法律效力是相同的，在通常的贸易中以书面洽商的形式使用居多。

第二节 国际贸易洽商程序

贸易洽商的整个过程一般要经过询盘、发盘、还盘、接受这四个基本环节。其中发盘和接受是达成交易不可缺少的环节。四个环节的主要内容如下：

一、询盘

(一)询盘的含义

询盘(Inquiry)，通常是指买方或卖方拟定购买或销售某种商品，向对方发出有关交易条件的询问及要求对方发盘的行为。

询盘通常由买方发出，发出询盘的目的是探询价格和有关交易条件，同时也表达了一种交易愿望。询盘有时也可以是卖方发出的。把买方发出的询盘称为操盘，把卖方发出的询盘称为索盘。询盘的内容可以涉及价格、规格、品质、数量、包装、装运以及索取样品等，而多数是询问价格，所以，常把询盘叫做询价；还有的是要求对方收到询盘后及时作出发盘，以便考虑是否接受，这种询盘实际上属于邀请发盘，习惯上称作索盘。

(二)询盘的形式

询盘通常可以采用口头和书面两种形式。书面形式一般包括书信、电报、电传、询价单(Inquiry Sheet)和传真等。若用书信询盘，除了说明要询问的内容外，还应当使用一些礼貌性的客套语言以及对交易内容的宣传；如果采用电报、电传的方式进行询盘，文字力求简洁、明了、开门见山；由于以传真的方式进行询盘具有简便快捷的特点，因此目前在国际上使用最多，内容和形式与书信相似。

例如，买方询盘："请报东北大豆最优惠价格最快交货期，请速电告。"

"Please cable offer northeast soybean most favorable price earliest delivery promptly."

例如，卖方询盘："可供中国松香 WW 级，3 月份装船，如有兴趣请电告。"

"Can supply CHINESE ROSIN WW grade March shipment cable if interested."

(三)询盘的性质

询盘属于试探性的业务联系。从法律上讲，买方并不一定要承担购买的义务，卖方也不一定要负出售的责任。正因为询盘只是表示一方的愿望，并不承担法律责任，所以在此期间一项询盘可以同时向几个对象发出，然后从几个回答的发盘中选择最优的成交对象。询盘不是贸易洽商的一项必要程序，但是它常常作为交易的起点，所以作为接到询盘的一方来说，应当给予重视并作出及时和适当的回复。

二、发盘

(一)发盘的含义

发盘(Offer)又称发价、报盘、报价，方式有书面和口头两种。发盘主要是指交易的一方为出售或购买某项商品，向交易的另一方提出的买卖该项商品的交易条件，并愿意按照所提条件与对方达成交易、订立合同的表示。其中书面发盘包括使用信件、电报、电传和传真等。发盘的当事人也称为发盘人和受盘人。发盘大多由卖方发出，习惯上称为卖方售货发盘；也可由买方发出，习惯上称为买方出盘或递盘。在实际业务中，一般以卖方的发盘居多。根据发盘人对发盘所承担的法律责任不同，发盘可分为实盘和虚盘两种。

发盘既是商业行为，又是法律行为，在《合同法》中被称为要约。发盘对发盘人具有法律上的约束力，在其有效期内，如果受盘人表示完全同意发盘内容，发盘人必须按照发盘条件与受盘人订立合同。

(二)有效发盘应当具备的条件

《联合国国际货物销售合同公约》第 14 条规定：凡向一个或一个以上的特定人提出的订立合同的建议，如果其内容十分确定，并且表明发盘人有当其发盘一旦被接受，就将受其约束的意思，即构成发盘(实盘)。如果一个建议已经写明货物并且明示或暗示地规定数量和价格，或规定如何确定数量和价格，即为十分确定。该公约第 15 条规定：发盘于送达被发盘人时生效。因此，一项有效的发盘应当具备以下的条件：

1. 发盘应向一个或一个以上的特定人发出

发盘必须是指定可以表示接受的受盘人，受盘人可以是一个，也可以是指定的多个；可以是自然人，也可以是法人，但是必须特定化，不能泛指广大的公众。即发盘要注明受盘人的公司、企业或者个人的名称。此规定的目的是把发盘与发广告、商业目录、价目单等区分开来，后者是向广大的公众发出的，没有特定的对象，按照很多国家的法律规定，此类普通的商业广告不具有发盘的作用，没有法律约束力，仅仅应当被视为对发盘的邀请(按照我国的习惯，称之为虚盘)，但是如果广告的内容十分确定，在某些情况下也可视为发盘。对此，《联合国国际货物销售合同公约》第 14 条还规定：非向一个或一个以上特定的人提出的建议，仅应被视为邀请作出发盘，除非提出建议的人明确表示相反的意向。

2. 发盘内容必须十分确定

从《联合国国际货物销售合同公约》(以下简称《公约》)的规定来看，一项发盘只要写明货物名称、明示或默示货物的数量或确定数量的方法、明示或默示货物的价格或确定价格的方法，即可被认为内容十分确定。具体业务中涉及的主要贸易条件还有许多，如包装、交货和支付条件等。对于这些内容，可以在合同成立之后，依据双方的习惯做法、国际贸易惯例或者《公约》的有关规定来处理。如一发盘中没有提及货物的包装，但这并不影响发盘的有效性，合同成立后，可以按照《公约》第 35 条(d)规定“货物按照同类货物通用的方式装箱或包装，如果没有此种通用方式，则按照足以保全和保护货物的方式装箱或包装”、第 33 条规定“在订立合同后一段合理时间内交货”和第 58 条规定“于卖方按照合同和本公约规定将货物或控制货物处置权的单据交给买方处置时支付价款”。此外，主要交易条件要明确、完整。所谓明确，是指发盘提出的每一交易条件内涵必须界定清楚，不能出现模棱两可的语句，例如发盘中注明“参考价×××”或者“数量大约×××”均属于意思不确定。所谓完整，是指发盘内提出主要交易条件要完整，一般应包括商品的品名、品质、数量、包装、交货、货款支付 6 个基本交易条件。

3. 发盘中必须明确表示发盘人受其约束

即发盘必须标明在得到受盘人接受时，发盘人将按照发盘中所列条件，承担与受盘人订立合同的责任。这种表示可以采用明示的形式，如使用“发盘”、“发实盘”之类的词句或者明确表明有效期等；也可以采用暗示的形式，暗示通常是指根据其他有关情况，如双方已经确定的习惯、惯例和当事人随后的行为等加以判断。如果发盘人在发盘中承受约束的意思表达不明确，那么受盘人就应当尽快确认，不应当自己猜测决定。并且发盘应当是“无保留”的，也就是说发盘中不应出现保留或限制性条件。如出现“以货物未售出为准”、“以我方最后确认为准”、“不受约束”等语句时，这样的发盘就不是真正的发盘，而只是邀请发盘。

4. 发盘必须送达受盘人

《联合国国际货物销售合同公约》和各国的法律都规定，发盘于送达受盘人的时刻才开始生效。在此之前，即使受盘人已经通过其他的途径知道了发盘的内容，也不能在收到发盘前主动表示接受该发盘，这样做只能被看作是双方的交叉发盘(cross offer)。如果发盘在传递过程中遗失，则该发盘不生效，对发盘人不再有约束力。

(三)关于发盘有效期的规定

在国际贸易实务中，发盘发出后，都具体规定了有效日期，发盘的有效期是指受盘人对发盘作出接受的时间或者期限。该有效期有两层含义：一是发盘人在发盘有效期内受约束，即如果受盘人在有效期内表示接受，将接受通知送到发盘人处，发盘人就有义务按照发盘条件与之订立合同；二是超过有效期以后，发盘人在法律方面没有履约义务，将不再受发盘约束。实际上，有效期的规定既是对发盘人的限制，也是对发盘人的一种保障。

有效期的规定分两种情况：一种是在发盘中明确规定有效期限。但各国对此有不同的解释，为避免纠纷，故而我国的进出口业务在发盘明确规定有效期限的同时，规定以收到接受通知的时间为准。另一种是在实盘中未明确规定具体的有效期限。对这种发盘，应按国际惯例视为在合理时间内有效，但这种方式容易引起争议，我国的进出口业务中一般不采用这种形式的发盘。

发盘有效期的规定应当考虑商品的特点、交易额、市场行情和通信方式等因素。在实际业务中，明确规定有效期的方法有两种：

(1)规定最迟接受期限。例如“发盘限 9 月 30 日回复到此地”或者“发盘有效期到我方时间为 3 月 18 日”。由于不同国家之间往往有时差，因此发盘中应当规定以何方时间为准。实际业务中，发盘人大多规定以其所在地的时间为准。

(2)规定一段时间作为有效期。例如“发盘 15 天内有效”。采用这种方法规定有效期，必须明确时间段的起讫。按照《公约》的规定，“一段时间”从电报发出时刻或者信上载明的发信日开始算起，如果信上没有载明发信日期，则从信封上所载日期算起。如果发盘以电话、传真或者其他快速通信方式发出，就从发盘送达受盘人时开始算起。在计算期间时，受盘人在接受期间内的正式假日或非营业日应计算在内。但是，如果接受通知在接受期间的最后一天未能送到发盘人地址，因为那天在发盘人营业地是正式假日或者非营业日，则接受期间应当顺延至下一个营业日。

发盘有效期的规定应当充分考虑到商品的特点、交易额、市场行情和通信方式等因素。例如，对于谷物、棉花、有色金属、油脂等初级产品，由于价格变化大、成交金额大，有效期的规定一定要短；否则，一旦价格发生对发盘人不利的变动，就会给其造成巨大的损失。而对于一般的日用商品，由于价格比较稳定，交易金额也不大，有效期的规定可以长一些。如果是以电报、电传等方式联系，有效期可以短一些；如果采用航空信件方式，有效期则应当稍微长一些，至少应当包括邮程时间。

有的发盘没有明确规定有效期，例如，只规定“请复”、“电复”或者“急复”的字样，对此应当理解为在合理时间内有效。但是对于“合理时间”的长短，国际上并无统一明确的规定。一般是根据发盘使用的通信方式、货物的市场行情等因素而定；但是如果交易双方对此理解不一致，就容易引起纠纷。因此，我们在对外发盘时，一般应当采用明确规定有效期的方法，以避免带来麻烦和损失。

(四)发盘的撤回与撤销

《公约》第 15 条对发盘生效时间做了明确规定：“发盘在送达受盘人时生效。”发盘在没有送达受盘人之前，如果发盘人因为某项原因，如发现发盘内容有误，或者市场行情激烈变化等特殊情况而改变主意，这就必然会产生发盘的撤回与撤销的问题。

在法律上，"撤回"与"撤销"属于两个完全不同的概念。发盘的撤回是指发盘尚未生效，在发盘人发出发盘但尚未送到受盘人之前，将该项发盘收回，阻止它的生效；发盘的撤销则是指在发盘已经到达受盘人之后，也就是发盘已经生效，发盘人以一定方式取消发盘，从而使发盘的效力消失。这个问题在国际贸易实务中具有十分重要的意义，有时会出现发盘人因为情况发生变化要求撤回或者撤销发盘，但是受盘人不同意，于是双方就会因此而发生争议。

对于发盘的撤回，各国的法律都认为是可以的。《公约》第15条第2款规定："一项发盘，即使是不可撤销的，也可以撤回，如果撤回的通知在发盘到达受盘人之前或同时到达受盘人。"由于发盘到达受盘人之前对发盘人没有产生约束力，所以发盘人可以将其撤回，但有个前提：发盘人要以更快的通信方式使撤回的通知赶在发盘之前到达受盘人或者与之同时到达。

对于发盘的撤销，各国的法律规定存在较大差异。英美法系国家的法律认为，发盘在被接受之前，发盘人一般可以随时撤销或者变更其内容。但也有例外情况，如英国法律规定：经过受盘人付出某种对价要求发盘人在一定有效期内保证不撤销的发盘属于例外；美国《统一商法典》认为：凡是由商人以书面形式作出的发盘，在规定的有效期内不得撤销，未规定有效期的发盘在合理时间内不得撤销，但是无论如何不超过3个月。而大陆法系的国家法律则规定：发盘在有效期内不允许撤销。如《德国民法典》规定：订有具体有效期的发盘，在有效期内不得撤销，未规定具体有效期的发盘，在通常情况下可望得到答复以前不得撤销。根据《联合国国际货物销售合同公约》的规定，发盘可以撤销，其条件是：发盘人撤销的通知必须在受盘人发出接受通知之前传达到受盘人。但是，在下列情况下，发盘不能撤销：(1)发盘中注明了有效期，或以其他方式表示发盘是不可撤销的；(2)受盘人有理由信赖该发盘是不可撤销的，并且已经本着对该发盘的信赖做出行动。

(五)发盘的失效

发盘的失效又称作发盘的终止，即发盘失去了法律效力，发盘人不再受发盘的约束，受盘人也失去了接受该发盘的权利。对于发盘在什么情况下失去效力的问题，《联合国国际货物销售合同公约》第17条规定："一项发盘，即使是不可撤销的，应于拒绝通知送达发盘人时终止。"就是说，受盘人不接受发盘提出的条件，并将拒绝的通知送到发盘人手中的时候，原发盘就失去了效力，发盘人不再受其约束。此外，在以下情况下也可造成发盘的失效：(1)发盘中规定的有效期届满；(2)受盘人作出还盘；(3)发盘人依法做出撤销发盘；(4)人力不可抗拒的意外事故造成发盘的失效，如政府禁令或者限制措施；(5)在发盘被接受之前当事人丧失了行为能力或死亡、法人破产等。

[案例13—1]　2013年7月20日，香港甲公司给厦门乙公司发出要约称："鳗鱼饮料数量180吨，单价CIF厦门980美元，总值176 400美元，合同订立后三个月装船，不可撤销即期信用证付款，请电复。"厦门乙公司还盘："接受你方发盘，在订立合同后请立即装船。"对此香港甲公司没有回音，也一直没有装船。厦门乙公司认为香港甲公司违约。你认为如何？为什么？

分析　香港甲公司不需要承担违约责任。因为根据《公约》规定，厦门乙公司接受发盘时交货时间由"合同订立后三个月装船"改为"立即装船"，这属于实质性变更发盘条件，接受没有生效，合同不成立。

三、还盘

(一)还盘的含义和形式

还盘(Counter-offer),又称还价,是指交易一方(受盘人)接到发盘后,对发盘内容不完全同意,为了进一步磋商交易,对发盘提出修改意见,用书面或者口头的形式表达出来。

还盘的形式有多种,有的明确使用"还盘"字样,有的则不使用,而在内容中表示对发盘的修改,也构成还盘。有时一笔交易要经过很多回合,才能达成。

在进出口业务中,针对还盘应注意以下问题:

(1)还盘可以明确使用"还盘"字样,也可不使用,只要在内容中表示对发盘的修改;

(2)还盘可以针对价格,也可以针对交易商品的品质、数量、装运、支付或者价格;

(3)还盘时,一般只针对原发盘提出不同意见和需要修改的部分,已同意的内容在发盘中可以省略;

(4)接到还盘后,要与原发盘进行核对,找出还盘中提出的新内容,结合市场变化情况和销售意图认真对待和考虑。

例如,"我方已经收到你方 8 月 20 日来信,报 100 台计算机,每台 595 美元,计算机质量不错,但价格太高,其他国家的类似质量的产品有些低于你方价格的 30%,如果可以降价 10%,我们就可以成交,请速答复。"

(二)还盘的性质

还盘是受盘人对于发盘的拒绝,使原发盘失去法律效力。

还盘也是受盘人以发盘人的地位作出的新发盘,因此,还盘与发盘具有相同的法律效力,还盘人受其还盘内容的约束,如果原发盘人在还盘的有效期内对于还盘的内容表示全部接受,还盘人必须按照他的还盘条件与原发盘人订立合同。同时,原发盘人对于还盘也可以表示不同意见,进行再还盘。一项交易的达成经常要经过多次互相还盘。虽然在实际业务中,还盘的情况经常会出现,但是从法律的角度来说,还盘并非交易洽商的基本环节。有时,发盘后没有还盘,而是直接被受盘人完全接受了。

[案例 13-2] 我出口公司于 5 月 10 日向外商发盘某商品每公吨 CFR Shanghai USD 200,有效期至 5 月 17 日复到。5 月 12 日收到该外商发来电传称:"接受 CFR Shanghai USD 180",我公司未予答复。5 月 14 日,该商品价格剧涨。外商于 5 月 15 日又向我公司电传表示"接受你方 5 月 10 日发盘信用证已开出"。问:此项交易是否达成?我公司应如何处理?为什么?

分析 此项交易没有达成,我公司应立即退还信用证。因为《联合国国际货物销售合同公约》规定,外商在复电中要求降低价格,这属于实质性变更发盘条件,原发盘失效。外商于 5 月 15 日又向我公司电传表示"接受你方 5 月 10 日发盘信用证已开出",这属于新的发盘,我方可立即退还信用证,合同不成立。

四、接受

(一)接受的含义和性质

接受(Acceptance),是指受盘人接到对方的发盘或还盘后,同意对方提出的条件,愿意与对方达成交易,并且及时以声明或行为表示出来。法律上称之为承诺。

接受和发盘一样,既属于商业行为,又属于法律行为。也就是说,发盘一旦被接受,合同即告成立。此时,发盘或还盘中的交易条件不仅对发盘人或者还盘人具有约束力,而且对接受人具有法律约束力。

(二)接受的形式

根据《联合国国际货物销售合同公约》第 18 条规定:受盘人声明或作出其他行为表示同意一项发盘,即是接受。缄默或者不行动本身不等于接受。可见接受是必须用声明或者行为表示出来的。

用声明表示的接受包括口头和书面两种形式。一般来说,如果发盘人采用口头发盘,则接受也采用口头的形式;如果发盘人采用书面的形式,接受也用书面形式。表示接受有时将全部条件复述一遍,有的时候则不需要,只是简单表示接受、同意或者确认就可以了。这要根据双方还盘次数的多少而定,如果双方还盘次数多,情况比较复杂,就在接受时复述全部条件,避免双方在条件解释上的不一致;否则,不需要复述。

用行为表示的接受,《联合国国际货物销售合同公约》规定:如果根据该项发盘或者按照当事人之间确立的习惯做法或惯例,受盘人可以做出某种行为——例如与发运货物或支付价款有关的行为——来表示同意,那么就不需要向发盘人发出通知,该项行为作出的时刻接收即生效,但是行为的作出必须在规定的时间内。可以看出,用行为表示出来的接受是有前提条件的,也就是发盘中规定可以做出这种行为或者是双方通过长时间合作的惯例。

除此之外,《联合国国际货物销售合同公约》第 96 条规定:本国法律规定销售合同必须用书面订立或者书面证明的缔约国,可以声明任何发盘、接受或者其他意旨表示的以书面以外任何形式作出的任何规定都不适用,如果任何一方当事人营业地在该缔约国的范围内。这就是说,凡是参加并签订了《联合国国际货物销售合同公约》时,曾经声明合同必须使用书面形式订立或者书面证明的国家,不适用行为表示接受的规定。我国就曾经有过这样的声明,因此行为接受的规定不适合我国。

例如:(1)你方 22 日电我方接受;(2)你方 28 日电同意,不分级大豆 60 公吨,每公吨 90 美元 FOB 上海,3 月份交货,以不可撤销即期信用证付款。

(三)有效接受应当具备的条件

1. 接受必须是由特定的受盘人做出的,其他人对发盘表示同意不能构成接受

这一条件与发盘的第一个条件是相呼应的。发盘必须向特定的人作出,因此,受盘也只能由受盘人做出才具有效力。

2. 接受必须以一定的形式表示出来

受盘人表示接受要以口头或者书面的形式向发盘人明确表示出来。另外,接受也可以用行动表示。例如,一个进口商向出口商发盘,由于发盘内容明确,条件符合出口商的要求,他接到发盘后,马上就可把货装运出去,国际贸易实际操作中,有些国家的商人为了争速度、抢时间,接到老客户发盘后立即发货或者开立信用证,这就是用行为表示的接受。这种做法通常用于发盘中有规定和交易双方当事人之间有习惯做法或者惯例的情况。

3. 接受内容要与发盘内容相符

接受应当是无条件的,不能对发盘的内容作变更。但在实际业务中,常有这种情况,受盘人在答复中使用了“接受”的字眼,但是又对发盘的内容作了增加、限制或修改,这在法律上是有条件的接受,不能成为有效的接受,应当叫做还盘。

根据《公约》规定,有时候如果这种对于发盘的变更并没有涉及主要贸易条件,没有进行实质性变更,“有关货物价格、付款、货物质量和数量、交货地点和时间、一方当事人对另一方当事

人赔偿责任范围或解决争端等的添加或者不同条件，均视为实质上变更发盘的条件”。如果是非实质性变更，公约规定能否构成有效的接受，要取决于发盘人是否反对；如果发盘人不反对，那么就是有效的接受，而不是还盘。

4. 接受的通知要在发盘的有效期内送达发盘人才有效

发盘中通常都规定有效期，这个有效期既是对发盘人的约束，也是对受盘人的约束，受盘人只有在有效期内作出接受，才有法律效力。

5. 接受通知的传递方式应当符合发盘或还盘的要求

发盘人（还盘人）在发盘（还盘）时，有的具体规定接受通知的传递方式，也有的没有作规定。如果有相关规定，则按照规定形式传递；如果没有，则可以按照发盘（还盘）所采用的方式或者采用比其更快的方式送达发盘人。

（四）逾期接受和重新接受

逾期接受也称迟到的接受，是指由于传递过程中出现问题，使接受通知超过发盘的有效期到达发盘人。对于这种逾期接受，发盘人不受其约束，不具有法律效力。《公约》及各国法律都认为逾期接受无效，只能视作一项新的发盘。

《公约》虽认为逾期接受原则上是无效的，但是也有例外情况。《公约》第 21 条就规定：逾期接受仍有接受的效力，如果发盘人毫不迟延地用口头或者书面形式通知对方，此接受视为有效；或者是如果载有逾期接受的信件或者其他书面文件表明在传递正常能够及时到达发盘人的情况下寄出的，那么这项逾期接受仍具有接受的效力，除非发盘人毫不迟延地用口头或者书面的形式通知受盘人，认为该发盘已经失效。总之，根据《公约》的解释，在接受迟到的情况下，不管受盘人有无责任，决定该接受是否有效的主动权都掌握在发盘人手中。第一种情况下，逾期接受的原因在于受盘人，若发盘人不表态，接受无效；第二种情况下，逾期接受的责任不在于受盘人，如果发盘人不表态，则说明接受有效。

重新接受是指受盘人对一项发盘最初作出拒绝或者还盘，后来又表示要接受。如果受盘人采取更加快捷的传递方式，使得接受通知提前送达发盘人，也就是早于拒绝或者还盘到达，则该接受有效；如果接受通知于拒绝或者还盘同时送到发盘人，此接受无效；如果接受通知晚于拒绝或者还盘送达发盘人，接受无效。因为，拒绝或者还盘一旦到达发盘人手里，即说明发盘已经失效，受盘人也就失去了接受的权利。

（五）接受的生效和撤回

接受在什么情况下生效，国际上不同的法律体系有着不同的解释。大陆法系采用的是“到达生效”原则，即接受的电函必须在规定时间内送达发盘人，接受方生效，因此邮寄过程中的风险由受盘人来承担；英美法系采用的是“投邮生效”原则，就是采用信函、电报等通信方式表示接受时，接受的电函一旦发出，立即生效，这样即使电函在途中丢失，也不影响接受的效力，邮寄过程中的风险由受盘人承担。《联合国国际货物销售合同公约》对以书面形式接受的情况，采取的是“到达生效”原则，如果是以行为作出的接受，接受自行动作出时刻开始生效，但是该行动必须在规定的有效期内作出。

关于接受的撤回，与发盘的撤回基本相同。由于《联合国国际货物销售合同公约》采用的是“到达生效”原则，因而接受发出后在一定条件下是可以撤回的。《联合国国际货物销售合同公约》第 22 条规定：“如果撤回的通知于接受原发盘通知应生效之前或同时到达发盘人，接受得以撤回。”这就是说，撤回的条件是：需要保证撤回的通知赶在接受到达发盘人之前送给发盘人，或者同时到达。而在英美法系中，上面提到由于它采取的是“投邮生效”原则，接受一经投邮立即生效，合同就此成立，也就不存在接受的撤回了。

接受是不能被撤销的。因为，接受一经生效，合同即告成立；如要撤销接受，也就是毁约。

询盘、发盘、还盘、接受是国际贸易洽商的一般程序，但并不是每一笔国际贸易的达成都必须有这四个环节，在这其中，只有发盘和接受才是达成交易、合同订立不可或缺的基本环节。另外，在实际业务中，由于买卖双方立场不同，追求的利益不同，因此在洽商的过程中充满了矛盾和利益冲突。我们要依照国际惯例和法律，灵活运用谈判技巧，让洽商的每个环节得以顺利进行，以求最后能够达成彼此都满意的合同。

第三节　国际货物贸易合同签订

一、合同有效成立的条件

贸易一方的发盘一经对方有效接受以后，合同成立。但是合同究竟能否具有法律效力，还要看是否具备一定的条件。不具有法律效力的合同是不受法律保护的。一般来说，合同应当具备下述条件才算有效成立：

（一）当事人必须在自愿和真实的基础上达成协议

“契约自由”是合同法的基本原则。国际货物买卖合同是买卖双方的法律行为，不是单方面的行为，所以，必须双方当事人表示意思一致，合同才能成立。而这种一致必须建立在双方自愿的基础上，所以，要通过一方的发盘和另一方对该发盘的接受的程序。这种自愿又应当以合法为前提。如果发现一方采取强制、威胁、暴力、诈骗等手段迫使对方就范，则订立的合同在法律上是无效的。当前，不法商人利用合同进行欺诈的情况屡有发生，很多都是因为受欺诈方的盲目轻信，仓促订立合同以致上当受骗。因此，合同订立之前应当采取预防措施，避免合同中的漏洞和减少欺诈的可能性。

（二）当事人应具有法律行为的资格和能力

如果是自然人，则必须是公民。未成年人对达成的合同可以不负合同的法律责任，精神病患者在发病期间、酗酒者在神志不清时，达成的合同可免去合同的法律责任。如果是法人，则行为人应当是企业的全权代表，非企业负责人代表企业订立合同时，一般应当有授权证明书、委托书或者类似的文件，而且其活动范围不能超过公司章程的规定。公司订立合同的能力要受公司章程的支配，否则属于越权行为。

（三）合同必须具有对价和合法的约因

国际货物买卖合同是双务合同，互为有偿。有偿的交换是由国际货物买卖合同性质决定的，对此英美法系称作“对价”，大陆法系称之为“约因”。其含义是：在合同中一方所享有的权利，以另一方所负有的义务为基础，双方应当互有权利与义务，卖方交货，买方付款；如果其中任何一方不按照合同履行责任与义务，则负有向另一方赔偿的责任。

（四）合同的标的和内容必须合法

合同的标的是双方交易行为的客体。所谓标的合法，即货物和货款等必须合法。货物应当是政府允许出口或者进口的商品，如果在政府管制的范畴之内，则必须有许可证或者配额，外汇的收付必须符合国家的规定。凡是违反中华人民共和国法律或者社会公共利益的合同无效。

同时，几乎其他所有国家的法律都要求当事人订立的合同必须合法，并规定：凡是违反法律、违反善良风俗与公共秩序的合同，一律无效。

(五)合同的形式必须符合法律规定的要求

国际货物买卖合同必须符合法律规定的形式和审批手续。有的国家法律规定必须采用书面形式，或超过一定金额的合同必须采用书面的形式。最初，我国的对外货物买卖合同，根据《中华人民共和国涉外经济合同法》第 7 条规定，必须采用书面形式。但《公约》第 11 条规定："销售合同无须以书面订立或者书面证明，在形式方面也不受其他条件的限制，销售合同可以用包括人证在内的任何方式证明。"这一规定是参照西方国家的习惯做法，同时也适应国际贸易发展的特点。

总之，一份合格有效的国际货物贸易合同应当符合以上的条件，才能具备法律效力，得到法律的承认和保护。因此，在实际操作中，相关工作人员应当严格遵守、灵活使用。

二、书面合同的签订

一般来说，买卖双方经过洽商，一方的发盘被另一方接受后，合同即成立。但在实际操作时，双方达成的协议还需要通过书面的形式给予明确化、确定化，这就需要书面合同的签订。

(一)签订书面合同的意义

1. 作为合同成立的证据

相对于口头协商达成的交易，书面合同的意义尤为明显。在法律上，当双方当事人在合同的履行过程中，如果发生争议或者纠纷，书面合同是证明双方存在合同关系的最有效、最直接的依据，也是仲裁法庭和法院据以判断的最强有力的依据。因此，书面合同的签订为将来争议的解决提供了一种法律的依据。

2. 作为履行合同的依据

国际货物买卖合同的履行涉及面广、环节复杂，如果仅仅有口头协议，将会使履行合同变得十分困难。即使通过函电达成的协议，如果不把函电中分散的协议条款集中到一份文件中，将会给履行合同带来麻烦。因此，在实际操作时，双方通常都会把各自的权利和义务以文字的形式固定下来，以作为将来履行合同的依据。

3. 作为合同生效的条件

通常情况下，合同的生效是以接受的生效作为前提条件，多数国家规定，只要接受生效，合同就成立。可是有些国家的法律则规定，签订正式书面合同才是合同生效的条件，而且部分国家还规定需要政府机构审批的合同也必须是正式的书面合同，此类合同生效的时间是授权机构批准之日，而不是双方签订合同的日期。

(二)书面合同的类型

书面合同既可以是有一定格式的，也可以以信件、电报、电传文件作为书面合同的形式。在国际贸易中，对书面合同的形式也没有具体的限制，买卖双方可以采用正式的合同、确认书、协议，也可以采用备忘录等多种形式。在我国的进出口业务中，书面合同主要采用两种形式：一是条款完备、内容全面的正式合同，如购买合同(又称进口合同)、销售合同(出口合同)等，这种形式适合于大宗商品或者成交金额比较大的交易；还有一种是简式合同，内容比较简单，主要适用于金额不大但批量较多的轻工产品、土特产品，或者已订有代理、包销等长期协议的交易，如销售确认书和购买确认书。

合同有正本和副本的区别。一般我方根据双方的洽商结果制定一式两份的正本，签字后寄交给对方，经对方查核签字以后，留存一份，另一份寄还给我方，作为合同订立和履行的依据。而合同的副本是和正本一起被制定出来的，但不需要签字，主要是为了双方内部留存供参考之用，份数也由双方的需要来决定。

1. 正式合同

正式合同(Contract)是带有“合同”字样的法律契约。包括销售合同和购货合同。合同的文字说明必须清楚，责任必须明确，而且双方要有约束性。

2. 确认书

确认书(Confirmation)比正式合同简单，是买卖双方达成交易后，寄给对方的列明各项交易条件的书面证明，这种经过买卖双方签署的确认书是具备法律效力的，对双方都具有相等的约束力。确认书包括销售确认书和购货确认书。

3. 协议

协议或者协议书(Agreement)在法律方面与“合同”是同一个意思。只要协议明确、具体、肯定地规定了买卖双方的权利和义务，即使书面文件被称为“协议” 或者“协议书”，只要经过双方签署确认，就与合同一样对买卖双方具有约束力。有时，协议是主合同中一项必要的组成部分，和主合同一样具有法律效力。

4. 备忘录

备忘录(Memorandum)是指在买卖双方洽商过程中，针对某些事项达成一定程度的理解和一致意见，将这种理解和一致意见用备忘录的形式记录下来，以此作为今后进一步洽商和最终协议的参考，也是今后双方交易与合作的依据。如果双方当事人把洽商的交易条件完整、明确和具体地写入备忘录，并且经过双方签字后，那么它的性质和作用与合同没有区别。

5. 意向书

意向书(Expression)是指在买卖双方当事人尚未达成最后协议之前，为了达成交易的目的所作出的一种意愿的表示，而且把设想、意愿、初步商定的条件用书面形式记录下来，作为今后谈判的依据。这种书面文件不是法律文件，对当事人没有约束力。

6. 定单和订单

定单(Order)是指由进口商或买方拟定的货物订购单。订单(Indent)是指代理商或者佣金商拟定的代客户购买货物的订购单，它又称为委托订购单。

(三)书面合同的内容

书面合同的内容一般由以下三部分组成：

1. 约首

约首(Heading)是合同的序言部分，其中包括合同的名称、编号、双方当事人的名称和地址(要求写全称)、订约日期和订约地点、电报挂号、电传号码、传真号码、买卖双方订立合同的意愿和执行合同的保证等。该序言对双方均具有约束力。因此，在规定序言时，应当慎重考虑。

2. 正文

正文(Body)是合同的主体部分。国际货物买卖合同都应当具备一些基本条款(或称主要条款)，具体规定买卖双方各自的权利和义务，一般称为合同条款。如品名条款、品质条款、数量条款、价格条款、包装条款、交货(装运)条款、支付条款及商检、索赔、仲裁和不可抗力条款等。商订合同，主要是指洽商如何规定这些基本内容。

3. 约尾

约尾(Closing)即合同的尾部，一般列明合同的份数、使用的文字及其效力、订约的时间地点、双方的签字等。合同的签约地点往往会涉及合同适用的法律问题，所以要认真对待。我国出口合同的订约地点一般都写明在我国。有的合同还根据需要制作附件附于合同后面。此外，有的合同将“订约时间和地点”写于约首中。

本章小结

国际货物贸易程序一般包括以下几个环节：交易前的准备、贸易洽商的过程和签订合同。国际贸易洽商是指国际贸易买卖双方以买卖某种商品为目的而通过一定程序就交易的各项条件进行洽商并最后达成协议的全过程。在形式上分为书面和口头两种。

国际贸易的一般程序包括询盘、发盘、还盘、接受等环节，其中发盘和接受是交易成立的基本环节，也是合同成立的必要条件。

国际货物买卖合同成立应具备的条件有：当事人必须在自愿和真实的基础上达成协议；当事人应具有法律行为的资格和能力；合同必须具有对价和合法的约因；合同的标的和内容必须合法；合同的形式必须符合法律规定的要求等。书面合同的形式有很多，其内容主要包括约首、正文、约尾部分。

关键概念

贸易洽商　　发盘　　接受　　逾期接受

练习题

一、单项选择题

1. 一项发盘，经过还盘后，则该项发盘(　　)。

A. 失效　　B. 仍然有效
C. 对原发盘人有约束力　　D. 对还盘人有约束力

2. 某项发盘于某月 17 日以电报形式送达受盘人，但在此前的 16 日，发盘人以传真告知受盘人，发盘无效，此行为属于(　　)。

A. 发盘的撤回　　B. 发盘的修改
C. 一项新发盘　　D. 发盘的撤销

3. 某个发盘的订约建议附带“以上价格仅供参考”字样，则这一订约建议为(　　)。

A. 发盘　　B. 递盘　　C. 还盘　　D. 邀请发盘

4.“××公司：你方 10 日传真收悉。你方条件我方接受，但请降价 5%，可否即复(签章)。”这份传真是一个(　　)。

A. 询盘　　B. 发盘　　C. 还盘　　D. 接受

5. 根据《联合国国际货物销售合同公约》的规定，合同成立的时间是(　　)。

A. 接受生效的时间　　B. 交易双方签订合同时
C. 在合同获得国家批准时　　D. 当发盘送达受盘人时

二、多项选择题

1. 在交易磋商之前，需要准备的事项很多，其中主要包括(　　)。

A. 组织经贸洽谈人员　　B. 选择目标市场
C. 选择交易对象　　D. 制订出口商品经营方案
E. 进行询盘

2. 在交易磋商程序中，不可缺少的两个法律环节是(　　)。

A. 询盘　　B. 发盘　　C. 还盘　　D. 接受

E. 签订书面合同

3. 发盘的内容要明确，必须包括(　　)。

A. 货物名称　　B. 货物数量　　C. 货物包装　　D. 货物价格

E. 货物运输方式

4.《联合国国际货物销售合同公约》规定，发盘得以撤回的时间为(　　)。

A. 发盘发出后　　B. 发盘生效前

C. 发盘生效后　　D. 发盘到达受盘人的同时

E. 受盘人表示接受前

5. 接受的要件包括(　　)。

A. 由受盘人作出　　B. 同意发盘所有条件

C. 经过还盘后作出　　D. 在有效期间作出

E. 必须采用书面形式

6. 根据《联合国国际货物销售合同公约》的规定，受盘人对(　　)等内容提出添加或更改，均视为实质性变更发盘条件。

A. 价格　　B. 付款　　C. 品质　　D. 交货时间与地点

E. 不可抗力

7. 书面合同不论采取何种格式，其基本内容通常包括(　　)。

A. 约首部分　　B. 本文部分　　C. 约尾部分　　D. 合同适用的法律

E. 双方主管部门的签章

三、简答题

1. 贸易洽商的一般程序是什么？达成一项交易，哪些环节是必不可少的？
2. 什么是发盘？构成一项法律上有效的发盘必须具备哪些条件？
3. 对于发盘的撤回或撤销，《联合国国际货物销售合同公约》有何规定？
4. 发盘在哪些情况下失效？
5. 什么是逾期接受？什么样的逾期接受仍然有效？
6. 合同有效成立主要应具备哪些条件？

附录

售货合同样本
SALES CONTRACT

编号：

NO：________

卖方：辽宁省工艺品进出口公司　　签约日期：　　签约地点：

SELLERS：LIAONING ARTS AND CRAFTS IMPORT AND EXPORT CORP.

DATE：______

SIGN AT ______

地址：　　传真：

ADDRESS：________________________　　FAX：____________________

买方：

BUYERS：________________________

地址：　　传真：

ADDRESS:______________________ FAX:___________________

兹经买卖双方同意,成交下列商品,订立条款如下:

The undersigned buyers and sellers have agreed to close the following transactions according to the terms and conditions stipulated below:

品名及规格 NAME OF COMMODITY & SPECIFICATIONS	单价 UNIT PRICE	数量 QUANTITY	金额及术语 AMOUT&PRICE TERMS

数量及总值均允许增加或减少__________%,由卖方决定。

With ______ percent more or less both in the amount and quantity of the S/C allowed.

Total Value:__________

包装:

PACKING:____

装运期:

TIME OF SHIPMENT:____

装运港和目的港:

PORTS OF LOADING & DESTINATION :From any Chinese Port to ______

是否允许分批装运,是否允许分批转船

With partial shipments and transshipment ______ allowed.

保险:由卖方按中国人民保险公司条款发票总值110%投保一切险及战争险。如买方欲增加其他险别,须于装船前征得卖方同意,所增加的保险费由买方负担。

INSURANCE: To be covered by the Sellers for 110% of Invoice value against ALL Risks and War Risks as per the relevant clauses of The Peoples Insurance Company of China. If other coverage is required, the Buyers must have the consent of the Sellers before shipment and the additional premium is to be borne by the Buyers.

付款方式:买方应由卖方所接受的银行,于装运月份前30天,开具以卖方为受益人的不可撤销即期信用证。至装运月份后第5天在中国议付有效。

PAYMENT: The buyers shall open with a bank acceptable to the Sellers an irrevocable ,confirmed, without recourse, transferable divisible Sight Letter of Credit to reach the Sellers 30 days before the month of shipment ,valid for negotiation in China until 5th days after the month of shipment.

唛头:买方应在合同装运期前30日内,将唛头的详细说明以明确的形式通知卖方,否则由卖方自行决定。

SHIPPING MARKS: The detail instructions about the shipping marks shall be sent in a define and reach the sellers 30 days before the time of shipment aforesaid . Otherwise, it will be at the seller's option.

一般条款:(请参看本合同背面)

GENERAL TERMS AND CONDITIONS:

(Please see overleaf)

买方开证时,请注明本合同号码 When opening L/C please mention our S/c Number

买方签字：
THE SIGNATURE OF BUYERS

卖方签字：
THE SIGNATURE OF SELLERS

（合同背面）

一般条款

GENERAL TERMS AND CONDITIONS

1. 付款条件：

买方所开信用证不得增加和变更任何未经买方事先同意的条款。若信用证与合同条款不符，买方有责任修改，并保证此修改之信用证在合同规定的装运月份前至少15天送达卖方。即期付款交单：买方须凭卖方开具的即期跟单汇票，于见票时立即付款，付款后交单，否则卖方有权向买方追索逾期利息。

Terms of Payment:

In the buyer's Letter of Credit, no terms and conditions should be added or altered without prior to the Sellers consent . The Buyers must amend the letter of credit, if it is inconsistent with the stipulation of this contract, and the amendment must reach the Sellers at least 15 days before the month of shipment stipulated in this contract. D/ P at sight: the buyers shall pay against documentary draft drawn by the sellers at sight, the shipping documents are to be delivered against payment only; Otherwise the seller has the right to recover the overdue interest from the buyers.

2. 商品检验：

买卖双方同意以装运口岸中国进出口商品检验局提供的检验证明，作为品质和数量的交货依据。

Commodity Inspection:

It is mutually agreed that the Certificate of Quality and Quantity issued by the Chinese Import and Export Commodity Inspection Bureau at the port of shipment shall be taken as the basis of delivery.

3. 装船通知：

卖方在货物装船后，立即将合同号、品名、数量、毛重、净重、发票金额、提单号、船名及装船日期以传真形式通知买方。

Shipping Advice:

The Sellers shall, immediately upon the completion of the loading of the goods, advise by fax the Buyers of the contract number , commodity, quantity, gross and net weight, invoice value, bill of lading number, name of vessel and sailing date, etc.

4. 索赔：

有关质量的索赔，应于货到目的地后3个月内提出；有关数量的索赔，应于货到目的地后30天内提出。提出索赔时，买方须提供卖方认可的公证机构出具的检验报告，但属于保险公司或轮船公司责任范围内者，卖方不负任何责任。

Claims:

Claims concerning quality shall be made within 3 months and claims concerning quantity shall be made within 30 days after the arrival of the goods at destination. Claims shall be supported by a report issued by a reputable surveyor approved by the Sellers, claims in respect of matters within the responsibility of the insurance company or of the shipping company will not be considered or entertained by the Sellers.

5. 不可抗力：

因不可抗力事故所致，不能如期交货或不能交货时，卖方不负任何责任。但卖方必须向买方提供由中国国际贸易促进委员会或其他有关机构所出具的证明。

Force Majeure:

The Sellers shall not be responsible for late delivery or non-delivery of the goods due to the Force Majeure. However, in such case, the Sellers shall submit to the Buyers a certificate issued by the China Council for the Promotion of International Trade or other related organization as evidence.

6. 仲裁：

因执行本合同所发生的或与本合同有关的一切争议，双方应友好协商解决。若协商不能获得解决，则应提交北京中国国际贸易促进委员会对外贸易仲裁委员会，根据该仲裁委员会的程序进行仲裁。仲裁裁决是终局的，对双方均有约束力。

Arbitration:

All disputes arising from the execution of or in connection with this contract shall be settled amicably through negotiation. If no settlement can be reached through negotiation, the case shall then be submitted to the Foreign Trade Arbitration Commission of China Council for the Promotion of the International Trade, Beijing, for arbitration in accordance with its provisional rules of procedure. The arbitral award is final and binding upon both parties.

7. 其他：

对本合同的任何变更和增加，仅在以书面经双方签字后，方为有效。任何一方在未取得对方书面同意前，无权将本合同规定之权利及义务转让给第三者。

Other Conditions:

Any alterations and additions to the contract shall be valid only if they are made out in writing and signed by both parties. Neither party is entitled to transfer its right and obligation under this contract to a third party before obtaining a written consent from the other party.

8. 本合同附件为本合同不可分割的一部分。在合同中，中英文两种文字具有同等法律效力。

All annexes to this contract shall form an integral parts of this contract. Both texts of this contract in English and Chinese are equally valid.

9. 其他条款：

Other Terms:

本合同自双方签字之日起生效。

This contract shall come into force from the date signed by both parties.

第十四章 进出口合同的履行

要点提示

- 出口合同的履行程序
- 进口合同的履行程序

内容引言

国际货物买卖合同一旦成立，买卖双方就应按合同规定履行自己的义务，才能保证整个贸易过程得以顺利进行。如我国某进出口公司与国外某公司按CFR条件签订一份出口合同，合同规定装运期为10月份，但未规定具体开证日期。外商拖延开证，我方见装运期快到，从月底开始连续多次电催外商开证。10月5日收到开证的简电通知书。我方怕耽误装运期，即按简电办理装运。10月28日外商开来信用证正本，正本上对有关单据作了与合同不符的规定。我方审证时未注意，交银行议付时银行也未发现，结果开证行以单证不符为由拒付货款。

第一节　出口合同的履行

出口合同的履行是指出口方按照合同规定履行交货的一系列义务，直至收回货款的整个过程。履行合同既是经济行为，也是法律行为，是合同的当事双方实现合同内容的行为。任何一方不按合同的规定履行义务都构成违约，必须承担相应的法律责任。“重合同，守信誉”是我国开展对外贸易工作的基本原则，也是我国进出口商履行进出口合同的原则。

在我国的出口业务中，绝大多数出口合同都采用CIF或CFR贸易术语，并且一般都采用信用证付款方式，在履行这类合同时，必须切实做好备货、催证、审证、改证、租船订舱、报验、报关、投保、装船和制单结汇等环节的工作(见图14—1)。在这些环节中，以货(备货、报验)、证(催证、审证、改证)、船(租船订舱、办理货运手续)、款(制单结汇)四个环节的工作最为重要。为此，我们就以上述货、证、船、款作为参考顺序，将出口合同履行所涉及的各项业务环节进行详细的阐述。

一、备货和报验

(一)备货

备货是履行出口合同的重要环节，是指出口合同订立后，卖方根据出口合同的规定按质、按量履行合同的交货义务，根据合同所规定的品质、数量、包装和交货期等条款进行准备货物的工作过程。

出口方根据合同或信用证规定，向有关企业或部门采购和准备货物。目前在我国有两种情况：一种是生产型企业，另一种是贸易型企业。

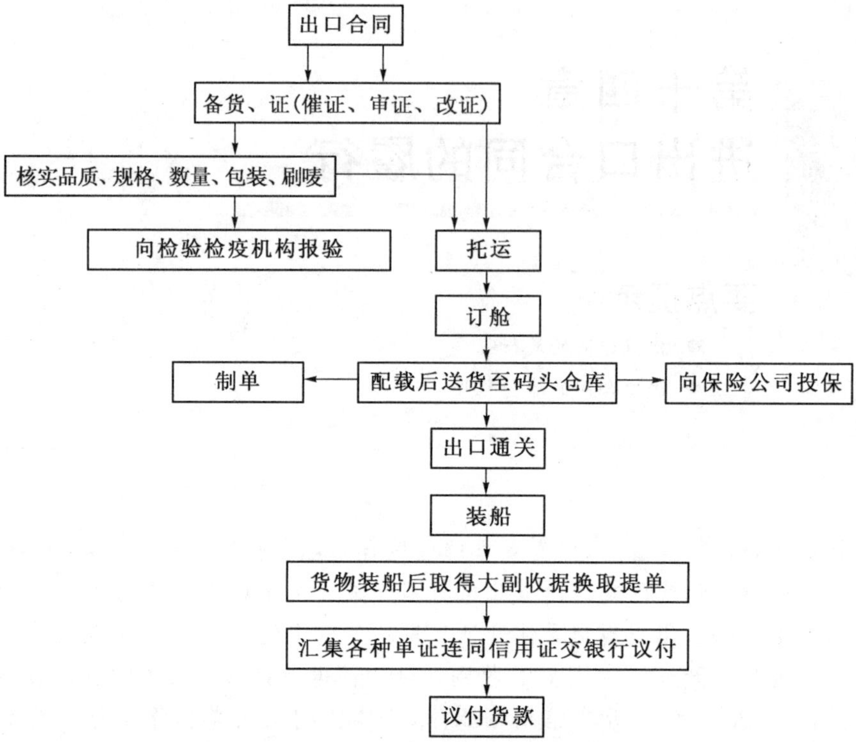

图 14-1　出口合同履行的一般程序

生产型企业备货是向生产加工或仓储部门下达联系单(在有些企业称其为加工通知单或信用证分析单等),要求该部门按联系单的要求,对应交的货物进行清点、加工整理、包装、刷制运输标志以及办理申报检验和领证等项工作。联系单是进出口企业内部各个部门进行备货、出运、制单结汇的共同依据。

对于贸易型企业,如果该企业没有固定的生产加工部门,那么就要向国内有关生产企业联系货源,订立国内采购合同。

无论是哪种类型的企业,在备货工作中,都应注意以下几个方面的问题:

1. 有关货物本身的问题

(1)货物的品质、规格必须与出口合同规定一致。凡凭规格、等级、标准等文字说明达成的合同,交付货物的品质必须和合同规定的规格、等级、标准等文字说明相符;如系凭样品达成的合同,则必须与样品相一致;如既凭文字说明,又凭样品达成的合同,则两者均应相符。同时,货物的品质还必须适用于同一规格货物通常使用的目的和在订立合同时买方的特定目的。

(2)货物的数量必须符合出口合同的规定。如发现货物数量不符合合同需要时,应及时采取必要措施,并在规定期限内补足。为便于补足储存中的自然损耗和国内搬运过程中的货损,以及合同溢短装条款的溢装之用,备货数量一般以略多于出口合同规定的数量为宜。另外,应合理遵循《跟单信用证统一惯例》中关于数量条款的相关惯例。

(3)备货时间应根据信用证规定的交货时间和期限办理。备货要结合船期安排,以利于船货衔接,不要造成货物长时间等船或船长时间等货的局面,而且必须在落实信用证条款后安排生产,以防止出现备好货物后买方不开证、不要货物或者其他问题,影响安全收汇。如果合同规定收到买方信用证后若干天内装运货物,保证按时履约,出口方应督促买方按照合同规定的期限开来信用证。我方收到信用证还必须无延迟地认真审核，尤其是当合同规定的标的物为特殊商品时，应在审核无误后安排生产和装运。

［案例 14—1］ 某出口企业出口供加工发网用的原料——人发，合同规定长度为 8 英寸。装运时因 8 英寸的人发货源短缺，遂以售价较高的 9 英寸替代。买方在收到货物后，不仅不对我方按原价交付了较合同规定更优的货物表示感谢，相反还向我方提出索赔。理由是：9 英寸的人发过长，不能适应加工发网的机器生产，需切短成 8 英寸后才能加工，以致造成人工和时间上的损失。最终以我方赔付切断费用结案。请分析我方在此案中的教训。

分析 这是一场因出口方擅自更改所交货物规格导致的纠纷案。

2. 有关货物包装的问题

出口货物要经过各个环节的长途运输，中途还要经过多次搬运和装卸，甚至多次转换运输工具。为了最大限度地使货物保持完好无损，应注意以下几方面的问题：

(1)应按合同的规定对出口货物进行包装。如果合同中未对包装作具体规定，应按同类货物通用的包装方式进行包装。如果没有通用的包装方式，则按照足以保全和保护货物的方式进行包装。

(2)如果运输公司按重量或体积计算运输费用，出于节省运输费用的目的出口方应尽量选择重量轻、体积小的包装对出口货物进行包装。

(3)在货物的外包装上不应注明有关识别货物的标签或与货物相关的品牌，以避免货物被盗窃的危险。

3. 有关货物外包装上运输标志的问题

正确刷制运输标志的重要性主要反映在四个方面：符合运输和有关国家海关的规定；保证货物被适当处置；掩盖包装内货物的性质；帮助收货人识别货物。因此，在运输标志的准备上应注意以下内容：

(1)刷制运输标志应符合有关进出口国家的规定。

(2)包装上的运输标志应与所有出口单据上对运输标志的描述一致。

(3)运输标志应既简洁，又能提供充分的运输信息。

(4)所有包装上的运输标志必须用防水墨汁刷写。

(5)有些国家海关要求所有的包装箱必须单独注明重量和尺寸，甚至用公制，或用英语或目的国的语言注明。为此，应注意有关国家的海关规定。

(6)在运输包装上的运输标志应大小尺寸适中，使相关人员在一定距离内能够看清楚。根据国外的通行做法，就一般标准箱包装，刷制的运输包装字母的尺寸至少为 4 厘米高。

(7)运输标志应该至少在包装箱的四面都刷制，以防止货物的丢失。

(8)除了在外包装上刷制运输标志之外，应尽量在所有的货运单据上标注相同的运输标志。这些单据包括内陆运输提单、海运提单或空运提单、码头收据、装箱单、商业发票、报关单等。

除了以上应该注意的问题之外，出口方还应注意避免侵害第三方的工业产权或其他知识产权的问题。出口方应对出口货物拥有完全的所有权。

(二)报验

凡属国家规定法检的商品，或合同规定必须经中国进出口商品检验检疫局检验出证的商品，在货物备齐后向商品检验局申请检验。只有取得商检局发给的合格的检验证书，海关才准放行。经检验不合格的货物一般不得出口。

出口报验是出口生产、经营单位按照《商检法》规定，向当地出入境检验检疫局申请办理检验手续。一般在货物备妥后，出口企业首先要填写“出境货物报验单”，同时附上合同和信用证副本等凭据，然后向商检部门报验，实施“先报验，后报关”的通关模式。对于法检商品，检验合格后商检部门签发“出境货物通关单”，加盖检验检疫专用章，海关凭以放行。货物经检验合格，即由商检局发给检验证书，进出口公司应在检验证书规定的有效期内将货物出运。卖方须在通关单签发之日起60天内报运出口，鲜活商品两周内报运出口，植物三周内报运出口。如超过有效期装运出口，应向商检局申请展期，并由商检局进行复验，经复验合格货物才能出口。

在填制出境货物报验单时应注意以下几点：

(1)保证各类申请单均加盖公章。

(2)保证商检局有必要的检验出证时间，商检局签发的证书为全国统一格式。如果接受国外提出其他格式或其他文种的证书要求，须经商检局同意，并在报验单上注明。

(3)每份出境货物报验单仅限填报一种商品。

(4)发货人委托其他单位代理报验时，应加附委托书原件。

(5)凭样品成交的，须提供样品。

(6)法检商品报验时，应提供商检机构签发的“出境货物运输包装性能检验结果单”正本，并在原产地办理报验手续。

(7)预检商品应附有商检机构签发的“出口商品预验结果单”正本。

(8)运往口岸的法检商品，须在原产地商检机构预先检验合格，取得出口商品换证凭单后方可运往口岸办理出口检验换证或放行手续。

凡需要法定检验出口的货物，出口企业应填制“出口检验申请单”，向商检局办理申请报验手续。“出口检验申请单”的内容一般包括品名、规格、数量(或重量)、包装、产地等项目。一般用中文和一种外文(一般是英文)填写，但应注意中外文内容的一致。提交申请单时，还应附上合同和信用证副本等有关凭据供商检局发证时参考。申请报验后，如出口公司发现申请单内容填写有误，或因国外进口人修改信用证以致货物规格有变动时，应提出更改申请并更改申请单，说明更改事项和更改原因。

二、催证、审证和改证

在采用信用证支付方式下，信用证是卖方结算货款的重要文件，是开证行对受益人的付款承诺。在履约过程中，出口企业是否按照信用证要求的条件交单将直接关系到出口企业能否顺利收取货款。如果信用证迟到或信用证的内容与合同不符，都会影响出口企业备货、交货和安全收汇。因此，出口企业必须要做好催证、审证和改证工作，才能保证出口合同顺利履行和安全收汇。

(一)催证

催证是通过信笺、电报、电传或其他方式，催促对方及时办理开证手续并将信用证送达卖方，以便卖方及时备货或装运货物出口。为保证按时履行合同、提高履约率，卖方有必要在适当的时候提醒和催促买方依约开立信用证。

在出口合同中，买卖双方如约定采用信用证方式付款，买方则应严格按照合同的规定按时开立信用证，买方按合同约定的时间开证是卖方履行信用证方式付款合同的前提条件。如合同中对买方开证时间未作规定，买方应在合理时间内开出，因为买方按时开证是卖方正常履约的前提。但在实际业务中，有时经常遇到国外进口商拖延开证，或者当行市发生变化或资金发生短缺的情况时，故意不开证。对此我们应催促对方迅速办理开证手续。特别是针对大宗商品交易或应买方要求而特制的商品交易，更应结合备货情况及时进行催证。必要时也可请驻外机构或有关银行协助代为催证。

(二)审证

信用证是依据买卖合同开立的，信用证内容应该与买卖合同条款保持一致。但在实践中，由于种种原因，如工作的疏忽、电文传递的错误、贸易习惯的不同、市场行情的变化或进口商有意利用开证的主动权加列对其有利的条款(如合同签订后，买方市场发生变化，为了适应新情况而增添新的条件)，往往会出现开立的信用证条款与合同规定不符，或者在信用证中加列一些出口商看似无所谓但实际是无法满足的信用证付款条件(在业务中也被称为“软条款”)等，使得出口商无法按该信用证收取货款。为确保收汇安全和合同顺利执行，防止给我方造成不应有的损失，我们应该在国家对外政策的指导下，对不同国家、不同地区以及不同银行的来证，依据合同进行认真的核对与审查。

在实际业务中，银行和出口公司应共同承担审证任务。但银行审核和出口企业审核的内容侧重点不同，具体内容如下：

1. 银行审核的主要内容

(1)政治性、政策性的审核。在我国对外政策的指导下，对不同国家和不同地区的来证从政治上、政策上进行审核。例如，不准接受由国家规定不准与之有经贸往来的国家和地区的银行开来的信用证。凡与我国签有政府间贸易协定和支付协定的国家，有关信用证必须符合协定规定。来证如载有歧视性或错误或政治性条款，必须要求改正。

(2)资信情况的审核。对开证银行和保兑银行的资信情况的审核，在经济上应要求其本身资信情况必须与所承担的信用证义务相适应，如果发现它们资信不佳，应酌情采取适当的措施。

(3)信用证真伪的审核。银行应合理谨慎地检验信用证表面的真实性。如果银行不能确定信用证的表面真实性，必须不延误地告知开证行，并且告知受益人它不能核对信用证的真实性。

(4)保付文句和限制性条款的审核。为保证安全收汇，信用证应有明确表现保证付款的责任文句，还有审核开证行的付款责任是否加列了“限制性”条款或其他保留条款。

2. 出口企业审核信用证的主要内容

出口企业审核信用证时主要判断信用证条款是否与合同一致，审核项目一般包括：

(1)审核信用证的种类。一般情况下，要求买方开立不可撤销信用证。此外，还要审核信用证是保兑的或是不保兑的。如果是保兑的信用证，由哪一家银行保兑以及保兑费由谁承担也是审核信用证种类的内容之一。

(2)审核开证申请人和受益人。由于开证申请人的名称或地址经常会与进口商在进出口合同上显示的名称和地址不一样，因此要仔细审核开证申请人的名称和地址以防错发错运货物。受益人的名称或地址必须正确无误、前后一致，否则会被视为不符点，影响安全收汇。

(3)审核信用证的支付货币和金额。信用证的金额和支付的货币种类应与合同一致，总金额的大小写数字必须一致。如果合同订有溢短装条款，那么信用证金额还应包括溢短装部分的金额。来证采用的支付货币种类如果与合同规定的货币不一致，应按中国银行的外汇牌价折算成合同货币，当不低于或相当于原合同货币总金额时才可接受。

(4)审核信用证有关货物的内容描述。来证中的有关品名、质量、规格、数量、包装、单价、金额、装运港、卸货港、目的地、保险等是否与合同规定一致，有无附加特殊条款及保留条款，是否需要提供客户检验证明，商业发票是否要求证实或有进口国的领事签证等，这些条款必须仔细审核，视具体情况判断是否接受或提请修改。

(5)审核信用证的到期地点。所有信用证均需规定到期日和付款、承兑的交单地点，对议付信用证还须规定一个议付到期地点。因此，信用证的到期日有议付到期、承兑到期和付款到期三种不同的规定方法。议付到期日是指受益人向议付银行交单并要求议付的最后期限，到期地点通常在出口国。承兑或付款到期日是指受益人通过出口地银行向开证行或信用证指定的付款银行交单，并要求承兑或付款的最后期限，到期地点一般在开证或指定的付款银行的所在地。如果信用证中的议付到期地点不在出口国而在国外，那么有关单据必须在议付到期日前寄达开证银行或付款银行。这样，出口商会面临邮寄延误、邮件遗失等风险。所以，对于议付到期地点设在国外的信用证，一般要求对方修改。

(6)审核装运期和有效期。装运期是对货物装运时间的规定，原则上必须与合同一致。如果信用证到达太晚而不能按期装运，应及时电请国外进口方展延装运期限；如果由于生产或船期等原因造成不能在装运期内按期装运，也可以与进口方友好协商延期装运。信用证的有效期限与装运期限应有一定的合理间隔，以便在货物装运后有足够的时间进行制单和办理结汇。

(7)审核转船和分批装运条款。买方一般不愿意允许其进口的货物转船，因为货物中途转船不仅延误时间、增加费用开支，还有可能出现货损货差。在审核有关条款时，应注意其是否与合同的规定一致。如果信用证规定允许转船，还应注意在允许转船的内容后面有无加列特殊限制或要求(如指定转运地点、船名或船公司)。

(8)审核信用证的付款方式。银行的付款方式有四种：即期付款、延期付款、承兑汇票、到期付款或议付。所有的信用证都必须清楚地表明付款属于哪一类。

(9)审核提交的单据。要仔细审核来证要求提供的单据种类、份数及填制要求等，如发现不适当的要求或规定，应酌情作出适当处理。

(10)审核信用证上印就的其他条款和特殊条款。信用证上有许多印就的内容，尤其对信用证空白处和边缘处加注的字句和戳记应特别注意，这些内容往往是信用证内容的重要补充或修改，稍不注意就可能造成事故或损失。对于信用证的特殊要求条款，如不能做到或不合理的要及时提出修改。

出口企业在审核上述内容时，应特别注意信用证中经常出现的几个问题：如信用证规定了未生效或有限制生效的条款；合同规定信用证是不可撤销的，但是开来的信用证是可撤销的；信用证无保证付款的责任文句；信用证内漏列惯例适用条款；信用证未按合同要求加保兑；信用证没有到期日；到期地点在国外；信用证到期日和装运期有矛盾；装运期、到期日或交单期规定与合同不符；装运期或有效期的规定与交单期有矛盾；交单期限过短；开证申请人名址或受益人名址与合同不符；信用证金额不够使用(未达到溢装要求)；金额大小写不一致，信用证货币与合同规定不符；付款期限与合同规定不符；没有将开证行作为汇票的付款人；分批或转运规定与合同不符；装运港口与合同成交条件不符；目的地不符合合同成交条件；装运期限与合同规定不符；品名规格不符；数量不符；包装有误；贸易术语错误；使用术语与信用证条款有矛盾；货物单价数量与总金额不吻合；证中合同号码与日期错误；漏列溢短装规定；发票种类不当或要求领事签证；提单收货人的填制要求不当；提单抬头和背书要求有矛盾；提单运费条款与成交条件矛盾；要求提交的检验证书种类与实际不符；保险单种类不对；保险险别与合同不一致；投保金额未按合同规定。

(三)改证

对信用证进行了全面细致的审核以后,如果发现问题,应区别问题的性质,分别同银行、运输、保险、商检等有关部门研究,作出恰当妥当处理。凡是属于不符合我国对外贸易方针政策、影响合同执行和安全收汇的情况,我们必须要求国外客户通过开证行进行修改,并坚持在收到银行信用证通知书后才能对外发货,以免发生货物装出后而修改通知书未到的情况,造成我方工作上的被动和经济上的损失。

在办理改证工作中,凡需要修改的各项内容,应做到一次向国外客户提出,尽量避免由于我方考虑不周而多次提出修改要求;否则,不仅会增加双方的手续和费用,而且对外造成不良影响。

此外,对来证不符合合同规定的各种情况还需要作出具体分析,不一定坚持要求对方办理改证手续。只要来证内容不违反政策原则并能保证我方安全迅速收汇,我们也可灵活掌握。

总之,对国外来证的审核和修改,是保证顺利履行合同和安全迅速收汇的重要前提,我们必须给予足够的重视,认真做好审证工作。

三、办理货运、报关和投保

进口企业在备货的同时,还必须及时办理运输、报关和投保等手续。

(一)租船订舱

以 CIF 或 CFR 价格术语成交的出口合同由卖方负责租船或订舱。我国的出口企业一般委托中国对外贸易运输总公司或其他经营外贸运输业务的企业代办托运。如果出口数量较大需要整船装运的,一般要对外办理租船手续;出口数量不大的,则洽订班轮舱位。

租船订舱的基本程序是:出口公司备妥货物后,查看外运公司按月寄发和公布的船期表,根据国外来证和合同的有关装运条款,填写托运单,并及时交给托运公司。托运单既是租船订舱的依据,又是出口单位和货运代理之间委托代理关系的证明文件。船期表内列有航线、船名、国籍、抵港日期、截止收单期、雨季装船日期和挂靠港港口名称。出口企业根据合同和信用证的规定,结合船期表,填写出口托运单,说明出运要求,交给外运机构。外运公司收到委托书后,中国外轮代理公司或中国远洋公司根据货物的性质、数量、船舶的配载情况、目的港与船期等因素,安排载货的船只或舱位,然后接受托运单证,并签发装货单(俗称"下货纸"),作为通知船方装货和装运的凭证。装运单既是船公司接收货物的凭证,又是海关查验放行的依据。因此,装货单有时又被称为"关单"。待载货船舶到港后,由出口企业或外运公司将货物送到指定码头,经海关查验放行后,凭装货单装船。

装船前,出口单位或货运代理凭盖有海关放行章的装货单与港方仓库、货场和理货人员(代表船方)办妥交接手续,分清货、港、船三方的责任。理货员和作业区的装卸人员按照积载图(stowage plan)和装货清单按票接货装船,并做好舱内的堆码、隔垫和加固工作。货物装船后,由大副签署"收货单"(mate's receipt)即大副收据,交理货员,理货员将其交托运人,凭它换取正式提单。托运人应查看收货单上的内容有无漏签和不良批注,如有漏签,应找大副改签;如有不良批注,应设法消除造成的原因(如包装不良需要换货)。如无问题,即可凭大副收据向船公司换取已装船清洁提单。货物装船后立即向收货人发装船通知(shipping advice),内容包括信用证或销售确认书号码、品名、重(数)量、金额、船名、起航日期等,以便对方准备付款、赎单、办理进口报关和接货手续。如为 FOB、CFR 术语,应及时发出装船通知以便对方办理保险。

(二)出口报关

出口报关是指货物出境前出口方如实向海关申报货物情况,交验规定的单据文件,办理接受海关监管事宜。按照我国海关法规定:凡是进出国境的货物,必须经由设有海关的港口、车站、国际航空站进出,并由货物的发货人或其代理人向海关如实申报,交验规定的单据文件,请求办理查验放行手续。经过海关放行后,货物才可提取或者装运出口。

目前我国的出口企业在办理报关时,可以自行办理报关手续,也可以通过专业的报关经纪行或国际货运代理公司来办理。

出口报关必须在货物进入装货码头仓库后进行,一般在装货的24小时以前向海关申报。出口企业在海关办理登记注册后才能报关;如在异地报关,需办理登记注册转关手续后方可报关。同时,报关员必须持有报关员证件才能办理报关。

货物在装船出运前,出口方必须向海关办理报关手续,填写"出口报关单",并随附商业发票、装箱单、商品检验证书、产地证书、出口许可证、合同或信用证副本等必要的单证一并交送海关。海关对上述的文件和单据进行查验,按照国家有关政策规定进行审核,并且还要对出口货物进行查验,以确定实际货物与报关单所列是否一致。查验货物在海关规定的时间和场所进行。在特殊的情况下经海关同意,也可由海关派人到发货人仓库查验,海关按规定收取费用。海关查验时,出口方要派人到现场协助海关搬运货物、开拆和重封货物的包装等。出口货物在经海关审核单证和查验货物无误后,海关解除对货物的监管,准予出境并在装货单或运单上加盖放行章。此时,出口方便可将货物装船出运。

(三)投保

国际贸易中涉及一系列风险问题,必须进行投保,而由谁来投保则要视国际贸易中所使用的贸易术语而定。如果需要卖方投保,例如按CIF或CIP价格成交的出口合同,卖方需替买方办理保险,卖方在装船前,须及时向保险公司办理投保手续,填制投保申请单,根据需要提供商业发票、出口合同或信用证等文件。出口商品的投保手续一般都是逐笔办理的。投保人投保时应将货物名称、保额、运输路线、运输工具、开航日期、投保险别等一一列明。保险公司接受投保后,即签发保险单或保险凭证。

相关链接:"四排"和"三平衡"原则

当进出口公司有大量的进出口业务,需协调不同业务时,我国在实践中总结出"四排"和"三平衡"的做法。

"四排"是指以合同为对象,对信用证是否开到和货源是否落实,进行分析排列并把它们归纳成四类,即有证有货、有证无货、无证有货、无证无货。

"三平衡"是指以信用证为对象,根据货源情况和运输能力分清轻重缓急,做好证、货、船的合理衔接和综合平衡。

四、制单结汇

采用信用证支付方式的重要特点之一,就是凭单付款。出口货物装运之后,出口企业应按信用证的规定,正确缮制各种单据,并在信用证规定的有效期内送交银行办理议付结汇手续。开证行只有在审核单据与信用证规定完全相符时,才承担付款的责任,因此,各种单据的缮制是否正确完备与安全迅速收汇有着十分重要的关系。

(一)信用证条件下制单结汇的做法

在信用证付款条件下,我国目前出口商在银行可以办理出口结汇的做法主要有三种:收妥结汇、押汇和定期结汇。不同的银行其具体的结汇做法不一样。即使是同一家银行，针对不同的客户信誉度以及不同的交易金额等情况，所采用的结汇方式也有所不同。

1. 收妥结汇

收妥结汇又称收妥付款，是指信用证议付行收到出口企业的出口单据后，经审查无误，将单据寄交国外付款行索取货款的结汇做法。在这种方式下，议付行都是待收到付款行的货款后，即从国外付款行收到该行账户的贷记通知书（Credit Note），才按当日外汇牌价，按照出口企业的指示，将货款折成人民币拨入出口企业的账户。

2. 押汇

押汇又称买单结汇，即指议付行在审单无误情况下，按信用证条款贴现受益人（出口公司）的汇票或者以一定的折扣买入信用证下的货运单据，从票面金额中扣除从议付日到估计收到票款之日的利息，将余款按议付日外汇牌价折成人民币，拨给出口企业。议付行向受益人垫付资金、买入跟单汇票后即成为汇票持有人，可凭票向付款行索取票款。银行之所以作出口押汇，是为了给出口企业提供资金融通的便利，这有利于加速出口企业的资金周转。

3. 定期结汇

定期结汇是指议付行根据向国外付款行索偿所需时间，预先确定一个固定的结汇期限，并与出口企业约定该期限到期后，无论是否已经收到国外付款行的货款，都主动将票款金额折成人民币拨交出口企业。

（二）结汇单据

应本着“正确、完整、及时、简明、整洁”的原则来缮制和审核结汇单据。

“正确”是指要做到单证一致、单单一致、单货一致，这样单据才能真正代表货物，避免错发错运；

“完整”是指要做到所提交的各种单据符合信用证的规定，包括份数和单据本身的项目都要符合信用证的规定；

“及时”是指要做到在信用证的有效期内，尽早将单据提交议付银行，以便早日寄出单据、按时收汇；

“简明”是指要做到不必要的内容切勿加列以免画蛇添足；

“整洁”是指要做到布局美观、大方、字迹清楚，更改地方要加盖校对图章（提单、汇票和产地证书不能更改）。

出口单据种类很多，根据其作用和性质不同，可以分为主要单据和辅助单据两种。主要单据包括汇票、商业发票、提单、保险单等；辅助单据包括商检证书、出口许可证、产地证、装箱单和重量单等。按其签发人的不同，可以分为出口商签发的单据和有关单位、政府机关、社会团体签发的单据。前者有汇票、发票、装箱单、重量单等；后者有提单、保险单、商检证书、出口许可证等。

[案例 14—2]　我国 A 公司向巴基斯坦 B 公司以 CIF 条件出口货物一批。国外来证中单据条款规定：“全套清洁已装船的海运提单，注明‘运费已付’，做成指示抬头空白背书；保险单一式两份，根据中国人民保险（集团）公司 1981 年 1 月 1 日海洋运输货物保险条款投保一切险和战争险。”信用证内注明“按《UCP500》办理”。A 公司在信用证规定的装运期内将货物装上船，并于到期日前向议付行交单议付，议付行随即向开证行寄单索偿。开证行收到单据后来电表示拒绝付款，其理由是单证有下列不符：(1) 正本提单是以一份组成，不符合全套要求；(2)保险单上的保险金额与发票金额相等，因此投保金额不足；(3)提单上未标明出单人的身

份。试分析开证行单证不符的理由是否成立？并说明理由。

分析 (1)按照惯例，如果合同或信用证中对全套提单份数没有明确规定，全套正本提单的份数应为两份。

(2)保险单上的保险金额与发票金额相等，构成单证不符的理由。

(3)提单上未标明出单人的身份，构成单证不符的理由。

(三)处理单证不符的几种办法

在信用证项下的制单结汇中，议付银行要求"单证表面严格相符"。但是，在实际业务中，由于种种原因单证不符的情况时常发生。如果信用证的交单期允许，应及时修改单据使之与信用证的规定一致。如果不能及时改证，进出口企业应视具体情况，选择如下处理方法：

1. 表提

表提又称为"表盖提出"，即信用证受益人在提交单据时，如存在单证不符，向议付行主动书面提出单证不符点。通常议付行要求受益人出具担保书，担保如日后遭到开证行拒付，由受益人承担一切后果。在这种情况下，议付行为受益人议付货款。因此，这种做法也称为"凭保议付"。表提的情况一般是，单证不符情况并不严重，或虽然是实质性不符，但事先已经开证人(进口商)确认可以接受。

2. 电提

电提又称为"电报提出"，即在单证不符的情况下，议付行先向国外开证行拍发电报或电传，列明单证不符点，待开证行复电同意再将单据寄出。电提的情况一般是，单证不符属实质性问题，金额较大。用电提方式可以在较短的时间内由开证行征求开证申请人的意见。如获同意，则可以立即寄单收汇；如果不获同意，受益人可以及时采取必要措施对运输中的货物进行处理。

3. 跟单托收

如出现单证不符，议付行不愿用表提或电提方式征询开证行的意见。在此情况下，信用证就会彻底失效。出口企业只能采用托收方式，委托银行寄单代收货款。

这里要指出的是，无论是采用"表提"、"电提"，还是"跟单托收"方式，信用证受益人都丢失了开证行在信用证中所作的付款保证，从而使出口收汇从银行信用变成了商业信用。

五、出口退税

出口退税是指一个国家为了扶持和鼓励本国商品出口，将所征税款退还给出口商的一种制度。出口退税是提高货物的国际竞争能力、符合税收立法及避免国际双重征税的有力措施。我国也实行了出口货物税率为零的优惠政策。对出口的已纳税产品，在报关离境后，将其在生产环节已纳的消费税、增值税退还给出口企业，使企业及时收回投入经营的流动资金，加速资金周转，降低出口成本，提高企业经济效益。

(一)退税的基本条件

可以办理出口退税的货物需满足下列条件：必须是报关离境的出口货物，必须是财务上作出口销售处理的货物，必须是属于增值税、消费税征税范围的货物。

(二)退税凭证

(1)增值税专用发票(税额抵扣联)或普通发票。

(2)税收(出口货物专用)缴款书或"出口货物完税分割单"。

(3)出口销售发票和销售明细账。

(4)出口货物报关单(出口退税联)。

(三)退税程序

出口企业设专职或兼职办理出口退税的人员,按月填报出口货物退(免)税申请书,并提供有关凭证,先报外经贸主管部门稽查签章后,再报国税局进出口税收管理分局办理退税。目前,出口报关单、出口税收缴款书已经全国联网,缺少其中一个信息就不能退税。

六、索赔与理赔

在出口合同的履行过程中,有可能会发生进口商未按合同规定履行相应的义务致使出口企业因此蒙受损失。如果进口商违约,例如无理拒收货物或延迟交付货款等,出口方可根据不同对象、不同原因以及损失程度,实事求是地向买方提出索赔。这种情况下,出口方则应仔细地审核进口方提供的单证和出证机构的合法性,做好品质、包装、储存、备货和运输等各个环节的调查研究,把单证材料和实际情况结合起来,查清货物损失的环节、原因,分清责任,合理确定损失程度、金额和赔付办法。

在合同的执行过程中,如果进口方或开证行对单据没有提出异议,说明出口方已得到进口方或开证行的付款保证。但如果进口方或开证行认为货物与单证不一致,就会拒付。收到拒付通知后,出口方首先要确定拒付原因,与银行相互配合,做好应变工作,共同把无法正常收汇的风险和损失降至最低点。同时迅速与进口方联络,寻求解决办法,尽量说服进口方接受货物。对于开证行的拒付(有理拒付和无理拒付),应具体分析采取对策。例如,货物出现品质差异或单据出现不符点时,要针对问题积极采取措施或配合银行修改单据,挽回损失。再如,进口方或开证行为了拖延付款时间以便进行验货或者为了要求降价而提出拒付,这时,一要据理力争,二要随时关注货物和进口商的动向。如果拒付确属进口方损害了出口方的利益,除了与银行联系反驳事宜以外,还要向船公司了解进口商是否已借单提货。如果已经提货,收款就有可能了,因为提单被拿去提货,开证行已无法退回全套单据,只能全额付款。对于一些明显超出处理时限的拒付可以不予理会,许多不符点都是拖延付款时间而已,所以遇到拒付时,不要先否定自己,更不要因为害怕收不到货款而草率地降低要求。如果是因为出口企业未按合同规定交付货物,或者发货延迟,或者发错货物等问题而引起进口商向出口企业索赔,那么在处理对方索赔时,出口企业应认真对待,做到既要维护自身的合法的正当权益,又要尽量避免影响双方的贸易关系,公正合理地对外理赔。

第二节　进口合同的履行

在进口贸易的整个过程中,进口合同的履行是进口交易的一个实质性的阶段,是合同的当事人实现合同内容的具体行为,当进口合同签订之后,进口企业就要根据合同的规定履行支付价款、接收货物等义务。

在我国的进口业务中,一般按 FOB 价格条件成交的情况较多,如果是采用即期信用证支付方式成交,履行这类进口合同的一般程序包括开立信用证、租船订舱、装运、办理保险、审单付款、接货报关、检验、拨交、索赔等环节,如图 14—2 所示。这些环节的工作是由进出口公司、运输部门、商检部门、银行、保险公司以及用货部门等各有关方面分工负责、紧密配合而共同完成的。

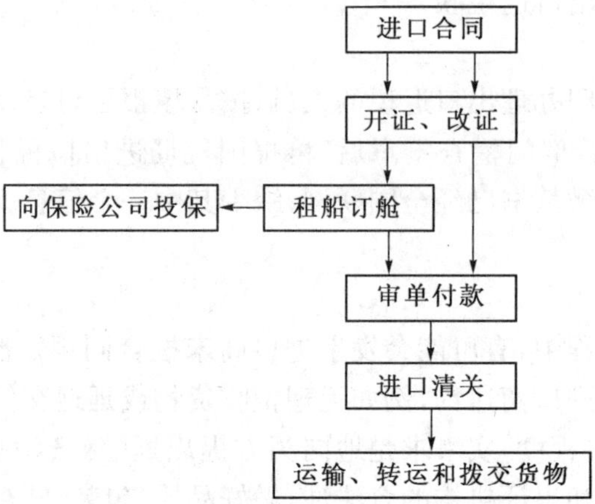

图 14—2　进口合同履行的一般程序

一、开立信用证

进口合同签订后，按照合同规定填写开立信用证申请书(Application for Letter of Credit)，向银行办理开证手续。该开证申请书是开证银行开立信用证的依据。进口商申请开立信用证，应向开证银行交付一定比率的押金(Margin)或抵押品，开证人还应按规定向开证银行支付开证手续费。

信用证的内容应与合同条款一致，例如品质、规格、数量、价格、交货期、装货期、装运条件及装运单据等应以合同为依据并在信用证中一一作出规定。

信用证的开证时间应按合同规定办理，如合同规定在卖方确定交货期后开证，买方应在接到卖方上述通知后开证；如合同规定在卖方领到出口许可证或支付履约保证金后开证，则买方应在收到卖方已领到许可证的通知或银行通知保证金已照收后开证。

卖方收到信用证后如提出修改信用证的请求，经买方同意后即可向银行办理改证手续。最常见的修改内容有展延装运期和信用证有效期、变更装运港口等。

二、派船接运货物

履行 FOB 交货条件下的进口合同，应由买方负责派船到对方口岸接运货物。卖方在交货前一定时间内，应将预计装运日期通知买方。买方在接到上述通知后，应及时向运输公司办理租船订舱手续，在办妥租船订舱手续后，应按规定的期限将船名及船期及时通知对方，以便对方备货装船。同时，为了防止船货脱节和出现“船等货”的情况，注意催促对方按时装运。对数量大或重要物资的进口，如有必要也可请驻外机构就地了解、督促对方履约，或派人员前往出口地点检验监督。国外装船后，卖方应及时向买方发出装船通知，以便买方及时办理保险和做好接货等项工作。

三、投保货运险

FOB 或 CFR 交货条件下的进口合同，保险由买方办理。进口商(或收货人)在向保险公司办理进口运输货物保险时有两种做法：一种是逐笔投保方式，另一种是预约保险方式。

逐笔投保方式是进口商或收货人在接到国外出口商发来的装船通知后，直接向保险公司提出投保申请，填写“起运通知书”并送交保险公司。保险公司承保后，即在“起运通知书”上签章，进口商(或收货人)缴付保险费后，保险公司出具保险单，保险单随即生效。

预约保险方式是进口商或收货人同保险公司签订一个总的预约保险合同，按照预约保险合同的规定，所有预约保险合同项下的按 FOB 及 CFR 条件进口货物的保险都由该保险公司承保。预约保险合同对各种货物应保险的险别作出具体规定，所以投保手续比较简单。每批进口货物在收到国外装船通知后，即直接将装船通知寄到保险公司或填制国际运输预约保险起运通知书，将船名、提单号、开船日期、商品名称、数量、装运港、目的港等项内容通知保险公司，即作为已办妥保险手续，保险公司则对该批货物负自动承保责任，一旦发生承保范围内的损失，由保险公司负责赔偿。

四、审单和付汇

银行收到国外寄来的汇票及单据后，对照信用证的规定核对单据的份数和内容。如内容无误，即由银行对国外付款。同时进出口公司用人民币按照国家规定的有关外汇牌价向银行买汇赎单。进出口公司凭银行出具的“付款通知书”向用货部门进行结算。如审核国外单据发现单证不符时，应作出适当处理。处理办法很多，包括：停止对外付款；相符部分付款，不符部分拒付；货到检验合格后再付款；凭卖方或议付行出具担保付款；要求国外改正单据；在付款的同时提出保留索赔权等。

［案例 14—3］ 2013 年某月广交会上某公司 A 与英国某一老客户 B 签订合同，客户 B 购买公司 A 的玻璃文具，公司 A 报价 FOB 温州，由温州运到英国伦敦，装一个 40 英尺集装箱，海洋运费到付，合同金额达 USD 25 064.24，支付条件为全额信用证，客人回国后开信用证到公司 A，要求 6 月份出运货物。公司 A 按照合同与信用证的规定在 6 月份按期出了货，并向银行交单议付，但在审核过程中发现 2 个不符点：(1)发票上：GLASS WARES 错写成 GLASSWARES，即没有空格；(2)提单上：提货人一栏，TO THE ORDER OF WEST BANK，U. K. 错写成了 TO THE ORDER OF WEST BANK，即漏写 U. K.。公司 A 认为这是两个极小的不符点，根本不影响提货，公司 A 本着这一点，又认为客户是老客户，就不符点担保出单了，但公司 A 很快就接到由议付行转来的拒付通知，银行就以上述两个不符点作为拒付理由拒绝付款。公司 A 立即与客户取得联系，原因是客户认为到付的运费太贵，拒绝到付运费，因此货物滞留在码头，公司 A 也无法收到货款。后来公司 A 人员进行各方面的协调后，与船公司联系要求降低海洋运费，客户才勉强接受，到银行付款赎单。公司 A 被扣了不符点费用。整个解决纠纷过程使得公司 A 推迟收汇大约 20 天。请对此案例予以评述。

分析　不符点没有大小之分。在本案中，公司 A 事先知道单据存在不符点的情况下还是出单，存在潜在的风险。公司 A 认为十分微小的不符点却恰恰成了银行拒付的正当理由，因此，在已知存在不符点的情况下，最好要将其修改。FOB 运费的上涨，与公司 A 并无关系，因此客户主要是借不符点进行讨价还价。

五、报关、纳税

(一)进口报关

进口货物到货后，由进口公司或委托货运代理公司或报关行根据进口单据填具“进口货物报关单”向海关申报，并随附发票、提单、装箱单、保险单、进口许可证及审批文件、进口合同、产地证和所需的其他证件。如属法定检验的进口商品，还须随附商品检验证书。货、证经海关查验无误，才能放行。

(二)纳税

海关按照《中华人民共和国海关进出口税则》的规定对进口货物计征进口关税。货物在进口环节由海关征收(包括代征)的税种有关税、产品税、增值税、工商统一税及地方附加税、盐税、进口调节税等。对主要税种如关税、产品税、增值税、工商统一税和进口调节税的计算方法介绍如下：

1. 关税

进口关税是货物在进口环节由海关征收的一个基本税种。进口关税的计算是以CIF价格为基数计算。如果是FOB价格进口，还要加上国外运费和保险费，其公式为：

进口关税税额＝CIF价格×关税税率

2. 产品税、增值税和工商统一税(地方附加税)

产品税、增值税和工商统一税(地方附加税)都是货物进口环节由海关代征的税种。这三种税是按不同单位或进口货物的不同种类适用其中一种税，而不是同时征两种或三种。

如果是三资企业的进口货物，征收工商统一税并按工商统一税税额征收1%的地方附加税；如果是属于初级产品的货物，则征收产品税；进口经加工或多次加工的产品，征收增值税，其中多数机电仪产品征收增值税。这三种税的征收基数是完税价格，其公式如下：

应纳税额＝完税价格×税率

由此推算出来完税价格为：

完税价格＝(CIF价格＋关税)/(1－税率)

3. 进口调节税

进口调节税是国家对限制进口的商品或其他原因加征的税种，这是进口货物关税的附加税。具体计算公式为：

进口调节税＝CIF价格×进口调节税税率

相关链接：通关手续

通关手续(报关手续)是指出口商或进口商向海关申报出口或进口，接受海关的监督与检查，履行海关规定的手续。

通关手续一般有下列四个程序：申报、查验、征税、放行。

(1)申报(报关)。它是指进口商或其代理人在货物运抵港口、车站或机场时在海关规定的时间内，向海关提交有关单证和填写由海关规定的表单。

(2)查验(通称验关)。它是由进口货物的收货人、进口商或代理人(一般由报关员担任)随同海关人员在进口货物卸下后到海关指定的仓库内进行查验，核实货物与单证是否相符。

(3)征税。海关查验货物后，随即根据该国海关税则，将进口该批货物进行税则归类，并根据来自不同国家的货物，按不同税率征收进口关税。货物到达时，如发现货物缺失一部分，可扣除缺失部分的进口税。

(4)放行。海关在审核单证、检验货物并照章征收关税后，即在一切海关手续办妥后，在提单、运单、装货单上盖上海关放行章以示放行，进出口货物即此通关，由收、发货人据此向港口、民航、车站、邮局办理提取或托运手续。

六、验收和拨交货物

(一)验收货物

进口货物运达港口卸货时，要进行卸货核对。如发现短缺，应及时填制“短卸报告”交由船方签认，并根据短缺情况向船方提出保留索赔权的书面声明。卸货时如发现残损，货物应存放于海关指定仓库，待保险公司会同商检局检验后作出处理。对于法定检验的进口货物，必须向卸货地或到达地的商检机构报验，未经检验的货物不准投产、销售和使用。如进口货物经商检局检验发现有残损短缺，应凭商检局出具的证书对外索赔。对于合同规定的卸货港检验的货物，或已发现残损短缺有异状的货物，或合同规定的索赔期即将届满的货物等，都需要在港口进行检验。

一旦发生索赔，有关的单证如国外发票、装箱单、重量明细单、品质证明书、使用说明书、产品图纸等技术资料，以及理货残损单、溢短单、商务记录等，都可以作为重要的参考依据。

(二)办理拨交手续

在办完上述手续后，如订货或用货单位在卸货港所在地的，则就近转交货物；对订货或用货单位不在卸货地区的，则委托货运代理将货物转运内地并转交给订货或用货单位。关于进口关税和运往内地的费用，由货运代理向进出口公司结算后，进出口公司再向订货部门结算。

七、索赔与理赔

在进口业务中，如果进口方没有收到货物，或者发现收到的货物在品质、数量和包装等方面与合同规定的不符或有残损，可向有关方面提出索赔。

(一)索赔的对象

一旦发生索赔事故，首先就要弄清事实，分清责任，明确索赔对象，然后向有关责任方提出索赔的要求。

1. 向卖方索赔

凡属因卖方责任造成货物品质与合同规定不符、数量(或重量)短缺、包装不良、拒不交货或不按期交货，进口方均可向卖方索赔。

2. 向保险公司索赔

如果属于自然灾害、意外事故、外来原因或运输装卸过程中其他事故致使货物受损，并且在保险范围内的，那么进口方都可以向保险公司索赔。即使属于承运人的过失造成货物残损、遗失，而承运人不予赔偿或赔偿金额不足抵补损失的部分，进口方也应向保险公司或其他代理人索赔。

3. 向运输公司索赔

如果卸货数量少于提单记载的数量，或由于运输公司过失导致货物残损，或由于运输公司运输的原因，造成到货延迟等，均可向运输公司索赔。

(二)索赔的期限

进口方必须在规定的索赔期限内提出索赔声明，以保留索赔权利。此时，进口方应特别注意索赔的时效。对外索赔必须在合同规定的索赔期限内提出，否则索赔无效。如果合同未对索赔期限作出规定，根据《公约》的规定，对卖方索赔的期限应为买方实际收到货物之日起2年；根据《海牙规则》的规定，对船公司索赔的时限是货到目的港交货后1年；根据我国《海运货物保险条款》的规定，对保险公司索赔的时限一般为货物在目的港全部卸离海轮后2年。

(三)索赔的证据

对外提出索赔要提供足够的证据，其中商品检验证书最为重要。在办理索赔时，应制备索赔清单，随附商检证书、发票、装箱单和提单副本，可根据不同的索赔对象另附有关证件。向卖方索赔时，如果采用FOB或CFR术语，应随附保险单一份；向船公司索赔时，要提交由船长及港务局理货员的理货报告及船长签发的短卸货残损证明；向保险公司索赔时，要提供保险公司与买方的联合检验报告等。

(四)索赔的金额

根据《公约》规定，索赔的金额应与违约所造成的实际损失相等，即根据商品的价值和损失程度计算，还应包括支出的各种费用，如商品检验费、装卸费、银行手续费、仓库租赁费和利息等。合理的利润也应计入索赔金额。

本章小结

本章主要对进出口合同的履行程序及履行合同的重点和难点作了详细的介绍。在国际贸易中，经过买卖双方交易磋商达成的进出口合同，对双方都具有约束力，合同一经生效成立，双方必须严格履行合同的规定。可以说，做好履行合同工作的重要性绝不亚于合同的磋商和签订。不论是在出口合同履行过程中，还是在进口合同履行的过程中，所涉及的当事人较多，手续繁杂，工作环节也较为繁琐，相关各方必须密切协作，在各项工作中做到准确无误，才能顺利地履行合同，完成交易。

关键概念

押汇　电提　表提

练习题

一、单项选择题

1. 出口公司收到银行转来的信用证后，侧重审核(　　)。

A. 信用证内容与合同是否一致　　B. 信用证的真实性

C. 开证行的政治背景　　D. 开证行的资信能力

2. 信用证的到期地点应视信用证的规定而定，在我国外贸实务中通常使用的到期地点为(　　)。

A. 出口地　　B. 进口地　　C. 第三国　　D. 开证行所在地

3. 根据《跟单信用证统一惯例》(《UCP600》)规定，在金额、数量和单价前有“约”的词语，应解释为有(　　)的增减幅度。

A. 5%　　B. 7%　　C. 10%　　D. 15%

4. 出口报关的时间应是(　　)。

A. 备货前　　B. 装船前　　C. 装船后　　D. 货到目的港后

5. 托运人凭(　　)向外轮代理公司交付运费并换取正式提单。

A. 大副收据　　B. 发票　　C. 报关单　　D. 报验单

6. 一份CIF合同下，合同与信用证均没有规定投保何种险别，交单时保险单上反映出投保了平安险，该出口商品为易碎品，而其他单据与信用证要求相符。因此，(　　)。

A. 银行将拒付单据　　B. 买方将拒付单据

C. 卖方应支付不符点费用　　D. 银行应接受单据

7. 在信用证支付条件下，开证行对受益人履行付款责任，是以(　　)。

A. 卖方将货物装运完毕为条件的

B. 买方收到货物为条件的

C. 按时收到与信用证相符的全套单据为条件的

D. 收到卖方提供的代表货物所有权的单据为条件的

8. 提单日期为7月15日，信用证的有效期为8月15日，按《跟单信用证统一惯例》(《UCP600》)规定，受益人向银行交单的最迟日期为(　　)。

A. 7月15日　　B. 8月5日　　C. 8月15日　　D. 7月30日

9. 海关发票及领事发票(　　)。

A. 都是由买方国家有关部门提供的

B. 都是由卖方国家有关部门提供的

C. 前者由买方国家提供，后者由卖方国家提供

D. 前者由卖方国家提供，后者由买方国家提供

10. 信用证中只规定了议付的有效期，而未规定装运期，则根据《跟单信用证统一惯例》(《UCP600》)规定，(　　)。

A. 装运的最终期限与信用证的到期日相同

B. 信用证必须经过修改才能使用

C. 该证无效

D. 装运期可视为与信用证有效期相差一个月

二、多项选择题

1. 在出口合同履行过程中通常涉及的环节有(　　)。

A. 备货、报验　　B. 租船订舱

C. 索赔和理赔　　D. 催证、审证、改证

E. 制单结汇

2. 在审核信用证和单据的金额与货币时，需要审核的内容包括(　　)。

A. 信用证总金额的大、小写必须一致

B. 来证采用的货币与合同规定的货币必须一致

C. 发票和/或汇票的金额不能超过信用证规定的总金额

D. 若合同中订有溢短装条款，信用证金额应有相应的规定

E. 信用证总金额必须有一定比例的增减幅度

3. 下列信用证的条款中，属于软条款的是(　　)。

A. 商业发票需开证申请人签字

B. 商业发票需签字

C. 商检证书由开证申请人签发

D. 承运船只由买方指定，船名以信用修改书的方式通知，交单时必须提交信用证修改书

E. 货物样品寄交开证申请人认可，认可电传作为单据之一

4. 根据《跟单信用证统一惯例》(《UCP600》)规定，海运提单表面上注明承运人的名称，(　　)。

A. 必须由承运人或其代理人，或船长或其代理人签署

B. 签署人需表明其身份

C. 签署人不需表明其身份

D. 若为代理人签署，还需表明被代理一方的名称和身份

E. 若为代理人签署，只要表明其身份，而不需要表明被代理一方的名称和身份

5. 在出口结汇时，经常用到的发票有(　　)。

A. 银行发票　　B. 商业发票　　C. 海关发票　　D. 领事发票

E. 厂商发票

6. 在我国，产地证明书一般由(　　)签发。

A. 中国质检总局　　B. 各地进出口公司

C. 贸促会　　D. 商务部
E. 中国海关

7. 开证行拒付货款的理由可以是(　　)。
A. 单证不符　　B. 货物不符合合同规定
C. 单单不符　　D. 货物未装运
E. 货物未到达目的港

8. 进口国家要求出口商提供海关发票的目的是(　　)。
A. 作为进口估价完税的依据　　B. 作为征收差别待遇关税的依据
C. 作为征收反倾销税的依据　　D. 作为进口商付款的依据
E. 作为进口商收取货物、记账、报关纳税的重要依据

9. 在我国的进出口业务中,出口结汇的方法有(　　)。
A. 收妥结汇　　B. 买单结汇　　C. 定期结汇　　D. 预付结汇
E. 凭保函结汇

10. 在信用证项下结汇时,议付行要求"单证表面严格相符"。但是,当单证不符时,出口企业可以采用(　　)来结汇。
A. 表提　　B. 电提　　C. 跟证托收　　D. 定期结汇
E. 押汇

三、简答题

1. 出口企业与银行在审核信用证时有什么不同?
2. 出口企业在审证时应注意哪些问题?
3. 简述 CIF 合同下以信用证为支付方式的出口合同的履行程序。
4. 什么是制单? 出口企业在缮制出口单据时应注意什么问题?
5. 出口结汇有哪几种方式? 这几种方式有什么不同?
6. 简述 FOB 合同下以信用证为支付方式的进口合同的履行程序。

四、案例分析题

我国 A 公司向加拿大 B 公司以 CIF 术语出口一批货物,合同规定 4 月份装运。B 公司于 4 月 10 日开来不可撤销信用证。此证按《跟单信用证统一惯例》(《UCP600》)规定办理。证内规定:装运期不得晚于 4 月 15 日。此时我方已来不及办理租船订舱,立即要求 B 公司将装运期延至 5 月 15 日。随后 B 公司来电称:同意展延船期,有效期也顺延一个月。我国 A 公司于 5 月 10 日装船,提单签发日为 5 月 10 日,并于 5 月 14 日将全套符合信用证规定的单据交银行办议付。

试问:我国 A 公司能否顺利结汇? 为什么?

五、论述题

1. 试论 CIF 合同下以信用证为支付方式的出口合同的履行程序。
2. 试论 FOB 合同下以信用证为支付方式的进口合同的履行程序。

附录

出口货物报关单是出口单位向海关申报货物出口的单证,是由海关总署统一印制的,是海关依法监管货物出口、征收关税、编制海关统计表以及处理其他业务的主要凭证。对于一般贸易方式,报关单一般填写一式三联,第一联为海关留存联,第二联为海关统计联,第三联为企业留存联。如果是利用计算机进行数据录入的口岸报关,只需提供一份报关单,交指定的预录入中心将数据输入计算机。

报关单根据业务性质的不同,有一般贸易出口货物报关单,进料加工专用报关单,出口退税专用报关单和

来料加工、补偿贸易专用报关单。下面以一般贸易出口货物报关单为例，介绍出口货物报关单的填制方法。

出口货物报关单样示

中华人民共和国海关出口货物报关单

预录入编号：＊＊＊＊＊＊＊ ①　　　**海关编号**：＊＊＊＊＊＊ ②

出口口岸 ③ 2300 南京海关	备案号 ④	出口日期 ⑤ 2006-05-30	申报日期 ⑥ 2006-05-28
经营单位 ⑦ 1234567890 江苏东星进出口公司	运输方式 ⑧ 江海运输	运输工具名称 ⑨ SUHONG V. 025	提运单号 ⑩ LU0235R30585
发货单位⑪ 0987654321 南通羽绒服装厂	贸易方式⑫ 一般贸易(0110)	征免性质⑬ 一般征税(101)	结汇方式⑭ 信用证 6
许可证号⑮	运抵国(地区)⑯ 美国(502)	指运港⑰ 纽约	境内货源地⑱ 南通

批准文号⑲ 00001	成交方式⑳ CFR	运费㉑ 502/2100/3	保费㉒	杂费㉓
合同协议号㉔ CPP-0196	件数㉕ 150	包装种类㉖ 箱	毛重(千克)㉗ 16 200	净重(千克)㉘ 14 400

集装箱号㉙ APLU291165＊2(4)	随附单据㉚ B	生产厂家㉛ 0987654321 南通羽绒服装厂

标记唛头及备注 ㉜　RNS No. 7920
MADE IN CHINA　　APLU8874832
PORT：NEW YORK
C/No：1-150　　B：06-06-020E

项号	商品编号	商品名称、规格型号	数量及单位	最终目的国（地区）	单价	总价	币制	征免
01	6201.9310	男式羽绒夹克 J7612NY MENS NYLON DOWN JACKETS	1 800 件	美国	21.68	39 024.00	USD	照章
㉝	㉞	㉟	㊱	㊲	㊳	㊴	㊵	㊶

FOB VALUE：USD 39 024.00

费税征收情况㊷

录入员㊸　录入单位㊹	兹申明以上申报无讹并承担法律责任	海关审单批注及放行日期（盖章）㊼
报关员 **邢　东** 单位地址 南京莫愁路 40 号 邮编　200000	申报单位（签章）㊺ 江苏东星进出口公司 报关专用章 电话：52223458　　填制日期 20050527㊻	审单　　审价 征税　　统计 查验　　放行

1. 预录入编号

预录入编号指申报单位或预录入单位对该单位填制录入的报关单的编号，用于该单位与海关之间引用其申报后尚未放行的货物的报关单。

报关单录入凭单的编号规则由申报单位自行决定。预录入报关单及 EDI 报关单的预录入编号由接受申报的海关决定编号规则。

2. 海关编号

海关编号由各海关在接受申报环节确定，应标识在报关单的每一联上。

报关单海关编号为 9 位数码，其中前 2 两位为分关(办事处)编号，第 3 位由各关自定义，后 6 位为顺序编号。各直属海关对进口报关单和出口报关单应分别编号。

3. 出口口岸

注明货物实际出境口岸的海关名称和代码，按《海关名称及代码表》规定填制。

加工贸易合同项下货物在海关核发的《登记手册》中限定或指定的口岸与货物实际出境口岸不符的，应向合同备案主管海关办理《登记手册》的变更手续后填报。

出口转关运输货物应填报货物出境地海关名称及代码。按转关运输方式监管的跨关区深加工结转货物，出口报关单填报转出地海关名称及代码。

其他未实际出境的货物，填报接受申报的海关名称及代码。

4. 备案号

备案号指进出口企业在海关办理加工贸易合同备案或征、减、免税审批备案等手续时，海关给予《登记手册》、《进出口货物征免税证明》(以下简称《征免税证明》)或其他有关备案审批文件的编号。

备案号长度为 12 位，其中第 1 位是标记代码。备案号的标记代码必须与“贸易方式”及“征免性质”栏目相协调。例如贸易方式为来料加工，征免性质也应当是来料加工，备案号的标记代码应为“B”。

一份报关单只允许填报一个备案号。一般贸易下，此栏留空。

5. 出口日期

出口日期指运载所申报货物的运输工具办结出境手续的日期。本栏目供海关打印报关单证明联用。预录入报关单及 EDI 报关单均免于填报。

无实际进出境的报关单填报办理申报手续的日期。本栏目为 6 位数，顺序为年、月、日各 2 位。

6. 申报日期

申报日期指海关接受出口货物的发货人或其代理人申请办理货物进(出)口手续的日期。预录入及 EDI 报关单填报向海关申报的日期，与实际情况不符时由审单关员按实际日期修改批注。本栏目为 6 位数，顺序为年、月、日各 2 位。

7. 经营单位

经营单位指对外签订并执行出口贸易合同的中国境内企业或单位。本栏目应填报经营单位名称及经营单位编码。经营单位编码为 10 位数字，指进出口企业在所在地主管海关办理注册登记手续时，海关给企业设置的注册登记编码。

8. 运输方式

运输方式指载运货物进出口关境时所使用的运输工具的分类。该栏目根据实际运输方式，按海关规定的运输方式代码表选择填报相应的运输方式。

特殊情况下，运输方式的填报原则如下：

(1)非邮政方式进出口的快递货物，按实际运输方式填报。

(2)进出境旅客随身携带的货物，按旅客所乘运输工具填报。

(3)进口转关运输货物，按载运货物抵达进境地的运输工具填报；出口转关运输货物，按载运货物驶离出境地的运输工具填报。

(4)无实际进出境的，根据实际情况选择填报运输方式代码表中的运输方式“0”(非保税区运入保税区和保税区退仓)、“1”(境内存入出口监管仓库和出口监管仓库退仓)、“7”(保税区运往非保税区)、“8”(保税仓库转内销)或“9”(其他运输)。

9. 运输工具名称

将载运货物出境的运输工具的名称或运输工具标号填入此栏，一份报关单只允许填报一项运输工具名称。无实际进出境的此栏为空。

10. 提运单号

一份报关单只允许填报一个提运单号。江海运输填报出口提单号;铁路运输填报运单号;汽车运输免于填报;航空运输填报总运单号;邮政运输填报邮政包裹单号;无实际进出境的,本栏目为空。

11. 发货单位

发货单位指出口货物在境内的生产或销售单位,包括自行出口货物的单位和委托有外贸进出口经营权的企业出口货物的单位。本栏目应填报发货单位的中文名称或其海关注册编码。加工贸易报关单的发货单位应与《登记手册》的“货主单位”一致。

12. 贸易方式(监管方式)

根据实际情况并按照海关规定的贸易方式代码表,选择填报相应的贸易方式简称或代码。一份报关单只允许填报一种贸易方式。

13. 征免性质

征免性质指海关对出口货物实施征、减、免税管理的性质类别。本栏目应按照海关核发的《征免税证明》中批注的征免性质填报,或根据实际情况按海关规定的征免性质代码表选择填报相应的征免性质简称或代码。加工贸易报关单本栏目应按照海关核发的《登记手册》中批注的征免性质填报相应的征免性质简称或代码。一份报关单只允许填报一种征免性质。

14. 结汇方式

根据实际情况并按海关规定的“货物方式代码表”填制相应的贸易方式简称及其代码。

15. 许可证号

应申领出口许可证的货物,必须在此栏目填报相关授权发证机关签发的出口货物许可证的编号,不得为空。一份报关单只允许填报一个许可证号。

16. 运抵国(地区)

根据出口货物直接运抵的国家(地区),并按海关规定的“国别/地区代码表”填写。对发生运输中转的货物,如中转地未发生任何商业性交易,则运抵地不变;如中转地发生商业性交易,则以中转地作为运抵国(地区)填报。

无实际进出境的,本栏目填报“中国”(代码“142”)。

17. 指运港

指出口货物运往境外的最终目的港或尽可能预知的目的港。此栏根据实际情况并按照海关规定的港口航线代码表选择填报相应的港口中文名称或代码。

18. 境内货源地

注明出口货物在国内的产地或原始发货地,并按海关规定的国内地区代码表选择填报相应的国内地区名称或代码。无实际进出境的,本栏目填报“中国境内”(代码“0142”)。

19. 批准文号

填报出口收汇核销单编号。

20. 成交方式

根据合同成交条件,并按海关规定成交方式代码表选择填报相应的成交方式代码。无实际出境的,填报FOB价。

21. 运费

本栏目用于成交价格中含有运费的出口货物,应填报该份报关单所含全部货物的国际运输费用。可按运费单价、总价或运费率三种方式之一填报,同时注明运费标记,并按海关规定的货币代码表选择填报相应的币种代码。运保费合并计算的,运保费填报在本栏目。

运费标记“1”表示运费率,“2”表示每吨货物的运费单价,“3”表示运费总价。例如5%的运费率填报为5;24美元的运费单价填报为502/24/2;7 000美元的运费总价填报为502/7000/3。

22. 保费

用于成交价格中含有保险费的出口货物，应填报该份报关单所含全部货物国际运输的保险费用。可按保险费总价或保险费率两种方式之一填报，同时注明保险费标记，并按海关规定的货币代码表选择填报相应的货币代码。

23. 杂费

杂费指成交价格以外的、应计入完税价格或应从完税价格中扣除的费用，可按杂费总价或杂费率两种方式之一填报，同时注明杂费标记，并按海关规定的货币代码表选择填报相应的货币代码。

24. 合同协议号

本栏目应填报进(出)口货物合同(协议)的全部字头和号码。

25. 件数

填报有外包装的出口货物的实际件数。舱单件数为集装箱(TEU)的，填报集装箱个数。舱单件数为托盘的，填报托盘数。本栏目不得填报为零，裸装货物填报为1。

26. 包装种类

根据出口货物实际外包装种类，按海关规定的包装种类代码表选择填报相应的包装种类代码。

27. 毛重(千克)

填报出口货物实际毛重，计量单位为千克，不足1千克的填报为1。

28. 净重(千克)

填报出口货物实际净重，计量单位为千克，不足1千克的填报为1。

29. 集装箱号

本栏目用于填报和打印集装箱编号及数量。集装箱数量四舍五入填报整数，非集装箱货物填报为0。在多于一个集装箱的情况下，其余集装箱编号打印在备注栏或随附清单上。例如TBXU3605231 * 2(3)表示2个集装箱，折合为3个标准集装箱，其中一个箱号为TBXU3605231。

30. 随附单据

按海关规定的监管证件名称代码表选择填报相应证件的代码，并填报每种证件的编号(编号打印在备注栏下半部分)。合同、发票、许可证等必备的随附单证不在本栏目填报。

31. 生产厂家

生产厂家即出口货物的境内生产企业。本栏目供必要时手工填写。

32. 标记唛头及备注

本栏目上部用于打印以下内容：标记唛码中除图形以外的文字、数字；受外商投资企业委托代理其进口投资设备、物品的外贸企业名称；加工贸易结转货物及凭《征免税证明》转内销货物，其对应的备案号应填报在本栏目，即"转至(自)×××××××××××××手册"；其他申报时必须说明的事项。

本栏目下部供填报随附单据栏中监管证件的编号，具体填报要求为：监管证件代码+":"+监管证件号码。一份报关单多个监管证件的，连续填写；一票货物多个集装箱的，在本栏目打印其余的集装箱号。

33. 项号

第一行打印报关单中的商品排列序号，第二行专用于加工贸易等已备案的货物在《登记手册》中的项号。

34. 商品编号

商品编号指按海关规定的商品分类编码规则确定的出口货物的商品编号。

35. 商品名称和规格型号

本栏目第一行打印出口货物规范的中文商品名称；第二行打印规格型号，必要时可加注原文。本栏目分三行填报及打印。

36. 数量及单位

填报出口商品的实际数量及计量单位。具体填报要求如下：(1)进出口货物必须按海关法定计量单位填报。法定第一计量单位及数量，打印在本栏目第一行。(2)凡海关列明第二计量单位的，必须报明该商品第二计量单位及数量，打印在本栏目第二行。无第二计量单位的，本栏目第二行为空。(3)成交计量单位与海关法定计量单位不一致时，还需填报成交计量单位及数量，打印在商品名称、规格型号栏下方(第三行)。成交计量单位与海关法定计量单位一致时，本栏目第三行为空。

37. 最终目的国(地区)

填报已知的出口货物的最终实际消费、使用或进一步加工制造国家。本栏目应按海关规定的国别(地区)代码表选择填报相应的国家(地区)名称或代码。

38. 单价

填报同一项号下出口货物实际成交的商品单位价格，无实际成交价格的，本栏目填报货值。

39. 总价

填报同一项号下出口货物实际成交的商品总价，无实际成交价格的，本栏目填报货值。

40. 币制

根据实际成交情况按海关规定的货币代码表选择填报相应的货币名称或代码，如果货币代码表中无实际成交币种，需转换后填报。

41. 征免

按照海关核发的《征免税证明》或有关政策规定，对报关单所列每项商品选择填报海关规定的征、减、免税方式代码表中相应的征、减、免税方式。

42. 税费征收情况

供海关批注出口货物税费征收及减免情况。

43. 录入员

用于预录入和 EDI 报关单，打印录入单位名称。

44. 录入单位

用于预录入和 EDI 报关单，打印录入单位名称。

45. 申报单位

自理报关的，应填报出口货物的经营单位名称及代码；委托代理报关的，应填报经海关批准的专业或代理报关企业名称及代码。

46. 填制日期

即报关单的填制日期。预录入和 EDI 报关单由计算机自动打印。

47. 海关审单批注栏

供海关内部作业时签注。

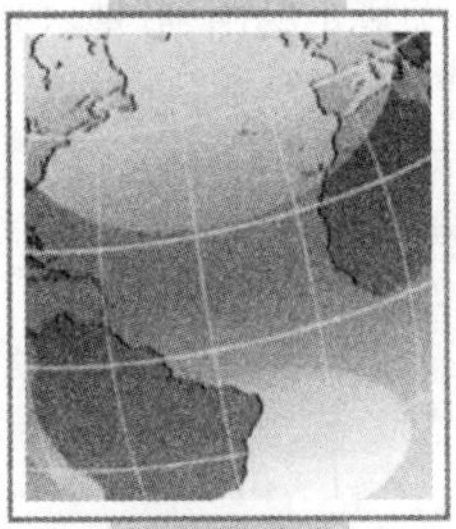

第十五章 国际贸易方式

要点提示

- 国际贸易各种方式的含义和种类
- 国际货物贸易中各种方式的具体做法
- 国际货物贸易中各种方式需要注意的问题

内容引言

随着国际贸易的发展，贸易方式也日趋多样化。除采用逐笔售定的方式外，还有包销、代理、寄售、拍卖、招标与投标、期货交易、对销贸易等。能够正确地选择贸易方式，对于开拓国际市场、稳定贸易合作关系及扩大国际经济技术合作具有积极的意义。例如某港商与某电器厂合资创办企业，该港商以合资企业所需部分设备作为资产进行投资。在合资企业建立过程中，该港商以购买设备款项不足为由，要求该电器厂指定该港商作为代理人到国外购买合资企业所需设备。由于该电器厂急需从国外进口机械设备且对国外市场不了解，便同意了该港商的意见。但该厂将货款汇出境外时，该港商神秘失踪，货款也石沉大海。该案例说明，在指定代理人时应做好充分的准备工作，避免上当受骗。随着国际贸易的发展，应灵活运用各种新贸易方式完成进出口商品业务。

第一节 经销与代理

一、经销

（一）经销的含义和类型

经销（Distribution）是指出口商与国外经销商达成书面协议，规定经销商品的种类、经销期限和地区范围，利用国外经销商推销商品的一种贸易方式。经销商与出口商之间的关系是买卖关系。经销方式克服了逐笔售定的不足之处。通过协议确定了双方在一定期限内的稳定关系。

按照经销商权限的不同，经销可分为两种类型，即一般经销和独家经销。

1. 一般经销（General Distribution）

在国际贸易中，是指经销商按照约定条件，为国外供应商销售商品。双方订立协议或者相互约定，由供货商向经销商定期定量或者优先提供货物，经销商在本国市场上销售。经销商与供应商之间是买卖关系，经销商自垫资金购买供货商的货物，自行销售，自负盈亏。

2. 独家经销（Sole Distribution）

也称包销（Exclusive Sales），是指经销商在一定的时间和地域内对指定商品享有独家专销权的一种经销方式，指定商品除独家经销商可以销售外，在该指定区域内任何其他人不得销售此种商品。即独家经销商享有排他性的经营权。

(二)经销协议

经销协议是确定出口企业和国外经销商之间权利和义务关系的契约。其内容主要有以下几个方面：

(1)经销协议的名称，双方当事人的名称，签约日期和地点。

(2)是否有独家经销权。对独家经销权的规定包括专卖权和专买权两方面。专卖权是指出口企业必须将指定商品在规定的期限和地区内给予独家经销商销售。专买权是指规定独家经销商只能购买该出口企业的商品，不得购买其他企业出口的同类产品。应注意的是，规定独家经销可能会触犯某些国家有关禁止独占的法律，因此在签订独家经销协议前应做好调查了解。

(3)经销商品种类。为了避免经销商品的争议，最好在协议中对经销商品停止生产或有新品种产生对协议是否适用等予以明确。

(4)经销地区。经销地区是指经销的地理范围。一般的约定方法有：确定一个国家；确定一个国家中的几个城市；确定一个城市等。

(5)经销期限。一般为一年。在协议里也可规定期满后续约或终止的办法。

(6)经销数量或金额。此项数量或金额既是买方应承购的数量或金额，也是卖方应供应的数量或金额，对双方都有同等的约束力。协议中一般还规定超额承购奖励条款和不能履约的罚金条款。

(7)作价办法。商品可以一次作价，也可以分批作价。具体可根据商品的特点和市场情况作价。

(8)个别销售合同与一般交易条件协议的关系。

(9)广告宣传、市场情况报道和商标保护。

(三)采用经销方式应注意的问题

(1)对经销方式的选用。独家经销比一般经销更能调动经销商的积极性，促使经销商专心销售约定的商品，并向用户提供必要的售后服务。

(2)对经销商的选用。要注意经销商的资信情况、经营能力及其在经销地区的商业地位。

(3)对经销商品的种类、经销地区和数量或金额的确定。商品种类的多少、地区的大小，要同资信能力和自己的经营意图相适应。在一般情况下，独家经销的商品种类不宜过多，地区大小要参照经销商销售网的大小及其经营能力，经销数量或金额的大小则要参照自己的货源可能和市场的容量及自己的经营意图。

(4)对中止或索赔的规定。为了防止独家经销商垄断市场或经营不力等现象的发生，最好在协议中有中止或索赔条款的规定。

二、代理

(一)代理的含义

代理(Agency)是指出口商与国外的代理商达成协议由出口商作为委托人，授权代理人代表出口商在特定地区和一定期限内推销商品、签订合同的一种贸易方式。代理商和出口商之间不是买卖关系，而是委托和被委托的关系。代理具有以下基本特点：

(1)代理人只能在委托人的授权范围内，代表委托人从事商业活动。

(2)代理人一般不以自己的名义与第三者签订合同。

(3)代理人通常是运用委托人的资金从事业务活动。

(4)代理人不管交易的盈亏,只是收取佣金。

(5)代理人只居间介绍生意、招揽订单,而不承担履行合同的责任。

(二)代理的种类

1. 总代理

总代理(General Agency)是指委托人在指定地区的全权代表,不仅享有指定地区独家代理的权利,还代表委托人进行全国业务活动,甚至包括非商业性质的活动。在我国出口业务中,一般不签订总代理协议,而指定我驻外的贸易机构作为我国进出口公司的总代理。

2. 独家代理

独家代理(The Exclusive Agency or Sole Agency)是指委托人给予代理商在一定地区和一定期限内享有代销指定货物的专营权,只要在一定地区和规定的期限内做成该项货物的交易,无论是由代理商签约还是由委托人直接签约,代理商都按成交金额提取佣金。在我国出口业务中,采用独家代理方式时,参照国际贸易习惯做法一般都给代理商上述权利。

3. 一般代理

一般代理(Agent)指不享有独家专营权的代理商,委托人可以同时委托若干个代理人在同一地区推销相同商品,也可以直接向其他买主出售代理商品。一般代理又称普通代理或佣金代理。

(三)代理协议

代理协议是规定出口企业和代理商之间权利和义务的协议。代理协议内容主要有:

1. 协议名称的双方当事人

签订代理协议时,一定要明确代理协议的性质是独家代理、总代理还是一般代理,同时,要保证所签订的代理协议不要与有关的法律规定相抵触。

代理协议的双方当事人,即委托人和代理人,通常是独立的、自主的法人或自然人。协议必须清楚地规定双方当事人各自的全称、地址、法律地位、业务种类、注册日期、地点以及可以用来识别它的任何其他表示。

在代理协议的序言中,一般要对双方的法律关系、授权范围和代理人的职责范围有明确的规定。

2. 指定代理的商品、地区和期限

在代理协议中,要明确、具体地对代理人代理商品的种类、名称、规格以及代理的地区、时间等作出规定。代理商品的范围,出口企业要根据其经营意图、代理商的规模、经营能力及资信等状况作出决定。

3. 代理的权限

不同的代理,该条款的具体内容不同。如果是一般代理,应该在该条款中规定:委托人在代理人代理的地区,有直接向买主进行谈判和成交的权利。

独家代理协议中规定的独家代理权,通常分成两个方面:(1)独家代理权,即独家代理约定商品的专营权。委托人给予独家代理商的专营权后,委托人在约定期限和约定地区内,不得另选代理商或自己直接销售。(2)独家代理商是否有权代表委托人订立具有约束力的合同。为避免独家代理商以委托人的名义或利用其信誉从事不利于委托人的活动,常常规定独家代理商的权限仅限于替委托人物色买主、招揽订单及中介交易等,而无权以委托人的名义与第三者订立合同。

4. 佣金条款

代理协议中必须规定佣金率、支付佣金的时间和方法。佣金率可与成交金额或数量相联系。

5. 最低成交额

独家代理通常承诺最低成交量或金额。若未能达到该数额，委托人有权中止协议或按协议规定调整佣金率。

6. 宣传推广、商情报告和保护商标

代理人在代理期内，有义务定期或不定期地向卖方提供有关商情，代理商还应在代理区内努力并且适当地进行广告宣传和促进产品的销售。

(四)采用代理方式应注意的问题

1. 对代理方式的选用

独家代理比一般代理更能调动代理商的积极性，促使代理商专心代销约定的商品。

2. 对代理商品的选用

对代理商的资信能力和自己的经营能力及其在代理地区的商业地位做好市场调查。

3. 对代理商品的种类、代理地区和代销数量或金额的确定

商品种类的多少、地区的大小，要同客户的资信能力和自己的经营意图相适应。在一般情况下，独家代理的商品种类不宜过多，地区大小要参照代理商活动范围及其经营能力，代理数量或金额的大小则要参照自己的货源可能和市场的容量及自己的经营意图。

4. 对中止或索赔条款的规定

为了防止独家代理商垄断市场或经营不力等现象的出现，最好在协议中有中止或索赔条款的规定。

第二节　寄售与展卖

一、寄售

(一)寄售的含义和特点

1. 寄售的含义

寄售(Consignment)是指出口人(委托人)先将货物运往寄售地，委托国外一个代销人(受委托人)按照寄售协议规定的条件，由代销人代替委托人进行销售，货物出售后，由代销人向委托人结算货款的一种贸易方式。

2. 寄售的特点

(1)寄售人先将货物运至目的地市场(寄售地)，然后经代销人在寄售地向当地买主销售。因此，它是典型的凭实物进行买卖的现货交易。

(2)寄售人与代销人之间是委托代售关系，而非买卖关系。代销人员根据寄售人的指示处置货物。货物的所有权在寄售地出售之前仍属寄售人。

(3)寄售货物在售出之前，包括运输途中和到达寄售地后的一切费用和风险，均由寄售人承担。

寄售货物装运出口后，在到达寄售地前也可使用出售路货的办法先行试销，即当货物尚在

运输途中,如有条件即成交出售,出售不成则仍运往原定目的地。

(二)寄售方式的优缺点

1. 寄售方式的优点

采用寄售方式可以在当地市场出售现货,有利于卖方根据市场的供求情况掌握销售时机、提高商品的竞争能力并使商品卖得好价。货物与买主直接见面,买主可以看货成交,随时采购,对开辟市场、推销新产品有一定作用。代销商不负担风险和费用,一般不需要垫付资金,多销多得,有利于促进其经营积极性。

2. 寄售方式的缺点

出口商承担一定的风险和费用。货物未售出之前发运,售后才能收回货款,收汇一般较缓慢,资金负担较重,货物已出口不能直接控制,一旦代销人不履行协议,可能遭到货款两空的危险。货物需在寄售地区安排存仓、提货,代销人不承担费用和货款,都将给出口商带来损失。如果货物滞销需要运回或转运其他口岸,出口商将遭受损失。

(三)寄售应注意的问题

(1)在调查研究的基础上选好寄售地点。要了解国外销售市场各方面的情况,如市场动态、供求情况、销售渠道、消费习惯、当地政府对外贸的管理制度、外汇管理、税收办法和市场管理等。

(2)审慎选择合适的代销人。鉴于寄售是先出运、后成交和售货后收回货款,故代销人是否合适,对寄售人有切身的利害关系。为了确保寄售达到预期效果,应该选择资信好、有经营推销能力的客户作为代销人。

(3)要选择适销对路的商品作为寄售的商品。寄售商品选择适当与否,关系到寄售的成败。因此,一般应选择当地市场有销路而又难成交的商品,或者是一些名优产品与新小商品。对品质、规格、包装不适应当地市场需要的商品或滞销商品,不适于寄售。

(4)适当掌握寄售商品的数量。寄售数量的多少,应根据销售情况和市场容量大小而定。一般来说,寄售数量不宜过多,以免由于销售不出去而被迫削价出售,或转移到其他市场而增加费用和风险的负担。

(5)要注意收汇安全。为了确保收汇安全,除不宜选择外汇管制严格或外汇短缺的国家或地区为寄售地外,还应要求代销人提供银行保函。

(6)订好寄售协议。寄售协议关系到双方当事人的权利和义务,因此在寄售协议中,对价格货款和佣金给付以及费用的负担等事项,均应作为明确合理的规定,以利于协议的执行。

二、展卖

(一)展卖的含义及特点

展卖(Fairs and Sales)是指利用博览会和展览会及其他交易会形式,对商品实行展销结合的一种贸易方式。其特点是:能展示产品的特性,把出口商品的展览和推销有机地结合起来,边展边销;能充分发挥广告宣传的效果;能够成为各国彼此交流技术和了解国际市场上竞争产品的窗口。

(二)展卖的形式及做法

1. 国际博览会和展览会

(1)国际博览会。国际博览会(International Fair)又称国际集市,是指在一定地点定期举办的由一国或多国联合组织并邀请各国商人参加交易的贸易形式。目的是使所有参加者都能了解世界各地的产品和技术，促进贸易的发展，它不仅是一个交易的场所，更多的是具有介绍产品、广告宣传和打开销路的作用。

(2)展览会。展览会贸易是指出口方选择合适的场地，集中一定的商品，不定期地进行展出和销售的贸易方式。展览会分为短期展览会、长期展览会和流动展览会等，目的是展示一国或不同国家的产品、科技方面的成就。

2. 中国出口商品交易会

(1)广州交易会。广州交易会(Chinese Export Commodities Fair)是指我国各进出口公司在广州定期联合举办的、邀请国外客户参加的一种集展览与交易相结合的商品展销会，简称广交会。我国于 1957 年举办了首届广交会，以后每年于春秋两季各举办一次，分别称为春交会和秋交会。

(2)其他各地的交易会。在广交会闭会期间，我国的外贸公司经常在某种商品的产地、出口口岸或其他适当的地方，举办一些规模较小的各种类型的交易会，例如地毯交易会、工艺品交易会、服装交易会等。这些交易会对于缓解广交会的过度集中问题、推销库存商品及试销新小商品起到了积极作用。

(3)支持外商举办或与外商联合举办展卖会。我国出口商品在国外展卖采取的两种主要方式是支持外商在国外举办我国出口商品展卖会和与外商联合举办我国出口商品展卖会。其中，前一种方式是我国将货物通过签约的方式卖断给外商，由外商在国外举办或参加展卖会；后一种方式是由我方同外商合作，我方提供展品，在展卖时展品所有权仍属我方，展品的运输、保险、劳务及其他费用一般由外商承担，展台租赁、设计、施工以及展出期间的宣传广告费用也由外商承担。展卖的商品售出后，提供合作的外商可以从出售所得的货款中得到一定的手续费作为报酬。

(三)开展展卖应注意的问题

开展展卖业务，需要注意以下几方面的问题：

1. 选择适当的展卖商品

在选择确定展卖商品时，要考虑选择一些质量较好、在市场上具有竞争力的参展商品；展出的品种应多样化，每一种花色的档次要多而全，既要有能满足特殊需要的高档品，也应有供应一般消费品的大路货和低档货，以适应各类不同层次消费者的不同需要。一般来说，机器设备、电子产品、手工艺品、儿童玩具以及一些日用消费品比较适用。

2. 选择合适的展销地点

一般来说，应考虑选择一些交易比较集中、市场潜力比较大且有发展前途的集散地或交易中心进行展卖活动。同时还应考虑当地的各项设施，如展出场地、通信、交通等基础设施所能提供的方便条件和这些服务的收费水平。

3. 选择适当的展卖时机

一般来说，展出的时间应与商品的销售季节一致，每次展出的时间不宜过长，以免费用过大、影响效果。

4. 做好参展组织工作

展卖本身是一种宣传活动，但要成功地进行展卖，需要做大量的宣传组织工作。可以利用各种媒体刊登广告以引起公众注意，同时还可以邀请当地客户和知名人士，进行重点宣传以引起社会轰动，扩大在当地的影响。

5. 选择好合作的客户

合作的客户必须具有一定的经营能力，在当地市场应有一定的地位和影响，比较熟悉展出地点的市场情况，并有一定的业务联系网络或销售渠道，至少是具有一定能力的中间商。

相关链接：德国科隆博览会

科隆博览会创建于1974年，是全球家电行业最大、最具影响力及权威性的专业展览会，由科隆国际展览有限公司独家组办，每两年一届。从2006年起科隆已成为国际家用电器展的单一、永久举办地。2004年科隆国际家用电器展，共有来自德国、法国、英国、意大利、中国等53个国家的1 323家企业参展，展出面积达110 000平方米，其中，中国共有398家企业参展。

展品范围：大型家用电器、小型家用电器；供大、小型家用电器使用的零部件及配件；厨房设备；家庭自动控制等。主要包括空调，供热装置及暖气设备，热水器，冰箱及冷冻设备，烹饪、烘焙和烧烤器具，洗衣设备，厨房电器及小家电，小型电热器具，清洁设备，家庭健身与个人护理设备，卫生间设备，家庭医疗设备，水、气、油安装设备零部件，通风设备，灯具等照明设备及附件，厨房内设施，嵌入式厨房设备，室内外操作与监控装置，家居自动化设备等。

第三节　招标与拍卖

一、招标

（一）招标和投标的含义与特点

1. 招标和投标的含义

招标和投标是一种贸易形式的两个方面，适用于采购物资和国际工程承包及劳务合作等项目。

招标(Invitation to Tender)是指招标人在规定的时间、地点，以某种方式发布招标公告，说明针对特定商品或工程项目的具体内容，同时邀请投标人在规定的时间和地点参加投标并按照程序从中选择交易对象的一种交易行为。

投标(Submission of Tender)是指由卖方或承包人在指定时间内按照招标的要求和条件，报出价格和其他必要的条件，争取中标和达成交易的行为。参加投标的一方称为投标人。投标也是指投标人接到招标通知后，根据招标通知和要求填写招标文件，并将其送交给招标人的行为。

2. 招标和投标方式的特点

(1)招标和投标是一种复杂的贸易方式，包含的环节多，工作量大，成交金额也很大，一般是即期付款，即在投标人交货和完工后，招标人便付清货款。

(2)双方当事人之间的买卖关系。投标人只能按照招标人提出的条件和要求向招标人作一次性递价，而且递出的必须是实盘，没有讨价还价的余地，没有交易磋商过程。能否中标，主要取决于一名投标人所提出的投标条件是否优于其他投标竞争者而被招标人所接受。

(3)招标和投标属于竞卖和竞包性质。在招标和投标中，由一家招标人向多家投标人发出投标邀请，投标人各自为了争取中标，相互之间展开激烈的竞争，而投标人之间的幕后竞争更为激烈。这样，招标人处于比较主动的地位，而投标人则处于比较被动的地位。

（二）招标的种类

目前国际上采用的招标方式大体可分为三种。

1. 竞争性招标

这是一种通过多数投标人投标，从中选择对招标人最为有利的投标人并达成交易的方式。

它有两种做法：一是公开招标，即无限竞争性招标，招标人要在国内外主要报刊上刊登招标广告，使所有合格的投标者都具有同等的机会了解投标要求，参加投标；二是选择招标，即有限竞争性招标，招标人不在报刊上刊登招标广告，仅是有选择地邀请投标人参加投标，通过资格预审后，再由他们进行投标。

2. 谈判招标

这是一种非公开性、非竞争性的招标，招标人仅物色几家供应商直接进行合同谈判。谈判成功，交易达成。

3. 两段招标

这是一种将公开招标和选择招标结合运用的招标方式，即第一阶段先用公开招标方式，第二阶段再用选择性招标方式，将招标分两段进行。

（三）招标的程序

1. 招标

国际招标分为公开招标与秘密招标两种，但大部分货物采购和兴建工程项目都采取公开招标方式。秘密招标仅限修建保密工程，向个别投票人进行招标。

2. 投标

投标人在投标前要做好准备工作，如编制投标资格审查表、分析招标文件及寻找投标担保单位等。做好准备工作后，须编制招标文件和提供银行保函，并向招标人递送投标文件。投标文件包括投标书、投标保函或备用信用证、关于投标书中单项说明的附件，以及其他必要文件。投标文件须在投标截止日期之前送达招标人。

3. 开标

所谓开标，指招标人在规定的日期、时间和地点，将收到的投标文件进行启封和评估，选定对自己最为有利的最优投标人作为供货人或承包商。开标有公开开标和不公开开标两种方式。公开开标是由招标人按照时间和地点，当众拆开所有密封投标单，宣读内容。凡是投标人都可派代表监视开标，允许在场的投标人作记录或录音；不公开开标是由招标人自行选定中标人，投标人不能派代表参加开标。

招标人可根据本身的需要和招标的内容，选择不同的开标方式。国际招标一般采用公开开标的方式。

开标后，投标人不得更改投标内容。开标是对外公开标书内容，以保证招标工作公正进行的一种形式，并不一定当场确定中标人。

4. 中标

中标是从若干投标人中选定交易对象即中标人，并与之签订合同，然后履行合同，最后达到招标的目的。开标后，对较复杂的标项有时还要由招标人组织人员进行评标，评标后决标，选定中标人，招标人以书面通知中标人，在规定的时间内到招标人所在地与招标人签订买卖协议或承包项目协议，并按规定缴付履约保证金。如中标人没有在规定的时间内签约，事先又未提出申请延期要求，或提出申请未被招标机构接受等看作中标人违约，招标人有权没收其投标保证金，并可决定重新招标或将标授予其他合适的投标人。

（四）使用招标、投标应注意的问题

（1）当招标规定须通过代理人进行投标时，必须事先在招标人所在国家选定代理人，并签好代理协议，订明我方投标的具体条件、代理人的报酬和不中标时应付的手续费等。

（2）认真审阅招标文件，避免遗漏，对标单的填写要慎重。因其具有实盘性质，不能随意撤销。按照国际投标的一般做法，投标文件是中标签订合同的一部分。对招标单的内容不完全清楚就很难中标，即使中标也会给以后履约带来麻烦，或可能造成经济损失。

(3)投标前要了解招标国关于招标的规定和习惯，同时要落实货源，因为投标要支付一定的保证金，而且投标的商品一般数量较大，交货比较集中。如不能按时履约，将会造成不良影响，并须承担招标人因此而造成的经济损失。

二、拍卖

(一)拍卖的含义和特点

拍卖(Auction)，是由拍卖人或拍卖机构接受货主的委托，在规定的时间和场所，按照一定的章程和规则，由买主相互出价竞买，把货物卖给出价最高的买主的一种贸易方式。拍卖具有以下几个特征：

(1)拍卖是在一定的机构内有组织地进行的。拍卖机构可以是由公司或行业协会组成的专业拍卖行，也可以是由货主临时组织的拍卖会。

(2)拍卖具有自己独特的法律和规章。许多国家对拍卖业务有专门的规定。各个拍卖机构也订立了自己的章程和规则，供拍卖时采用。这些都使拍卖方式形成了自己的特色。

(3)拍卖是一种公开竞买的现货交易。拍卖采用事先看货、当场叫价、落槌成交的做法。成交后，买主即可付款提货。

(4)参与拍卖的买主，通常须向拍卖机构缴存一定数额的履约保证金。买主在叫价中，若落槌成交，就必须付款提货；不付款提货，拍卖机构则没收其保证金。

(5)拍卖机构为交易达成提供了服务，它要收取一定的报酬作为佣金。佣金的多少没有统一的规定，这要根据当地的习惯，或按行业的规章加以规定。

(二)商品拍卖的形式

拍卖交易的形式主要有以下三种：

1. 增价拍卖

增价拍卖也称买主叫价拍卖，是由拍卖人宣布预定的最低价格，然后由买主加价，直至出价最高时，由拍卖人以击槌动作表示交易已经达成，此价格即为成交价。

2. 减价拍卖

这一方式也称卖方叫价拍卖，或称荷兰式拍卖(Dutch Auction)。这种拍卖方式是由拍卖人先开出价格，如无人示意成交，则由拍卖人逐步降低叫价，直到有人表示愿意接受而达成交易为止。如果有几个人愿意接受此价格，则以第一个表示人为成交者。

3. 密封递价拍卖

密封递价拍卖(Sealed Bids，Closed Bids Auction)也称招标式拍卖，是由拍卖人先公布每批商品的具体拍卖条件，然后由竞买者在规定时间内将密封标书递交拍卖人，由拍卖人选择出价最高者达成交易。这种方式已经失去了公开竞买的性质，目前有些国际拍卖，如阿姆斯特丹的皮毛、烟草，美国的木材、烟草、羊毛等的拍卖，常采用这种方式。此外，有些国家的政府机构在处理库存物资、海关在处理货物时，也越来越多地采用这一方式。

(三)拍卖的基本程序

各种商品的拍卖都有其特点和惯例，但拍卖的基本程序却大致相同：

1. 准备阶段

货主与拍卖行达成拍卖协议，规定货物品种和数量、交货方式与时间、限定价格以及分类、分批编号。拍卖人印发拍卖品目录，并刊登拍卖通告。

2. 查看货物

买主既可查看拍卖人提供的样品，也可去仓库查看整批货物并在其中抽取一定数量的样品，以供分析和试用。

3. 正式拍卖

在规定的时间和地点，按拍卖商品目录规定的顺序逐批拍卖。以增价方式拍卖，买方出价相当于要约，拍卖人落槌相当于承诺。在落槌之前，买方有权撤销出价，卖方也有权撤回拍卖商品。以减价方式拍卖，拍卖人报价相当于要约，而买方一旦表示接受，即为承诺，交易成立，双方均受约束。

4. 付款和交货

成交后买方签署成交确认书，并支付部分货款作定金，待买方付清全部货款后，拍卖行开出提货单，买方凭单提货。拍卖行从货款中提取一定比例的佣金，作为提供拍卖服务的报酬，并扣除按合同应由货主承担的费用后将贷款交付货主。

(四)采用拍卖方式时应注意的事项

拍卖是一种定时间、定地点举行，公开竞买、看货成交的现货买卖方式，存在着激烈的竞争，而且还受到一定的章程和规则的制约，因此，在运用拍卖方式时要注意以下事项：

(1)要选择适合拍卖方式的商品。一般来说，可选择一些销量较大、销路较好的或竞争力较强的商品参与拍卖。

(2)要恰当地确定拍卖商品的基价。对此，要考虑拍卖时压价系数，其基价应略高于常见的卖断成交价。

(3)对于拍卖时可能出现的不利因素，如拍卖费用较高、买主压价、拍卖人违背卖方的意愿等，要有预防和补救措施。

(4)要了解各个拍卖中心的章程规则和习惯做法，调查市场供货和价格水平，最后才能决定参加拍卖的商品种类、数量及拍卖基价，以争取扩大销路、卖出好价。

相关链接：荷兰鲜花拍卖

荷兰的鲜花生产与出口在本国占有十分重要的位置，在世界上也颇有影响。荷兰国土面积 4 万平方公里，人口 1 500 万，是福利最好的西方国家之一。

南荷兰省鲜花交易市场是全荷兰第二大鲜花交易市场，建立至今已有一百多年历史。南荷兰省鲜花交易市场占地 755 亩，大约有 15 个足球场大，数十条匝道连接高速公路。交易大厅连接仓库、拍卖厅，总长 15 公里。在此地交易的鲜花，80%来自荷兰本土，20%来自国外。南荷兰省鲜花交易市场有 4 个交易厅，以花分类，有 10 个特制的拍卖表，专门用以降价拍卖，上面注明了价位、数量、质量等。买方登记后，通过电脑将每个交易席与拍卖专用的表连接。采用降价拍卖形式是荷兰的一大创造，旨在便于鲜花成交和让买方及时抓住机会。每日成交 300 万美元，每年成交约 13 亿美元，占全国鲜花总成交额的 36.8%。

南荷兰省鲜花交易市场一周拍卖 5 天，在拍卖前一日 16:00 前，各种提供拍卖的鲜花通过空运、汽运全部进入场内，进入恒温状态。它们按市场要求进行分割、包装，然后装入专用箱、放置在轨道车上。拍卖一般在 6:00 开始，参加竞买的人几乎都是荷兰当地人，只不过他们是代理商，代表了居住在世界各地的花商，这种代理制节约了当事人大量人力、物力、财力。4 个大厅的花分类装在轨道车上进入拍卖大厅，工作人员指着慢慢滑倒的车与花，竞买人通过键盘发出报价。表走了一圈，车子离开了会场，如果仍未成交，那么这一车鲜花得按规定毁掉，不会再次提起拍卖。南荷兰省鲜花交易市场日复一日、年复一年，拉动了荷兰的农业、玻璃制造业、机械业、化工业、运输业、劳务业、旅游业，给国家增加了税收，为国家的经济发展作出了贡献。

我国也是鲜花种植与消费大国，种花的历史可以上溯到几千年前。近几年，随着人民群众生活水平的提高，鲜花消费的潜在市场是不可估量的。但我国的鲜花业从种植到交易仍然处在原始状态，高度分散、不成规模，虽然不少地方也在考虑建立大规模的鲜花交易市场，甚至采用拍卖的方式，但这一交易实质上始于鲜花生产的科研、生产、供货，拍卖无疑是一个系统工程，必须来一场从体制到种植、交易方面的革命，才能真正做到与国际接轨。

第四节 对销贸易

对销贸易(Counter Trade)，也称对等贸易、反向贸易，是在传统的易货贸易基础上发展起来的进出口结合，以出口抵补或部分抵补进口，最终使得买卖双方收支基本平衡的各种贸易方式的总称。对销贸易划分为易货贸易、互购贸易、转手贸易、抵消贸易、补偿贸易及国际贸易证书贸易。本节主要介绍易货贸易、互购贸易、补偿贸易。

一、易货贸易

(一)易货贸易的含义与特点

易货贸易(Barter Trade)是指在换货的基础上，把出口和进口直接结合起来，以商品的出口换取等值商品进口的一种贸易方式，它是最古老的一种贸易方式。

易货贸易的特点是：只有进口商与出口商两个当事人，不涉及第三者；双方只签订一个进口合同，包括双方交易的货物；双方交换的货物均须载明在合同上。

现代易货贸易可以通过货款结算方式达到货物交换的目的。在货款支付结算上，既可笔笔平衡，也可定期结算，综合平衡；既可付现，也可记账。在时间上，既可进出口同时进行，也可有先有后。总之，易货贸易的做法灵活多样。

(二)易货贸易的形式

1. 直接易货

直接易货又称为一般易货，它是买卖双方各以等值的货物进行交易，不涉及货币的支付，也没有第三人的介入，贸易双方签订相互换货、相互抵偿的合同，在合同中约定货物的规格、数量、品种及指定交换货物的港口。这种直接易货形式是最普遍，也是目前应用最广泛的易货形式。但由于这种贸易是一次性交易，履约期短，交换的货物必须是双方需要的，所以局限性大，实际运用较少，只有在边境贸易中常见。现代易货贸易都通过对开信用证的方式进行易货，在签订易货合同时，约定各自出口的商品均以信用证方式付款，也没有第三人介入，不但可以以货币结算，而且可以以货币支付货款的差额。

2. 协定记账易货

协定记账易货又称综合易货贸易、双边清偿协定。多用于两国之间的根据记账或支付(清算)协定而进行的交易。由两国政府根据签订的支付协定，在双方银行互设账户，双方政府各自提出在一定时期(通常为一年)提供给对方的商品种类，进出口金额基本相等，经双方协商同意后签订易货协定书，然后根据协定书的有关规定，由各自的对外贸易专业公司签订具体的进出口合同，分别交货。商品出口后，由双方银行凭装运单证进行结汇，并在对方国家在本行开立的账户进行记账，然后由银行按约定的期限结算。如有差额，有的规定结转下一年度，也有规定如差额超过约定的摆动额，则以现汇拨付。这种易货贸易方式相对于传统的易货来说，比较灵活方便，是一个进步。但是这种方式也存在较大的局限性，而且还存在由于账面不平衡导致顺差国家增加财政负担的问题。

（三）易货贸易的积极作用和局限性

（1）易货贸易的积极作用有：采用易货贸易有利于节约外汇，有利于外汇紧缺的国家和企业开展对外贸易。易货贸易的特点是进出口结合、贸易平衡，有利于以进带出，开拓新市场。易货贸易不受外汇管制和贸易壁垒的约束，可以扩大成交量。易货贸易可以避免外汇价格波动带来的负面影响。

（2）易货贸易的局限性主要有：易货贸易不利于协调进出口业务。因为易货贸易必须是双方都能保证提供对方所需要的商品，但在实际中很难找到合适的易货对手。易货采取记账方式时，不可能双方同时出口，这样先出口方不能得到现汇，只是对方对未来交货的承诺，这样逆差方就无偿占有了顺差方的资金，因此会出现双方都不愿意先交货而影响履约速度。易货贸易方式的最大风险是先交货的一方可能收不到第一方应交付的货款。易货贸易受买卖双方国家互补性的制约。

二、互购贸易

（一）互购贸易的含义

互购贸易（Counter Purchase）是指贸易双方互相购买对方贸易商品的贸易方式。对一方来说，互购涉及两笔交易：一笔是出口，另一笔是进口。这两笔交易既是分别独立又是相互联系的。即一方与另一方签订出口合同的同时，必须承担与该方签订进口合同的义务；反之，一方与另一方签订了进口合同的同时，就有了与该方签订出口合同的权利。

（二）互购贸易的支付

在互购贸易中，一般通过即期信用证来进行支付，对于先出口后进口的一方来说，采用即期信用证支付比较有利，他可以在收到出口货款至支付进口货价这段时间里利用对方的资金，而且在此后的进口谈判中处于有利的地位；而对另一方来说，则处在被动地位，风险较大。如果在先出口合同中规定用远期信用证支付，在后进口合同中规定用即期信用证支付，意味着先出口方对先进口方提供信贷，可以不用现汇。

（三）互购贸易与易货贸易的区别

（1）互购贸易是现汇交易。互购中的出口和进口都有实际的支付。易货贸易中有的虽然有标价，但实际上只起衡量交易货物价值的作用，没有实际的支付。

（2）在互购贸易中，出口额和进口额一般不要求等值，只要大致相当即可。

（3）在互购贸易中，先出口方在签订出口合同时，要承诺签订另一份进口合同，具体进口商品的品名、数量、价格等不在出口合同中写明，一般只规定回购的金额，详细的规定是在另一份进口合同中加以订明。而在易货贸易合同中，既要订明出口货物的细节，也要订明进口货物的细节。

（4）互购贸易中有时要涉及两个以上的当事人。在征得对方同意的前提下，出口方的回购义务或进口方的供货义务可分别改由第三方来完成。

三、补偿贸易

（一）补偿贸易的含义和特点

补偿贸易（Compensation Trade）是指在信贷的基础上，从国外企业购进机器、设备、技术和各种服务等，约定在一定期限内，等项目投产后，以该项目生产的产品或其他货物或劳务或双方约定的其他办法偿还货款的做法。由于进出口机器设备的企业偿还货款本息是采用补偿办法，故称补偿贸易。

这种交易方式的期限往往较长，一般在5～10年或更长。这种方式比较灵活，可以全额以货物相抵，也可以部分以货物相抵，部分以现汇偿付。补偿贸易实际上不用现汇，而是指在信贷的基础上买进国外机器、设备、原材料、生产技术和其他制成品，在项目建成投产后，用这些引进技术和设备生产出的产品或商定的其他商品或劳务去偿还贷款本息的一种特殊贸易方式。

(二)补偿贸易的形式

1. 直接补偿

也称返销方式。引进方用引进的技术和设备直接生产出来的产品偿还引进所需的价款。采用这一贸易方式，进口方将引进设备技术所生产的产品，除可直接向供方抵偿价款外，也可售给供方事先约定的贸易商，由贸易将货款偿还给供方。

2. 间接补偿

也称回购方式。引进方不是用通过引进的技术、设备直接生产出来的产品，而是用双方商定的其他产品来偿还引进所需的价款。

3. 劳务补偿

购进设备或技术的一方以提供劳务所赚取的收入来补偿购进设备或技术的价款和利息，例如来料加工、来件装配等。

4. 综合补偿

引进一方将一部分价款用通过引进的技术和设备直接生产出来的产品偿还，另一部分则以与该设备技术无关的间接产品或劳务费偿还。

(三)采取补偿贸易方式时应注意的问题

(1)要注意把购买机器设备同返销产品密切结合起来。做到购买和引进合理可行、补偿有利、经济效益好、偿还期限短。

(2)要注意购买机器设备的同时，引进专利或专有技术，提高我国的科学技术水平。

(3)要争取以制品补偿。如果以原料补偿，则原料必须是资源丰富与自用有余的。要兼顾补偿产品在世界市场的销售情况和出口前景，防止影响同类产品的正常出口。

(4)补偿贸易的客户对象，要选择信用好、经营能力强，特别是具有推销补偿产品能力的客户。进口的设备、技术和劳务的价格要比较合理，信贷条件要比较优惠。

(5)签约时要妥善规定返销产品的作价原则，明确返销的时间。返销金额应为技术设备的价款另加延期支付的利息费用。

(6)实行多边补偿时，如承担回购义务的第三方未能履行其回购义务，或承担提供间接补偿产品的第三方未能如约提供，那么原设备出口方或进口方仍应分别承担相应的责任。

(7)要注意使用对双方都有利的支付方式。补偿贸易的显著特点是要利用外资，必须先使用外国的机器设备后支付本息，如果规定使用的支付方式违背了这个原则，就脱离了补偿贸易的概念，要避免出现外商先使用我方的外汇资金。

(8)选择补偿贸易项目切实可行，注意经济效益。要选择生产型的项目，保证返销数量，企业要自身达到外汇平衡。

(9)在补偿贸易合同中要明确双方的权利、义务和责任。在合同中除一般规定双方的权利与义务外，还要约束对方按时履约发货和购买返销产品，并对其不履约有一定的约束措施，防止对方不履约和不按时履约给我们造成损失。

第五节　加工贸易

一、来料加工贸易

在我国，来料加工（Trade of Processing with Customer's Materials）又称对外加工装配业务。广义的来料加工包括加工和来件装配两个方面，是指由外商（委托方）提供一定的原材料、零部件、元器件，由我方（承接方）按对方的要求进行加工或装配，成品交由对方处置，我方按照约定收取工缴费作为报酬。

（一）来料加工的性质

来料加工与一般进出口不同。一般进出口贸易属于货物买卖；来料加工虽然有原材料、零部件的进口和成品的出口，却不属于货物买卖。因为原料和成品的所有权始终属于委托方，并未发生转移，我方只提供劳务，并收取约定的工缴费。因此可以说，来料加工这种委托加工方式属于劳务贸易的范畴，是以商品为载体的劳务出口。

（二）来料加工的作用

对我方的作用有：(1)可以发挥本国的生产潜力，补充国内原材料不足，为国家增加外汇收入；(2)引进国外的先进技术和管理经验，有利于提高生产、技术和管理水平；(3)有利于发挥我国劳动力众多的优势，增加就业机会，发展地方经济。

对委托方的作用：来料加工也可以降低其产品成本，增强竞争力，并有利于委托方所在国的产业结构调整。

（三）来料加工合同签订时需注意的问题

在商谈合同的主要条款时，应该注意以下问题：

1. 对来料来件的规定

来料加工业务中，能否按时、按质、按量交付成品，很大程度上取决于委托方能否按质、按量、按时供料。因此，在合同中，要明确规定来料来件的质量要求、具体数量和到货时间。

2. 对成品质量的规定

外商为了保证成品在国际市场上的销路，对成品的质量要求比较严格，因此我方在签订合同时，必须从自身的技术水平和生产能力出发妥善规定，以免交付成品时发生困难。质量标准一经确定，承接方就要按时、按质、按量完成成品，委托方则根据合同规定的标准验收。

3. 关于耗料率和残次品率的规定

耗料率又称原材料消耗定额，是指每单位成品耗费原材料的数额。残次品率是指不合格产品在全部成品中的比率。若这两个指标定得过高，则委托方必然要增加成本、减少成品的收入；若定得过低，则承接方难以完成。因此耗料不能超过规定的定额，否则由我方负担；残次品不能超过一定比例，否则委托方有权拒收。

4. 关于工缴费标准的规定

工缴费是直接涉及合同双方利害关系的核心问题。由于加工装配业务本质上是一种劳务出口，所以工缴费的核定应以国际劳务价格为依据，要具有一定的竞争性，并考虑我国当前劳动生产率及其与国外的差距。

5. 对工缴费结算方式的规定

来料加工业务中关于工缴费的结算方法有两种：一是来料来件和成品均不作价，单收加工费，对方在我方支付成品后，通过汇付、托收或信用证方式向我方支付；二是来料来件和成品分别作价，两者之间的差额即为工缴费。采用后者，我方应该坚持先收后付的原则。

6. 对运输和保险的规定

来料加工业务涉及两段运输：原料运进和成品运出。须在合同中明确规定由谁承担有关的运输责任和费用。涉及的保险包括两段运输险以及货物加工期间存仓的财产险。从法律上讲，承接方只承担加工装配，保险应归委托方负责。但从实际业务过程看，由承接方投保较为方便，有时委托方也要求承接方代办保险，保险费可连同工缴费向委托方结算。

此外，来料加工合同还应该订立工业产权的保证、不可抗力和仲裁等预防性条款。

二、进料加工贸易

(一)进料加工的含义

进料加工(Feed Processing)一般是指从国外购进原料，加工生产出成品再销往国外。由于进口原料的目的是扶植出口，所以进料加工又可称为"以进养出"。我国开展的以进养出业务，除了包括进口轻工、纺织、机械、电子行业的原材料、零部件、元器件，加工、制造到装配成成品再出口外，还包括从国外引进农、牧、渔业的优良品种，经过种植或繁育出成品再出口。

进料加工与前面所讲的来料加工有相似之处，即都是"两头在外"的加工贸易方式，但两者又有明显不同：(1)在来料加工中，原料运进和成品运出属于同一笔交易，均未发生所有权转移，原料供应者即是成品接受者；而在进料加工中，原料进口和成品出口是两笔不同的交易，均发生了所有权转移，原料供应者和成品购买者之间也没有必然的联系。(2)在来料加工中，我方不用考虑原料的来源和成品销路，不担风险，只收取工缴费；而在进料加工中，我方是赚取从原料到成品的附加价值，要自筹资金、自寻销路、自担风险、自负盈亏。

(二)进料加工的做法

进料加工的具体做法有以下三种：

(1)先签订进口原料的合同，加工出成品后再寻找市场和买主。这种做法的好处是进料时，可以选择适当时机，低价时购进，而且一旦签订出口合同，就可以尽快安排生产，保证及时交货，交货期一般较短。但采取这种做法时要及时了解国际市场动向，以保证所生产的产品适销对路，否则产品无销路就会造成库存积压。

(2)先签订出口合同，再根据国外买方的订货要求，从国外进原料，加工生产，然后交货。这种做法包括来样进料加工，即由买方先提供样品，我方根据其样品要求再从国外进口原料、加工生产。这种做法的优点是产品销路有保障，但要注意所需的原料来源必须落实，否则会影响成品质量或导致无法按时交货。

(3)对口合同方式。即与对方签订进口原料合同的同时，签订出口成品的合同，原料的提供者也就是成品的购买者。但两个合同相互独立、分别结算。这样，原料来源和成品销路均有保证，但适用面较窄不易成交。实际做法中，有时原料提供者与成品购买者也可以是不同的人。

(三)开展进料加工的意义

进料加工在我国并非一种新的贸易方式，但在改革开放过程中，在中央政策的鼓励下，有了较为迅速的发展，特别是东部沿海地区开展得十分普遍。我国开展进料加工的意义主要表现在以下几个方面：

（1）有利于解决国内原材料紧缺的困难，利用国外提供的资源，发展出口商品生产，为国家创造外汇收入。有些不能出口的产品，还可以满足国内市场的需要。

（2）开展进料加工可以更好地根据国际市场的需要和客户的要求，组织原料进口和加工生产，特别是来样进料加工方式，有利于做到产销对路、避免盲目生产、减少库存积压。

（3）进料加工是将国外的资源和市场与国内生产能力相结合的国际大循环方式，也是国际分工的一种形式。通过开展进料加工，可以充分发挥我国劳动力价格相对低廉的优势，并有效利用相对过剩的加工能力，扬长避短，促进我国外向型经济的发展。

三、境外加工贸易

（一）境外加工贸易的含义

境外加工贸易（Overseas Processing Trade）是指我国企业在国外进行直接投资的同时，利用当地的劳动力开展加工装配业务，以带动和扩大国内设备、技术、原材料、零配件出口的一种国际经济合作方式。可见，境外加工贸易是在海外进行投资办厂的基础上，结合开展来料加工或进料加工或就地取材的一种新做法。

（二）境外加工贸易的意义

（1）有利于使我国更多的企业成为世界上较强的企业。

（2）有利于绕过贸易壁垒，进入国外市场。

（3）有利于竞争力强、技术先进的生产企业进入国外市场，充分利用我国自然资源、劳动力优势。

（三）开展境外加工贸易的申报程序

按照我国现行的政策规定，企业开展境外加工贸易应该在有关主管部门办理申报，申报程序如下：

（1）由地方主管部门负责核准的境外加工贸易项目，地方主管部门收到境外加工贸易项目的申请后，应在征得我驻外使（领）馆经商参处同意后核准。

（2）须商务部核准的境外加工贸易项目，由地方主管部门或中央企业总部征得我驻外使（领）馆经商参处同意后，报商务部。

（3）地方主管部门核准或上报境外加工贸易项目，应会签地方经贸主管部门。

（4）需从境内购汇和汇出外汇的境外加工贸易项目，在报地方主管部门前，应由所在地外汇分局或外汇管理部按照国家的有关规定进行境外投资外汇资金审查。

（四）开展境外加工贸易应该注意的问题

从我国一些大型企业开展这项业务的经验教训来看，应该注意以下几个重要问题：

1. 做好人才方面的准备

国际市场的竞争关键是人才的竞争，我国的企业要想走出国门，并且在复杂多变的国际市场上站稳脚跟，首先需要一大批精干的人才。

2. 要注意信息的积累

境外加工贸易是我国企业在国外进行直接投资的基础上开展的，也就是说，企业活动的主要场地在国外。因此，只有在广泛搜集信息的基础上，进行科学的分析，才能减少盲目性，降低投资风险。

3. 注意加强宏观管理

应该努力做到四个结合：与扩大我国外贸出口相结合；与国内产业结构调整相结合；与国外市场需求相结合；与企业自身优势及投资能力相结合。

第六节　期货贸易

一、期货贸易的含义及特点

(一)期货贸易的含义

期货贸易(Futures Trading)是指在期货交易所内，按照严格的程序和规则，通过公开叫价的方式，买进或卖出期货标准化合约的一种贸易方式。

现代期货交易和期货市场是市场经济的产物。早期的期货交易产生于11～14世纪的欧洲。现代期货市场起源于19世纪中叶的美国，以1848年美国芝加哥期货交易所的成立为主要标志。20世纪七八十年代，又推出了金融期货和期权交易。我国的现代期货市场出现于20世纪90年代，还处于初级阶段，尚需要不断发展和完善。

期货合约是在交易所达成的标准化的、受法律的约束，并规定在将来某一特定地点和时间交割某一特定商品的合约。该合约规定了商品方式、交易方式等，它与合同既有相同之处，又有本质区别，其根本区别在于是否标准化。我们把标准化的“合同”称为“合约”。该合约唯一可变的是价格。其价格是在一个有组织的期货交易所内通过竞价而产生的。买卖者缴纳一定的保证金后，按一定的规则就可通过商品期货交易所公开地竞价买卖。

商品期货交易，交易的品种基本上都是属于供求量较大、价格波动频繁的初级产品，如谷物、棉花、食糖、咖啡、可可、油料、活牲畜、木材、有色金属、原油以及贵金属、金、银等。

(二)期货贸易的特点

期货交易是在现货交易的基础上发展起来的，但是期货交易与现货交易相比存在着明显的区别。现货交易，买卖双方可以以任何方式，在任何地点和时间达成实物交易，卖方必须交付实际货物，买方必须支付货款；而期货交易是在一定时间、在特定期货市场上，即在商品交易所内，按照交易所预先制定的标准期货合同进行的期货买卖。成交后买卖双方并不转移商品的所有权。与现货交易相比，期货交易具有下列几个特点：

(1)期货交易不规定双方提供或者接受实际货物，期货交易买卖是标准化期货合约。

(2)交易的结果不是转移实际货物，而是支付或者取得签订合同之日与履行合同之日的价格差额。

(3)在期货交易所参加的只能是交易所的会员单位，非会员单位只能通过作为经纪人的会员单位来进行交易。

(4)期货合同是由交易所制定的标准期货合同，并且只能按照交易所规定的商品标准和种类进行交易。

(5)期货交易的交货期是按照交易所规定的交货期确定的。不同商品交货期不同。

(6)期货合同都必须在每个交易所设立的清算所进行登记及结算。

二、期货贸易的功能

参加期货交易的主要目的，除了极少数是为了购销远期实物者外，一是以转移价格(包括汇率、利率和股票指数)波动风险为目的套期保值业务，二是以盈利为目的的投机性交易。现分述如下：

(一)套期保值业务

套期保值(Hedging)，又称对冲交易，是指在期货市场买进(或卖出)与现货市场品种和数量相同，但交易方向相反的商品期货合同，以期在未来某一时间通过卖出(或买进)期货合同来弥补或抵消因现货市场价格变动所带来的实际价格风险。因此，套期保值交易的目的是为了最大限度地减少或消除因价格波动风险所带来的不利后果。套期保值有多种交易方式，但主要有卖期保值(Selling Hedging)和买期保值(Buying Hedging)两种。

1. 卖期保值

卖期保值是指在期货市场上首先卖出期货合同，以防止将来卖出期货商品时因价格下跌而遭受损失。当卖出期货商品时买进一份与先前卖出的期货合同品种、数量和交割期相同的期货合同相对冲，以结束保值交易。由于套期保值者首先卖出期货合同，故称之为卖期保值，又称"空头"(Bears)套期保值。

卖期保值的目的是避免期货价格下跌的风险，采取先卖出期货合同以实现套期保值的目的。例如，某交易商于 8 月 10 日在现货市场购进 10 000 蒲式耳玉米，价格 4.30 美元/蒲式耳，为了保值，他同时在期货市场卖出 10 月份玉米期货合同两份(每份 500 蒲式耳，价格 4.50 美元/蒲式耳)。至 9 月份，现货价格和期货价格均有所下跌，9 月 10 日该交易商将上述库存玉米出售，价格 4.10 美元/蒲式耳。同时，为了抵冲已抛出的 10 月份期货合同，以 4.30 美元/蒲式耳的价格补回同品种、数量和交割期的玉米期货。其交易结果用期货市场上的盈利来补偿现货市场售价下跌所受的损失。具体过程见表 15－1。

表 15－1

日　期	现货市场	期货市场
8 月 10 日	8 月份购进 10 000 蒲式耳玉米，价格为每蒲式耳 4.30 美元	卖出 2 张 10 月份玉米期货合同，价格为每蒲式耳 4.50 美元
9 月 10 日	9 月份出售 10 000 蒲式耳玉米，价格为每蒲式耳 4.10 美元	买进 2 张 10 月份玉米期货合同，价格为每蒲式耳 4.30 美元
结　果	亏损 0.2 美元	盈利 0.20 美元

上例中，如果该交易商未做卖期保值交易，其现货售价为每蒲式耳 4.10 美元，就要蒙受每蒲式耳 0.20 美元的跌价损失。

2. 买期保值

买期保值是指在期货市场上首先买入期货合同，以防止将来购买现货商品时因价格上涨而带来的成本增加。当买入现货商品时，出售一份与先前买进的期货合同品种、数量和交割期相同的期货合同相对冲，以结束保值交易。由于先买入期货合同，故称之为买期保值，又称为"多头"(Bulls)套期保值。

买期保值的目的是防止买进现货之前价格可能上升而增加经营成本。例如，某面粉加工商按目前价格水平与某面粉经销商达成一笔交易，规定在 6 个月后售出一批面粉。但面粉加工商已无原料库存，需待小麦上市后进货。因担心届时小麦价格上涨，将会影响其经营成本和利润，为了回避价格上涨的风险，面粉加工商遂在期货市场先买进 6 个月后交货所需的小麦期货合同。5 个月后当小麦上市，在现货市场购进时价格已上涨，而期货市场的小麦价格此时也已相应上涨，面粉加工商即可在期货市场出售先前购进的品质、数量和交割期相同的期货合同对冲，并以期货市场上所获利润来补偿在现货市场因价格上涨带来的亏损，从而仍可获取原定的利润。

(二)期货投机业务

期货投机(Speculation)是指在期货市场上，以谋取利润为目的而买卖期货合同的行为。从事这项活动的人称为期货市场的投机者(Speculator)。这些为数众多、敢冒风险的投机者根据各自对市场的前景的推测，在期货市场上有规模地进行买进或卖出的交易。通常在他们认为某种商品或金融性信用工具价格看涨时买进期货合同，待价格上涨后回抛，这种做法称为“买空”或多头；反之，当他们认为价格看跌时就抛空期货合同，待价格下跌后低价补进冲销，这种做法通常称为“卖空”或“空头”。

期货投机者既不需要保值的现货，也不想取得合同项下的实物，其交易目的只是获取在买进卖出交易中的价差。如果他们对价格的预测正确，则往往会得到十分可观的盈利；可一旦对价格估测失误，则他们不仅要损失价差，还要向交易所缴纳佣金并承担其他各种费用的损失。期货交易之所以能吸引如此众多的风险投资者，其必要前提和基础是必须有人愿意承担价格风险并提供资金，期货投机者就是敢于承担风险的人。

相关链接:芝加哥期货交易所(CBOT)

芝加哥期货交易所是当前世界上交易规模最大、最具代表性的农产品交易所。19 世纪初期，芝加哥是美国最大的谷物集散地，随着谷物交易的不断集中和远期交易方式的发展，1848 年由 82 位谷物交易商发起组建了芝加哥期货交易所。该交易所成立后，对交易规则不断加以完善，于 1865 年用标准的期货合约取代了远期合同，并实行了保证金制度。芝加哥期货交易所除了提供玉米、大豆、小麦等农产品期货交易外，还为中长期美国政府债券、股票指数、市政债券指数、黄金和白银等商品提供期货交易市场，并提供农产品、金融及金属的期权交易。芝加哥期货交易所的玉米、大豆、小麦等品种的期货价格，不仅成为美国农业生产的重要参考价格，而且成为国际农产品贸易的权威价格。

第七节　国际电子商务

一、电子商务的含义

电子商务(Electronic Business)就是通过电子信息技术、网络互联技术和现代通信技术，使交易涉及的各方当事人借助电子方式联系，而无须依靠纸面文件、单据的传输，实现整个交易过程的电子化，具有开放性、全球性、地域性、低成本和高效率等特征。

电子商务一般包括 5 个方面的活动：一是通过国际互联网进行的任何与商务有关的活动；二是通过增值网络进行的电子交易，如电子数据交换(Electronic Data Interchange, EDI)；三是通过电子公告牌进行的采购交易；四是通过在线服务；五是通过连接企业计算机网络发生的各种商务活动等。

二、电子商务的分类

(一)企业对消费者模式

这种模式也称商家或企业对个人客户，即 Business to Customer，简称 B to C 或 B2C。B2C 的电子商务是在企业或商业机构与消费者之间进行的，此种类型的商务类似于零售业。

这类电子商务主要是借助于 Internet 开展在线销售活动，并且不需要统一标准的单据传输，且在线销售和支付行为通常只涉及信用卡或智能卡、电子货币或电子钱包。由于 Internet 上提供搜索与浏览功能，使得消费者可以很容易地深入了解所需产品的品质及价格等情况，因此开展 B2C 型电子商务具有巨大的潜力。

（二）企业对企业模式

这种模式也称为商家对商家或商业机构对商业机构，即 Business to Business，简称 B to B 或 B2B。B2B 的电子商务是在企业之间或商业机构之间进行的。此种电子商务是指商业机构（或企业公司）间使用 Internet 或各种商务网络向供应商订货或付款、单证交换、导购、撮合、促销等活动。还包括电子贸易、电子数据交换和电子资金调拨等。这种模式的电子商务已有多年的历史，特别是通过增值网运行的电子数据交换（EDI），使得企业对企业的商务得到了迅速扩大和推广。它是企业对企业的传统商务活动的延续。这一商务模式是建立在高度信任与商务合同基础上的，而且企业对企业的大宗交易能够更大限度地发挥电子商务的潜在效益，并通过供应链，实现采购、配送等的自动化，因而使得规模收益递增，人们普遍认为 B2B 是企业发展的机遇，是未来的电子商务模式。

（三）企业对政府机构的电子商务模式

这种模式即 Business to Government，简称 B to G 或 B2G。B2G 是企业与政府机构之间的电子商务。它覆盖企业与政府组织间的许多事务。政府可以通过网上服务，为企业创造良好的电子商务空间，如网上办公、网上报阅、网上报关和网上审批等。通过网络可以提高办事效率，促进政府机关勤政、廉政建设和维护消费者的权益等，具有不可替代的重要作用。政府还可以网上采购，或将政府部门大宗公共产品的采购单、国家工程的竞标等信息在 Internet 上发布，企业或商业机构以电子化回应，政府可通过网络实施对企业的行政事务管理、进行网上产权交易和推行各种经济政策等。

（四）政府对消费者的电子商务模式

这种模式即 Government to Customer，简称 G to C 或 G2C。G2C 的电子商务是政府对个人的商务形式。政府可以把对个人的身份核实、报税、收税、福利基金的发放、拍卖、民意调查、政策法规查询等政府事务处理在网上进行，以促进政府、社区团体的在线服务及推行网上政治、社交活动等，建立与民众的密切联系。各国政府都将推动这一进程来树立良好形象，并达到更完善的服务。

（五）消费者对消费者的电子商务模式

这种模式即 Customer to Customer，简称 C to C 或 C2C。C2C 的电子商务是个人对个人的商务形式。C2C 这个模式的特点是消费者与消费者讨价还价。例如，网上拍卖网站、全球性在线竞价交易网站，它每天均可提供上万件在线商品供用户竞价，可拥有上万注册用户。C2C 模式的成功网站来自它正确的市场定位。投资商可根据本国国情，建起一个拍卖交易网站，让消费者在该网站上议价。网站可以是多客户类型、多交易形式和多拍卖品类型，以英式拍卖、集体议价和标价求购等方式运营。通过提供交易平台和相关服务，收取交易佣金。

目前，Internet 上已遍布各种类型的商业中心，它们提供各种商品和服务，主要有鲜花、书籍、计算机和汽车等商品和服务。

相关链接：中国电子商务的发展

1. 起步期

1990～1993 年，电子数据交换时代，成为中国电子商务的起步期。

2. 雏形期

1994～1997年，政府领导组织开展“三金工程”阶段，为电子商务发展期打下坚实基础。

3. 发展期

1998～2000年，互联网电子商务发展阶段。

4. 稳定期

2001～2009年，电子商务逐渐从传统产业转向以B2B为主体的形式，标志着电子商务已经进入可持续性发展的稳定期。

5. 成熟期

3G的蓬勃发展促使全网全程的电子商务时代成型。

三、电子商务对国际贸易的影响

(一)加速国际贸易运作的电子化趋势

计算机及网络技术能够帮助外贸企业从事业务的运用。在国际贸易的交易准备阶段、交易磋商阶段和合同履行阶段，都可以使用现代信息技术。

(二)促进国际贸易流程的转型

通过互联网使企业和客户的距离越来越近，使企业的业务运作走向虚拟化。互动性多媒体国际互联网的发展，使全球信息交流的障碍越来越少，电子商务的飞速发展也使得传统中间商的地位发生了动摇。我国外贸企业业务流程转型体现在：从单一交易到综合服务的转型；从人为垄断优势向自然竞争优势的转型；从分散管理向集中管理的转型。

(三)国际贸易竞争方式的变化

电子商务的变化可以降低企业间的交易费用，从而降低企业的生产成本和销售成本，电子化信息网络的普及将动摇传统贸易型企业赖以存在的购销网和信息网地位，提高中小企业的竞争力。

(四)国际贸易环境发生变化

从事传统的国际贸易企业可借助新的贸易工具，应用新的贸易理念来从事传统贸易所经营的商品及服务业务。通过电子网络上虚拟信息的交换，电子商务可以为国际贸易提供一种开放、多维、立体的市场空间，可使国际贸易打破传统的市场地域限制。

四、电子商务发展存在的问题和对策

(一)电子商务发展存在的问题

1. 法律问题

电子商务涉及电子文件、合同、公证和签名等认证问题，也涉及商务的争端解决问题。电子商务市场的参与者，包括消费者、企业、金融机构和网络服务提供者，都有必要建立一套共同遵守的商业规则。联合国《电子商务示范法》(UNCITRAL Model Law on Electronic Commerce)在这方面提供了一个很好的范例，但需要各国政府及有关国际组织的共同努力，使之纳入自己的法律体系。

2. 标准化问题

根据国际标准化组织(ISO)的定义，标准化是指在一定范围内获得最佳秩序，对实际的或潜在的问题制定共同的和重复使用的规则的活动。标准化分为两类：事实上的标准化和法律上的标准化。由于电子商务的实施离不开网络技术的发展，所以电子商务的标准化所采用的标准实际上是建立在网络技术标准化基础上的，主要包括网络标准化与数据传输标准化。

3. 税收问题

国际互联网为企业和个人避税开辟了一条新途径。特别是针对数字产品，一个高税率国家的消费者可以通过互联网，在一个低税率国家购买到自己想要的产品，而且只需花少许上网费即可。其后果是对税率相对较高的国家产生了不利的影响，造成税收的流失。然而，各国政府对网上征税又面临着种种困难，如果政策不当，对网络的应用、电子商务的开展都会产生阻碍作用。

4. 安全问题

安全问题包括有效保障通信网络，信息系统的安全程度，确保信息的真实性、保密性、不可否认性和不可更改性，以防止非法入侵、使用、盗用、修改和破坏等。使用密码可以帮助实现保密目的，但也会因为密码的丢失而造成无法挽回的损失。因此，建立完善的加密、解码系统，对电子商务的发展十分关键。电子商务的安全性一般应满足以下 3 个要求：拥有安全可靠的电信网络；拥有保护有关网络的信息系统的有效方法；证实及确保电子信息的机密性，拥有防止信息未经授权而使用的有效方法。

（二）电子商务发展的应对策略

1. 加强法律及法规的制定

现行国际贸易法是基于传统的有纸贸易方式而制定的，许多规定不适用于电子商务方式，对电子商务的发展会带来许多难以克服的障碍。为了保证电子商务的发展，围绕电子商务发展及相关的网络管理、信息安全、金融结算和知识产权保护等问题，应加快现行法律的修改步伐，及时制定、出台新的贸易法规。

2. 加快信息基础设施建设

电子商务在一国的应用与发展依赖于完备的信息基础设施，全球电子商务销售额的 80% 发生在美国，美国以其资金、技术的高投入和完备的信息基础设施建设在竞争中处于优势地位。我国在信息基础设施建设上还比较落后，这可能使我们失去电子商务给经济发展带来的机遇，拉大与发达国家的差距。因此，我国要加快信息基础设施建设，有效利用现有的网络资源，打破行业分割管理体制，提高资源效益，改革现行收费制度，把过高的资费降下来。

3. 加强外经贸公共信息服务体系建设

逐步建立以提供外经贸商情信息、政策法规信息和经济环境信息服务为主要内容的外经贸信息服务体系。

4. 加强开展国际电子商务应用的宣传与培训

制定中国国际贸易电子商务人力资源发展计划，开展国际、国内和行业等多种形式的教育培训，并与有关部门共同制定国际电子商务应用考核制度，建立相关认证体系。

5. 积极参与国际合作与对话

电子商务打破了时空界限，加快了全球经济一体化的进程。面对电子商务带来的诸如关税与税收、统一商业代码和知识产权保护等一系列新问题，各国加强了对话与合作。这些对话活动不但直接影响着电子商务下新贸易规则的制定，决定不同国家、地区之间的利益分配，而且加强了各国与世界的交流，提高了各国电子商务的国际兼容性。对此，我国政府应积极参与和给予重视。

本章小结

本章对国际贸易的常见方式作了阐述。主要有经销、代理、寄售、展卖、招标与投标、拍卖、易货贸易、补偿贸易、加工贸易、期货贸易等。对这些贸易方式的特点、内容、基本程序、应注意的问题都作了简明扼要的论述。

关键概念

经销　代理　寄售　展卖　招标与投标　拍卖　易货贸易　补偿贸易　加工贸易　期货贸易

练习题

一、单项选择题

1. 包销协议的核心条款是(　　)。
A. 协议名称和双方的关系　B. 包销权及其对等条件
C. 包销商品、地区和期限　D. 最低购买额
2. 代理方式中,最常见的类型是(　　)。
A. 总代理　B. 全权代理　C. 独家代理　D. 普通代理
3. 招标方式中,最常见的做法是(　　)。
A. 公开招标　B. 选择招标　C. 谈判招标　D. 两段招标
4. 我国出口商品最重要的展销方式是(　　)。
A. 华交会　B. 广交会　C. 小交会　D. 到国外举办展卖会
5. 下列对比包销、代理的描述中,正确的是(　　)。
A. 包销商、代理商均享有指定商品的专营权　B. 包销商、代理商均得到货物实体
C. 包销商、代理商均得到货物的所有权　D. 包销商、代理商的经营目的均为获取佣金
6. 下列对比包销、寄售的描述中,正确的是(　　)。
A. 包销商、代售商均享有指定商品的专营权　B. 包销商、代售商均得到货物实体
C. 包销商、代售商均得到货物的所有权　D. 包销商、代售商的经营目的均为获取佣金
7. 直接在期货交易所交易,也为客户进行交易的人称为(　　)。
A. 场内交易者　B. 场内经纪人　C. 期货佣金商　D. 专业投机商
8. 在经销方式下,经销人与供货人之间是一种(　　)。
A. 信贷关系　B. 购销关系　C. 代理关系　D. 委托与受托关系
9. 荷兰作为出口鲜花的大国,在花卉交易中常采用(　　)。
A. 增价拍卖法　B. 减价拍卖法　C. 招标式拍卖法　D. 密封递价拍卖法
10. 来料加工业务涉及原料与成品的运输,(　　)。
A. 运输责任和费用均由外商承担　B. 运输责任和费用均由我方承担
C. 运输责任由外商承担,费用由我方承担　D. 运输责任由我方承担,费用由外商承担

二、多项选择题

1. 下列对包销的描述中,正确的有(　　)。
A. 包销属售定性质　B. 包销商享有专营权
C. 包销商拥有货物的所有权　D. 包销商经营的目的为获取佣金

2. 代理协议一般应包含(　　)。

A. 代理权限　B. 专营权　C. 最低代理额　D. 佣金

3. 下列商品适合采用展卖方式的有(　　)。

A. 铁矿石　B. 大米　C. 电子产品　D. 手工艺品

4. 国际招标常用的适用范围包括(　　)。

A. 机器设备的采购　B. 大宗物资的采购

C. 工程项目的规划、设计　D. 工程项目的施工

5. 常用的招标方式有(　　)。

A. 公开招标　B. 选择招标　C. 谈判招标　D. 两段招标

6. 期货交易的目的有(　　)。

A. 到期获得或卖出实际货物　B. 套取利润

C. 转移远期现货交易的价格风险　D. 专门从事投机

7. 期货佣金商的业务包括(　　)。

A. 制定标准的期货合同　B. 向客户提供完成交易指令的服务

C. 在场内代客户进行交易　D. 记录客户盈亏、代理实际交割货物

8. 期货合同应由交易双方议定的事项有(　　)。

A. 商品品质　B. 交易价格　C. 交货期　D. 交易单位的倍数

9. 经销地区的确定应考虑的因素有(　　)。

A. 经销人的经营能力　B. 经销人的销售网络

C. 该地区的地理与交通条件　D. 市场差异程度

E. 政治区域划分

10. 寄售商品的作价方法有(　　)。

A. 随行就市　B. 规定最低价格

C. 规定结算价格　D. 售前征得寄售人同意

E. 规定最高价格

三、简答题

1. 采用经销方式时应注意什么问题?
2. 按代理权限不同,代理可分为哪几种?
3. 寄售的优、缺点有哪些?
4. 拍卖的特点是什么? 拍卖的方式有哪几种?
5. 开展展卖应注意的问题是什么?
6. 补偿贸易的方式有哪几种?
7. 加工贸易的形式有哪几种?
8. 期货贸易的功能是什么?

四、案例分析题

某公司新研制出一种产品,为打开产品的销路,公司决定将产品运往俄罗斯,采用寄售方式出售商品。在代售方出售商品后,我方收到对方的结算清单,其中包括商品在寄售前所花费有关费用的收据。问:寄售方式下,商品寄售前的有关费用应由谁承担? 为什么?

五、论述题

1. 试论代理与包销的异同。
2. 试论套期保值与投机的异同。

参考文献

1. 张锡嘏主编:《国际贸易》,对外经济贸易大学出版社 2001 年版。
2. 黎孝先主编:《国际贸易实务》,对外经济贸易大学出版社 2000 年版。
3. 彭福永主编:《国际贸易实务教程》,上海财经大学出版社 2000 年版。
4. 姚曾荫主编:《国际贸易概论》,人民出版社 1987 年版。
5. 张向先主编:《国际贸易概论》(第四版),高等教育出版社 2014 年版。
6. 盛洪昌主编:《国际贸易》(第三版),中国人民大学出版社 2013 年版。
7. 盛洪昌主编:《国际贸易实务》,清华大学出版社 2006 年版。
8. 盛洪昌主编:《国际贸易理论与实务》(第二版),中国时代经济出版社 2006 年版。
9. 盛洪昌主编:《国际贸易实务》,上海财经大学出版社 2012 年版。
10. 盛洪昌主编:《国际金融》,东北财经大学出版社 2016 年版。
11. 盛洪昌主编:《国际贸易实务》(第 4 版),清华大学出版社 2015 年版。
12. 盛洪昌主编:《国际经济学》,中国铁道出版社 2013 年版。
13. 董瑾主编:《国际贸易理论与实务》,北京理工大学出版社 2006 年版。
14. 童宏祥主编:《外贸单证实务》,华东理工大学出版社 2003 年版。
15. 俞世明主编:《国际商务单证》,暨南大学出版社 2005 年版。
16. 陈永富主编:《国际贸易实务》,科学出版社 2003 年版。
17. 任丽萍主编:《国际贸易实务》,北京交通大学出版社 2005 年版。
18. 王玉清、赵承壁主编:《国际技术贸易》,对外经济贸易大学出版社 1996 年版。
19. 李伟芳主编:《保护我们的环境——投资贸易的新课题》,上海社会科学院出版社 1998 年版。
20. 姜学军编著:《国际结算》(第三版),东北财经大学出版社 2012 年版。
21. 刘卫红主编:《国际结算》(第二版),东北财经大学出版社 2015 年版。
22. 黄敏学主编:《电子商务》,中国人民大学出版社 2001 年版。
23. 陈岩主编:《国际贸易实务》,清华大学出版社 2008 年版。
24. 陈平主编:《国际贸易实务》,华中科技大学出版社 2009 年版。
25. 王慧敏主编:《国际贸易实务》,中国发展出版社 2010 年版。
26. 时英主编:《中小企业国际贸易理论与实务五日通》,经济科学出版社 2007 年版。
27. 李勤昌主编:《国际货物运输实务》,清华大学出版社 2008 年版。